Sammlung Metzler
Band 334

Gerhard Arlt

Philosophische Anthropologie

Verlag J.B. Metzler Stuttgart · Weimar

Der Autor

Gerhard Arlt, geb. 1942; Studium der Philosophie, Psychologie und Theologie; 1984 Promotion; Verlagslektor und Publizist; Arbeitsgebiete: Verhältnis von Philosophie und Psychologie, Philosophische Anthropologie, Helmuth Plessner.

Die Deutsche Bibliothek – CIP-Einheitsaufnahme

Arlt, Gerhard:
Philosophische Anthropologie / Gerhard Arlt.
– Stuttgart : Metzler, 2001
(Sammlung Metzler ; Bd. 334)
ISBN 978-476-10334-5

SM 334

ISBN 978-476-10334-5
ISSN 0558 3667

Ursprünglich erschienen bei J. B. Metzler'sche Verlagsbuchhandlung
und Carl Ernst Poeschel Verlag GmbH in Stuttgart 2001

www.metzlerverlag.de
info@metzlerverlag.de

Inhalt

Einleitung

Der Mensch als fragwürdiges Wesen

Zur abendländischen Denk- und Wissenschaftsgeschichte gehört die Frage nach dem Menschen. Aus unterschiedlichen Sinnzusammenhängen und weltanschaulichen Grundüberzeugungen, aus divergierenden Erfahrungsbezügen und methodischen Ausgangsbedingungen fiel der Blick auf den Menschen. Aber erst in der Neuzeit bildete sich die Zentralperspektive auf den **Menschen als Subjekt** heraus, und zu Beginn des 20. Jahrhunderts wurde zum ersten Mal und dann in großem Stil der Versuch unternommen, alle philosophischen Themen im Begriff des ›Menschen‹ (Existenz, Dasein) zu bündeln. Die Frage nach dem Menschen war damit keine Frage mehr unter anderen, sondern der letzte Fluchtpunkt philosophischer Erkenntnisbemühungen um Sein, Leben, Geschichte, Denken, Sprache, Leib, Sinnlichkeit usw.

Die Biologie begründete sich in der Erforschung des pflanzlichen, tierischen und menschlichen Lebens und fächerte sich zur Botanik, Zoologie und Anthropologie auf. Die Paläontologie untersucht urzeitliche Restbestände des Lebens (Knochenfunde). Sie ist daher eine ›restaurative‹ Wissenschaft, die dem Entwicklungsgedanken des Lebens Auftrieb und der Evolutionstheorie das Material für weitere Fragen und Rekonstruktionen an die Hand gegeben hat. Während die medizinische Heilkunst sich besonders dem menschlichen Körper und seiner Funktionsweise widmete und damit die Disziplinen der Anatomie, Physiologie, Pathologie usw. beförderte, besetzte die Psychologie überwiegend introspektiv den ›seelischen Innenraum‹ (Bewusstseins-Akte, Gefühle, Willensregungen).

Dies sind alles Perspektiven auf den Menschen, die sich nach Zahl der positiven Einzelwissenschaften vermehren ließen. Aber alle Aspekte zusammen ergeben noch kein einheitliches ›Bild‹ des Menschen. Auch hier gilt: Das Ganze ist mehr als die Summe seiner Teile. Was fehlt, ist die Thematisierung dessen, was immer schon vorausgesetzt ist: der einheitliche und ›lebendige‹ Erfahrungsbezug und die Weise, wie der Mensch als unhinterfragte Einheit sich handelnd mit der Welt in Beziehung setzt. Existenzphilosophie und philosophische Anthropologie sind jeweils eigene Wege gegangen. Die moderne Anthropologie ist mit dem Anspruch aufgetreten, die aktuellen Forschungsergebnisse zu integrieren und mit einem philosophischen Entwurf aus einem Guss zu verbinden. Sie stützte sich dabei auf die zeitgenössischen Lebens- und Humanwissenschaften und griff tief in den Fundus der philosophischen Tradition (Person, Geist, Transzendenz, Trieb, Leib, Handlung usw.). So etablierte sich eine hartnäckige Denkweise innerhalb der Philosophie, die weit über die Grenzen einer Einzeldisziplin hinauswuchs und dabei nicht nur Freunde gewann.

Die Frage nach dem Menschen als Selbstbezug
Die Frage nach dem Menschen, die so alt ist wie die Philosophie, fällt durch eine Besonderheit auf, die nicht gleich zum Thema wurde: Sie kennzeichnet ein Selbstverhältnis. Der ›Mensch‹, der nach sich fragt und dabei nach Handlungsorientierung sucht, ist nicht als Invariable, als unverrückbare Tatsache vorgegeben, er ist vielmehr ein Selbstverhältnis, das sich über die Zeiten und Epochen in unterschiedlicher Weise vollzogen und dokumentiert hat. Jede **Selbstdeutung** hat ihre Rückwirkungen auf Denken und Tun. Der Mensch verändert sich durch die Selbstauslegung. So ist es z.B. für die konkrete Lebensgestaltung nicht gleichgültig, ob der Mensch sich abhängig glaubt von mythischen Naturmächten oder von einem allmächtigen und gnädig zu stimmenden personalen Gott oder ob er die entzauberte und entgötterte Welt als unbegrenzten Gestaltungsraum für seine Handlungen auffasst. Immer handelt es sich um ein spezifisches Selbstverständnis, in dem ein normatives Selbstbild und die jeweilige Lebenswirklichkeit in eine Spannung zueinander treten. Dies heißt auch, dass der Mensch in ein trügerisches, verdeckendes Selbstverhältnis zu sich geraten kann. Zwei Momente durchkreuzen sich in dieser Selbstbegegnung: die zeichenhaft-symbolische Vermittlung des Welt- und Selbstbezuges, die ihn zu eigenem Entwurf freisetzt, und die widerspenstige Naturhaftigkeit sinnlich-leiblicher Körperlichkeit.

Selbstbezug und historische Perspektive
Der Mensch ist seine eigene **geschichtlich errungene »Konzeption«** (Plessner). Noch vor aller Deutung paläontologischer und archäologischer Funde aus dunkler Vergangenheit, noch vor aller Erforschung der einzelnen Entwicklungsschritte evolutiver Natur zum *homo sapiens* hin, hat sich der Mensch ›gesetzt‹, ist er zum Selbstbewusstsein erwacht, hat er sich einen Namen gegeben – wie immer man die uneinholbaren Voraussetzungen aller Kulturbildung umschreiben mag. Der Mensch ist nicht als Sache vorgegeben, sondern von dem Augenblick an, da er in die Welt der Symbole und Sprachzeichen eintritt, sich selbst überantwortet. Er ist Einheit in der Differenz, zeitlich organisiert und geschichtlich gewirkt – und muss der werden, der er der

Möglichkeit nach ist. Als Entwurf seiner selbst ist er gleichwohl an die Faktizität der Geschichte und die Vorgegebenheit seines Leibkörpers gebunden. Er hat die Fähigkeit gewonnen, von sich selbst abzurücken und sich als Objekt zu betrachten. Sein symbolisches Universum, in dem er sich selbst und seine Welt entwerfend und deutend begreift, wird durch die Parameter Sprache, Geschichte, Vergangenheit, Zukunft, Natur, Kultur, Mensch, Körper, Geist usw. bestimmt. **Symbolisch vermittelte Welt** heißt mehrdeutige Welt und grundsätzlich fehlende Deckungsgleichheit zwischen Zeichen und Bezeichnetem. ›Geschichte‹ präsentiert sich daher in der Fülle wechselnder Welt- und Selbstbilder.

Die historische Perspektive kommt um die Frage nicht herum: In welchem Zeithorizont und Selbstverständnis wird jeweils nach dem Menschen gefragt? Die Rekonstruktion dieses Selbstverhältnisses muss sich der eigenen historischen Gebundenheit immer bewusst bleiben. Und eine Komplikation dieses Blickwinkels ergibt sich daraus, dass die geschichtliche Auslegung nie ganz zu trennen ist von der subjektiven Konstruktion. Keine guten Voraussetzungen für eine einfache Beschreibung des Menschen als vorgegebenes Naturwesen und keine günstigen Aussichten auf eine zeitenthobene Wesensbestimmung!

Anthropologie zwischen Philosophie und Wissenschaft

Protagoras, Platon, Aristoteles, Pico della Mirandola, Rousseau, Herder, Hobbes, Marx, Schopenhauer, Freud, Scheler, Gehlen in beliebiger Reihenfolge – sie alle fragen beiläufig oder gezielt nach dem Menschen. Ist ihr Fragegegenstand deshalb schon identisch? Wonach wird gefragt, wenn man nach ›dem‹ Menschen fragt? Bringt diese Frage nicht erst ihren Gegenstand hervor? Und vor allem: Begründet diese Frage schon eine Anthropo-logie?

Wenn jede Aussage über den Menschen ein Selbstverhältnis kennzeichnet, wenn also Subjekt und Objekt, Forscher und Forschungsgegenstand identisch sind, wie vertrauenswürdig ist dann die Erkenntnis? Kann eine ideologiefreie Selbstbetrachtung in kühler Sachlichkeit überhaupt gelingen? Das methodische Problem auf die Spitze getrieben: Ist der zum Wissenschaftsobjekt ›verdinglichte‹ Mensch derselbe, der sich im alltäglichen Leben, in seinen Handlungen und Überlegungen selbst erfährt? Gleicht nicht der Versuch, den Menschen wissenschaftlich vermessen zu wollen, der Grundsituation des Pathologen, der zwar dankbar ist für die Eingriffsmöglichkeiten, die sein ›geduldiges‹ Objekt ihm bieten, dem aber kaum mehr als eine Spurensicherung des ›Lebens‹ gelingen kann? Fragen über Fragen, die Philosophie und Humanwissenschaften gleichermaßen in Bewegung gehalten haben.

Während also den positiven Einzelwissenschaften *per definitionem* das Recht zugestanden wird, den Menschen unter einem jeweiligen methodisch definierten Formalaspekt zum Gegenstand zu machen, muss sich die Philosophie über die Möglichkeitsbedingungen menschlicher **Selbsterkenntnis** überhaupt bewusst werden. Angesichts der »unbeherrschbaren Vieldeutigkeit« des Menschen (Plessner) schien Selbsterkenntnis immer auch mit Selbstzweifeln gemischt zu sein: Der Mensch, der sich selbst erfindet und seiner selbst nicht mächtig ist; der Mensch, der seine Geschichte macht, sie aber trotz aller technisch-zivilisatorischen Ermächtigung erleiden muss; der Mensch als ein Werdender und zu Formender, der das Ziel seines Weges nicht kennt; ein Weltüberwinder, der den peinlichen Erdenrest seiner körperlichen Existenz zu tragen hat. Dabei setzte sich eine entscheidende methodische Einsicht durch: Menschliche Selbsterkenntnis ist nicht unmittelbar-intuitiv zu haben, sondern nur in der **Selbstdistanzierung**, in der Spiegelung im fremden Medium. Je nach Epoche, so lesen wir bei Gehlen, spiegelte sich der Mensch in Gott, im Tier und in der Maschine. Die historische Schule in der Nachfolge Hegels bevorzugt den ›Spiegel‹ geschichtlicher Vergangenheit: Die eigene Lebensspur tritt dem Bewusstsein in den sedimentierten kulturellen Gestalten und geistigen Werken als das Andere seiner selbst gegenüber (Dilthey). Viel über die prekären Voraussetzungen des Selbstverhältnisses verrät der Sachverhalt, dass alle Spiegelungen und Brechungen sich auch als Projektionen erwiesen – eine Dialektik, der nicht zu entkommen war und grundsätzlich nicht zu entkommen ist.

Die methodische Ausweglosigkeit der Frage und ihre Folgen

Soviel beginnt sich abzuzeichnen: Ganz entgegen der alltäglichen Auffassung, die im ›Menschen‹ den Inbegriff der Konkretheit und Ganzheit erblickt – jeder von uns ist ja ein Mensch –, erweist sich der Begriff als dürres Konstrukt von höchster Allgemeinheit, als Problemtitel, der auf eine aporetische Grundsituation verweist. Der historischen, sich zeitlich erstreckenden Existenz des Menschen und der **Unabgeschlossenheit seines Selbstverständnisses** wäre ein ›Un-begriff‹ angemessener als ein Inbegriff – Indiz für eine komplexe Dialektik von Begriff und ›Sache‹. »Ein ›Begriff‹ vom Menschen, der die Unmöglichkeit eines Begriffs vom Menschen begrifflich nachweist, steht noch aus« (Kamper 1973, 26). Der Anthropologe Plessner spricht vom Wagnischarakter des Begriffs Mensch (PGS VIII, 37). Auch haben zu viele Erwartungen und sich kreuzende Perspektiven die Konturen des Begriffs verwischt. Alles in allem keine ermutigenden Ausgangsbedingungen für eine Disziplin, die um diesen Begriff kreist.

Im Spiegel der Selbstbetrachtung tritt der Mensch sich in der Wechselgestalt des Proteus entgegen, als das sich selbst inszenierende Wesen. Schon dem flüchtigen Blick in die philosophische und anthropologische Literatur bietet sich eine verwirrende Fülle von Eigenschaften und Wesenszuschreibungen dar. Die Frage aller Fragen: **Was macht den Menschen zum Menschen?** hat eine Flut von Konzepten hervorgebracht. Nur eine Auswahl der gängigen (Wesens-)Bestimmungen des Menschen, der als *zoon*, *animal*, *ens* und *homo* in Erscheinung tritt, sei hier vorgestellt:

zoon politikon und logon echon (Aristoteles); *animal* symbolicum (Cassirer), ideologicum (Plessner), educandum (Landmann), laborans (Arendt), rationale, vitale, naturale, fingens; *ens* amans (Scheler), cogitans, volens; *homo* sapiens (Linné), ludens (Huizinga), clausus (Elias), absconditus (Plessner), compensator (Marquard), creator (Mühlmann), anthropologicus, peccator, postfatalis (Landmann), insciens (Ortega y Gasset), curas (Scheler gegen Heidegger), viator (Marcel), pictor (Jonas), patiens (v. Gebsattel, Schipperges, Frankl), existentialis (Binswanger), investigans (Luck), sexualis (Fromm gegen Freud), hominans und hominatus (Landmann), caelestis (von den Steinen), rhetoricus (Kopperschmidt), cogitans, faber, legens, generator, divinans, significans, sedens, inveniens, coquens, sociologicus (Dahrendorf), philosophicus, religiosus, oeconomicus usw.; der etymologische (Orthega y Gasset), der mythische, humanistische (Groethuysen), der flexible (Sennett), der verwaltete, der funktionale (Kertész), der handelnde (Gehlen), der gehemmte (Schulz-Hencke), der eindimensionale (Marcuse), der vorprogrammierte (Eibl-Eibesfeldt), der betende (Scheler), der hoffende (Bloch), der lachende und weinende (Plessner), der spielende (Schiller), der antimetaphysische Mensch (Knapp), das Wesen ohne Maß (Bollnow), et cetera, et cetera.

Offenbar sind der Phantasie begrifflicher Fixierung des Phänomens ›Mensch‹ keine Grenzen gesetzt. Wie präsentiert sich da die philosophische Anthropologie, die doch als einschlägige Disziplin das Machtwort konsistenter Theoriebildung und einheitlicher Begriffsbildung zu sprechen hätte? Sie ist teilweise selbst Ursache dieser heillosen Verwirrung. Es gibt mehr Anthropologien, als Wörter auf eine Druckseite gehen. Eine kleine Auswahl sei doch geboten:

Existenzial-apriorische, ontologische (Heidegger), politische, skeptische (Plessner), metaphysische, personale (Scheler), rhetorische (Kopperschmidt), hermeneutische (Fleischer), negative und positive (Sonnemann), dezentrierte (Arlt), experimentelle (Lepenies), reflexive (Bourdieu), literarische (Riedel), kybernetische (Steinbuch), transzendentale (Rentsch), phänomenologische, dualistische, analytische, behavioristische, naturalistische, positivistische, somatische, bürgerliche, christliche, ethische, idealistische, evolutionäre, konkrete, kritische, marxistische, dialektische, neuzeitliche, soziale, tiefenpsychologische, vergleichende, weltanschauliche Anthropologie; Struktur-Anthropologie (Rombach), Bild-Anthropologie (Belting), Theater-Anthropologie (Schechner), Anthropologie der Freiheit (M. Müller), der Angst (v. Gebsattel), der Neurose (Bräutigam), des Handelns (Tenbruck – hier wäre noch eine Ausdifferenzierung möglich: des Sprechens, des Lesens, des Singens usw.), Anthropologie der Sinne, der Musik, der Sprache, der geschichtlichen Weltansicht, der Nachahmung, des Schauspielers (alles bei Plessner – warum dann nicht des Kabarettisten, des Schaustellers, des Sängers?), der Musikinstrumente (Greither – auch hier ist eine Spezifizierung denkbar: Anthropologie der Orgel, des Klaviers, der Posaune, des Triangels), pessimistische und optimistische Anthropologie; Kulturanthropologie, Gesellschaftsanthropologie, historische Anthropologie (Gebauer u.a., Dressel), Fundamental-Anthropologie, Anthropologie des Individuums (Landmann), Anthropologie der Anthropologien (Kamper); adjektivische Varianten: erkenntnisanthropologisch (Apel), moralanthropologisch (Hommes).

Mit gleichem Recht wie die Aufklärung (›Aufklärungsanthropologie‹) verdienen das Barock, die Romantik, die Weimarer Klassik, das Biedermeier, die Reformation, die Renaissance usw. eine anthropologische Behandlung. Die Weltreligionen beanspruchen ihre jeweilige Anthropologie und haben ein Recht darauf wie auch die Einzelwissenschaften (Rechtsanthropologie (Lampe), medizinische, psychoanalytische, pädagogische, theologische Anthropologie usw.). Und wenn man sich auf eine Anthropologie der Neuzeit verständigt hat, dann darf auch eine der Antike und des Mittelalters nicht fehlen.

Die sanfte Eroberung aller philosophischen Provinzen

Wie vertrauenswürdig ist unter diesen Voraussetzungen die philosophische Anthropologie? Die Fülle und Heterogenität der Themen, die sie an sich gezogen hat, hat alle Grenzen gesprengt, und in der listigen Kostümierung einer ›impliziten Anthropologie‹, in der sie die ›verborgenen anthropologischen Voraussetzungen‹ zu Tage zu fördern vorgibt, hat sie sich einen Freibrief geschaffen, in alle Bereiche hineinzuregieren. Eine Disziplin ohne feste Gestalt, ein Begriff ohne Konturen, ein austauschbares Etikett, ein Passepartout – die Versuchung, abzuheben und ins Allgemeinmenschliche zu entschweben. Wachen Zeitgenossen ist diese Situation nicht verborgen geblieben. Gehlen beklagt »eine gewisse Kursgängigkeit des Wortes« (*Forschung*, 7) und Landmann merkt bitter die »Besitzergreifung ihres herrenlosen Namens« (1976,

271) an. Und ihre Verächter – z.B. Horkheimer und Adorno – haben mehr als einmal gewarnt: Achtung, Anthropologieverdacht! (Zur Anthropologiekritik vgl. Lepenies/Nolte 1971; Kamper 1973).

Der Begriff ›Anthropologie‹ taucht zum ersten Mal 1596 als Buchtitel bei dem protestantischen Humanisten O. Cassman auf (zur Begriffsgeschichte Landmann 1969, 5; Marquard 1971, 362ff.). Das 18. Jahrhundert hat die Anthropologie als Disziplin anerkannt und in die Philosophie eingebürgert (prominente Beispiele sind Kant und Hegel). Erst im 20. Jahrhundert erhebt diese Disziplin einen Führungsanspruch, sie verbündet sich mit den empirischen Wissenschaften ihrer Zeit und versucht, der Philosophie ihr Siegel aufzuprägen. Alle Zeichen weisen also ins 20. Jahrhundert!

Schlägt man einen der historisch angelegten Ausblicke auf die philosophische Anthropologie auf (z.B. Groethuysen, Landmann), so entdeckt man – wie übrigens auch für die Gebiete Ethik und Erkenntnislehre – die ubiquitäre Epocheneinteilung Antike, Mittelalter, Neuzeit. Hat die Antike, hat das Mittelalter eine auf Freiheit gegründete Ethik gekannt? Hätten diese Epochen mit der subjektzentrierten Wahrheitsthematik (neukantianischer) Erkenntnistheorie etwas anzufangen gewusst? Ist ihre Auffassung des ›Menschen‹ vereinbar mit unserem von den modernen Wissenschaften geprägten und von Grund auf veränderten Selbstverständnis? Der Verdacht kommt auf, dass in einer (immer noch) geschichtsseligen Epoche eine besitzergreifende Disziplin sich projektiv der Vergangenheit zu bemächtigen versucht habe. Moderne Ethik, Erkenntnistheorie und Anthropologie haben eine gemeinsame Voraussetzung, die Antike und Mittelalter gleichermaßen fremd war: der Aufstieg des Subjekts zur Grundsignatur der Neuzeit. Auf die spezifische Situation der Anthropologie zugeschnitten: Diese Epochen waren noch nicht **anthropozentrisch** ausgerichtet. Ihre Bezugssysteme hießen Kosmos und göttliche Weltordnung. In einer solchen theoretischen Gedankenwelt kann Anthropologie keine Rolle spielen, wie sie ja auch im Kanon der klassischen Disziplinen der Philosophie – Logik, Rhetorik, Metaphysik, Physik, Arithmetik, Astronomie usw. – nicht vorkommt.

Immanuel Kant ist nicht die geeignete neuzeitliche Berufungsinstanz, um die Universalansprüche der modernen philosophischen Anthropologie legitimieren zu können. Er hat mit seinen Fragen Was kann ich wissen?, Was soll ich tun?, Was darf ich hoffen?, Was ist der Mensch? (*Logik*, Einleitung) keine anthropologische Galaxis begründet. Für ihn war die Anthropologie praktische Weltkenntnis (Philosophie als Weltbegriff) und die Frage nach dem Menschen wurde als Angelegenheit der systematischen Schulphilosophie unter die Perspektive der Metaphysik der Sitten gestellt.

Erst im 20. Jahrhundert begründet sich die philosophische Anthropologie als selbständige Wissenschaft, sozusagen als ›Vollzeitanthropologie‹. Seit ihrer Aufnahme in den Kanon der anerkannten philosophischen Disziplinen im 18. Jahrhundert hatte sie nur ein Schattendasein gefristet. Jetzt war sie zu eigenem Selbstbewusstsein erwacht und entfesselte – beflügelt von den Lebenswissenschaften – eine Forschungsenergie, die ansteckend wirkte. Nie zuvor hat man sich so ernsthaft und ausschließlich dem Thema ›Mensch‹ gewidmet. Die grundlegenden Arbeiten von Scheler, Plessner und Gehlen haben das anthropologische Denken auf ein bis dahin nicht gekanntes reflexives und methodisches Niveau gehoben.

Die ersten Jahrzehnte des 20. Jahrhunderts erleben also die **Gründerjahre der Philosophischen Anthropologie** – und gleichzeitig setzt das ein, was man das ›Wuchern des anthropologischen Diskurses‹ nennen kann: neben der methodisch disziplinierten und akribischen Forschungstätigkeit die konjunkturelle Verflachung, die menschheitliche Attitüde und die Rückprojektion der ›Anthropologie‹ in ferne Zeiten. Wer in den 1920er und 1930er Jahren auf sich hielt, legte der Öffentlichkeit eine Anthropologie vor. Seit Schelers anthropologischem Debüt 1928 »schießen Anthropologien wie Pilze aus dem Boden [...]« (v. Gebsattel 1947, 66). Die Wirkung dieser Erscheinung reichte bis weit ins 20. Jahrhundert hinein und machte den Anthropologismus gesellschaftsfähig. Was segelte da nicht alles unter der Flagge der Anthropologie!

Die ›Anthropologie‹ erwies sich als dienstbeflissene Magd, man konnte sich ›ihres herrenlosen Namens‹ nach Belieben bedienen. Sie fungierte als Sammelstelle für das Überständige, das in andere Disziplinen nicht so recht passen wollte; sie gab dem Alterswerk, das in einem letzten resümierenden Blick noch einmal das Ganze beschwor, einen schmückenden Titel und sie war zusammen mit der Existenzphilosophie zuständig für die rhetorischen Girlanden von Festansprachen – gravitätischer Aufzug der Gemeinplätze im Jargon der Eigentlichkeit und Wesentlichkeit! Und in einer Zeit, da selbst die großen Repräsentanten – Scheler, Plessner, Landmann – die Auffassung vertraten, Philosophie lasse sich grundsätzlich und umstandslos in Anthropologie verwandeln, die Anthropologie also die Philosophie zu überwuchern drohte, war Vorsicht geboten. Man musste die Spreu vom Weizen trennen. Gleichwohl darf ohne Einschränkung empfohlen werden: Wer einen Eindruck von der modernen philosophischen Anthropologie gewinnen will, der studiere die anthropologischen Klassiker Scheler, Plessner, Gehlen.

Rückblick und Ausblick. Was bleibt?
Nicht unangefochten zog die Philosophische Anthropologie ihre Bahn ins 20. Jahrhundert. Sie hatte sich von ihrer Gründung an gewichtigen Konkurrenten zu stellen und sie wurde durch die politischen Ereignisse von 1933 in Deutschland bedrängt und vorübergehend ihrer Wirkung beraubt. Vor allem in der Differenz zu ihrer ›Parallelaktion‹, der Existenzialontologie und Existenzphilosophie, hat sie ihre essentiellen Kategorien formuliert: Leben (Lebewesen), Leibkörper, Natur, dazu tritt als Haltung eine prinzipielle Aufgeschlossenheit gegenüber den empirischen Wissenschaften. Nach ihrem Erscheinungsbild weist die Philosophische Anthropologie eher eine Verwandtschaft mit den Human- und Gesellschaftswissenschaften (Biologie, Medizin, Soziologie) auf als mit all jenen Entwürfen des Menschen, die ihn allein unter die Perspektive der Individuation, der freiheitlichen Selbstwahl stellen. ›Philosophisch‹ darf sie genannt werden, weil sie vor allem mit einer ›Philosophie des Leibes‹ konvergiert.

Die Philosophische Anthropologie ist eng mit der deutschen Denktradition verwoben und ein beliebtes Genre der Deutschen, eine »emphatische philosophische Losung« (Marquard 1987, 40). So wie der transzendentale Idealismus von Anbeginn wie sein eigener Schatten von der Psychologie und in seiner Spätphase von der Anthropologie begleitet wurde, so entfaltete sich der ›Mensch‹ als Fragehorizont zu einer Beschwörungsformel. Vor allem den Deutschen war es eigen, den Menschen mit so viel Inbrunst zu verwesentlichen und die Folgen des Anthropozentrismus und Eurozentrismus gelassen in Kauf zu nehmen.

Die angelsächsische ›cultural anthropology‹ (Malinowski, Mead, Sapir, Whorf u.a.) dagegen war ganz anders gepolt: Sie fragte nicht nach ›dem‹ Menschen, sondern nach der kulturellen und ethnologischen Verschiedenheit ›der‹ Menschen und etablierte sich als *Ethnologie* und *Soziologie*. So darf man auch die ›Strukturale Anthropologie‹ von Claude Lévi-Strauss verstehen, die sich aus engagierter deutscher Sicht eher wie eine ethnologische Parodie auf die Philosophische Anthropologie ausnimmt. Fremdartig und verloren wirkt da der Hinweis auf den ›menschlichen Geist‹ (Lévi-Strauss 1984, passim) als letzte Trägersubstanz – eine strukturale Inkonsequenz. Die synchronische Strukturanalyse widerstreitet dem Einheits- und Konkretheitsgebot, das mit dem ›Menschen‹ gesetzt ist: ein Widerspruch in sich. Der **Strukturalismus** insgesamt negiert den Menschen als Subjekt und Aktzentrum, er entthront den Menschen als Mittelpunkt seiner Welt. Seine Dezentrierung beraubt denn auch die Anthropologie ihres Asyls in der Philosophie.

Wir müssen uns vergegenwärtigen, dass der Versuch, die philosophischen Themen noch einmal im ›Menschen‹ zu fokussieren und die philosophische Tradition mit den modernen Wissenschaften zu versöhnen, ein theoretischer Kraftakt sondergleichen war. Alle anthropologischen Bemühungen der Gegenwart zehren noch vom einstigen Glanz der Gründerjahre. Damit ist auch gesagt, dass die Philosophische Anthropologie – bei Scheler noch mit metaphysischem Mandat ausgestattet – ihren Zenit längst überschritten hat. Ihr spektakulärer Aufbruch und Höhenflug in den zwanziger Jahren des vergangenen Jahrhunderts ist einer resignativen Selbstbescheidung gewichen. Sie wurde vom Virus des Selbstzweifels befallen und trat in der Gestalt einer reflexiven, skeptischen, negativen Anthropologie den Rückzug an. Als Metawissenschaft der Humanwissenschaften, die in einem aporetischen Verhältnis zwischen der Philosophie und den empirischen Einzelwissenschaften befangen blieb, verlor sie schließlich ihre Themen an diese Wissenschaften (vgl. W. Schulz 1976, 420). Und ›der‹ Mensch als philosophische Frage büßte in Zeiten des Strukturalismus und der Systemtheorie seine beschwörende Kraft ein. Auch die Humanwissenschaften, allen voran die Biologie, erweisen der Philosophie keine Reverenz mehr wie noch zu Zeiten von Driesch, v. Uexküll, Bertalanffy, Portmann und Buytendijk. Die Mikrobiologie als formalisierte Entzifferungskunst und Informatik zeigt der Anthropologie die kalte Schulter, und der Mensch als körperlicher Vollstrecker seiner Gene ist keine ›anthropologisch‹ inspirierende Vorstellung. Die schwelende Orientierungskrise, die durch die Möglichkeiten der Mikrobiologie und Gentechnologie hervorgerufen wurde, hat nur der Ethik zu neuer Konjunktur verholfen, kaum aber der Anthropologie.

Aber der leibkörperliche Mensch lebt weiter, befragt sich in schwierigen Zeiten und gewinnt die konkreteste Gestalt im körperlichen und seelischen Leiden und damit auch im Erfahrungs- und Praxishorizont der Ärzte, der denn auch von allem Anfang an den anthropologischen Blick geschärft hat (vgl. Marquard 1971, 367). In der medizinischen Anthropologie und in der Psychosomatik könnte die reiche Saat der Philosophischen Anthropologie aufgehen. So kühn der Versuch anmutet, in dieser Zeit die philosophische Anthropologie als »Disziplin eigener Dignität« begründen zu wollen (Fischer 1995, 279), so konsequent ist der Ausgang von der exzentrischen Leibkörperlichkeit Plessners.

Über dieses Buch

Beabsichtigt ist eine kritische Bestandsaufnahme der philosophischen Anthropologie. ›Kritisch‹ im Sinne von unterscheidend, grenzziehend muss sie sein, wenn sie sich zweier großer Herausforderungen gewachsen zeigen soll: dem inflationären Gebrauch des Anthropologiebegriffs und der Grenzenlosigkeit, in die sich der disziplinübergreifende Exkurs ins Allgemeinmenschliche verflüchtigt hat. Jede Bestandsaufnahme, selbst wenn sie sich ohne den Ehrgeiz enzyklopädischer Vollständigkeit auf den Weg macht, wie die vorliegende, kommt daher um die Aufgabe nicht herum, zuerst das ›**anthropologische Syndrom**‹ ein wenig aufzuschlüsseln. Dabei werden Schnitte und Grenzziehungen notwendig sein, die immer auch den Charakter subjektiver Entscheidungen tragen. Man kann die Orientierungspunkte auch anders setzen.

Die erste unausweichliche Weggabelung ist die Frage: Rechtfertigt die *philosophische Frage nach dem Menschen* schon die Redeweisen ›Anthropologie‹ und ›anthropologisch‹? Zugespitzter gefragt: Begründet diese Frage schon die philosophische Anthropologie als umgrenzte Wissensform und Disziplin? Wer sich hier zu einem Ja entscheidet, muss wissen, dass er sich die gesamte Historie und Wirkungsgeschichte relevanter philosophischer Positionen von Aristoteles bis Arendt, von Heraklit bis Heidegger, von Protagoras bis Plessner auf die Schultern lädt. Er bekommt es mit den ›Anthropologien‹ von Plato, Augustinus, Thomas von Aquin, Pico della Mirandola, Hobbes usw. – die ganze erhabene und weniger erhabene Ahnenreihe bis in unsere Gegenwart – zu tun. Es grenzt schon an Zauberei, wenn man sich vergegenwärtigt, wie leicht anthropologisches Terrain zu gewinnen ist: allein durch den Kehrreim ›und Mensch‹. So verwandelt sich das Repertoire philosophischer Themen in Anthropologie: Sein und Mensch, Sprache und Mensch, Macht und Mensch, Technik und Mensch usw. Aber hat man damit die Perspektive schon erweitert?

Hier gilt es abzuwägen und zu überlegen, ob man den Titel ›Anthropologie‹ nicht besser einer spezifischen *Behandlung* dieser Frage vorbehält, wie sie sich etwa im 20. Jahrhundert herausgebildet hat. Man gewinnt mit diesem Schnitt die Freiheit, nicht allen jemals vorgekommenen Hinweisen auf ›den Menschen‹ ein anthropologisches Siegel, die Rechtfertigung einer Disziplin erteilen zu müssen. Aber nur so kann es gelingen, der philosophischen Anthropologie einigermaßen scharfe Konturen zu verleihen.

Der Anthropologie steht es überdies gut an, sich immer als Teilmenge der Philosophie und ihrer Frage nach dem Menschen zu betrachten und nicht als die Philosophie selbst, sie vermeidet damit den Vorwurf des **Anthropologismus**. Und angesichts der Inflation des Anthropologiebegriffs ist eine Diätetik seines Gebrauchs, ein Sparsamkeitsgebot dringend angeraten. Vorsicht ist weiterhin geboten bei den Begriffen ›implizite Anthropologie‹, ›Menschenbild‹ (›unausgesprochenes Menschenbild‹) und ›anthropologische Konstanten‹. Wer heute den ›Menschen‹ (Menschlichkeit, Humanität) beschwört, steht deshalb noch nicht außerhalb aller weltanschaulichen Interessen. Auch hier gilt die ideologiekritische Frage: *cui bono*.

Im täglichen Sprachgebrauch hat sich die nachlässige Praxis herausgebildet, die Differenz zur biologischen Anthropologie durch die Begriffe historische oder Kulturanthropologie anzuzeigen. Dies verstößt aber gegen das Selbstverständnis der Kulturanthropologie, die nicht nur den Begriff der ›Kultur‹ terminologisch aufgewertet, sondern sich auch als die arriviertеste Form der philosophischen Anthropologie verstanden hat (vgl. Michael Landmann). Helmuth Plessner versuchte sich von Ernst Cassirers Kulturphilosophie dadurch abzusetzen, dass er dessen Theoriekonzept – in Anlehnung an Feuerbach – ›anthropologische Philosophie‹ nennt – im Unterschied zur Philosophischen Anthropologie. Plessner selbst nimmt für sich die begriffliche Variante einer biologischen Philosophie und Anthropologie (Biophilosophie) in Anspruch. Der Terminus ›biologische Anthropologie‹ kennzeichnet aber zunächst eine einzelwissenschaftliche Regional- oder Bereichsanthropologie – die Frage der *Biologie* nach dem Menschen –, sie taucht aber auch als fester Bestandteil in der Selbstcharakterisierung der Philosophischen Anthropologie auf: als ›anthropo-biologischer‹ Ansatz bei Arnold Gehlen, der damit seine enge Verbundenheit mit der Biologie und allen anderen Lebenswissenschaften bekunden wollte. Andererseits überschritt die Biologie – wie wir noch sehen werden – mit Themen des Sinnes und der Bedeutung, der Religion und der Ethik den einzelwissenschaftlich gesetzten Rahmen und wetteiferte mit der philosophischen Anthropologie.

Zur weiteren terminologischen Verwirrung beigetragen haben die Einzelwissenschaften, die ihren ganzen Ehrgeiz daransetzten, ebenfalls einen Beitrag zur Selbstvergegenwärtigung des modernen Menschen zu leisten: medizinische, psychologische, pädagogische, theologische, historische usw. Anthropologie. Nun ist es unbestritten, dass die moderne philosophische Anthropologie vor allem den empirisch-forschenden Bio-Wissenschaften viel zu verdanken hat, aber die ›Bereichsanthropologien‹ kranken alle an dem unauflöslichen Dilemma, den gewagten Vorgriff aufs Ganze (der Mensch ist unteilbar) nicht aus ihrer jeweilig begrenzten Perspektive und methodischen Fixierung einlösen zu können. Die Formeln ›Theateranthropologie‹, ›Bild-Anthropologie‹, ›Anthropologie der Musikinstrumente‹ u.ä. schließlich sind ein Beweis für die wunderbare Variationsfähigkeit des Begriffs Anthropologie, sie dienen aber nicht ihrem Ansehen als seriöse Disziplin und Fragestellung. Helmut Fahrenbachs definitorische Bemühungen in einem Handbuch philosophischer Begriffe (1973, 890f.) räumen dem Terminus ›philosophische Anthropologie‹ noch ein breites, vier Positionen unterscheidendes Bedeutungsspektrum ein:

1. die im Ganzen einer Philosophie enthaltenen Aussagen (z.B. Anthropologie des Aristoteles),
2. Sonder- bzw. Teildisziplin der Philosophie,
3. Fundamentaldisziplin und
4. anthropologische Philosophie.

Von den terminologischen Unstimmigkeiten zurück zur Sache. Wir können der philosophischen Anthropologie nur dann zu einer hinreichend kohärenten Theoriegestalt verhelfen – so die Arbeitshypothese dieses Buches –, wenn wir die Aufmerksamkeit vor allem auf die großen Entwürfe in den 1920er Jahren lenken. Nur aus Schelers, Plessners und Gehlens theoretischer Gesamtleistung kann, wenn überhaupt, ein exemplarischer Begriff der philosophischen Anthropologie gewonnen werden.

Die historische Perspektive legt den äußeren Rahmen des Buches fest. Aber in der Darstellung verschränkt sich der systematische mit dem historischen Aspekt. Der thematische Mittelpunkt liegt verständlicherweise in der ersten Hälfte des 20. Jahrhunderts. Dieser Zeitrahmen wird von den drei anthropologischen Entwürfen und deren systematischer Gestalt ausgefüllt. Drei Graphiken veranschaulichen die jeweiligen Theoriegebäude. Das Buch beginnt mit dem 19. Jahrhundert und sammelt die entscheidenden historischen Ereignisse (Zeitstimmungen, Krisenbewusstsein, Neuformierung des philosophischen Diskurses), die zum Gründungsakt der modernen philosophischen Anthropologie im 20. Jahrhundert geführt haben. Die Jahre nach 1945 – nach der Zäsur durch den Nationalsozialismus – bedeuteten ein Anknüpfen an alte Positionen und eine Neuorientierung in einer politisch und gesellschaftlich veränderten Situation.

Viel Raum wird der Darstellung der zeitgenössischen Kontroversen um die Anthropologie gegeben, so dass die Grenzverläufe und Frontstellungen, die Koalitionen und Oppositionen deutlich hervortreten können. Gemäß einer alten Gepflogenheit verwenden wir den Terminus ›Philosophische Anthropologie‹ für die Theoriekonzepte Schelers, Plessners und Gehlens im Unterschied zur weitergefassten und unspezifischen Ausdrucksweise ›philosophische Anthropologie‹.

I. Philosophie und Wissenschaft in der nachhegelschen Epoche

1. Leben contra Vernunft

Nach einer Latenzphase von etwa einem Jahrzehnt tritt die Philosophische Anthropologie 1928, ein Jahr nach Erscheinen von *Sein und Zeit* (Heidegger), selbstbewusst mit zwei Arbeiten hervor. Die Krisenstimmung und Aufbruchbewegung der zwanziger Jahre bildet die Kulisse zu Max Schelers Entschluss, das Grundgerüst zu seiner geplanten großen Anthropologie unter dem Titel *Die Stellung des Menschen im Kosmos* herauszubringen. Im gleichen Jahr übergibt sein Kollege an der Kölner Universität, Helmuth Plessner, seine umfassende anthropologische Grundlegung *Die Stufen des Organischen und der Mensch* der Öffentlichkeit.

Aus den Arbeiten spricht nicht die bescheidene Selbstbeschränkung einer philosophischen Teildisziplin, der es nur um die aktuellen Forschungsergebnisse der empirischen Humanwissenschaften und deren Adaptierung zu tun wäre, sondern die entschiedene Überzeugung, der philosophischen Besinnung neue Wege, vor allem Wege aus den Aporien der Bewusstseins- und Reflexionsphilosophie, eröffnen zu können. In dieser Intention ist sie zeittypisch und ein Abkömmling jener breiten philosophischen Strömung des 19. Jahrhunderts, die in unverstellter Erfahrung und erlebter Geschichte, in geschichtlich-gesellschaftlicher Konkretion und praktischem Lebensbezug nach neuen philosophischen Gründen suchte. Diese Bewegung bekam zusammenfassend den bequemen Titel einer **Philosophie der Endlichkeit und des Konkreten**, die sich ausdifferenziert hat zur Lebensphilosophie und hermeneutischen Kulturphilosophie, zur Phänomenologie und neuen Ontologie (vgl. Landgrebe 1957; Schnädelbach 1983, 172ff.; W. Schulz 1976, 508ff.).

Die Philosophische Anthropologie versteht sich gleichsam als deren Fluchtpunkt und Apotheose, die Chiffren des Konkreten und Endlichen (Leben, Erleben, Erfahrung, Sinnlichkeit, Zeitlichkeit, Geschichte, Kultur usw.) durch Hinzufügung der Begriffe ›belebte Natur‹, ›organisches Leben‹ und ›leibliches Apriori‹ zu vervollständigen. Sie gewinnt Konturen dadurch, dass sie den menschlichen Weltbezug, in der Lockerung strikter Subjektzentrierung, durch die ›natürlichen Horizonte‹ (Plessner) erweitert. ›Anthropologische‹ Betrachtungsweise entdeckt den Menschen in ›exzentrischer‹ Position: als Naturwesen die

Natur überschreitend. Dies ist die thematische und methodische Grundkonfiguration der Philosophischen Anthropologie.

Der Mensch ist aufgrund seiner leiblichen Erbschaft an die ›Natur‹ gebunden – leibliche Lebensform heißt Weltzugehörigkeit und Bindung an bestimmte Sinnesmodalitäten, heißt Zeugung, Sexualität, Geburt, Schmerz, Krankheit, Tod, Geschlechterdifferenz – und damit dem Tier vergleichbar. Andererseits ist der Mensch der ›Natur‹ entrückt und dadurch ein Wesen des Geistes, der Kultur, der Geschichte. Das **Experiment der Philosophischen Anthropologie**, so wird ersichtlich, bewegt sich zwischen den Extremen der Naturphilosophie und der Kulturphilosophie, zwischen naturphilosophischem Materialismus und geistphilosophischem Idealismus, zwischen mechanischer Naturwissenschaft und biologischem Vitalismus. Ohne die empirischen Lebenswissenschaften, allen voran die moderne Biologie mit ihren allgemein interessierenden Forschungsansätzen, wäre die Philosophische Anthropologie nicht denkbar. **Philosophie und Biologie**, so ist gleich hier anzumerken, gehen zu beiderseitigem Nutzen eine enge Allianz ein, wie ein flüchtiger Blick auf die prominenten Namen Hans Driesch, Jakob von Uexküll, Frederik J.J. Buytendijk, Adolf Portmann beweist, die allesamt in Opposition zur mechanistischen und physikalistischen Vereinnahmung der Biologie standen.

Im Balanceakt der Philosophischen Anthropologie spiegelt sich die Zweifrontenstellung einer Philosophie wider, die sich gleichermaßen zu behaupten suchte gegen idealistische Vernunftteleologie und transzendentale Bewusstseinsphilosophie wie auch gegen das unaufhaltsame Vordringen der kausal-mechanischen Methode. Das 19. Jahrhundert bietet das Schauspiel einer zu Ende gehenden Epoche der großen idealistischen Systementwürfe. Der Glaubwürdigkeitsverlust der hegelschen Geschichtsmetaphysik korrespondiert mit der Akkreditierung der im 17. Jahrhundert begründeten mathematischen Naturwissenschaft.

Odo Marquard hat der neueren Diskussion um die Anfangsgründe des anthropologischen Denkens eine bestimmte Wendung gegeben (Marquard 1971, 1987). Er hat den nachhegelschen Affekt gegen die idealistische Geschichtsphilosophie zu einem Antagonismus von Geschichte und Natur zugespitzt und die Anthropologie auf die Seite des Naturalismus geschlagen. Hier entfaltet sie – so seine Auffassung – zusammen mit der Metaphysik des Lebens (z.B. Dilthey) und den positivistischen Naturwissenschaften ihr geschichtsoppositionelles, auf Naturkonstanten beruhendes Wesen. Herbert Schnädelbach hat in einer behutsamen Korrektur dieser These darauf hingewiesen, dass die moderne Anthropologie sich dem Thema Geschichte durchaus gestellt hat (Schnädelbach 1983, 272).

Aufbruch des ›Lebens‹

Die große Signatur der zweiten Hälfte des 19. Jahrhunderts ist das ›Leben‹. Spricht man vom **Sieg der Lebensphilosophie**, hat man der Bewegung in ihrer bunten Vielfalt ein noch zu einfaches Muster gegeben: ›Leben‹ diffundiert in *alle* Lebensbereiche, ein überaus infektiöser Begriff, der auf Literatur und Kunst (Expressionismus, Symbolismus), auf Wissenschaft und Philosophie übergreift und sogar den Umtrieben der bündischen Jugend, die zu einer ›natürlichen‹ Lebensform außerhalb der Stadt strebt, die Parole vorgibt. Eine Protestformel gegen technisch-rationale Lebensgestaltung und mechanische Naturbeherrschung. Ein changierender Begriff, der bald auch biologistischen und rassistischen Zwecken dienstbar wurde und nach seiner lebensphilosophischen Bestimmung ein Substrat, ein dynamisches Medium meinte, das der ›natürlichen‹ Entfaltung der Organismen das Schrittgesetz ebenso vorgibt wie der Bewegung der Geschichte und der Ausformung menschlicher Kultur. Obwohl auf Erleben und Erfahren bezogen (Dilthey), ist ›Leben‹ die Signatur für die Eingebundenheit des Menschen in einen irrationalen, nicht hintergehbaren Zusammenhang, der sich der externen begrifflichen Aufklärung widersetzt und demgegenüber Bewusstsein und Reflexion immer zu spät kommen (vgl. Schnädelbach 1983, 174ff.; Fellmann 1993; Lieber 1974).

Trotz der Anklänge an eine säkularisierte Geistphilosophie, die noch nicht ganz aus dem großen Schatten hervorgetreten ist, den die hegelsche Geschichtsphilosophie auf das 19. Jahrhundert wirft, präsentiert sich die **hermeneutische Lebensphilosophie Wilhelm Diltheys** (1833-1911) als originärer Neuanfang mit einer Fülle wegweisender Fragestellungen. Dilthey, der vom Leben sagt, es sei unhintergehbar und nicht vor den Richterstuhl der Vernunft zu bringen (DGS VII, 261), ist einer der frühen Exponenten der ›Philosophie des Konkreten‹ und herausragender Wegbereiter der Philosophischen Anthropologie. Unmittelbare Einflüsse verweisen auf die ›Biophilosophie‹ und Anthropologie Plessners. Weitere Verbindungslinien führen zu Husserl und Heidegger, von Husserl wiederum zu seinen begabten, aber untreuen Adepten Scheler und Heidegger. In Husserl und Heidegger hat Scheler seine ersten Kritiker an der Idee der Anthropologie als erster Wesenswissenschaft. Wir haben damit ein theoretisches Feld abgesteckt, in dem sich Philosophische Anthropologie im engeren Sinne formiert hat.

Voranthropologische Konstellationen

Wenn wir über die eng gezogenen Grenzen hinausblicken, zeigt sich das 17. Jahrhundert in der künstlichen Trennung der *res cogitans* von der *res extensa* in der »postdualistischen Ontologie« (Jonas 1994, 41), die sich als Spaltprodukte zu den großen Residualontologien des Idealismus und des Materialismus gegeneinander isolierten. Präsize und eindringlich beschreibt Hans Jonas das Unbehagen der Anthropologie am dualistischen Weltmodell Descartes'. Das unleibliche, bloß anschauende Bewusstsein gerät in eine Komplementärposition zum Unbelebten, Anorganischen. Die Folge ist, dass der organische Körper zum Anstoß und Skandalon wurde für »die latente Krise jeder bekannten Ontologie, und das Kriterium ›jeder künftigen, die als Wissenschaft wird auftreten können‹« (ebd., 39). Die dualistische Hinterlassenschaft war eine große Herausforderung für die theoretische Integrationskraft des modernen anthropologischen Denkens.

In das letzte Drittel des 18. Jahrhunderts fällt die frühe Abhandlung Herders *Über den Ursprung der Sprache* (1772). Darin wirft er einen erbarmungsvollen Blick auf das schwache, bedürftige und unbewaffnete Wesen der ›Mängel und Lücken‹: »Als nacktes, instinktloses Tier betrachtet, ist der Mensch das elendste Wesen« (Frühe Schriften Bd. 1, 769). Gegen den Rationalismus und die mechanische Naturdeutung der Aufklärung setzt er auf die Begriffe ›Kraft‹, ›Organismus‹, ›Leben‹ und gibt mit seiner Auffassung von der Sprachverfasstheit und der **biologischen Mittellosigkeit des Menschen** im Vergleich zum Tier der Philosophischen Anthropologie einen wichtigen Fingerzeig (Gehlen ›Mängelwesen‹). Hinzuweisen ist ferner auf die anthropologisch fruchtbar gewordene Unterscheidung Kants in *physiologische* und *pragmatische* Menschenkenntnis. Zwei ›Hinsichten‹ stehen im Kontrast zueinander: Was die Natur aus dem Menschen gemacht hat und was der Mensch als frei handelndes Wesen aus sich selbst macht oder machen soll (*Anthropologie in pragmatischer Hinsicht*, 1798). Dem an die Seite zu stellen ist die idealistische Naturphilosophie Schellings (vgl. W. Schulz 1976, 377ff.).

Die Philosophie des 19. Jahrhunderts zeigt sich in dem Bemühen, auf den Trümmern des eingestürzten idealistischen Theoriegebäudes neues ›Leben‹ erwachsen zu lassen, abseits apriorisch verbürgter Sicherheiten des Denkens, abseits auch von Geschichtsteleologie und Systemzusammenhang. Die von der Epoche durchgeführte ›Säkularisierung‹ betont nun jenen Weltbereich, den der absolute Geist auf dem Wege zu sich selbst transzendieren musste: das Konkrete und Individuelle, das Zufällige und Endliche.

In Walter Schulz' *Philosophie in der veränderten Welt* finden wir unter der Rubrik »Verleiblichung« und »metaphysische Anthropologie« (1976, 335ff.) die Philosophen Feuerbach, Schelling, Schopenhauer, Nietzsche, Kierkegaard, nicht zuletzt auch Marx, in Geistesverwandtschaft miteinander verbunden. Der ›Geist‹ hat sich materialisiert und verleiblicht. Aus der Metamorphose ist der leib-sinnliche, gesellschaftlich vermittelte und praktisch orientierte Mensch hervorgegangen, der Gestalter seiner Sozial- und Kulturwelt ist. Aber hervorgetreten aus den metaphysischen Verhüllungen ist nicht der souveräne Schöpfer seiner selbst, sondern ein schillerndes Wesen der Verstellungen und Selbsttäuschungen, der Scheinmoral und Selbstrechtfertigungen, das sich aus dem Banne eigener Entfremdung nicht zu befreien vermag. Wozu der Aufwand an großen Ideen und metaphysischen Konstruktionen? Dem Menschen war die beschämende Kreatürlichkeit und Endlichkeit, leibliche Naturverfallenheit und triebhaft-irrationale Grundverfassung ein Angriff aus das eitle Selbstbild. Als Bekenntnis der nachmetaphysischen Epoche lässt sich auch die schneidende Bemerkung Freuds werten, dass der Mensch (das Ich) nicht Herr im eigenen Hause sei (Freud XII, 11).

Als weitere Inspirationsquelle für die moderne philosophische Anthropologie finden wir bei Odo Marquard (vgl. 1971, 367) die **Anthropologie der Ärzte** und die romantische Naturphilosophie. »Die Anthropologie wird romantisch fundamental als jene radikale Form der Naturphilosophie, die nicht neben der Philosophie des Menschen, sondern als Philosophie des Menschen agiert. Gerade diese naturphilosophische – zur Geschichtsphilosophie alternative – Definition macht die Anthropologie in der Romantik, also lange vor Feuerbach, zur Fundamentalphilosophie« (Marquard 1971, 367). Unter den etwa sechs Dutzend aufgeführten Autoren sind »auffällig viele Ärzte«.

Auch nach der Ablösung der romantischen Naturphilosophie durch die naturwissenschaftlich-positivistische Weltsicht seit der Mitte des 19. Jahrhunderts gehören die Ärzte zur treibenden Kraft. Eklatantes Beispiel ist der Pathologe Rudolf Virchow, der im zweiten Band seines 1847 gegründeten *Archivs* in der emphatischen Weise einer Proklamation schreibt: »Der Physiologe und der praktische Arzt werden, wenn die Medizin als Anthropologie einst festgestellt sein wird, zu den Weisen gezählt werden, auf denen sich das öffentliche Gebäude errichtet [...]« (vgl. Schipperges 1994, 114). Diese Anthropologie ist als *Natur*wissenschaft vom Menschen gedacht.

Hier drückt sich einerseits die wissenschaftspositivistische Denkhaltung jener Epoche aus, die ihren skurrilen Höhepunkt in einem Bekenntnis auf die naturwissenschaftlich-materialistische Leitidee hatte und die Physik als wissenschaftliche Führungsmacht ausdrücklich anerkannte. Zum feierlichen Schwur trafen sich die Wortführer der Physiologie und Medizin Ernst Brücke, Emil Du Bois-Reymond, Hermann Helmholtz und Carl Ludwig. Andererseits ist dies ein schönes Beispiel für die damaligen Ansprüche der Medizin, aus der kaum zu überschätzenden gesellschaftlichen Aufgabe der Hygiene und Volksgesundheit einen sozialpolitischen und universalwissenschaftlichen Führungsanspruch abzuleiten. Auch sah sie sich als Hort praktischer und theoretischer Menschenkenntnis. Der Faden der medizinischen Anthropologie reicht also von der romantischen Naturphilosophie im 18. und 19. Jahrhundert über den Wissenschaftspositivismus in der zweiten Hälfte des 19. Jahrhunderts bis zur Psychosomatik des 20. Jahrhunderts. Zum Gründungsakt der psychosomatischen Medizin gehörte spiegelbildlich, den positivistischen Wildwuchs zu beschneiden und das Subjekt in die Lebenswissenschaften einzuführen (Ludwig Krehl, Viktor von Weizsäcker u.a.).

Anthropologisches Denken als integrative Aufgabe
Wie das soufflierte Stichwort für den Einsatz der Philosophischen Anthropologie klingt das folgende Resümee: »Der lebendige und sterben könnende, Welt habende und selber als Stück zur Welt gehörige, fühlbare und fühlende Körper, dessen äußere Form Organismus und Kausalität und dessen innere Form Selbstsein und Finalität ist – er ist das Memento der immer noch ungelösten Frage der Ontologie« (Jonas 1994, 39). Der **Leibkörper als Ausgangspunkt** einer umfassenden philosophischen Perspektive, die Naturbedingtheit und kulturelle Selbstschöpfung, Körper und Seele, Leib und Geist, Innen und Außen umfasst und das methodische Postulat psychophysisch indifferenter Begriffsbildung – so stellt sich die Anthropologie des 20. Jahrhunderts dar.

Vorausgegangen war die Polarität konkurrierender methodischer Grundentscheidungen, die gleichermaßen die Philosophie und die Wissenschaften erfasst hatte. Die Geistes- und Humanwissenschaften hatten Mühe, dem erdrückenden naturwissenschaftlich-positivistischen Leitbild etwas entgegenzusetzen. Die ärztlichen Humanwissenschaften (Psychiatrie, Psychoanalyse, Psychosomatik) entdeckten im ersten Drittel des 20. Jahrhunderts die Phänomenologie für sich (vgl. Herzog 1992; 1994, 83). Die Biologie erlebte in dieser Zeit vor allem mit Hans Driesch eine Neuauflage des **Vitalismus**, die eine Kontroverse um den Lebensbegriff neu entfachte. In der Entscheidung zwischen Mechanismus und Vitalismus stand nicht nur die Methode der Biologie zur Diskussion, sondern vor allem die ›vitale‹ Frage, wie man dem Leben, dem Organischen überhaupt theoretisch Raum geben kann als etwas, das sich dem analytischen und mechanischen Kalkül vielleicht grundsätzlich entzieht. Dieser Problemkonfiguration vorausgegangen waren die Veröffentlichungen Darwins in der Mitte des 19. Jahrhunderts über Vererbung und natürliche Zuchtwahl, sie haben den lebenswissenschaftlichen Streit um Morphologie und Epigenese, Kausalität und Teleologie, um Individualentwicklung (Ontogenese) oder Stammesentwicklung (Phylogenese) auflodern lassen und bis in Bezirke der Weltanschauung getrieben; z.B. Haeckels Vulgarisierung der darwinschen Theorie (dazu Cassirer: *Das Erkenntnisproblem 4*, 125ff.). Denken wir uns die Psychoanalyse Freuds dazu, die trotz ihrer kontroversiellen Aufnahme die Human- und Gesellschaftswissenschaften grundlegend verändert und damit das Selbstbild des modernen Menschen nachhaltig geprägt hat, denken wir uns ferner die sich etablierende Soziologie und Ethologie dazu – dann haben wir eine Vorstellung von den Arbeitsanforderungen, denen sich das anthropologische Denken gegenübergestellt sah.

Die moderne philosophische Anthropologie konfiguriert sich in diesem Feld und versucht, die lockeren Fäden noch einmal zu einem durablen Gewebe zu verknüpfen. Helmuth Plessner z.B. fragt – wie wir noch sehen werden – nach der Erscheinungsweise des lebendigen Körpers (und Organismus) im Unterschied zum unbelebten Ding und diskutiert die Positionen des Vitalismus und der Gestalttheorie. Die Neovitalisten bestreiten nicht die Gültigkeit der physikalischen Prinzipien für die organische Welt, setzen aber für die energetisch bedingten Erscheinungen des lebendigen Seins (Wachstum, Stoffwechsel, Selbstregulation, Reagibilität usw.) ein immaterielles Prinzip voraus. Da zum lebendigen Organismus immer auch das Zusammenspiel der Teile (Organe) zu einem Ganzen und die Wirkung des Ganzen auf die Teile gehört, lagen gestalttheoretische Erwägungen nahe. Die **psychologische Gestalttheorie** Wolfgang Köhlers legt, in Anwendung der Gestaltprinzipien (Figur-Grund, Übersummenhaftigkeit) ein Strukturmodell des Organismus vor, das die Dualität von stofflich-mechanischen Gesetzmäßigkeiten und immateriellen, teleologisch wirkenden Faktoren unterläuft (vgl. Plessner PGS IV, 143).

2. Historische Ortsbestimmung der Philosophischen Anthropologie

Für die Entwicklung der Philosophischen Anthropologie lassen sich vor allem drei Bedingungen ausmachen:

1. Der interne Selbstklärungsprozess der Philosophie angesichts der Krise der Vernunft und des Auszugs der Wissenschaften aus der Philosophie.

2. Der Forschungsstand der empirischen Humanwissenschaften und die Akkumulation des Wissens über den Menschen.
3. Eine epochenspezifische krisenhafte Stimmungslage, die sich in einem schmerzlichen Prozess der Selbstvergewisserung und Identitätssuche äußert (z.B. der Erste Weltkrieg und seine Folgen).

Die Philosophie sucht in Abkehr von metaphysischen und idealistischen Leitbildern nach neuen Gründen des Denkens und Erfahrens. Dabei verändern sich die Kategorien und die philosophischen Teildisziplinen erfahren eine Neubewertung. Die exakten Naturwissenschaften werden zur Herausforderung (im positiven wie im negativen Sinne) für das philosophische Methodenverständnis, während die empirischen Humanwissenschaften sich zunehmend unentbehrlich machen als Stoff- und Erfahrungsquelle der Philosophie. So entsteht z.B. zwischen Philosophie und Psychologie, Philosophie und Biologie ein gegenseitiger Austausch.

Der Wechsel der Grundsignaturen von der Vernunft zum Leben ist begleitet vom Aufschwung der Lebenswissenschaften (Institutionalisierung der Biologie) und einer Hochblüte der Psychologie (zweite Hälfte des 19. und beginnendes 20. Jahrhundert). Die Philosophische Anthropologie bietet sich in dieser Umbruchsituation als eine integrative Metadisziplin an. Max Scheler hat seine Anthropologie mit den Worten eingeleitet: »Ich darf mit Befriedigung feststellen, daß die Probleme einer Philosophischen Anthropologie heute geradezu in den Mittelpunkt aller philosophischen Problematik in Deutschland getreten sind, und daß auch weit hinaus über die philosophischen Fachkreise Biologen, Mediziner, Psychologen und Soziologen an einem neuen Bilde vom Wesensaufbau des Menschen arbeiten« (SGW 9, 10).

Deutsche Philosophie der Jahrhundertwende verbindet die Dominanz der ›Lebensphilosophie‹ mit einem kulturkritischen Pathos (Lieber 1974, X). Das Jahr 1914 wird allgemein als **Aufbruch zu neuer Kultur** verstanden, die sich zu lösen sucht von dem bis dahin »vorwiegend in abstrakter Negation verharrenden Antikapitalismus, Antirationalismus, Antiliberalismus wie auch Antisozialismus [...]« (Lieber ebd., 19). Kurzzeitig war die Hoffnung aufgekeimt, dass sich im Kampf der Völker eine wahre deutsche, ja sogar europäische Kultur herausbilden könnte. Repräsentativ für die politisch-ideologische Haltung der lebensphilosophisch begründeten Kulturkritik sind Max Schelers *Der Genius des Krieges und der deutsche Krieg* (1915) und Georg Simmels *Der Krieg und die geistigen Entscheidungen* (1917).

Das weltanschauliche Wetterleuchten des ausgehenden 19. Jahrhunderts, das sich in einer entlarvenden, das traditionelle Selbstbild des

Menschen erschütternden Seelenzergliederung äußert, ist die Kehrseite der humanwissenschaftlichen Expansion. Es ist die Schule des Verdachts und der Ideologiekritik (Nietzsche, Marx), die dem Jahrhundert die Diagnose stellt. Der sich als Vernunftwesen (*animal rationale*) selbst schmeichelnde Mensch des 18. und 19. Jahrhunderts wird unsanft auf seine Kreatürlichkeit und irrationale Lebensgrundlage zurückverwiesen. Der bürgerlichen Welt wird die Maske der Reputation, der Sekurität und doppelten Moral heruntergerissen und sichtbar wird der Mensch als der Schauspieler seiner selbst, der sich zu seiner Selbstrechtfertigung nach Belieben aus dem Fundus überlieferter Werte und Überzeugungen zu bedienen weiß. Der animalische Grund treibt in seiner Einförmigkeit das Spiel der kulturellen Formen und Farben hervor. Der Mensch der nachmetaphysischen Epoche ist das unfestgestellte, offene Wesen, das sich seine kulturelle Gestalt selbst geben muss.

Das Gravitationsfeld des anthropologischen Denkens
Wenn man die **Epochengrenzen** so setzt, wie das Herbert Schnädelbach in seinem Buch *Philosophie in Deutschland 1831 – 1933* (1983) getan hat, dann fällt die Grundlegung der Philosophischen Anthropologie in die Wirren einer geistigen und politischen Umbruchsituation ›zwischen‹ den Jahrhunderten. Auch vom Anthropologen Michael Landmann bekommen wir bestätigt, dass immer in »Übergangszeiten« eine Rückbesinnung auf die geschichtliche Vergangenheit und den Menschen zu konstatieren ist (Landmann 1976, 270).

»Das Jahr 1900 markiert überhaupt keinen Einschnitt. Viel bedeutsamer ist das Jahr 1918, das durch die Kriegsniederlage alle Umbruchstendenzen der Zeit in Deutschland außerordentlich verstärkt. In der Zeit der Weimarer Republik geht manches zu Ende, und es werden die Weichen des Neuen gestellt, was man auch in der Philosophie daran erkennen kann, daß die großen Kontroversen, die unsere Gegenwartsdiskussion bestimmen, sämtlich auf jene Jahre zurückgehen« (Schnädelbach 1983, 15f.).

Folgt man der Empfehlung, die 1920er Jahre als Endphase des 19. Jahrhunderts zu betrachten, dann fällt der Gründungsakt der modernen Anthropologie noch ins alte Jahrhundert, in das sie sich in der Tat durch ein weitverzweigtes Wurzelwerk eingegraben hat.

Der ›**Zusammenbruch des Idealismus**‹ hat die Philosophie in eine tiefe Identitätskrise gestürzt, so lesen wir bei Schnädelbach, und die Bruchstücke des hegelschen Systemgebäudes säumen den philosophischen Denkweg bis ins 20. Jahrhundert, ja bis in unsere Gegenwart hinein. Alle Versuche um eine Neuorientierung blieben noch im Schatten des hegelschen Systems, das als Abstoßungspunkt und Negativfolie oder als Steinbruch dienen musste. Die Namen Feuerbach, Schelling,

Marx, Engels, Schopenhauer, Kierkegaard, Nietzsche sowie die historische Schule und Dilthey geben davon ein beredtes Zeugnis.

Mit diesen berühmten Namen des 19. Jahrhunderts ist auch ein Hauptteil der philosophischen **Ahnengalerie der modernen Anthropologie** genannt – und einem ersten historischen Lokaltermin steht nichts mehr im Wege. Dabei kann es nur darum gehen, das engere und weitere Diskussionsfeld der Philosophischen Anthropologie zu sondieren, nicht aber aus den einzelnen Denkansätzen gewisse ›Menschenbilder‹ zu extrahieren oder die Philosophen unter das Dach einer gemeinsamen Anthropologie zu zwingen (z.B. ›metaphysische Anthropologie‹). Wir bevorzugen folgendes Schema: Zum inneren Kreis gehört Diltheys Philosophie des Lebens und der kulturellen Objektivationen, im äußeren Kreis sind die oben genannten Denker als unverzichtbare Anreger und Stichwortgeber zusammengefasst. Der Blick zurück ins 18. Jahrhundert fällt auf die Philosophen Herder und Kant, deren Beitrag zur modernen Anthropologie nachweisbar ist, und dem Blick voraus ins zwanzigste Jahrhundert präsentiert sich der Gründungsakt durch Scheler, Plessner und Gehlen, während Husserl, Heidegger, Cassirer, Löwith, Krüger, Freud u.a. das Pro und Contra der Diskussion um die Anthropologie bestimmen.

›Metaphysische Anthropologie‹ als historisches Konstrukt

Unserer eher vorsichtigen Zeitbestimmung der historischen Wurzeln und philosophischen Diskussionsgrundlagen der Philosophischen Anthropologie steht eine historische Konstruktion gegenüber, die in einer Epoche der ›Verleiblichung‹ (Schulz 1976, 335ff.) das Ende des *animal rationale* sieht, jenes Menschenverständnisses, das angeblich die Denkgeschichte von Plato bis Hegel bestimmt habe. Vor allem mit Feuerbach, Schopenhauer, Nietzsche (Betonung von Leben und Leib) setze sich das *animal vitale* durch. Das 19. Jahrhundert erlebe den dramatischen Wechsel von der ›Vergeistigung‹ (bis Hegel) zur ›Verleiblichung‹ des Menschen und begründe eine Metaphysik des Lebens zusammen mit einer Anthropologie des Leibes. Hier wird also im deutenden Rückblick dem idealistischen Vernunftkonzept ein Alternativprogramm zur Seite gestellt, dem man den Titel ›**metaphysische Anthropologie**‹ verlieh. Gemäß dieser Auffassung versucht sich die nachhegelsche Epoche vom spekulativen Idealismus abzustoßen und gewinnt doch nur dessen Umkehrfigur, die weiterhin an das Schema der traditionellen Metaphysik gebunden blieb (Metaphysik des Lebens, des Leibes). Die Verhältnisse kehrten sich um: statt absoluter Geist nun subjektiver Geist, statt Vernunftwille jetzt Triebwille. In der Konfiguration von Geist und Leib, Vernunft und Leben verlagern sich die Gewichte zugunsten des irrationalen Lebensgrundes. Aber trotz vorrationaler endlicher Bestimmungsgründe des Menschen erlangen diese Begriffe doch wieder eine kosmologische Weite, den Rang metaphysischer Entitäten. Auch wenn die Welthaftigkeit und Endlichkeit des Menschen beschworen wird, so behält doch die traditionelle Metaphysik – will man der philosophiehistorischen Deutung unserer Tage glauben – die Oberhand, insofern der befreite und ›entsicherte‹ Mensch doch wieder in den kosmischen Gesamtzusammenhang zurückgeholt wird (vgl. Schulz 1976, 337; Fahrenbach 1973, 896).

Während sich kaum jemand dazu verstiegen hat, Schelling, Kierkegaard, Schopenhauer und Nietzsche als (metaphysische) ›Anthropologen‹ anzusprechen, hat Scheler als ›wirklicher‹ und bekennender Anthropologe des zwanzigsten Jahrhunderts die Verbindung zur metaphysischen Tradition gesucht. Er ist deshalb von Fahrenbach als letzter Metaphysiker vom Gründungsakt der modernen Anthropologie exkommuniziert worden (vgl. Fahrenbach 1973, 896).

Nun hat es in der Tat die ›Anthropologie‹ schon bei Kant und Hegel als ausgewiesene philosophische Disziplin gegeben, die in aller Anschaulichkeit die Themen Erkenntnisvermögen, Gefühl der Lust und Unlust, Begehrungsvermögen, natürliche und fühlende Seele, Selbstgefühl, Gewohnheit usw. behandelt hat. Alles in allem aber eine marginale Disziplin psychologischer Selbstkenntnis und praktischer Lebensklugheit, die außerhalb des systematischen Begründungszusammenhangs lag und der Gewichtung von Vernunft, absolutem Geist, Bewusstsein überhaupt, transzendentaler Logik nichts entgegenzusetzen hatte. Als philosophische Bereichswissenschaft war sie weit davon entfernt, die epochenspezifische Wesenszuschreibung des Menschen in der Bündigkeit eines *animal rationale* zu geben. Diese verdankt sich eher der Rückprojektion aus anthropologisch bewegten Zeiten des 20. Jahrhunderts und des Imaginariums einer ›impliziten Anthropologie‹.

Schaut man auf die hier behandelten Philosophen, so fällt auf, dass niemand, bis auf Feuerbach, sich zur ›Anthropologie‹ bekannt hat und dass selbstverständlich keiner von ihnen den Versuch unternommen hat, eine philosophische Disziplin dieses Namens auszubilden. Wir sind Zeugen einer historischen Konstruktion (›metaphysische Anthropologie‹), die wahrscheinlich mehr über unsere als über die vergangene Zeit verrät, wir erfahren dadurch eher etwas über das 20. als über das 19. Jahrhundert.

3. Gott ist tot. Die Selbstorganisation des Menschen

Anthropologie statt Theologie
Ludwig Feuerbach (1804-1872) versucht in Hegels Philosophie die System gewordene und in spekulative Höhe verstiegene christliche Theologie dadurch zu treffen, dass er das traditionelle **Verhältnis von Gott und Mensch** umkehrt: Seine ›Anthropologie‹ thematisiert nun die Beziehung des Menschen zu seinem Gott, der sich dem projektiven Entwurf und dessen verabsolutierender Überhöhung verdankt. Gott als Ebenbild des Menschen! Religion ist nach Feuerbach das erste, allerdings entfremdende Selbstbewusstsein des Menschen, das zugunsten einer ›anthropologischen‹ Selbstbestimmung aufzulösen ist. Mit anderen Worten, Theologie und spekulative Metaphysik haben sich in Anthropologie zu verwandeln, der Mensch als sinnliches und leibliches Wesen muss an die Stelle Gottes und seines metaphysischen Prinzips, des Geistes, gerückt werden (Feuerbach: *Das Wesen des Christentums*, 1849; dazu Braun 1992). Feuerbach verdanken wir auch die schöne materialistische Wesensbestimmung, wonach der Mensch ist, was er isst – wenn darin mehr als ein Spiel mit dem Gleichklang der Worte zu sehen ist.

Das unfestgestellte Tier und die Große Vernunft des Leibes
Wenn Gott tot ist, dann ist der Mensch auf sich selbst gestellt. Eine zweideutige Lage der Selbstbefreiung *und* der Gefährdung. Bar aller Hinterwelten und metaphysischen Sicherungen entdeckt und ergreift sich der Mensch als das ungebundene Wesen – »unfestgestellter als irgendein Tier sonst» (Nietzsche II, 862). So offen war die menschliche Lebenssituation nie. Friedrich Nietzsche (1844-1900) hat das Selbstverständnis des modernen Menschen entscheidend mitgeprägt und in ekstatischen Worten Partei ergriffen für den **schöpferischen Reichtum des ›Lebens‹** – gegen die lebens- und leibfeindlichen Mächte der Metaphysik und der moralisch-repressiven Religion. Sein Beitrag zur Anthropologie des 20. Jahrhunderts, das sich in zwei berühmten Bildern kondensiert, ist nicht ohne Zweideutigkeit. Einerseits wirft er der traditionellen Vernunft- und Bewusstseinsphilosophie eine weltvergessene Selbsthingabe vor (›Anthropozentrismus‹; Pieper 1999, 112), andererseits traut er der subjektiven Selbsterforschung keine sachhaltige und standhaltende Erkenntnis zu. »Was weiß der Mensch eigentlich von sich selbst! Ja, vermöchte er auch nur sich einmal vollständig, hingelegt wie in einem erleuchteten Glaskasten, zu perzipieren? Verschweigt die Natur ihm nicht das allermeiste, selbst über seinen Körper [...]?« (Nietzsche III, 310). Dieser Ausruf kompromittiert jede naiv setzende Anthropologie.

Einige Zeilen weiter treffen wir auf das Bild, das den Menschen reitend auf dem Rücken eines Tigers zeigt, den eigenen Träumen hingegeben (ebd., 311). Der Tiger symbolisiert das Ungezähmte, das Animalisch-Triebhafte, die Affekte und Instinkte, die den Menschen antreiben und auch führen, während er selbst Vernunftträumen über Autonomie und absolute Anfänge nachhängt. Nietzsche lässt den Menschen von seinem irrationalen, animalisch-vitalen Grund her bestimmt sein als ein Wesen der Selbsttäuschung und der logischen Fiktionen, das sich schmeichelt, im Zentrum seines Universums zu stehen.

Zarathustra schreibt den Verächtern des Leibes ins Stammbuch: »Der Leib ist eine große Vernunft, eine Vielheit mit *einem* Sinne, ein Krieg und ein Frieden, eine Herde und ein Hirt. Werkzeug deines Leibes ist auch deine kleine Vernunft, mein Bruder, die du ›Geist‹ nennst, ein kleines Werk- und Spielzeug deiner großen Vernunft« (Nietzsches II, 300). Die verleiblichte Vernunft repräsentiert, entgegen der metaphysischen Trennung von Geist und Körper, den ganzen Menschen. »Die große Vernunft des Leibes zeigt sich darin, daß sie alles in sich zu integrieren vermag – auch und gerade das dem Verstand Entgegengesetzte, das sie nicht als das Andere der Vernunft ausstößt, sondern aushält« (Pieper 1999, 127).

Das zweite große Bild zeigt den Menschen als Äquilibristen und Hochseilkünstler, der verzweifelt das Gleichgewicht zu halten sucht zwischen Tier und Übermensch. Es veranschaulicht das »gespannte Selbstverhältnis« (Pieper) des Menschen und wiederholt die Botschaft der **großen Vernunft des Leibes**: den lebensfeindlichen und reduktionistischen Formeln christlicher und materialistisch-naturwissenschaftlicher Metaphysik eine Absage zu erteilen und die auseinander strebenden Kräfte zu bündeln.

Hier zeigen sich Verbindungsfäden, die unmittelbar zu Plessners Begriff der Exzentrizität weisen, zur Dynamik des sich selbst ermächtigenden und seine schöpferischen Kräfte freisetzenden Menschen: das experimentierende, sich selbst als Experiment betrachtende Wesen (vgl. Plessner: *Macht und menschliche Natur*, 1931). Dazu gehört der skeptische und metaphysikkritische Grundzug dieser Anthropologie bei Plessner und Gehlen und die Nähe zu Leben und Leib.

Bei Walter Schulz (1976, 415) finden wir die Bedenken, dass die pathetische Übersteigerung, an der das Konzept des ›Übermenschen‹ kranke, die Gefahr in sich berge, den Menschen zu vergöttlichen und zu verabsolutieren und damit die naturalen Bedingtheiten und historischen Vermittlungsschritte hin zu einer handelnden Welt- und Selbstbewältigung zu überspringen.

Der Mensch als Gesellschaftswesen
Darin uns belehrt zu haben, ist das Verdienst von Karl Marx (1818-1883), dessen ›historischer Materialismus‹ vortrefflich mit der Dialektik Hegels zu wuchern versteht. Für die moderne Anthropologie ebenfalls eine zweideutige Erbschaft. Menschliche Vergesellschaftung und Aneignung der Natur sind die Faktoren jenes historischen Prozesses, in dem der Mensch zu sich selbst kommt. **Handlung und Arbeit** setzen das Wechselspiel von gesellschaftlicher Formation und Kultivierung der Natur in Gang und reproduzieren das Menschengeschlecht. Aber es gilt, dass der Mensch erst werden muss, was er noch nicht ist: Movens, Subjekt der Geschichte. Die ›materialistische‹ Auffassung von der Naturgebundenheit des bedürftigen Lebewesens Mensch, das sich selbst herstellen muss, hat die Aufmerksamkeit der Anthropologie auf sich gelenkt. Aber das überwertige *gesellschaftstheoretische* Motiv, das in der Individualität des Menschen nur den Anlass zu seiner Entfremdung sieht und das Einswerden des Einzelnen mit dem ›Gattungswesen‹ Mensch fordert (das Individuum ist **das Ensemble der gesellschaftlichen Verhältnisse**), setzt den anthropologieskeptischen Grundzug des ›Marxismus‹ frei, der sich u.a. wiederfindet in der Kritischen Theorie der Frankfurter Schule.

Dem Thema der zu vermenschlichenden Natur begegnen wir unmittelbar bei Arnold Gehlen wieder: Der Mensch muss um sich und in sich eine zweite Natur schaffen, um Kulturwesen werden zu können (*Mensch*, 303, 348). Aus dem gleichen Lager wird aber auch Kritik am utopischen Geschichtsmodell der marxschen Theorie laut. Als idealistisches Vorurteil und Erbe Hegels betrachtet Plessner die Gleichsetzung von Entäußerung und verlusthafter Selbstentäußerung, d.h. ›**Entfremdung**‹. »Aber der Mensch hat *sich* nie verlassen. Keine Art von Arbeit hat ihn je von *sich* entfremdet. Und keine Art von Arbeit kann ihn um seine Möglichkeiten bringen. So kehrt denn der Mensch auch nie zurück. Auf die dem Marxismus inhärente Romantik von Entfremdung und Heimkehr müssen wir verzichten und uns ihren illusionären Charakter eingestehen« (PGS VIII, 366). Exzentrisch leben heißt prinzipiell ›entfremdet‹ sein. Diese unpathetische Haltung erspart sich die versöhnende Rückkehr aus objektivierten Verhältnissen (Verfallsgeschichte) zu sich selbst und damit die Utopie eschatologischer Zukunftserwartungen und chiliastischer Gesellschaftsmodelle. Aber ungeachtet dessen haben die im marxschen Werk verstreuten Hinweise auf den Menschen (vor allem in der *Deutschen Ideologie*) eine ›anthropologische‹ Diskussion entfacht, die sich u.a. literarisch so widergespiegelt hat: »Beachtenswerte Versuche moderner marxistischer Denker wie Adam Schaff, Leszek Kolakowski, Karel Kosík u.a., ursprüngliche Gehalte des Marxismus in einer marxistischen ›Philosophie des Menschen‹ zu aktualisieren, fußen weitgehend auf der Rezeption jener aus dem Jahre 1844 stammenden, aber erst 1932 entdeckten *Pariser Manuskripte* des jungen Marx« (Müller-Herlitz, 11).

Der Mensch als Nein-Sager
Schopenhauer (1788-1860) lässt die welthaften Erscheinungen des Willens in einem bewusstseinstranszendenten Willen als Ding an sich gründen, ein unbeeinflussbarer ontologischer Grund, der als unersättliche Begierde den Menschen in den Weltprozess hineinmischt und mit sich selbst entzweit. Während bei Nietzsche der ›Wille zur Macht‹ das Steigerungspotential des Lebens kennzeichnet, den unausschöpflich zeugenden, über sich hinausdrängenden Lebenswillen, muss sich nach Schopenhauer der Mensch aus dem Tretrad des egoistisch gestimmten, Leiden verursachenden Triebwillens durch weltverneinende Askese befreien. ›Leben‹ als sich selbst übersteigernde Macht gegen ›Leben‹ als unendliche, selbstsüchtige Begierde. Wir haben also die Wahl zwischen dem Menschen als inbrünstig-verzweifeltem Ja-Sager (Nietzsche) und als grimmig-melancholischem Nein-Sager (Schopenhauer). Die Anthropologen Scheler und Gehlen haben sich lieber von Schopenhauers asketischem Ideal inspirieren lassen.

Es sei hier offen gelassen, ob die Kategorie der ›metaphysischen Anthropologie‹ eine sinnvolle und nützliche Perspektive eröffnet oder doch nur einen Zerrspiegel darstellt (war Nietzsche Anthropologe oder nicht viel eher der verletzliche, feinnervige ›Psycholog‹ und Diagnostiker seiner Zeit? Ist seinem *Zarathustra* eine ›Anthropologie des Übermenschen‹ zu entwinden? So viel lässt sich allerdings entscheiden: Die philosophischen Anthropologen des 20. Jahrhunderts haben den hier zusammengestellten Denkern einiges zu verdanken. Nur wenige Motive aneinander gereiht:

1. Der sich in Auseinandersetzung mit der Natur selbst organisierende, gesellschaftlich und kulturell formierende Mensch.
2. Das Konzept eines Geistes, der im vormenschlichen Bereich, in der Natur, bereits vorgeformt ist, letztlich die wechselseitige Durchdringung von Geist und Natur (Plessner geht in die naturphilosophische Schule des frühen Schelling).
3. Der von Fichte, Schopenhauer und Nietzsche konzipierte Trieb- und Wirklichkeitsbegriff wird von Scheler und Gehlen rezipiert, die damit einhergehende Thematik der menschlichen Selbsterhaltung erhebt Gehlens naturalistischer Ansatz zum ›biologischen‹ Dogma. Wenn in Umkehrung der intellektualistischen Tradition

Plessner die Aufmerksamkeit auf den Vorgang der Versinnlichung, Verleiblichung und Verkörperung lenkt, dann bewegt er sich auch in den Spuren Nietzsches.

4. Wilhelm Dilthey – Geburtshelfer der modernen Anthropologie

Es ist verständlich, dass in der kosmologischen und ontologischen Formation der Antike und im theozentrischen Weltverständnis des Mittelalters der Mensch als Mittelpunkt seiner Welt gar nicht in Frage stand und dass die spätere Idee einer Anthropologie als *prima philosophia* die damaligen Denker wohl in Erstaunen versetzt hätte. Dazu bedurfte es erst einer Revolution: des Übergangs vom theozentrischen zum anthropozentrischen Weltbild in der Neuzeit. Im christlichen Mittelalter war die Theologie Erste Wissenschaft, sie beherrschte die Philosophie und widmete sich als ihrem Fluchtpunkt der Frage nach dem einen allmächtigen Gott. Der Mensch musste erst aus dem festen Bezugsrahmen des Kosmos, des Seins, der göttlichen Weltordnung heraustreten, um sich als eigenständiges, seine Welt und sich selbst organisierendes Wesen verstehen zu können.

Nun präsentierte sich das **anthropozentrische Weltbild** in der Dualität eines transzendental-empirischen Zentrums – Foucault spricht von der »empirisch-transzendentalen Dublette« (1974, 388): das *transzendentale* Subjekt als logische Möglichkeitsbedingung des *empirischen* Subjekts und der Erkenntnis der erfahrbaren Welt. Mit anderen Worten, im ersten Schritt dieser ›kopernikanischen Drehung‹ (Kant) gerät noch nicht der ›Mensch‹ in den Blick, sondern erst der transzendental-konstitutive Ursprungsakt subjektiver Setzung, und die Grundlegung der theoretischen und praktischen Vernunft empfahl sich als obligatorische Aufgabe der Philosophie. Der ›Anthropozentrismus‹ ist daher nur die notwendige, aber noch nicht hinreichende Bedingung der modernen Anthropologie. Dazu bedurfte es erst einer weiteren Drehung, oder kritisch gesagt, einer Rückdrehung: von einer transzendentalen Prinzipienwissenschaft und letzten rationalen Gründen zu einer ›Philosophie des Konkreten und Endlichen‹ und irrationalen Fundamenten, wie wir sie paradigmatisch in der Lebensphilosophie Diltheys (und in systematischer Gestalt in der ›Hermeneutik des Daseins und der Faktizität‹ Heideggers) verwirklicht finden. Eine gewissermaßen auf den Kopf gestellte Transzendentalphilosophie, die das Mandat letzter Begründung abgeschüttelt hat (Dilthey) und in der Hinwendung zu

Geschichte, Leben, Praxis der Philosophischen Anthropologie den Weg ebnet.

Wenden wir uns diesem Weg am Beispiel Diltheys zu. Wir müssen uns dazu vergegenwärtigen, dass mit dem Zerbrechen des spekulativen Rahmens der hegelschen Philosophie auch die metaphysische Weltordnung und mit ihr die *eine* absolute Vernunft zerbrach. Zurück blieb die Geschichte als ein offener Prozess, zurück blieb die Vielfalt der Traditionen, der Kulturstile, der historisch bedingten Rationalitäten, zurück blieb auch der **Mensch als endliches, individuelles Wesen** und Subjekt-Objekt der Geschichte. Der Zusammenbruch der metaphysischen Ordnung setzte die Wissenschaften frei und führte zur Begründung einer metaphysikfreien Historiographie. Philosophie musste sich in ihrem Verhältnis zu den Einzelwissenschaften neu definieren. Der Mensch, nun Gestalter seines eigenen Schicksals, Akteur der Geschichte, war gleichwohl einem Prozess ausgeliefert, der ohne metaphysische Sicherungen kontingent und riskant war: die kulturelle Selbstgestaltung im Medium der Naturbearbeitung. Die Aufgabe der zu begründenden Geisteswissenschaften stellt sich so dar: aus der jeweiligen fachwissenschaftlichen Perspektive den Vorgang der kulturellen Objektivation zu spiegeln, die geschichtlich-gesellschaftliche Welt in ihrer Gesamtheit zu zeigen (vgl. Orth 1984, 7ff.; 1985, 7ff.).

4.1 Vernunft unter Bedingungen ihrer Geschichtlichkeit

Dem 19. Jahrhundert war der Anspruch des Absoluten fragwürdig geworden. Mit dem Niedergang des hegelschen Systems verlor die Metaphysik ihre verbindliche definitorische Macht, behielt aber weiterhin eine verborgene theoretische Prägekraft bei. Geschichte, aus dem Vernunftgerüst idealistischer Geschichtsteleologie befreit, avancierte zur Signatur einer um Endlichkeit und Konkretion ringenden Philosophie. Die Verhältnisse kehrten sich um: Vernunft musste fortan vor die Schranken der Geschichte treten und ihre Legitimation in geschichtlicher, sprachlicher und leiblicher Verkörperung erweisen. Dies ist der zeitgeschichtliche Horizont der »Kritik der historischen Vernunft« (vgl. Riedel 1978, 42ff.).

Erlebte Geschichte und Ausdruck

Diltheys Programm einer neuen Vernunftkritik steht unter einer doppelten Forderung: ein methodisches Instrumentarium für den wissenschaftlichen ›Aufbau der geschichtlichen Welt‹ zu finden und gleichzeitig die philosophische Reflexion auf die endlichen Bedingungen ihrer selbst zu lenken. Die methodische Grundlegung der Geisteswissenschaften geht zusammen mit einer Kritik der historischen (endlichen) Vernunft. Den leitenden Impuls des diltheyschen Philosophierens kann man so zusammenfassen: sich der vorwissenschaftlichen Lebenspraxis als einer Ursprungssphäre zu versichern, als eines neuen Ausgangspunkts diesseits der traditionellen Gebietstrennung in theoretische, praktische und poietische Vernunft. Letzter Bezugspunkt ist ein Lebens- und Erlebenszusammenhang, der das Denken, Fühlen, Wollen, Werten, selbst die Sozial- und Körpersphäre zu einer strukturellen Einheit verbindet.

Die zentrale Frage der Geisteswissenschaften wie der Philosophie lautet nun: Wie baut sich das menschliche, das geistige Leben in der Geschichte auf? In Abwehr aller kausal-mechanischen und extern-konstruktiven Methoden ist der Lebenszusammenhang nur aus ihm selbst zu verstehen. Daraus entstehen zwei Folgen für das Theoriekonzept Diltheys: **Lebensphilosophie und Hermeneutik** verschränken sich ineinander, und die Methode der Geisteswissenschaften erweist sich letztlich als Aufgabe einer hermeneutischen Logik.

War Verstehen ursprünglich auf die interpretierende Aneignung eines Textsinns bezogen, so dehnt sich nun der Gegenstandsbereich auf die ganze vom Menschen gewirkte, geschichtlich-gesellschaftliche Welt aus. Diltheys von Hegel inspirierte metaphysische Konstruktion sieht vor, dass dem zerfließenden Geschehen der Geschichte ein Kontinuität und Einheit garantierendes Medium zugedacht wird: das Leben. Menschliches Leben ist nach Dilthey als Einheit im Wandel selbst mehrfach gestuft und mit sich vermittelt. Ein Strukturgefüge, dessen Teile zusammenspielen und sich wechselseitig bedingen: der individuelle Lebensverlauf und die überindividuellen Wirkungszusammenhänge. Geschichte ist die unendliche Variation dieser Struktur. Dilthey beantwortet sich die selbstgestellte Frage nach der Geschichte so:

»Geschichtliches Leben ist ein Teil des Lebens überhaupt. Dieses aber ist, was im Erleben und Verstehen gegeben ist. Leben in diesem Sinne erstreckt sich sonach auf den ganzen Umfang des objektiven Geistes, sofern er durch das Erleben zugänglich ist. Leben ist nun die Grundtatsache, die den Ausgangspunkt der Philosophie bilden muß. Es ist das von innen Bekannte, es ist dasjenige, hinter welches nicht zurückgegangen werden kann« (DGS VII, 261).

Dilthey zufolge korrespondieren nicht nur Leben und Geschichte miteinander, sondern auch Leben und Erleben. Vom Leben getragen repräsentiert das Erleben den unmittelbaren Weltbezug, die vorwissenschaftliche Lebenserfahrung und Lebenspraxis. Verstehen bedeutet demgegenüber den vermittelten, reflexiven Modus der Welterfahrung.

Alles geistige, seelische Leben ist auf Ausdruck aus. Insofern ist jeder Lebensausdruck als Äußerung eines verborgenen Inneren zu verstehen, die Mimik eines Menschen ebenso wie die hermetische Verschlossenheit eines Textes aus grauer Vorzeit. Leben versteht Leben, sagt Dilthey. Der Ausdruckscharakter eines zornigen Gesichts bedarf keiner weiteren Deutung, er wird spontan verstanden; das geronnene Leben der Dokumente und Monumente dagegen muss aktualisiert werden in der methodisch disziplinierten Interpretationsarbeit. Der Wegfall eines sicheren Ausgangspunktes bindet das Verstehen an ein zirkuläres Verfahren (›hermeneutischer Zirkel‹).

Dilthey lässt sich einerseits inspirieren von der Historischen Schule (Niebuhr, Ranke, Droysen), die eine kultur- und geschichtsrelationale Position (jede Epoche ist in sich zentriert und gleich-gültig) pflegt und Geschichte aus dem idealistischen Vernunftschema zu sich befreit hat, andererseits von den Bemühungen, die **Krise der Vernunft** im Rückgriff auf Kant zu meistern. Diltheys Programm einer neuen Vernunftkritik läuft auf eine Rehabilitierung der vorwissenschaftlichen Lebenspraxis hinaus. In diesem Programm hat er sich den philosophischen Herausforderungen seiner Zeit gestellt: philosophische Reflexion auf den Weg ihrer eigenen Genealogie zu bringen, d.h. bis zur Schicht der konkreten Handlungs- und Lebensbezüge voranzutreiben. Daraus leitet sich die Aufgabe und der Anspruch ab, durch Aktualisierung vorbegrifflichen Erlebens und unreglementierter Erfahrung das mahlende Räderwerk formalen Prinzipiendenkens wieder in einen fruchtbaren, inhaltsbezogenen Forschungsprozess zurückzuverwandeln. »Der Grundgedanke meiner Philosophie ist, daß bisher noch niemals die **ganze, volle, unverstümmelte Erfahrung** dem Philosophieren zugrunde gelegt worden ist, mithin noch niemals die ganze und volle Wirklichkeit« (DGS VIII, 171). In dieser Intention weiß sich Dilthey mit Husserl und der Phänomenologie verbunden und in dieser Absicht weist er auch auf die Lebensweltphilosophie und die Philosophische Anthropologie voraus.

4.2 Kritische Auseinandersetzung mit Kant

Diltheys *Einleitung in die Geisteswissenschaften* (1883) stellt das Projekt einer »Kritik der historischen Vernunft« vor. Dieser Titel enthält eine deutliche Anspielung auf die kantische Vernunftkritik. So liegt die Frage nach dem Verhältnis Diltheys zu Kant nahe. Als inspirierende Vorbilder sind namhaft zu machen: die frühe hegelsche Philosophie, Schleiermachers Hermeneutik, die Historische Schule, nicht zu vergessen Feuerbach und Marx, Nietzsche und Kierkegaard als die Architekten im Umbau von theoretischer zu praktischer Philosophie. Und nun Kant und der Neukantianismus. Im Theorienkosmos Diltheys figuriert der Name Kant für ein Erkenntniskonzept, das erst nach grundlegender Revision zum Zuge kommen kann.

»Die Kritik Kants hat nicht tief genug in den Körper der menschlichen Erkenntnis eingeschnitten. Der Gegensatz von Transzendenz und Immanenz bezeichnet nicht die Grenzlinie der möglichen Erkenntnis. Die Wirklichkeit selbst kann in letzter Instanz nicht logisch aufgeklärt, sondern nur verstanden werden. In jeder Realität, die uns als solche gegeben ist, ist in ihrer Natur etwas Unaussprechliches, Unerkennbares« (DGS VIII, 174).

Lebenszusammenhang statt formale Vernunfteinheit
Diltheys Vernunftkritik tauscht das Epitheton ›rein‹ gegen ›historisch‹ aus und bekundet damit einen entschiedenen Vorbehalt gegenüber Kant: ›Reine‹ Vernunft ist der abstraktive und formale Restbestand ihrer selbst, gewonnen im Rückgriff auf die zeitgenössische Naturerkenntnis. Während Kants transzendentale Grundlegung der (theoretischen) Philosophie der klassischen newtonschen Physik verpflichtet war, versucht Dilthey, einer Philosophie den Weg zu bereiten, die den nachhegelschen Bedingungen ›säkularisierter‹ Geschichtlichkeit gerecht zu werden vermag. Dieser Weg parallelisiert das Programm einer Kritik der endlichen Vernunft mit der Grundlegung der ›historischen‹ Geisteswissenschaften. Zugespitzt gesagt: Die Umwertung der kantischen Erkenntniskritik, ihre Orientierung an den Erfordernissen der Geisteswissenschaften soll einer recht verstandenen Vernunftkritik die Bahn ebnen. Und umgekehrt soll die Revision der intellektualistischen Erkenntnistheorie die Grundlegung der Geisteswissenschaften vorbereiten. Vernunft verliert sich als überzeitlichen, absoluten Maßstab und gewinnt dafür das historische Leben in der Fülle und Konkretion seiner Erscheinungsweisen. Dies bedeutet, dass Vernunft in ihrer Endlichkeit von Zeit und Umständen abhängig ist. ›Autonom‹ ist sie nur in der Einsicht dieser Abhängigkeiten, die es ihr ermöglicht, den Erfahrungsprozess kritisch zu befragen und zu berichtigen.

»In den Adern des erkennenden Subjekts, das Locke, Hume und Kant konstruierten, rinnt nicht wirkliches Blut, sondern der verdünnte Saft von Vernunft als bloßer Denktätigkeit« (DGS I, XVIII). Nach dieser Kritik am formalen Erkenntnissubjekt erläutert Dilthey seine Methode:

»jeden Bestandteil des gegenwärtigen abstrakten, wissenschaftlichen Denkens halte ich an die ganze Menschennatur, wie Erfahrung, Studium der Sprache und der Geschichte sie erweisen und suche ihren Zusammenhang. Und so ergibt sich: die wichtigsten Bestandteile unseres Bildes und unserer Erkenntnis der Wirklichkeit, wie eben persönliche Lebenseinheit, Außenwelt, Individuen außer uns, ihr Leben in der Zeit und ihre Wechselwirkung, sie alle können aus dieser ganzen Menschennatur erklärt werden, deren realer Lebensprozeß am Wollen, Fühlen und Vorstellen nur seine verschiedenen Seiten hat. Nicht die Annahme eines starren a priori unseres Erkenntnisvermögens, sondern allein Entwicklungsgeschichte, welche von der Totalität unseres Wesens ausgeht, kann die Fragen beantworten, die wir alle an die Philosophie zu richten haben« (ebd.).

Dilthey versucht, den unter dem Ideal formaler Vernunfteinheit stehenden Bewusstseinszusammenhang der klassischen Erkenntnistheorie zu ersetzen durch einen **Lebenszusammenhang**, der die ganze Fülle der Erfahrungsmöglichkeiten umfasst. Der Primat der theoretischen Einstellung und der distanzierenden Vorstellung, der formalen Konstruktion und des Objektivitätsideals, der statischen apriorischen Begrifflichkeit soll gebrochen werden zugunsten einer an Sprache, Wahrnehmung, Geschichte und Handeln orientierten **Philosophie der Erfahrung**. Im konkreten Weltbezug wird die Weltzugehörigkeit, der ursprüngliche Praxisbezug, die Macht der Irrationalität in Gefühlen und Trieben betont. Dies Ziel ist nur zu erreichen durch die Annullierung der Subjekt-Objekt-Trennung und durch Rückgang auf ein historisch-gesellschaftliches Subjekt-Objekt.

Es ist leicht einzusehen, dass die Durchführung dieses Konzepts zwischen einer psychologisch-anthropologischen und einer genetisch-systemischen Lösung oszillieren konnte. Bezugspunkt ist jetzt der Lebenszusammenhang, der gleichsam immanent aufzuhellen ist durch Innewerden, innere Wahrnehmung, Erlebnis; der methodische Terminus heißt ›Selbstbesinnung‹. So entsteht ein Bewusstseinszusammenhang, dessen Erleben sich in der Unergründlichkeit des Lebens verliert und deshalb eine logische Selbsttransparenz ausschließt. »Hinter das Leben kann das Denken nicht zurückgehen« (DGS V, 5). Allerdings soll nach Dilthey das unablässige Strömen des Lebens, seine geschichtlichen Konfigurationen verstehbar und beschreibbar sein. Ersichtlich steht und fällt dieses Erkenntniskonzept mit der Bereitstellung einer Methode, die dem Lebensprozess gerecht zu werden vermag. Sie darf nicht konstruktiv verfahren, weil jede äußerlich aufgeprägte Form der Dynamik des Lebens widerstreitet. Es gilt umgekehrt, das logische Instrumentarium so geschmeidig zu machen, dass sich mit seiner Hilfe das innere Bewegungsgesetz des Lebens aufspüren lässt. Vermeidet man nicht überhaupt den Rückgang auf das handelnde und erlebende Individuum (ein Erbe der Historischen Schule) und versucht, die ›Lebensdialektik‹ durch systemtheoretische Begriffe zu beschreiben – auch dies enthält der diltheysche Theorien-Fundus (vgl. Krausser 1968, 142ff.) – , dann drängt sich die Frage nach den konstitutiven Bedingungen des Lebens- und Erlebenszusammenhangs auf. Dilthey hat sich dieser Aufgabe in kritischer Anlehnung an die *Kritik der reinen Vernunft* (1781) gestellt.

Kategorien des Lebenszusammenhangs
Die revidierte ›transzendentale Logik‹ im Dienst der geisteswissenschaftlichen Erfahrung hat sich an einer neuen Bedingung auszurichten: an der Geschichte des Lebens, am lebendigen Geschehen der Geschichte. Die allgemeine Tendenz zur Dynamisierung und Verzeitlichung konkretisiert sich im **›realen Lebensprozess‹**, der aus seinem inneren Impuls heraus zu verstehen ist. An die Stelle der starren Gedankenformen tritt die innere Bewegung des Geistes, statt ruhender Kategorien durch Erfahrung modifizierbare Schemata. Das Kategorienproblem geht Dilthey folgendermaßen an: Transzendentalphilosophie und empiristische Assoziationslehre sind unter dem Einfluss der Naturwissenschaften entstanden. Sie empfingen die Begriffe von Zeit, Raum, Substanz und Kausalität in abstrakter Fassung. Nur in Vergessenheit ihrer Herkunft (aus dem Lebenszusammenhang) konnten diese Kategorien zur Bestimmung logischer Verhältnisse sublimiert werden. Kant hat diese Begriffe einfach als apriorische Funktionen auf das transzendentale Subjekt projiziert. »So ist die Beschaffenheit und der Ursprung der Kategorien auf den Kopf gestellt worden und muß nun wieder auf die Füße gestellt werden« (DGS XIX, 288).

Dilthey nennt die *realen* Kategorien Lebensbegriffe oder Lebenskategorien, die dem Erleben selbst entstammen. Als **Lebenskategorien** werden u.a. genannt: Wesen, Zweck, Wert, Sinn, Bedeutung, Entwicklung, Selbigkeit (des Ganzen, der Einheit, der Substanz), das Verhältnis des Ganzen zu seinen Teilen, Wirken und Leiden (der Kausalität).

Bei aller Orientierung an der klassischen Erkenntnistheorie verliert Dilthey das prekäre Verhältnis des ›realen Lebensprozesses‹ zu seiner Kategorisierung nicht aus dem Blick. »Es gibt keinen Kunstgriff, diese Kategorien definitiv und reinlich auszusondern, ihre Zahl festzustellen und ihren Ort zu bestimmen« (DGS XIX, 361). Der Lebenszusammenhang ist nicht durch Begriffe zu ergründen. Im Streulicht der ordnenden kategorialen Funktion zeigt sich die Artikulation des Lebens ›in gewissen Zügen oder Linien‹. Gerade darin erweist sich die Eigenart des Lebens, dass uns diese Begriffe nur in einem Kontinuum, also ohne strikte Abgrenzung, bewusst werden können. »Die Zahl der realen Kategorien ist daher unbestimmbar« (DGS XIX, 362).

4.3 Verleiblichung des Bewusstseins. Von der Psychologie zur Biologie

Diltheys philosophischer Neubeginn in der nachhegelschen Epoche hat Konturen angenommen. Geschichte wird aus dem spekulativ-idealistischen Rahmen der Linearität und Zielgerichtetheit (Teleologie) gelöst, ihr Schrittgesetz bestimmt nun das ›Leben‹ und nicht die absolute Vernunft. ›Leben‹ als ›dialektisches‹, mehrfach gestuftes Geschehen stiftet die Vermittlung zwischen dem individuellen Leben und Erleben und den überindividuellen Wirkungszusammenhängen. ›Leben‹ als menschliches Leben wächst historisch je und je zusammen zu kulturellen Formen und Gestalten. Aber alle kulturellen Objektivationen sind auf die Leistung der endlichen Menschenvernunft und nicht auf den absoluten Geist zu beziehen: ›objektiver Geist‹ unter Abzug des Absoluten. Die Begriffe Geschichte, Leben und Geist bilden zusammen eine Struktureinheit im Zeichen der Endlichkeit. Alles Leben ist auf Ausdruck angewiesen. Ausdruck und Verstehen (des Ausdrucks) sind zwei Funktionsweisen des Lebens. Der Ausdruck ist das Korrelat der Bedeutung, die Bedeutung die umfassende Kategorie des Lebens (DGS VII, 232).

Es soll hier nicht darüber entschieden werden, ob die Perspektive des Lebens in ihrem Ausgriff auf das Ganze, das Leben in seiner schillernden Vieldeutigkeit, doch wieder in einem einheitlichen Fokus zentriert ist und die verbannte Metaphysik zur Hintertür wieder hereinlässt – wichtiger ist die heuristische Bedeutung des **Lebens als Chiffre des Endlichen und Konkreten**. Diltheys Programm der Philosophie der historischen Faktizität und der Endlichkeit mit seinen unwiderruflichen Weichenstellungen hat Schule gemacht: Heideggers Hermeneutik des Daseins und der Faktizität, die Kulturphilosophie und ›Kulturanthropologie‹, die Philosophische Anthropologie und Plessner, verwandtschaftliche Beziehungen zur Phänomenologie.

›Psychophysische Lebenseinheit‹ und ›Menschennatur‹

Diltheys Neubeginn verstand sich auch als kritisch-methodische Grundlegung: Kritik der historischen (endlichen) Vernunft. Ersichtlich wird, dass die ›lebensphilosophische‹ Revision der transzendentalen Begründungsweise kantischer Provenienz in die Erkenntnis*psychologie* bzw. Erkenntnis*anthropologie* – was immer das sein mag – einmündet. In der Tat verwendet Dilthey die Begriffe *Psychologie* und *Anthropologie* in Austausch miteinander (vgl. Knüppel 1991, 42ff.). Das blutleere transzendentale Erkenntnissubjekt wird aufgefüllt und zur Statur einer »psychophysischen Lebenseinheit« gebracht. Die »ganze Menschennatur« muss zum Einsatz gebracht werden, nicht nur als kulturelles Geistwesen, sondern auch in der Irrationalität seiner Gefühle und Triebe und bis in die naturgegebenen ›biologischen‹ Wurzeln hinein. Nur so lässt sich das Spiel der Kulturformen und historischen Konfigurationen verstehen.

Dies alles wurde zum Anstoß eines grundlegenden Blickwechsels in der Philosophie. Und hier liegt auch der Impuls für die *Philosophische Anthropologie*. Daran gemessen ist die diltheysche Bestimmung des Menschen nur eine flüchtige Episode: Was der Mensch ist, *wissen* wir nur aus der Geschichte. Wir erkennen den Menschen zunächst an den kulturellen Objektivationen, die ein Spiegel seiner selbst sind und das Leistungspotential des Lebens, des menschlichen Lebens, verraten. Aber unter den kulturellen Kleidern – so entscheidet Dilthey – verbirgt sich »die Gleichförmigkeit der menschlichen Natur« (DGS V, 229). «Eine **gemeinsame Menschennatur** und eine Ordnung der Individuation steht in festen Lebensbezügen zur Wirklichkeit, und diese ist immer und überall dieselbe, das Leben zeigt immer dieselben Seiten« (DGS VIII, 85).

›Philosophie des Konkreten‹ – dies war der Neubeginn im Zeichen einer ursprünglichen, unverstümmelten Erfahrung, der Rückgang auf eine vorwissenschaftliche Lebenspraxis und die Hinwendung zur Sachhaltigkeit, zu Inhalt und Gegenstand. Den Lebenszusammenhang aus ihm selbst verstehen zu wollen, d.h. unabhängig von der kausal-mechanischen und konstruktiven Methode, die die menschliche Erfahrung zerstückelt, kann nur heißen, wieder auf die psychologische Introspektion und Deskription zurückzugreifen, will sagen, auf den Erlebnis- und Erfahrungshorizont des Individuums. Terminologisch gesetzt ist bei Dilthey der Begriff der ›**Selbstbesinnung**‹ (Knüppel 1991, 58ff.). Die ›Geisteswissenschaft‹ Philosophie erhebt den Anspruch, die ›Geisteswissenschaften‹ (Regionalwissenschaften) methodologisch, dies meint erkenntnispsychologisch zu begründen.

Psychologie und Anthropologie

Die Dimension des klassischen ›Psychologismus‹ wird dadurch überschritten, dass die Psychologie flankiert wird von den philosophischen Disziplinen der *Anthropologie* und der *Hermeneutik*. Dilthey lässt die Entscheidung zwischen einer psychologischen und einer hermeneutischen Begründung der Geisteswissenschaften »bis zuletzt in der Schwebe« (Bollnow 1985, 51). Diese Uneindeutigkeit wird nachvollziehbarer, wenn man bedenkt, dass die geistigen Leistungen sich einem schöpferischen Quellgrund verdanken, der sich in der Dunkelheit irrationaler Lebensprozesse verliert. Ausdruck des Lebens und zu verstehende

Bedeutung des Lebens sind die zwei Seiten einer Medaille. Wir haben es immer mit der ›Innerlichkeit‹ vorrationaler Lebensprozesse und der ›Äußerlichkeit‹ verstehbarer Lebensbekundungen zu tun.

Da ist nicht nur die Spannung zwischen Lebensinnerlichkeit und kultureller Objektivation, Selbstwahrnehmung und Erfassen des Fremdseelischen, zwischen der Erlebnisunmittelbarkeit des Individuums und der Realisierung der Bedeutungskategorie im Verstehen, sondern auch die Divergenz zwischen geistig-psychischem und materiellem Leben. ›Leben‹ umfasst bei Dilthey mehr als die Vollzugsmodalität des Bewusstseins (Bewusstseinsstrom), geistig-kulturelle Lebensformen haben ihren Grund im ›naturgebundenen‹ Leben. Movens der Geschichte ist der Mensch, der ›ganze Mensch‹ als ›psychophysische Einheit‹. So erklärt sich nicht nur das Schwanken zwischen einer erkenntnispsychologischen Begründung und einer hermeneutischen Logik, sondern auch die **Interferenz zwischen Psychologie und Anthropologie**.

Und darin unterscheidet sich Dilthey von Husserl und Heidegger. Während Husserl in seiner strikten transzendental-phänomenologischen Ausrichtung alle Erwartungen auf den inneren Bezirk des reinen Ich, der leistenden Subjektivität gesetzt hat, durcheilt er die Vorzimmer und Wandelgänge der Psychologie, Physiologie und Anthropologie, deren Dienste er mehr oder weniger in Anspruch nimmt, deren Gegenstandswelt er allerdings ›einklammert‹. Ihm bedeutet die Ermächtigung dieser Disziplinen zu einer Ersten Wissenschaft schlicht ›Psychologismus‹ bzw. ›Anthropologismus‹ (Hua XVII, 177f.; Hua VI, 206f.; Hua VII, 156f.), sie existieren nur in der Vergessenheit eines letzten Erkenntnisgrundes. Der Titel einer systematischen Fundamentalwissenschaft gebührt nur der Phänomenologie. Heidegger ist – trotz der großen Differenz zu seinem Lehrer – in einer vergleichbaren Lage, seine ›Fundamentalontologie‹ verweist die genannten Disziplinen in den Rang seinsvergessener Regionalontologien. Husserl und Heidegger beklagen sich gemeinsam über die vorherrschende modische Zeiterscheinung, Philosophie in Anthropologie aufgehen zu lassen (vgl. Heidegger: *Kant*, 203).

Nur Dilthey konnte in der Spannweite seines philosophischen Theorieansatzes oder in seiner produktiven Unentschiedenheit – je nach Sichtweise – der Philosophischen Anthropologie den Weg weisen. Diltheys an Hegel und der historischen Schule geschärfter Blick, so wäre zu erwarten, nimmt nur die geschichtliche und kulturelle Welt wahr. Aber er beweist bei aller ›geisteswissenschaftlichen‹ Orientierung eine Sensibilität und ein Interesse für das materielle Moment der Kulturleistungen und für die faktische (›biologische‹) Bedingtheit des Lebenszusammenhangs. Darin ist ihm Plessner in seiner »Ästhesiologie des Geistes« (*Die Einheit der Sinne* (1923), PGS III) unmittelbar gefolgt. Von Dilthey ist bekannt, dass er während seines Baseler Ordinariats »bei dem Kollegen His nicht nur Physiologie hört, sondern auch an Präparierkursen teilnimmt« (Orth 1985, 12 Fußn.). Ernst Wolfgang Orth ist überzeugt, dass sich sogar »eine positive Theorie der Naturwissenschaften« wie ein Palimpsest im Werk Diltheys abzeichnet (ebd., 16 Fußn.).

Leben ist gebunden an ein ›ursprüngliches Verhältnis‹ von eröffneter, sich artikulierender Innerlichkeit und leibkörperlichem, sich artikulierendem Außen. Die Reflexionen über das sich artikulierende Leben, die sich auch thematisch der Eingebundenheit des Denkens in das Leben widmen, gehen unvermittelt in ein Bekenntnis über:

»Die biologische Breite der Betrachtung ist erforderlich, um in bezug auf die Struktur des Lebens zu überzeugen. Ich war früher bestrebt, die psychologische Grundlegung zur Geltung zu bringen gegenüber dem einseitigen Intellektualismus. Auch hat sich diese Betrachtungsweise immer mehr Anhänger erworben. Seitdem ich aber in der Struktur des Lebens die Grundlage der Psychologie erkannte, mußte ich den *psychologischen* Standpunkt zu dem *biologischen* erweitern und vertiefen« (DGS XIX, 345, Hervorh. v. G. A.).

Wir erhalten so eine Disziplin, die zwischen einer Strukturpsychologie und einer biologischen Anthropologie schwankt. »In einem gewissen Sinn knabbert die gegenwärtige Psychologie nur an der Schale des wirklichen Lebensvorganges herum: den Sinn einer Charakterform oder des Lebens im allgemeinen erfaßt nur die biologische Auffassung« (DGS XIX, 352). So zeigt sich, wie im Verbund der philosophischen Disziplinen die Anthropologie an die Stelle der Psychologie rückt und später – in der Konsequenz dieses Revirements – den Rang einer Ersten Wissenschaft für sich beanspruchen konnte. Aber Anthropologie im Bündnis mit der ›biologischen Auffassung‹!

Eine bemerkenswerte Symmetrie ergibt sich, wenn man einen Blick auf die nicht anders als ›philosophisch‹ zu nennenden Intentionen des Biologen Jakob von Uexküll (1864-1944) wirft. Er tritt für die Einführung des Subjekts in die Biologie ein und legt in der Konsequenz dieser Forderung eine *Bedeutungslehre* (1940) vor. Thure von Uexküll, der eine Auswahl der Schriften seines Vaters herausgab (Th. v. Uexküll 1980), stellte sie unter das Motto: »Plädoyer für eine sinndeutende Biologie«. Diltheys Hinwendung zur Biologie und seine Auszeichnung der Bedeutung zur umfassenden Lebenskategorie spiegelt sich in der uexküllschen Biologie mit ihrer Aufgabe der »Erforschung der Sinn- und Bedeutungszusammenhänge in der belebten Natur« (Th. von Uexküll ebd., 27).

II. Anthropologie im Streit der Philosophen

Fragen wir nach der Wirkungsgeschichte der vielgestaltigen Gedankenwelt Diltheys, dann fällt zunächst auf, dass die ›Kultur‹ neben den Begriffen des Lebens, der Geschichte, der Natur zur Schlüsselkategorie und Zeitsignatur aufgestiegen war. Schaut man genau hin, so entdeckt man, dass die ›Philosophie des Konkreten‹ sich in der Zeit nach Dilthey in zwei Lager aufgespalten hat: Kulturphilosophie, existenziale Ontologie und Existenzphilosophie auf der einen und Philosophische Anthropologie und deren Befürworter auf der anderen Seite geraten zueinander in ein gespanntes Verhältnis. Diltheys Lebensbegriff zerfällt in seine Bestandteile: in die kulturelle Leistung und in deren ›biologische‹ faktische Bedingtheit. In der Überwindung des transzendentalphilosophischen Rationalismus sucht die ›Philosophie des Konkreten‹ nach einem Äquivalent für das formale Erkenntnissubjekt. Die Alternativen, die uns hier geboten werden – empirisches Subjekt, konkretes Ich, Dasein, Existenz, Person, Monas, Mensch – stellen sich als zum Teil gegeneinander konkurrierende Positionen dar. Für die hier angedeutete strittige Gesamtsituation sei zunächst ein Beispiel zur Illustration angeführt.

Plessner, der gegenüber der Prävalenz von Geschichte und Sprache an den Leib und die Natur erinnert, setzt sich mit Heideggers *Sein und Zeit* folgendermaßen auseinander:

»Hat man sich einmal von der Unmöglichkeit einer *freischwebenden Existenzdimension* überzeugt, so tut sich die Notwendigkeit ihrer Fundierung auf. Wie sieht sie aus und welche Mächtigkeit hat sie? Wie tief reicht ihre Bindung an den Leib? Eine berechtigte Frage, denn nur ein leibhaftes Wesen kann gestimmt sein und sich ängstigen. Engel haben keine Angst. Stimmung und Angst unterworfen sind sogar Tiere« (PGS IV, 22, Herv. v. G. A.).

Und Karl Löwith, der durch die Schule Heideggers gegangen ist und dennoch Distanz gewahrt hat zum hermeneutischen Geschichtsdenken, bekennt: »Was ich demgemäß an der existenzial-ontologischen Fragestellung vermißte, war die Natur – um uns herum und in uns selbst [...]. In *Sein und Zeit* schien mir die Natur im existenzialen Verständnis von Faktizität und Geworfenheit zu verschwinden« (LSS 8, 280).

Die genannte Konfliktlinie trennt die Lebensbereiche Leib, Sinnlichkeit, Natur hier und Kultur, Geschichte, Sprache dort und verweist die Philosophische Anthropologie und ihre Kampfgefährten (z.B. Karl Löwith, Gerhard Krüger) auf die Gegenseite der Kultur- und Existenzphilosophie. Dies soll aber nicht heißen, dass z.B. Plessner und Scheler in ihrem Gedenken an die Natur, die Bereiche Geschichte, Tradition, Sprache vergessen hätten; sie bemühen sich vielmehr um einen Ausgleich der Perspektiven. Viel eher setzt sich die Kulturphilosophie, vor allem die Kulturanthropologie, dem Verdacht aus, einem Leitbegriff zu folgen, der unterschiedslos alles enthält, was menschliches Leben ausmacht, nur nicht die Natur, die auf den Wirkfaktor X zusammenschrumpft. Gegenüber den methodischen Verengungen der Transzendentalphilosophie kantischer Prägung ist die Würdigung der Phänomene in der Weite menschlicher Kultur sicherlich ein Gewinn (dies gilt vor allem für Cassirer).

Die Kulturphilosophie des beginnenden 20. Jahrhunderts hat im Wesentlichen zwei Zentren: das Umfeld der diltheyschen Philosophie und den Neukantianismus. Die Marburger und die Südwestdeutsche Schule, Exponenten sind jeweils Cassirer und Rickert, gehen getrennte Wege, ihnen gemeinsam ist aber die *formale* Begründung der Kulturphilosophie bzw. der Kulturwissenschaften (dazu Geyer 1994; Perpeet 1997).

1. Edmund Husserl – *Anthropologie ist philosophisch naiv*

Zum inneren Kreis jenes Problemfeldes, in dessen Zentrum wir Dilthey gestellt haben, gehört auch Edmund Husserl (1859-1938). Ihm verdankt die Philosophische Anthropologie (Scheler, Plessner) wichtige Impulse, aber die anthropologischen Prätentionen auf einen philosophischen Neubeginn durchkreuzen seine eigenen Absichten auf eine radikale Reform der Philosophie und begründen seine unversöhnliche Ablehnung. Seinen 1931 vor den Kantgesellschaften von Frankfurt, Berlin und Halle gehaltenen Vortrag *Phänomenologie und Anthropologie* beginnt er so:

»In dem letzten Jahrzehnt macht sich, wie bekannt, in der jüngeren philosophischen Generation Deutschlands eine schnell anwachsende Hinneigung zu einer philosophischen Anthropologie geltend. W. Diltheys Lebensphilosophie, eine Anthropologie neuartiger Gestalt, übt jetzt eine starke Wirkung aus. Aber auch die sogenannte Phänomenologische Bewegung ist von der neuen Tendenz ergriffen worden. Im Menschen allein, und zwar in einer Wesenslehre seines konkret-weltlichen Daseins, soll das wahre Fundament der Philosophie liegen. Man sieht darin eine notwendige Reform der ursprünglichen konstitutiven Phänomenologie, eine Reform, durch die sie allererst die eigentliche philosophische Dimension erreiche« (Hua XXVII, 164).

Trotz dieser Kritik an Dilthey steht dessen Postulat einer ganzen und unverstümmelten Erfahrung dem husserlschen Ideal einer auf die Sachen selbst verpflichteten Philosophie sehr nahe. Ihnen gemeinsam ist die Suche nach einer neuen, der konkreten Erfahrung angemessenen Logik, und sie kommen über den methodischen Einsatz der Psychologie in diesem Fragenkomplex miteinander ins Gespräch. Einem Brief Husserls an seinen Promovenden Dietrich Mahnke entnehmen wir: »Daß Dilthey meine Phänomenologie mit der geisteswissenschaftlichen Psychologie identifizierte und in Zusammenhang brachte mit seinem Lebensziel einer philosophischen Grundlegung der Geisteswissenschaften, machte auf mich einen gewaltigen Eindruck« (Kerckhoven 1984, 148). Entsprechend dazu das Bekenntnis Diltheys im Vorgriff auf seine »realistische oder kritisch objektiv gerichtete [...] Erkenntnistheorie«: »So muß ich ein für allemal im ganzen darauf hinweisen, wie vieles ich den in der Verwertung der Deskription für die Erkenntnistheorie epochemachenden ›Logischen Untersuchungen‹ von Husserl (1900, 1901) verdanke« (DGS VII, 14 Fußn.). Im Rückblick – knapp zwei Jahrzehnte nach Diltheys Tod – bekennt Husserl in einem Brief an Georg Misch:

»... daß ich [...] die Phänomenologie als radikale und universale ›Geisteswissenschaft‹ auffaßte – radikaler als Dilthey – radikaler durch die phänomenologische Reduktion [...], während Dilthey sich an die historischen Geisteswissenschaften band und damit an die vorgegebene Welt und an eine Anthropologie« (Kerckhoven 1984, 155).

Lebenszusammenhang und Lebenswelt

Auch an der transzendentalen Phänomenologie ist die Lebensphilosophie nicht spurlos vorübergegangen, wie dies die phänomenologischen Kernbegriffe Erlebnis, Bewusstseinsstrom, (universales) leistendes Leben und Lebenswelt zeigen. Aber schon der Gleichklang der Termini »Lebenszusammenhang« (Dilthey) und »Lebenswelt« (Husserl) überdeckt grundsätzliche methodische Differenzen. Die husserlsche Lebenswelt als das von den objektivierenden Wissenschaften vergessene »Sinnesfundament« (Hua VI, 21, 49) ist in seiner apriorischen Strukturtypik selbst wieder Thema einer ontologisch ausgerichteten Lebenswissenschaft. Es ist der Versuch, von der vor- und außerwissenschaftlichen Lebensumwelt aus in die transzendentale Sphäre des reinen Ich vorzustoßen, d.h. die für den Philosophen methodisch gesicherte Blickrichtung des uninteressierten Betrachters zu gewinnen. Der Weg dahin führt über verschiedene Stufen der Epoché und Reduktion, mit deren Hilfe die historisch sedimentierten alltäglichen und wissenschaftlichen Seinssetzungen und Existenzbehauptungen einzuklammern und außer Geltung zu setzen sind. Die Welt wird damit – so ist Husserl überzeugt – zum Phänomen, das sich im Bewusstsein aufbaut.

Die Lebenswelt als Konzept der späten Phänomenologie Husserls ist als Antwort des Transzendentalphilosophen auf die allgemeine philosophische Tendenz zur Endlichkeit, Faktizität und Konkretheit zu betrachten. Während aber Diltheys Lebenszusammenhang als Faktum eines offenen Geschichtsprozesses je und je zu ›verstehen‹, aber nicht bis in den irrationalen Grund wissenschaftlich aufhellbar ist, unterliegt die Lebenswelt Husserls einer transzendentalen Struktur und Typik, die durch die Ontologie der Lebenswelt durchsichtig zu machen ist. Das letzte Wort behält hier also die transzendental-konstitutive Phänomenologie und der Rückgang auf das *ego cogito*. Husserls Phänomenologie erweist sich damit als Transzendentalphilosophie cartesischer Prägung, sie ist Philosophie aus ersten (bzw. letzten) Gründen, Erste Wissenschaft.

So ist ihr disziplinärer Aufbau, so präsentiert sie sich von der Außenfront her und unterscheidet sich kaum von den anderen transzendentalphilosophischen Konzeptionen der Zeit. Ihr ›innerer‹ Impuls hingegen zielt in eine andere Richtung: Als *Phänomenologie* setzt sie gegen den Formalismus und Konstruktivismus einer rationalistischen Erkenntnistheorie, gegen das statische Prinzipialgefüge als letzten Grund – Wahrnehmung und Anschauung, das geduldige Verweilen bei den Sachen selbst. Mit anderen Worten, die **Phänomenologie als Erste Wissenschaft** hat auch die Facette einer nüchternen Arbeitsdisziplin, die kein Philosoph so rein verkörpert hat wie Husserl selbst (Arbeitswissenschaft und Forschungshaltung gegen reine Begründungsdisziplin und Prinzipienwissenschaft).

Anthropologie als Häresie

Die Diskrepanz zwischen dem Ideal strenger Wissenschaftlichkeit und der leidenschaftslosen Hinwendung zu den Sachen ist oft beschrieben worden. Die unerschrockene phänomenologische Forschungsweise stieß immer wieder in Grenzbereiche vor, die das Gesamtkonzept einer letztbegründenden Philosophie von innen her zu sprengen drohten. Erinnert sei an die husserlschen Themen der passiven Synthesis und Genesis, der Lebenswelt, der Kinästhesen des Leibes und der Zeit. So rückte z.B. die Behandlung des Konstitutionsproblems den Leib ins Blickfeld. Der Leib blieb eine unabweisbare Herausforderung für das transzendentalphilosophische Erkenntniskonzept. Wenn dem Bewusstsein allein die Funktion zugeschrieben wird, alle Bedeutungen hervorzubringen, dann versetzen wir den menschlichen Leib auf die Seite des Erkenntnisgegenstandes, wir isolieren ihn. »Vor diesem Hintergrund stellt die leibliche Verfasstheit des Menschen die Spannung eines bedeutungskonstituierenden Bewusstseins und sinnlicher Erfahrung auf ihre härteste Zerreißprobe [...]« (Meyer-Drawe 1996, 213). Konsequenzen aus dieser Diskrepanz hat der französische Phänomenologe Maurice Merleau-Ponty (1908-1961) gezogen, »dessen Weiterdenken in Husserls Spuren am Leitfaden der Leiblichkeit auch von innen die Grenzen dieses Denkens aufdeckte [...]« (Meyer-Drawe 1989, 300). Seine Philosophie der Wahrnehmung und des Leibes kann als der späte phänomenologische Brückenschlag zur Philosophischen Anthropologie angesehen werden. Weniger die selektive Lektüre der Werke Schelers und Plessners als vielmehr der integrative und mediale Charakter des Leibkörpers, die Verschränkung von Natur und Kultur und die Aufgeschlossenheit gegenüber den empirischen Humanwissenschaften ziehen ihn in das Gravitationsfeld der Anthropologie.

Husserls kritische Wendung gegen die anthropologischen Umtriebe im letzten Jahrzehnt seines Lebens gilt vor allem der Sorge um die phänomenologische Bewegung. Er muss sich nach Erscheinen von *Sein und Zeit* (1927) schließlich eingestehen, dass er die großen Hoffnungen, die er in Heidegger als dem Vollender seiner Intentionen gesetzt hatte, trügerisch waren. In Heideggers Hauptwerk, so seine Überzeugung, zeichnet sich eine verhängnisvolle **Weichenstellung der Phänomenologie** zur Anthropologie ab. An die Stelle der transzendental-phänomenologischen Reduktion ist die Analytik des Daseins getreten, das transzendentale Ego durch das menschliche Dasein ersetzt worden. Damit ist der Weg zu einem transzendental-konstitutiven Aufbau der Philosophie verbaut. Enttäuscht schreibt er an den Rand seines Exemplars von *Sein und Zeit*: »Heidegger transponiert oder transversiert die konstitutiv-phänomenologische Klärung aller Regionen des Seienden und Universalen, der totalen Region Welt ins Anthropologische; die ganze Problematik ist Übertragung, dem Ego entspricht das Dasein etc. Dabei wird alles tiefsinnig unklar und philosophisch verliert es seinen Wert« (vgl. Cristin 1999, 24). Wir werden sehen, dass der so getadelte Heidegger diese Vorwürfe entschieden zurückweist und mit der Anthropologie nicht in einem Atemzug genannt zu werden wünscht.

Zahlreiche Textstellen im Gesamtwerk Husserls bekunden die ablehnende Haltung gegenüber der Anthropologie. Ergreifend aber ist der melancholisch gestimmte Rat des greisen Gelehrten an den jungen

Dozenten Karl Löwith, der im Herbst 1936 Europa verlassen hatte, um eine Stelle an einer japanischen Universität anzutreten. Husserl schreibt auf einer Postkarte vom 22. Februar 1937:

»Hoffentlich gehören Sie nicht zu den ›Frühvollendeten‹, zu einer *fertigen* Position Gekommenen, so daß Sie noch die innere Freiheit haben, Ihre Anthropologie ›einzuklammern‹ und auf Grund meiner neuen, gereiftesten Darstellung verstehen, warum ich alle Anthropologie zur philosophisch naiven Position rechne und warum ich die Methode der phänomenologischen Reduktion als die allein philosophische anerkenne, als die einzige, die universale Seinserkenntnis, bzw. universale Selbstbesinnung *wirklicher* Concretion erreicht. Vielleicht werden Sie verstehen, daß Scheler, Heidegger – und alle früheren ›Schüler‹ den eigentlichen und tiefen Sinn der Phänomenologie – der transzendentalen als der einzig möglichen – nicht verstanden haben und wie viel von diesem Sinn abhängt« (Löwith LSS 8, 236f.).

2. Martin Heidegger – *Wider die anthropologische Mode*

Scheler, Heidegger und all die anderen waren dem husserlschen Wissenschaftsideal und strengen Arbeitsethos davongeeilt. Scheler, bereits 1928 gestorben, hatte seinen Namen untrennbar mit der Philosophischen Anthropologie verbunden, Heidegger, der sich hinter dem Rücken des wohlmeinenden und generösen Mentors mit Scheler über historische Faktizität, Gestimmtheit und Emotionalität, vorrationale Welterschlossenheit und einen zu wagenden Neubeginn der Metaphysik sehr gut verständigen konnte, blieb der Anthropologie gegenüber auf Distanz. Sein Denken wurde nicht in dem Maße konkret, wie es sich der Anthropologie anverwandelte – in seinen Augen eine Deformation der Philosophie, eine »Verfallsform der Metaphysik« (Fahrenbach 1970, 115).

Daseinsanalytik mit anthropologischer Sperrklausel

Das Verhältnis Martin Heideggers (1889-1976) zur Anthropologie ist ein vielschichtiges Thema. Als sein Stern 1927 mit dem Epoche machenden Werk *Sein und Zeit* aufging, herrschte eine anthropologische Hochkonjunktur, die deutsche philosophische Öffentlichkeit erlebte die anthropologischen Gründerjahre. Seine Hermeneutik der Faktizität und des Daseins, die ausdrücklich keine Verbeugung vor der philosophischen Anthropologie und dem Zeitgeschmack sein wollte (*SuZ*, 45ff., 131), hat dennoch deren Verbreitung, vor allem im Lager der

Psychologie, Psychiatrie, Psychoanalyse und Medizin, entscheidend gefördert. *Sein und Zeit* hebt mit einer Analyse des konkreten menschlichen Daseinsvollzugs an, den sie als Existenz strikt zu trennen sucht vom bloßen Vorhandensein. ›Existenzialien‹ als Bedingungen der Möglichkeit ›da zu sein‹, zu existieren unterscheiden sich denn auch von den Kategorien als Möglichkeitsbedingungen der außermenschlichen Seienden. Menschliches Sein zeichnet sich dadurch vor dem Sein der Tiere, Pflanzen und Gegenstände aus, dass es ›da ist‹: ein sich und die Welt verstehendes Selbstverhältnis. Menschliches Wesen, so lautet die Forderung, soll allein aus sich selbst verstanden werden, *vor* aller psychologischen, biologischen, ja jeder objektwissenschaftlichen Zugriffsweise. Das zukunftsweisende Modell zu einer jeden Anthropologie, die als Philosophie wird auftreten können?

Scheler, von dessen sprühendem Geist Heidegger sich hat anstecken lassen (vgl. Pöggeler 1999, 121ff.), war der Überzeugung, dass die einzig mögliche Antwort auf die geistige Situation der Zeit in der **Rehabilitierung der Metaphysik** und in der Reaktivierung des konkret gewordenen Denkens in der Anthropologie liege. Während er sich noch begeistern konnte für die neue und umfassende Aufgabe, die der Philosophie durch die Anthropologie zugewachsen war, ist das Urteil Heideggers über den neuen modischen Ton in der Philosophie durchweg ablehnend:

»Anthropologie ist heute denn auch längst nicht mehr nur der Titel für eine Disziplin, sondern das Wort bezeichnet eine Grundtendenz der heutigen Stellung des Menschen zu sich selbst und im Ganzen des Seienden. Gemäß dieser Grundeinstellung ist etwas nur erkannt und verstanden, wenn es eine anthropologische Erklärung gefunden hat. Anthropologie sucht nicht nur die Wahrheit über den Menschen, sondern beansprucht jetzt die Entscheidung darüber, was Wahrheit ist« (Heidegger *Kant*, 203).

Die zeitgenössische Anthropologie – so Heidegger – ist in jeder Hinsicht eine freche Anmaßung, sie ist weder befugt, die Frage nach der Wahrheit zu stellen, noch weiß sie, was der Mensch seinem Wesen und seiner Natur nach ist, sie ist lediglich »ein mögliches Sammelbecken für die zentralen philosophischen Probleme [...], eine Charakteristik, deren Äußerlichkeit und philosophische Fragwürdigkeit in die Augen springt« (ebd., 206). Trotz aller Anstrengungen der Anthropologie seiner Zeit meint Heidegger konstatieren zu müssen – und sein Scheler-Zitat mutet wie Ironie an: »Aber auch keine Zeit wußte weniger, was der Mensch sei, als die heutige« (ebd., 203).

Fundamentalontologie statt Anthropologie

Sein und Zeit war der große Wurf eines jungen Gelehrten, der mit genialem Schwung die philosophischen Probleme seiner Zeit noch einmal mischte und zu einer neuen, beeindruckenden Konfiguration brachte. Das Werk, obgleich Fragment seiner äußeren Form und undurchführbar seiner inneren Logik nach, traf den Nerv der Zeit. Mit unerhört expressiver Sprache, mit Wortmagie und existentiellem Pathos wird der Horizont des vielfach gefährdeten Menschen in der Moderne aufgerissen. »Hier fand sich die totale Entsicherung der Epoche gespiegelt« (Plessner PGS VIII, 384). Die menschliche Vergänglichkeit triumphiert im **Theorem der geschichtlichen Faktizität des Daseins**, und die Bedingungen epochaler Seinsverlassenheit stellen sich als Zugriff naturwissenschaftlich-technischer Rationalität und Verfügung dar, als Verrechnung und Verdinglichung des Menschen, als selbstbezogene, um sich selbst kreisende Denkweise einer Metaphysik der Subjektivität, die sich in der Technik vor ihre letzten Konsequenzen gestellt sieht. Dasein, Existenz, Geworfenheit, Stimmung, In-der-Welt-sein, Angst, Sorge, Nichts, Vorlaufen zum Tode, Gewissen – diese dem traditionellen philosophischen Begriffskanon spottende ›Terminologie‹ scheint eine neue Existenzphilosophie, eine philosophische Anthropologie begründen zu wollen.

Heidegger hatte immer wieder Anlass, sich gegen dieses Missverständnis zu wehren: Sein Ariadnefaden in *Sein und Zeit* war die Frage nach dem *Sein*. »Das bislang Herausgestellte ist vielfältig ergänzungsbedürftig im Hinblick auf eine geschlossene Ausarbeitung des existenzialen Apriori der philosophischen Anthropologie. Darauf zielt aber die vorliegende Untersuchung nicht. *Ihre Absicht ist eine fundamentalontologische*« (*SuZ*, 131).

Die *transzendentale* Phänomenologie husserlscher Provenienz wandelt sich bei Heidegger durch die Aufnahme der historischen Perspektive Diltheys, die sich unter seiner Hand radikalisiert, und der Verstehens- und Sinnthematik zur *hermeneutischen* Phänomenologie. Als ›**Hermeneutik des Daseins**‹ fragt sie zurück nach dem Seinsverständnis jenes Seienden, das diese Frage überhaupt stellt, dem es also um sein Sein selbst geht, wie es heißt. Die Leitfrage ist also die Frage nach dem ›Sinn von Sein‹.

Analytik des Daseins und Existenz

In Seinsvergessenheit, in Seinsverlassenheit zu leben, sei nicht nur das Schicksal des *modernen* Menschen, es sei vielmehr das Kennzeichen der philosophischen Tradition von Platon bis zur technisch-rationalen Welt unserer Gegenwart. Der ehrgeizige und kühne Plan Heideggers war es, diese abendländische Verfallsgeschichte zu rekonstruieren, die alte Metaphysik zu destruieren und die Frage nach dem Sein neu zu stellen.

Er wählt in *Sein und Zeit* einen methodischen Weg, der ihn in die Nähe der Anthropologie und Existenzphilosophie führt, zweier Disziplinen, die sich just zu dieser Zeit selbständig zu machen suchten. Eine Ontologie als universale Disziplin, so seine anfängliche Auffassung, war nur im Rückgriff auf eine subjektive Instanz verstehenden Welt- und Selbstbezugs zu begründen. Mit anderen Worten, wollte man nicht in die vorkritische Phase der Ontologie zurückfallen, so war ein transzendentaler Bezugspunkt unumgänglich. Die Frage nach dem ›Sein als solchen‹ musste den Umweg über das Seinsverständnis des Daseins nehmen, methodisch gesprochen, über eine **Analytik des Daseins**, das als ›Da des Seins‹ die formale Anzeige für die Erschlossenheit des Seins ist. Im ›Dasein‹ ist nicht die Vorgegebenheit einer Substanz gemeint, menschliches Dasein ›ist‹ nur im Vollzug, als Möglichkeit seines eigenen Entwurfes, als je eigenes Seinkönnen, im Horizont seiner Geschichtlichkeit.

Heidegger versucht, sich den Fußangeln der transzendentalphilosophischen Subjektphilosophie dadurch zu entwinden, dass er die Analyse bei der konkreten Lebenswelt und Lebenspraxis beginnen lässt, im Existenzial des In-der-Welt-seins die Struktureinheit von Dasein und Welt betont und den Primat theoretischer Einstellung zugunsten des Seins und der Ontologie bricht. Der husserlsche Bewusstseinsbegriff als depravierter Modus des Daseins wird diesem untergeordnet. Verstehen ist damit keine Modalität der Erkenntnis mehr (wie noch bei Dilthey), sondern eine ursprüngliche Strukturform des In-der-Welt-seins (›Existenzial‹). Dies heißt, dass dem Menschen als Da des Seins und Existenz ein ursprüngliches Seinsverständnis eignet: Ihm sind vor aller gezielten Denk- und Erkenntnisaktivität Welt und Selbst schon erschlossen. Die indirekte Frageweise der Daseinsanalytik im Rahmen der Fundamentalontologie wendet sich über das Seinsverständnis des Daseins seiner je schon verstandenen Seinsverfassung zu. Die gegenseitige Bestimmung von **Seinsverständnis und Seinsverfassung** soll eine einheitliche Interpretationsbasis ergeben, die als Vorgriff auf das ›Sein überhaupt‹ zu verstehen ist, das sich jedem direkten, objektivierenden Zugriff entzieht.

›Existenz‹ kennzeichnet nach Heidegger das Verhältnis des Menschen zum Sein, zum eigenen Dasein, das er versteht. Menschliches Dasein ist als Möglichkeit seiner selbst, als je eigenes Seinkönnen der (geschichtlichen) ›Faktizität‹ überantwortet. Daseinsanalytik, die bei der alltäglichen Lebenswelt ansetzt, zeigt die menschliche Daseinsweise in ihrer Hingegebenheit und Verlorenheit an das welthaft Gegebene, als ›verfallen‹. Existenzialität, Faktizität und Verfallen verbindet Heidegger zur Grundstruktur der ›Sorge‹. Die Sorgestruktur, die damit die wesenhafte Erschlossenheit des Daseins als In-der-Welt-sein erfasst, gründet ihrerseits in der Zeitlichkeit als deren Einheit. Menschliches Dasein ist sich selbst und die Welt nur in zeitlicher Struktur – bei Heidegger – in Zukunft, Gewesenheit und Gegenwart erschlossen.

Existenzial-apriorische Anthropologie
Trotz harscher Kritik an der zeitgenössischen Anthropologie bleibt in Heideggers Werk selbst die Reminiszenz an diese Disziplin wach. In *Sein und Zeit* stehen die Sätze:

»Die Analytik des Daseins, die bis zum Phänomen der Sorge vordringt, soll die fundamentalontologische Problematik, die Frage nach dem Sinn von Sein überhaupt, vorbereiten. Um von dem Gewonnenen aus den Blick ausdrücklich darauf zu lenken, *über die Sonderaufgabe einer existenzial-apriorischen Anthropologie hinaus*, müssen die Phänomene rückblickend noch eindringlicher gefaßt werden, die im engsten Zusammenhang mit der leitenden Seinsfrage stehen« (*SuZ*, 183, Hervorh. G. A.).

Heidegger hat sich immer wieder, aber nie endgültig klärend, die Frage nach der philosophischen Anthropologie gestellt. Er fasste sie, wie aus der Textpassage hervorgeht, als ›Sonderaufgabe‹ im Rahmen der Ontologie auf. Die Frage nach dem Sinn von Sein, deren Vorrang niemals in Zweifel gezogen wird, zieht unabweisbar die Frage nach dem menschlichen Sein nach sich. »Die Freilegung *des* Apriori, das sichtbar sein muß, soll die Frage, ›was der Mensch sei‹, philosophisch erörtert[n] [...]. Die existenziale Analytik des Daseins liegt *vor* jeder Psychologie, Anthropologie und erst recht Biologie« (*SuZ*, 45). Die aus methodischer Notwendigkeit in den Blick geratende Anthropologie erhält das Epitheton ›existenzial-apriorisch‹, schließlich ›existenzial‹. Heidegger spricht von der Hauptaufgabe der Daseinsanalytik als Ausarbeitung der Seinsfrage und lässt bei dieser Gelegenheit durchblicken, welche Ansprüche er selbst an die Grundlegung der ›philosophischen‹ Anthropologie erhebt: Die Daseinsanalytik

»kann nicht eine vollständige Ontologie des Daseins geben wollen, die freilich ausgebaut sein muß, soll so etwas wie eine ›philosophische‹ Anthropologie auf einer philosophisch zureichenden Basis stehen. In der Absicht auf eine mögliche Anthropologie, bzw. deren ontologische Fundamentierung, gibt die folgende Interpretation nur einige, wenngleich nicht unwesentliche ›Stücke‹« (*SuZ*, 17).

Zum Grundriss der in *Sein und Zeit* geplanten universalen Ontologie (Fundamentalontologie) gehört auch die **existenziale Anthropologie**

(Regionalontologie), deren Ausarbeitung sich als ›Sonderaufgabe‹ stellt, eine Aufgabe allerdings, die für Heidegger keine Dringlichkeit hat und in seinem Gesamtwerk nur fragmentarische Spuren hinterlässt. Die spätere Frage nach der ›Wahrheit des Seins‹ umkreist unablässig das Verhältnis von Mensch und Sein. Grundsätzlich versucht Heidegger das neuzeitliche Subjekt-Objekt-Schema, in dem die Subjektzentrierung und der Anthropozentrismus beschlossen liegen, zu durchbrechen. Nur im Verhältnis zum Sein, von dem der Mensch sich erst wieder ansprechen lassen muss (vgl. *Hum*, 316), findet er seine Wesensbestimmung. Eine Umkehrung des ursprünglichen Machtgefälles vom Subjekt zum Sein, das sich je und je zuschickt oder verbirgt, scheint das Dilemma und die Gefahr dieser Konstruktion zu sein.

Philosophie und Wissenschaften

Werfen wir einen weiteren Blick auf das Diskussionsfeld der Anthropologie. Während sich die Philosophische Anthropologie im Austausch mit den empirischen Wissenschaften, mindestens in der Beachtung der aktuellen wissenschaftlichen Forschungsergebnisse etabliert, schneidet Heidegger kurzerhand die Verbindung mit den Wissenschaften ab. Er tritt aus der Traditionslinie Dilthey-Husserl aus, die sich noch um eine Besinnung auf den Lebensboden der Wissenschaften bemühte. Die Lebenswelt Husserls – wie wir uns erinnern – gerät als theoretische Zielvorgabe zunächst als das vergessene Sinnesfundament der objektivierenden Wissenschaften in den Blick. Heidegger bricht auch mit dem Wissenschaftsanspruch der transzendentalen Phänomenologie (Erste Wissenschaft). Das Seinsverstehen ist in der ursprünglichen Erschlossenheit des Daseins in ›Stimmung‹ und ›Befindlichkeit‹ vorgängig vor der theoretischen Distanzierung und Objektivierung, die Seinsfrage, die Frage nach dem Seinssinn hat den Vorrang gegenüber der Erkenntnis. Mit anderen Worten, angesichts des unverfügbaren Seins und seiner indirekten Aufhellung in einer hermeneutisch konzipierten ›Fundamentalontologie‹ erscheint nicht nur die naturwissenschaftliche Methode als abkünftig und unzureichend, sondern auch jede philosophisch orientierte Erkenntnistheorie, die methodische Rationalität insgesamt.

Der Austausch zwischen Philosophie und Wissenschaft wird unterbrochen. Die Philosophie hat weder die Aufgabe, den vergessenen Lebensboden der Wissenschaften freizulegen, noch kann und darf sie in der Sache des Denkens irgendwelche Hilfe von ihnen erwarten. Scheler, obgleich bekennender Metaphysiker und eingeschworener ›Aprioriker‹, teilt diese Exklusivität des philosophischen Denkens nicht. In seiner von ihm wiederholt dargestellten Architektonik des Wissens schreibt er über das Heilswissen:

»Die ›erste Philosophie‹, d.h. die Wesensontologie der Welt und des Selbst, ist wohl ein Sprungbrett für dieses Erkennen – nicht aber bereits die Metaphysik selbst. Erst die *Verknüpfung* der Resultate der wirklichkeitszugewandten positiven Wissenschaften mit der wesenszugewandten Philosophie, und beider Verknüpfung mit den Ergebnissen der Wertdisziplinen (der allgemeinen Wertlehre, Ästhetik, Ethik, Kulturphilosophie), führt in die *Metaphysik*« (SGW IX, 81).

Leider kann diese Aussage auch *gegen* Scheler verwendet werden. Nämlich im Sinne der Verabsolutierung und metaphysischen Vereinnahmung der wissenschaftlichen Einzelergebnisse zu einer ›induktiven Metaphysik‹. Damit bliebe die grundsätzliche Trennung zwischen dem Wesensbereich und dem Erfahrungsbereich des Menschen bestehen (vgl. Ritter 1974, 47, 39).

3. Philosophische Anthropologie in der Offensive – Leben, Leib, Natur

Anthropologie als Verfallsform der Metaphysik

Heidegger hat mit seinem fulminanten Einstand von 1927 auch dem hermeneutischen Denkansatz zu neuem Glanz verholfen. Gegenüber dem seinsvergessenen Fehllauf der abendländischen Metaphysik versucht er deren Ursprungsintention, die Frage nach dem Sein, wieder in Erinnerung zu rufen und radikal neu zu stellen.

»Daß Dilthey die Metaphysik leugnet, im Grunde schon ihre Frage nicht mehr begriff und der metaphysischen Logik hilflos gegenüberstand, ist die innere Folge seiner anthropologischen Grundeinstellung. Seine ›Philosophie der Philosophie‹ ist die vornehme Form einer anthropologischen Abschaffung, nicht Überwindung der Philosophie« (*Holzwege*, 92).

So formulierte Heidegger seine Einwände gegen Dilthey und rückte auf dem Boden der hermeneutischen Lebensphilosophie die Anthropologie in ein kontradiktorisches Verhältnis zur Metaphysik. Die ›anthropologische Grundeinstellung‹ hat Dilthey den Blick für die wirklichen Fragen der Metaphysik (für Heidegger die Frage nach dem Sein) verstellt, so lautet das Urteil, und zur anthropologischen Resignation der Philosophie beigetragen.

Lässt sich der Spieß nicht umdrehen? Ist es nicht denkbar, dass die ›anthropologische Grundeinstellung‹ Diltheys einen Fragehorizont eröffnet hat, der Geschichte *und* Natur, das geistige Leben *und* seine materiale Naturbasis, das menschliche Dasein in seiner geistigen *und* leibseelischen Verklammerung umfasst und das Gespräch mit den Wissenschaften sucht? Ist man geneigt, sich dieser Lesart anzuschließen, dann erhebt sich nun umgekehrt gegen *Sein und Zeit* der Verdacht, dass gerade die **Ontologisierung der Hermeneutik** – ein Verfahren, deren Kosten und Verluste zu bedenken sind – den Horizont verengt hat. Zu konstatieren ist die Zweideutigkeit sowohl der Idee der Fundamentalontologie als auch des Existenzbegriffs, wie man einem wohlwollenden Einspruch entnehmen kann. Die Fundamentalontologie kann das Denken dazu verführen, das Wahrheitsgeschehen nicht als zeithaft und unabgeschlossen zu begreifen, »sondern dieses Geschehen in einem letzten gründenden Grund feststellen und verfügbar machen« zu wollen (Pöggeler 1999, 185). Eine ähnliche Hypostasierung droht dem Existenzbegriff: Existenz als ›letzte Verfestigung der Subjektivität‹. Dazu kommt die Zweideutigkeit des Daseins als faktisches Selbst, das keine Tatsache sein darf, so der Einwand Plessners (PGS VIII, 386). In der Tat besteht zwischen der postulierten historischen Faktizität des Daseins und dem Letztbegründungsideal der Fundamentalontologie eine spürbare Spannung, so dass gegen Heideggers Rezeption, um nicht zu sagen, Vereinnahmung der Hermeneutik, der Ruf ›Zurück zu Dilthey!‹ eine gewisse Berechtigung hat.

Vielleicht ist diese ursprüngliche Weichenstellung auch dafür verantwortlich, dass das Dasein als In-der-Welt-sein defizitär bestimmt ist – eine ›**freischwebende Existenzdimension**‹ (Plessner) ohne leibliche Fundierung und betreffbares Außen, wie die anthropologische Gegenkritik festgestellt hat. Ferner ist die Abwesenheit der Natur und die Deklassierung des ›wissenschaftlichen‹ Denkens und Forschens beanstandet worden. Aus anthropologischer Sicht hat die ontologische Vorprägung der Frage nach dem Menschen zu einer Blickverengung geführt, die das Leben (das Lebewesen) vom Dasein (vom Menschenwesen) abtrennt.

Wo Dilthey als Wegbereiter der Anthropologie die Metaphysik als überzeitliches und universales Rationalitätskonzept fallen lässt, da greift Scheler sie wieder auf und bringt sie als materiale Ontologie und Onto-Theologie mit der Anthropologie zur Synthese. Als materiale Ontologie ist sie auch der disziplinäre Platzhalter für die Forschungsansätze der positiven Wissenschaften, mit denen sich Heidegger wiederum nicht gemein machen will. Seine Kritik an Scheler lautet, dass dieser die traditionelle seinsvergessene Metaphysik rehabilitiert und eine vom Sein verlassene Anthropologie etabliert habe. Der »Grundirrtum« seiner Anthropologie sei das Stufenschema (Pflanze, Tier und Mensch), das »ihm überhaupt den Weg zur Metaphysik notwendig verschließen muß« (Heidegger *GA 29/30*, 283). Gegen Schelers metaphysische

Absichten wenden sich auch seine anthropologischen Weggefährten, sie versuchen die Metaphysik im Namen der Geschichtlichkeit (Plessner) und der Wissenschaftlichkeit (Gehlen) von vornherein auszuschließen.

Natur- und Leibvergessenheit und Politikblindheit

Die Philosophische Anthropologie hat die heideggerschen Attacken nicht widerspruchslos hingenommen. Trotz der geistigen Nähe und der verbindenden Zugehörigkeit zur ›phänomenologischen Bewegung‹ hat Scheler entschieden Stellung bezogen, nicht nur gegen die Anthropologie-Kritik, sondern auch gegen die Zielrichtung des heideggerschen Denkens insgesamt, das ihm allerdings nur in seiner Frühform (*Sein und Zeit)* zugänglich war. »Was ich dagegen ablehne, das ist Heideggers **Daseinssolipsismus**, von dem er ausgeht« (SGW 9, 260). »Die Selbstgegebenheit des Menschen als solus ipse ›ohne Voraussetzung irgendeiner Scheidung von Tatsachen und Begriffen wie Ich, Subjekt, Bewußtsein, Seele, Leib, Körper, Raum, Zeit‹ – das scheint mir sein Ausgangspunkt und Problem zu sein« (ebd., 275). Scheler, der Heideggers hermeneutischer Umwandlung der Phänomenologie widersteht, sieht in der Daseinsanalytik nur die bloße Umkehrung des cartesianischen Grundsatzes *cogito ergo sum* in *sum ergo cogito*. Heidegger begehe in seiner hermeneutischen Ontologie den gleichen Grundfehler wie Descartes: Das eigene Ich, das das ›Allerfernste‹ sei, in der Ordnung des Seins des Seienden für das primär Gegebene zu halten (vgl. SGW 9, 260). Die Einsamkeit des Ich kehre wieder in der Weltverlorenheit des Daseins. Mit der Kritik Plessners, der wie Heidegger den Anschluss an die diltheysche Philosophie gesucht hat, ergibt sich eine Konfliktlinie, die quer durch die hermeneutische Lebensphilosophie verläuft.

Der Schritt von der ›psychophysischen Lebenseinheit‹ und dem ›ganzen Menschen‹ (Dilthey) zu Dasein und Existenz (Heidegger) stellt sich aus anthropologischer Sicht als Abstraktion dar, die in einer Schwundstufe endet. Existenz verdanke sich der Abtrennung von Leben und Leib und verschleiere das Problem beiderseitiger Verklammerung. Der Mensch als *Lebewesen* steht gegen den Menschen, *sofern er existiert.* »Der eigentlich existierende Mensch will sich nicht von der Welt her verstehen. Die Welt wird infolgedessen zum ›Umwillen‹ eines je eigenen In-der-Welt-seins, in dessen struktureller Einheit sowohl der Unterschied wie der Zusammenhang von Welt und Mensch verschwindet« (Löwith LSS 1, 279f.). Ins Visier der Anthropologie gerät auch der ›Existentialismus‹, eine Kopfgeburt der Existenzanalyse, die an dem nämlichen Gebrechen leidet: Sie überspielt die menschliche Erscheinung als ein Problem der Körperlichkeit und ihrer Faktizität und verschließt sich damit der Möglichkeit, den Anschluss an die physische Welt zu finden (Plessner PGS VIII, 244). Wenn ›Existenzialisierung‹ soviel wie Verinnerlichung bedeutet, dann hat die Existenzphilosophie in der bewohnten und vertrauten Innerlichkeit ihr Refugium, ihr »existentiales Reservat«, wie Plessner (PGS VIII, 46) sagt.

Aus der Sicht seiner ›politischen Anthropologie‹ wirft Plessner u.a. einen kritischen Blick auf die zeitgeschichtlichen Folgen des ›politischen Indifferentismus‹ und trifft damit auch den politisch-unpolitischen Heidegger der 1930er Jahre. Dieser setzt überwiegend Innerlichkeit und Eigentlichkeit, Öffentlichkeit und Uneigentlichkeit gleich und drückt sein Ressentiment gegen die Politik im Existenzial des ›Man‹ aus (PGS VIII, 204). Nicht erst dessen Entwurf einer ›existenzial-apriorischen Anthropologie‹, schon die Existenzialanalyse verfällt dem Verdikt eines **›geschichtsfernen Apriorismus‹**. Plessner setzt dem ›eigentlichen‹ Menschsein in der Existenz die ›Unergründlichkeit‹ des geschichtlich existierenden Menschen (Misch) entgegen. »Darum rückt in den Mittelpunkt der Anthropologie die Unergründlichkeit des Menschen, und die Möglichkeit zum Menschsein, in der beschlossen liegt, was den Menschen allererst zum Menschen macht, jenes menschliche Radikal, muß nach Maßgabe der Unergründlichkeit fallen« (PGS V, 161). Über Dilthey hinausgehend, der noch von ›festen Lebensbezügen‹ und der ›Gleichförmigkeit der menschlichen Natur‹ sprach, ist nach Plessner der Mensch sich selbst eine ›offene Frage‹. Kein Schürfen mehr nach überzeitlichen Gründen, keine Frage mehr nach einem zeitenthobenen Wesensverhalt des Menschen in apriorischem Vorgriff!

Anthropologie im Streit der Positionen

Lenkt man den Blick von der bewegten Problemgeschichte der Anthropologie zurück, dann fällt zunächst zweierlei auf: In Zeiten philosophischer Krisen und Umbrüche geriet die Anthropologie zwischen die Fronten, sie wurde Streitbegriff und polemische Keule, die man gegen jene schwang, die zwar konkret sein durften, denen man aber Ansprüche auf letzte Gründe verweigerte. So warfen Husserl und Heidegger aus jeweils widerstreitenden Positionen Dilthey den Weg in die Anthropologie vor. Sie trafen sich weiterhin in der Kritik an ihrem phänomenologischen Weggefährten Scheler, der durch seine Anthropologie die phänomenologischen Forschungsziele zu verdunkeln schien. Andererseits vermochte Husserl aus seiner Sicht einer transzendentalen Universalwissenschaft die hermeneutisch-ontologischen Daseinsanalysen Heideggers nur als anthropologische Entgleisungen wahrzunehmen (Daseinsanalytik als Rückfall in einen ›transzendentalen Anthropologismus‹). Die Anthropologen Scheler und Plessner wiederum opponierten gegen die universalen Ansprüche der Fundamentalontologie Heideggers und der transzendentalen Egologie Husserls. Was für die einen ein vielversprechender philosophischer Neubeginn war, ist für die anderen der Offenbarungseid der Philosophie, ihre Verfallsform.

Man hatte erkannt, dass der frühe Heidegger bei aller Konkretion seiner Analyse, die bei der Alltagswirklichkeit, Lebenspraxis und der Stimmung ansetzte, in die Sackgasse einer Fundierungsrationalität hineingeriet, die nicht unähnlich der prekären Lage der transzendentalen Phänomenologie Husserls war. Diese Position duldete die Anthropologie nur als materiale Vorstufe, als propädeutische Disziplin und Regionalontologie – hierin der Psychologie vergleichbar –, die man beim Abstieg zu den letzten Gründen zurücklassen, ›einklammern‹ musste (Husserl). So sieht Husserl in der philosophischen Anthropologie einen Begründungsanspruch, der sich mangels letzter Gründe nicht einlösen lässt (Anthropologismus). Sie steht dem konstitutiven Aufbau der Philosophie als Erster Wissenschaft im Wege. Für Heidegger stellt sich die traditionelle philosophische Anthropologie seit Dilthey als eine Verfallsform der Metaphysik dar, die den Weg der Philosophie zur (Fundamental-)Ontologie verbaut. Als philosophische Disziplin ist sie der Ontologie nachgeordnet. Die Frage nach dem Mensch*sein* ergibt sich aus der Frage nach dem *Sein überhaupt*. Wir sehen, dass es in diesem Streit nicht um die Positionierung einer marginalen Disziplin geht, sondern um die Philosophie als Ganze und um deren Begründung.

Wenn Anthropologie dergestalt zwischen die Fronten geraten konnte, erhebt sich ein Verdacht gegen den Begriff selbst: Er scheint ›frei konvertierbar‹ zu sein. Die Befremdlichkeit dieses Terminus liegt in der sich selbst korrumpierenden Willigkeit zur Synthese und der Neigung zur Hypertrophie, mit der fatalen Folge, dass die Umrisse verschwimmen und das Bedeutungsfeld sich ins Grenzenlose verliert. ›Anthropologie‹ ist wie unedles Metall, sie geht bereitwillig jede beliebige Verbindung ein und konnte daher in den Ruf geraten, alles in allem keine sehr wertvolle, keine solide Legierung zu sein. Folgende Unterscheidungs-Merkmale waren aber unthematisch immer schon im Spiel: die Einbeziehung von Leib und Natur, die Offenheit gegenüber den empirischen Wissenschaften, der Anspruch darauf, Stimme der Philosophie zu sein.

4. Anthropologie der Kultur?

Wenn Heidegger seiner ontologischen Frage nach dem Menschsein den Status einer ›existenzialen‹ Anthropologie gab, dann stellt sich die Frage, ob hier nicht Existenzphilosophie und Anthropologie in eins gesetzt wurden. Oder ist der Streit zwischen der Existenzphilosophie und der Anthropologie, die sich gegenseitig Versäumnisse vorrechneten (vgl. W. Schulz 1976, 389), nur ein Streit um Worte gewesen, da doch allemal nach dem ›Menschen‹ gefragt wurde? Der Unterschied zwischen dem Menschen als *Existenz* oder als *Lebewesen* konstituiert zwei aufeinander irreduzible Zugangsweisen. Heidegger hat zu Recht seine Daseinsanalytik und Existenzialontologie vor anthropologischer Vereinnahmung schützen wollen, aber auch sein Entwurf einer existenzial-apriorischen Anthropologie gehört eher in die Kategorie ›Existenzphilosophie‹, nicht aber in die der ›Philosophischen Anthropologie‹. Während also sein Begriff ›existenziale Anthropologie‹ Divergentes zusammenzwingt (ein hölzernes Eisen), scheint ›Kulturanthropologie‹ sich einer tautologischen Begriffsbildung zu verdanken, die dem Menschen überflüssigerweise das Wesensprädikat ›kulturell‹ hinzufügt.

Die so genannte **Kulturphilosophie** gerät in den Blickpunkt der Aufmerksamkeit, weil sie die Anthropologie adoptiert und mit ihrem Familiennamen versehen hat: Kulturanthropologie. Der Name ›Kulturphilosophie‹ selbst gibt Anlass zu fragender Verlegenheit. Die menschliche Welt ist zunächst eine Kulturwelt und der Mensch das Kulturwesen par excellence – dies bedarf nicht eigens hervorgehoben zu werden. Soll der Zusatztitel ›Kultur‹ programmatisch andeuten, dass jetzt der Fragehorizont (gegenüber früherer Beschränkung) auf die ›ganze‹ Kulturwelt ausgedehnt wird? Aber dann haben wir es mit einem Pleonasmus zu tun, denn Philosophie zielt immer schon aufs ›Ganze‹. Oder soll ein Ausschlussverhältnis gekennzeichnet werden, demzufolge Kulturphilosophie sich gegen die Positionen ›Natur‹ und im anderen Fall ›Zivilisation‹ (die Antithese Kultur – Zivilisation als weltanschauliches Streitthema der Deutschen) zu profilieren sucht?

In Zeiten krisenhafter Erschütterungen und einer Vielstimmigkeit der Weltanschauungen prosperierte auch der Begriff ›Kultur‹, Chiffre des Konkreten und Kampfbegriff, vergleichbar dem Lebensbegriff und wie dieser mit der Kulturkritik verbündet. Der Begriff avanciert am Ende des 19. Jahrhunderts zum »journalistischen Modewort« (Perpeet 1997, 15) und macht Karriere als Kulturperson, Kulturpflicht, Kulturfortschritt, als Kulturleben der Kulturmenschen, Kulturmission der Kulturvölker usw. – unerschöpflich in seiner Kombinatorik und in seinen Bindekräften. Wilhelm Perpeet führt mehrere Dutzend Komposita auf. Wenig schmeichelhaft klingt daher auch folgende Bestimmung der Kulturphilosophie: »Als ›Mode‹philosophie der ›goldenen zwanziger Jahre‹ des 20. Jahrhunderts verstand sie sich als die ›Philosophie im Ganzen‹ und nicht nur als eine philosophische Disziplin« (Hist. Wb. Philos 4, 1310). Angesichts der einzelwissenschaftlichen Vereinnahmung aller Gegenstandsbereiche sollte es noch einmal ums ›Ganze‹ gehen. Bei Perpeet finden wir folgende inhaltliche Definition: »›Kultur‹ ist ihr Problemwort, sie will den ›Ursprung‹ der Kultur erkennen und deren Erscheinungsweisen verstehen. Sie fasst Kultur als ein Gesamt von ergologischen, moralischen, soziativen und geschichtlichen Elementen auf und bemüht sich, dieses Gesamt logisch zu ›retten‹, d.h. wissenschaftlich, so gut es geht, zu rechtfertigen« (Perpeet 1997, 17).

Kulturphilosophie und Kulturanthropologie

Wichtig für unser Thema der Anthropologie ist die Unterscheidung zwischen einer *formalen* und *materialen* Kulturphilosophie, eine Differenzierung, die Dilthey bereits der Sache nach für das kulturschöpferische Leben (kulturelles Tun und Objektivierungen) als zwei methodische Gesichtspunkte und Fragestellungen eingeführt hatte. Während sich der Neukantianismus – methodisch eingenommen durch die Erkenntnis-Logik – vor allem auf den formalen Aspekt kaprizierte und ›Kultur‹ auf eine zeitlose Wertsphäre bezog (Rickert), bemühten sich Erich Rothacker und Theodor Litt auf den Spuren Diltheys um einen Ausgleich zwischen wissenschaftlicher Strenge und einer Aufgeschlossenheit für das Besondere und Individuelle faktischer Kulturgestalten. Begründungslogisch ergab sich dabei die Alternative zwischen dem Rückgriff auf das formale Erkenntnissubjekt (als Begründung der Kultur*wissenschaften*) oder dem Rückgang auf den Menschen als kulturschöpferischen Quellgrund. Die faktische Kulturwelt wird als Leistungsgebilde zurückbezogen auf das Kulturwesen ›Mensch‹, das unter allen Lebewesen allein kulturfähig ist und sich über die kulturellen Artefakte mit sich selbst vermittelt. Der Mensch ist Schöpfer und Geschöpf der Kultur, *creatura creatix* (Landmann).

So lag es nahe, dass man in Zeiten mäßiger anthropologischer Konjunktur sich des Namens der Anthropologie bedienen und den Bonus der Konkretheit gegenüber dem neukantianischen Logizismus für sich verbuchen konnte. Erich Rothacker führte 1942 den Titel ›Kulturanthropologie‹ ein. Aus der materialen Kulturphilosophie ging die Kulturanthropologie hervor. Zum inneren Kreis ihrer Vertreter zählt man Erich Rothacker, Michael Landmann, Wilhelm E. Mühlmann, ferner tauchen in dieser Rubrik die Namen Cassirer, Gehlen, gelegentlich Scheler und Plessner auf. Bei der Unschärfe des Begriffs ist alles möglich, zum Streitfall wird allerdings Cassirer, der sich wohl zur Kultur*philosophie* bekannt hat (vergleichbar mit den Neukantianern der Südwestdeutschen Schule und der Dilthey-Schule), der aber sein philosophisches Werk sicherlich nicht in die Beliebigkeit der Kultur*anthropologie* gestellt sehen wollte.

Nachdem das Problemfeld der Anthropologie von so unterschiedlichen Geistern wie Scheler, Plessner und Gehlen in paradigmatischer Weise ausgemessen war, nahm die Kulturanthropologie diesen Faden wieder auf – mit dem Anspruch, die zurückgelassenen und sichtbar gewordenen Mängel und Blickverengungen auszugleichen. Sie empfahl sich als den Schlusspunkt in der langen Kette anthropologischer Entwürfe. Schlägt man die *Philosophische Anthropologie* Michael Landmanns auf, so findet man unter der Kapitelüberschrift »Der Mensch als Schöpfer der Kultur« folgendes kühnes Manifest:

> »Die Kulturanthropologie wird die Anthropologie der Zukunft sein. Für sie war alle bisherige Anthropologie nur Vorspiel. Denn sie zum erstenmal isoliert den Menschen nicht künstlich aus seiner natürlichen Lebenswelt und sieht ihn in Wechselwirkung mit ihr als ihren Träger und von ihr Getragenen. Seine Lebenswelt aber ist seine Kultur. So erfaßt erst die Kulturanthropologie den *ganzen* Menschen« (1969, 172).

Kulturanthropologie als Fundamentalanthropologie

Die Kulturanthropologie versucht dadurch an Kontur zu gewinnen, dass sie den Menschen in seine Kulturwelt stellt – als deren Schöpfer und Geschöpf. Sie behauptet, dass sich die Philosophische Anthropologie in den 1920er Jahren in der defizienten Form einer »Individualanthropologie« (Landmann 1961, 14) begründet habe. So muss – in der Konsequenz dieser Behauptung – die Individualanthropologie durch die Kulturanthropologie ersetzt werden. »Deshalb schießt auch die Sozialanthropologie noch zu kurz. Der zentrale Punkt wird erst durch die Kulturanthropologie getroffen« (ebd., 16). Die »Erkenntnis der menschlichen Gesamtwirklichkeit« (ebd., 14) kann nur dann an ihr Ziel kommen, wenn man sich zu einer Reform der Anthropologie bis in die Fundamente entschließt (›Fundamentalanthropologie‹). Als untauglicher Versuch einer anthropologischen Grundlegung anzusehen sei neben der Sozialanthropologie auch die heideggersche Existenzialontologie, der es übrigens gelingen konnte, wie Landmann zu Recht betont, der Anthropologie das Wasser abzugraben. Aber mit ihrer Forderung, den Menschen inmitten seiner Kultur zu betrachten, rennt die Kulturanthropologie offene Türen ein. Die Anthropologen erster Stunde (Scheler,

Plessner, Gehlen) haben den Menschen keineswegs nur als isoliertes Individuum betrachtet, sondern als leib-seelisch-geistige Einheit in den Schnittpunkt von Natur und Kultur (Gesellschaft, Geschichte) gestellt.

Die kulturanthropologische Programmschrift *Der Mensch als Schöpfer und Geschöpf der Kultur* (Landmann 1961) stellt sich als Anrufung des diltheyschen und mit ihm des hegelschen Geistes dar: Die Konjunktion von ›Schöpfer und Geschöpf‹ ist nichts anderes als die konkretisierende Übersetzung von ›Subjekt-Objekt‹, subjektivem und objektivem Geist. Die Ankündigung, dass nun die Zeit gereift sei, den Geisteswissenschaften zu einem sicheren methodischen Fundament zur verhelfen – nicht mehr in der Psychologie, wie noch bei Dilthey, sondern jetzt in der Kulturanthropologie (Landmann 1961, 11) – verspricht die Einlösung eines ›kulturphilosophischen‹ Vermächtnisses.

Die Kulturanthropologie in der Nachfolge der Philosophischen Anthropologie stand immer in der Gefahr, ins Epigonale und Triviale abzugleiten und sich in der unermesslichen Weite ihres Themengebietes zur verlieren. An ihr zeigen sich am deutlichsten die Schwächen des anthropologischen Denkens, das sich im Ausgriff auf das Allgemeinmenschliche (und Unverbindliche) zum Instrument der guten Absicht macht und die Ideale der Kritik und der Wissenschaft aus den Augen verliert. So lassen denn die »Anthropologischen Skizzen« Landmanns (als Untertitel des Buches *Das Ende des Individuums*, 1971) kaum ein Thema aus: von der ›phäakischen Träumerei‹ über ›Uhr und Katze‹ bis zu ›Heidegger und Hitler‹ ist hier alles geboten. Nicht sehr inspirierend und neu klingt denn auch die kommentierende Zusammenfassung einer Kernaussage der Anthropologie Landmanns: »Der Mensch muß Kultur schaffen, um zu leben; er soll seine ›beste Urmitgift‹, seine Kreativität, nicht zur Schaffung von ›Vordergründigem und Spielerischem‹ einsetzen, sondern etwas ›Ernstzunehmendes‹ – und das heißt: *Kultur* – hervorbringen« (Hupe 1991, 130).

Zwei so aufgespreizte Leerformeln wie ›Anthropologie‹ und ›Kultur‹ zusammengespannt – daraus konnte nur wieder ein theoretisches Konzept von großer Abstraktheit und Beliebigkeit erwachsen. Unversöhnlich ist denn auch das Urteil Adornos über die Kulturanthropologie Rothackers: »Die Banalität, daß die Substanz des Kulturgeschehens der Mensch sei, ist in ihrer Abstraktheit so unwahr wie alle Banalität« (AGS 20.1, 137).

Der Kulturanthropologie kommt sicherlich das Verdienst zu, noch einmal den Fokus auf die ›Kulturbildung‹ und das Verhältnis ›**Mensch und Kultur**‹ gelenkt zu haben. Daraus leitet sich aber kaum der Anspruch einer ›Fundamentalanthropologie‹ (Landmann) ab, sofern er denn überhaupt sinnvoll und erstrebenswert ist.

Rothacker: Lebensstile und gelebte Weltbilder

Die diltheysche ›Kulturphilosophie‹ als die Matrix der Kulturanthropologie immer im Blick behaltend, ergibt sich für Erich Rothacker (1888-1965) die Pointe, für die kulturelle Selbstschöpfung des Menschen das uexküllsche Umweltmodell nutzbar machen zu können. »Es besteht eine strenge Korrelation von Bauplan und erlebtem Wirklichkeitsinhalt, sei es menschlicher Bauplan überhaupt, einschließlich des anatomischen, sei es – fast noch lehrreicher – ein spezieller Bauplan, z.B. beruflicher oder sonstiger Lebensstil« (Rothacker 1982, 82). Rothacker wendet also den Begriff der ›Umwelt‹, von der Biologie allein dem Tier vorbehalten, auch auf die soziale und geschichtliche Welt des Menschen an. Wie das Tier je nach Art in eine selektive Umwelt eingeschlossen ist, so ist der Mensch Teil seiner jeweiligen kulturellen Umwelt. Aber im Unterschied zum Tier, dessen Bauplan auf eine genau festgelegte Umwelt abgestimmt ist, begegnet dem Menschen die Kultur in der Mannigfaltigkeit von Sprachen, Traditionen und öffentlichen Lebensformen – Rothacker spricht hier von ›Lebensstilen‹, ›gelebten Weltbildern‹, die allerdings immer in ›strenger Korrelation‹ zum ›menschlichen Bauplan‹ stehen. Die Kultur eines Volkes, so sagt er, stellt einen selektiven Weltausschnitt dar. Ein weiterer Unterschied zum Tier liegt darin, dass der Mensch seine jeweiligen Umwelten wechseln und erweitern kann (dazu Perpeet 1997, 77-87). Damit gerät das uexküllsche Modell in eine Dialektik, die ihm ursprünglich fern liegt: das unaufhebbare Wechselspiel von Aktivität und Passivität, Handeln und Erleiden, Kulturstiftung und Schicksalhaftigkeit.

Landmann: homo creator

Diese Grundkonfiguration der ›Kulturalität‹ des Menschen umkreist dann Michael Landmann (1913-1984), der sich mit Rothacker und Gehlen verbunden weiß, in weit ausholenden Bögen. Die fehlende ›Instinktivität‹ reißt eine ›anthropine Lücke‹, die ausgefüllt wird durch die ›**Anthropina**‹ Kreativität und Modellierbarkeit. Der Mensch ist *homo creator*, aber im Prozess der kulturellen, geschichtlichen Selbstschöpfung bleibt er immer an Vorprägungen und schicksalhafte Fügungen gebunden. Landmann bestimmt den Menschen als das zukunftsorientierte Wesen, das sich in der Verwirklichung humaner Ziele selbst zu Ende schafft (vgl. Hupe 1991, 205). Er hofft damit, der anthropologischen Falle des Mensch-Tier-Vergleichs und dem daraus folgenden Kompensationstheorem (vgl. Scheler und Gehlen) entkommen zu sein. Aber sein Begriff der ›Anthropina‹ als die Parameter im kulturellen Prozess menschlicher Selbstschöpfung (›Schöpfertum‹, ›Freiheit‹, ›Geschichtlichkeit‹, ›Plastizität‹, ›Schicksalhaftigkeit‹

u.a.) verdankt sich immer noch der Differenz zum Tier (vgl. Landmann 1969, 124).

Flagge zeigt die Kulturanthropologie Landmanns u.a. in ihrer Attacke gegen die ›anthropologische Medizin‹. Diese habe sich in der Besitzergreifung eines herrenlosen Namens einer Erschleichung schuldig gemacht (vgl. 1976, 271). Im Ausschluss der medizinischen Wissenschaften von der Anthropologie scheint sich eine Grundtendenz abzuzeichnen, die nach einem abgewandelten Plessner-Zitat so wiedergegeben werden kann: Wo die körperliche Dimension beginnt, hört diese Anthropologie auf (PGS VIII, 243).

Die Kulturanthropologie ist über gewisse Ziele, die sie mit der Frankfurter Schule teilte, in die Schusslinie der kritischen Gesellschaftstheorie Horkheimers und Adornos geraten. Die äußerliche Ähnlichkeit zwischen den Konzepten ›Kultur‹ und ›Gesellschaft‹ und einer konkurrierenden Kulturkritik (z.B. Landmann: *Das Ende des Individuums*, 1971) haben für Zündstoff gesorgt. In genauer Umkehr zu Landmann, der Sozialphilosophie und -anthropologie in Kulturanthropologie begründet sehen möchte, billigt Horkheimer der Kulturanthropologie nur unter der Bedingung eine Bedeutung zu, dass »sie sich als Teil der großen soziologischen Forschung begreift« (HGS 13, 18). Er kritisiert an der Kulturanthropologie Rothackers vor allem deren abstrakten Kulturbegriff, die Formelhaftigkeit ihrer Grundbegriffe ›Menschheitsstile‹, ›Hochform‹, ›Niveau‹ u.a., er moniert ferner die Trennung von Hochkultur und Trivialkultur (Kultur als ›Niveau‹), die ›Vergötzung des Geistes‹, den ›Aberglauben an die Rasse‹ und die ästhetisierende Grundtendenz (ebd., 18). Wenn Adorno das ideologiekritische Messer wetzt, stieben die Funken. Das geistig-kulturelle Kleid, dass sich die Kulturanthropologie übergeworfen habe, soll – so seine Vermutung – nur dazu dienen, den Kampf der Gesellschaft um reale Interessen kulturell zu bemänteln. Was Rothacker biete, »ist ein durch die plattesten Ideologien des Kulturphilisters verwässerter Ästhetizismus« (AGS 20.1, 139).

Elias: Zivilisationstheorie und Menschenwissenschaften

Zum Thema Schöpfungsprozess der Kultur bzw. der Zivilisation empfiehlt sich das lesenswerte und konkret gehaltene zweibändige Werk von Norbert Elias *Über den Prozeß der Zivilisation* (1976). Dem Soziologen Elias waren die fachspezifischen Grenzen seiner Wissenschaft zu eng gezogen, er hat sich daher zumindest terminologisch der Anthropologie angenähert: »Menschengesellschaften« (Korte 1988, 165ff.) und »Menschenwissenschaften« (1990, 93). Seine Zivilisationstheorie behandelt u.a. die Themen Kultur und Zivilisation, Fremdzwang und

Selbstzwang, Standard der Scham- und Peinlichkeitsgefühle, langfristige Veränderung der Affekte und Triebe. Hinzu tritt eine ›anthropologische‹ Kulturkritik, die dem vorherrschenden ›philosophisch-idealistischen‹ Menschenbild den Charakter der hermetischen Abgeschlossenheit – *homo clausus* – zuweist. »Die Diskrepanz zwischen dem philosophisch-idealistischen und dem anatomisch-physiologischen Menschenbild beunruhigte mich für viele Jahre« (1984, 16). Die selbstgestellte Aufgabe bestand für Elias darin, den *homo clausus* abzulösen durch den *homo non-clausus (sive sociologicus)* als das auf Welt und Mitwelt hin geöffnete Individuum. Ebenfalls in den »Notizen zum Lebenslauf« berichtet er von einer Studie, die entfernt an Plessners bekanntes Buch *Lachen und Weinen* (1941) erinnert: »daß sich die sozialen Aspekte des menschlichen Lächelns und Lachens von dem, was man vielleicht als ihre biologischen Aspekte bezeichnen kann, nicht trennen lassen« (ebd., 14).

Kultur und Natur

Das Denken der Philosophischen Anthropologie wird in Bewegung gehalten von der **Spannung zwischen Kultur und Natur**. Man kann geradezu die drei Autoren (Scheler, Plessner, Gehlen) danach unterscheiden, wie sie das Formationsfeld von Natur und Kultur gestaltet, wie sie jeweils die Akzente gesetzt haben. Während der ›kulturelle Blick‹ (der Kulturanthropologie) nur die Differenzen zwischen dem kulturschöpferischen Wesen und seinen kulturlosen Mitgeschöpfen wahrzunehmen vermochte, fragt die ›biophilosophische‹ Position auch nach deren Gemeinsamkeiten. Was verbindet das Kulturwesen Mensch mit dem Tier und der Pflanze? Und weiter: Was sind die material-sinnlich-leiblichen Bedingungen der einzelnen Kulturleistungen (z.B. die Sinne als Grundlage des Sinnes)?

Der Begriff ›Natur‹ ist für sich genommen so problematisch wie der Begriff ›Kultur‹ als buntes Kaleidoskop unerschöpflich ist. Der exklusive Kulturstandpunkt verleitet indes dazu, in der Beschreibung des Überliefert-Vertrauten und Zuverlässigen den Sinn für die kulturellen Verluste, für die Brüchigkeit aller Kultur und Zivilisation einzubüßen, das Gespür für das Sinnlose und Sinnwidrige, das Fremde und nicht Bewältigbare zu verlieren. Man muss die Kulturwelt noch einmal relativieren können, nicht zuletzt vor dem Hintergrund des Anderen der Kultur, der ›Natur‹. Rothacker hat den Umweltbegriff – hierin Jakob von Uexküll folgend – auf die menschliche Kulturwelt projiziert und damit den Menschen in ein vertrautes und gleichsam hermetisches Kulturgehäuse eingepasst. Gegen die undialektische Entgegenstellung von Umwelt und Weltoffenheit schreibt Plessner:

»Läßt man fürs erste dem Ausgleichsgedanken sein Recht, so wird man sehr bald gewahr, daß Sprache, Kultur und zivilisatorische Bemühungen keine ausreichende kompensatorische Kraft besitzen, den Menschen vor der Weltoffenheit zu schützen und ihm ein den Tieren entsprechendes Gleichgewicht mit seiner in die Welt verschränkten Umwelt – seiner Lebenswelt, um mit Husserl zu sprechen – zu bringen« (PGS VIII, 277f.).

4.1 Ernst Cassirer

Zur Auffassung, wonach die philosophische Anthropologie die Erbschaft des transzendentalen Idealismus angetreten habe (z.B. Landgrebe 1957, 26; Bollnow 1974, 25; Landmann 1974, 273), gehört deren Steigerungsstufe, die besagt, dass die Philosophie insgesamt seit ihrer kopernikanischen Wendung dem Anthropozentrismus verfallen sei. Foucault bemerkt in *Die Ordnung der Dinge* unter der Kapitelüberschrift »Der anthropologische Schlaf«: »Die Anthropologie bildet vielleicht die grundlegende Position, die das philosophische Denken von Kant bis zu uns bestimmt und gelenkt hat« (Foucault 1974, 412).

Gemäß diesem Diktum treffen wir nicht nur die Dilthey-Schule in tiefem anthropologischen Schlummer an, sondern auch den auf wissenschaftliche Rationalität und Begründung setzenden Neukantianismus (Rickert, Cassirer). Er beugte sich der allgemeinen Tendenz zur Kulturphilosophie und versuchte dadurch seine Modernität und Anschlussfähigkeit zu beweisen. Wenn also gilt, dass die Kulturphilosophie die Spätfolge des transzendentalen Idealismus ist, dann ist sicher die Kulturanthropologie deren positivistischer Restbegriff. Gerade an Cassirer lässt sich aber zeigen, dass die enge Verknüpfung von Kulturphilosophie und Kulturanthropologie nicht zwingend sein darf. Auch wenn Cassirer mit seinem Stichwort des *animal symbolicum* das fragwürdige Recht erworben hat, in den Kreis der Anthropologen aufgenommen zu werden, so hat es sein systematisches Hauptwerk (*Philosophie der symbolischen Formen*, 1923-1929) nicht verdient, auf das Prokrustesbett der Kulturanthropologie gespannt zu werden. In jüngeren Darstellungen der philosophischen Anthropologie wird Cassirer als deren arriviertester Vertreter präsentiert, nur noch überboten von Karl Otto Apel (Paetzold 1985, 472ff.). Bestätigt wird diese Auffassung durch eine rückblickende Zeitdiagnose, derzufolge auch der Neukantianismus nicht von einer »anthropologischen Wende« verschont geblieben und selbst Husserl auf dem besten Wege zu einer »transzendentalen Kulturanthropologie« gewesen sei (Orth 1997, 44). Diese wenig hilfreichen Zuweisungen und Verallgemeinerungen führen nur zu einer weiteren Inflationierung des Anthropologiebegriffs und beschleunigen dessen völlige Entwertung.

Transzendentale Kulturphilosophie

Ernst Cassirer (1874-1945) vertrat in der zweiten Generation den Kantianismus der Marburger Schule, von deren transzendentaler Fragerichtung und kritizistischer Grundhaltung (transzendentale Letztbegründung, Festhalten an der kantischen ›kopernikanischen Wende‹) er niemals abgewichen ist. Der allgemeine Ruf nach dem konkreten Wirklichkeitsgehalt der Welt durch Lebensphilosophie, Phänomenologie, Kulturphilosophie erschütterte die Position reiner Vernunftwissenschaft und führte auch bei ihm zu einer stufenweisen Ausarbeitung einer transzendentalen Kulturphilosophie von 1923 bis 1929. Der auf Erkenntnistheorie logizistisch verengte Blickwinkel der frühen Marburger Schule sollte erweitert werden zugunsten der **Formen symbolischer Kulturbildung** (Sprache, Mythos, Kunst, Religion, Erkenntnis, Technik, Recht). Die symbolischen Formen treten an die Stelle der Kategorien als synthetisierende, gegenstandskonstituierende Denkformen, die bei Kant noch den Prägestempel des newtonschen physikalischen Weltbildes trugen (dazu Graeser 1994, 51ff.). Der andernorts entwickelte Funktionsbegriff – Primat der Funktion vor dem Gegenstand – erweitert die mit Kant begonnene kopernikanische Drehung: Sie beschränkt sich nun nicht mehr auf die logische Urteilsfunktion, sondern bezieht sich auf jede Richtung geistiger Gestaltung. Der allgemeine Weltbegriff weicht einem allgemeinen Kulturbegriff, und die Kritik der Vernunft wandelt sich zur Kritik der Kultur (vgl. *Ph. der symb. Formen 1*, 10f.). Zusammen mit der Verschiebung der Begriffswelt von den Grundsätzen, Begriffen und Kategorien zu Sinn, Zeichen und Symbol erweitert sich der Radius des Themenkreises (dazu Braun/Holzhey/Orth 1988; Graeser 1994).

Hinreichend bekannt sind die Umstände, unter denen Cassirer sein Buch *An Essay on Man. An Introduction to a Philosophy of Human Culture* (1944) in der Emigration niedergeschrieben hat (Toni Cassirer 1981, 313f.; Gawronsky 1966, 23f.). Als er 1941 eine Gastprofessur an der Yale University antrat, empfahl ihm der damalige Präsident, eine Zusammenfassung seines Hauptwerkes zu schreiben. Charles W. Hendel legte durch wiederholte Intervention eigener Korrekturvorschläge mit Hand an und heraus kam ein Buch, das dem pragmatischen Verständnishorizont des amerikanischen Publikums entgegenzukommen suchte. Diesem Verständnis war der handelnde, sprechende und sich in einer Symbolwelt bewegende Mensch näher als eine ›Kritik‹ des kulturstiftenden Geistes mitsamt der transzendentalen Konstitution der Gegenstandswelt.

»Das Eigentümliche des Menschen, das, was ihn wirklich auszeichnet, ist nicht seine metaphysische oder physische Natur, sondern sein Wirken. Dieses Wirken, das System menschlicher Tätigkeiten, definiert und bestimmt die Sphäre des ›Menschseins‹. Sprache, Mythos, Religion, Kunst, Wissenschaft, Geschichte sind die Bestandteile, die verschiedenen Sektoren dieser Sphäre« (Cassirer 1990, 110).

Das Buch ist eine – manchmal etwas plakative – Einführung in die europäische Philosophie und Denkgeschichte und sicherlich kein Standardwerk der philosophischen Anthropologie. Gleichwohl mag die **Betonung der Kulturwelt** als symbolisch und zeichenhaft vermitteltes menschliches Universum anregend auf die Philosophische Anthropologie gewirkt haben. Wir finden bei Gehlen den Gedanken, dass sich der Mensch im Gebrauch der Sprache, der Symbole aus seiner animalischen Gebundenheit zum Kulturwesen befreit habe, in Plessners »Ästhesiologie des Geistes« (PGS III) die Parallele zu Cassirers Verknüpfung des Sinnes mit den Sinnen, des Geistes mit der Natur. Beide sind sie in diesem Punkt Nachfahren Schellings.

III. Philosophische Anthropologie. Eine Einzeldisziplin wird autonom

Kreisprozesse statt Dualismus. Sieg des kybernetischen Denkens
Der Versuch der Philosophie des Konkreten und Lebendigen, sich gegenüber der traditionellen Subjekt-Objekt-Spaltung einer ursprünglichen Erfahrungsschicht, einer irreduziblen ›Lebenswelt‹ zu versichern, ist Teil eines allgemeinen Bewusstseinswandels, der zu Beginn des 20. Jahrhunderts zu einer neuen Weltsicht führt. Die mit dem cartesischen Weltmodell für Jahrhunderte festgeschriebene Relation zwischen Ichbewusstsein und raumzeitlich geordneter materieller Natur verfällt einer grundsätzlichen Kritik, und das Verhältnis des Menschen zur Welt muss neu definiert werden.

Entscheidende Impulse gehen dabei von der modernen Physik und der biologischen Umweltforschung aus (vgl. Landgrebe 1957, 75ff.). An die Stelle einer starren Dichotomie tritt das Modell einer sich selbst organisierenden Komplementarität und Wechselwirkung, das die Bereiche Geist und Natur, geistige Innenwelt und materielle Außenwelt in eine unaufhebbare Relativität zueinander setzt. Im Licht des neuen physikalischen Weltbildes relativiert sich die Natur und das materielle Sein in Bezug auf den Beobachter.

»Die Quantentheorie läßt keine völlig objektive Beschreibung der Natur mehr zu [...]. Die Welt erscheint in dieser Weise als ein kompliziertes Gewebe von Vorgängen, in dem sehr verschiedenartige Verknüpfungen sich abwechseln, sich überschneiden und zusammenwirken und in dieser Weise schließlich die Struktur des ganzen Gewebes bestimmen« (Heisenberg 1959, 85).

Naturvorgänge, so zeigt die experimentelle Praxis, werden durch forschenden Zugriff, durch Eingreifen des leiblichen Menschen induziert, sie sind kein Ansich, deren der erkennende Mensch habhaft werden könnte. Der *eine* objektive Raum, das *eine* vorgegebene Zeitkontinuum weicht den spezifisch eigenen Raum- und Zeitschemata der Lebewesen. Dies war nicht nur eine Frage nach dem Menschen und seinem Weltverhältnis, sondern die Frage danach, wie sich Leben im Austausch mit materiellem Sein überhaupt organisiert.

Leben als Selbstorganisation
Das Modell geschlossener Seinsbereiche führt, wie am Beispiel des Biologen Hans Driesch gezeigt werden kann, in die Aporien einer

›Metaphysik‹ der Natur und des Lebens (Driesch 1926, 89ff.). Driesch hatte durch Experimente an Seeigeleiern die Selbstorganisation und Selbstdifferenzierung des Organismus überzeugend nachweisen und damit die Präformationstheorie des 18. Jahrhunderts widerlegen können. Der lebendige Organismus entfaltet sich nicht nach einem starren Schema aus einer Keimzelle, in der schon alle Entwicklungsmöglichkeiten und Entfaltungsschritte festgelegt sind, sondern organisiert sich nach einem Ganzheits- und Gestaltungsprinzip in Auseinandersetzung mit den Bedingungen der Umwelt. Driesch nennt diesen gestaltenden, ganzmachenden Faktor ›Entelechie‹ und setzt damit dem materiellen Sein, der ausgedehnten Körperlichkeit ein immaterielles Agens gegenüber. Es stellt sich sofort die prekäre Frage, wie die Entelechie als immaterielles Ordnungsprinzip auf das physische, räumlich ausgedehnte Material einwirken kann.

Ein Schritt weiter in der biologischen Theoriebildung führt zum Verzicht auf ein letztes ›metaphysisches‹ Bewegungsprinzip und die völlige Freigabe des Lebensprozesses für ein **struktur- und systemtheoretisches Kalkül und Modelldenken**, das bei Ludwig von Bertalanffy zur Theorie der Homöostase führt, zum Fließgleichgewicht in einem offenen System (Bertalanffy 1949). Die Umweltlehre des Biologen Jakob von Uexküll versetzt das Lebewesen in einen Strukturzusammenhang mit seiner jeweiligen Umwelt. Es gibt nicht mehr die eine, raumzeitlich organisierte Welt, die Tier und Mensch gemeinsam wäre. Die ›Welt‹ des Menschen unterscheidet sich von der Umwelt der Tiere wie die Umwelt der Fliege, in die sie artmäßig eingepasst ist, von der Umwelt der Schwalbe, die sich lebhaft für sie als Nahrungsangebot interessiert. Wir ›verstehen‹ das Tier nur aus seinem Verhalten, das abgestimmt ist auf die artspezifische Umwelt und uns den ›Bauplan‹ und die sensomotorische Ausstattung des Lebewesens verrät. Es besteht eine strenge Korrelation zwischen dem Organismus und seiner spezifischen ›Welt‹, die als Aktions- und Wahrnehmungsfeld (›Wirkwelt‹ und ›Merkwelt‹) in Erscheinung tritt. ›Merkwelt‹ steht für ein hochselektives Verhältnis zur Umwelt. Als biologisches Paradebeispiel hat es die unscheinbare Zecke zu einiger Berühmtheit gebracht (von Uexküll 1909).

In diesem weiteren Denkhorizont bewegt sich auch der Biologe und Anthropologe Helmuth Plessner, wie noch zu zeigen sein wird. Positionalität und Grenzphänomen sind die Ausgangsbedingungen seines Beitrags zu einer Theorie des Lebens, die seinem Konzept des Menschen zugrunde liegt. Demnach organisiert sich das Lebewesen, indem es über sich hinausgeht und sich selbst begrenzt.

Wir können also sehen, wie die starren Bereiche von Subjekt und Objekt, Geist und Materie, psychisch und physisch, Innenwelt und

Außenwelt in Bewegung geraten und Modellen dynamischer Funktionszusammenhänge, offener Systemkonfigurationen und interner Kreisprozesse Platz machen. Dies ist der methodische Horizont der Biologie und der von ihr inspirierten philosophischen Anthropologie, dazu gehört z.B. auch die medizinische Anthropologie (psychosomatische Medizin), deren prominenter Vertreter, Viktor von Weizsäcker, unter dem Titel des »**Gestaltkreises**« eine empirisch abgesicherte Wahrnehmungslehre vorgelegt hat, die eine grundlegende Deutung des sinnlich-leiblichen In-der-Welt-seins erlaubt (von Weizsäcker 1973; WGS 4).

Das Debüt der Philosophischen Anthropologie

In je eigener Weise reagierte die Philosophie auf die völlig veränderten Bedingungen im menschlichen Weltverhältnis. Für Martin Heidegger ist die Geschichtlichkeit *conditio sine qua non*, wenn bei ihm der Rückgriff auf die ›Lebenswelt‹ im Sinne der Auslegung des vorgängigen In-der-Welt-seins durchgeführt wird. Menschliches Dasein bedeutet ihm unaufhebbare historische Faktizität. Mit der Vollzugsmodalität der Existenz als ihre je eigene Möglichkeit und Entscheidung gerät die Existenzialontologie in eine kontroverse Position zur Philosophischen Anthropologie, deren unverzichtbare Ausgangsbedingungen Leibkörperlichkeit und Natur sind. Beide rechnen sich gegenseitige Versäumnisse vor, wie wir gesehen haben.

Die fieberhafte Aktivität in einer Zeit politischer Zerrissenheit und gesellschaftlicher Spannungen drängt auch zu anthropologischen Umtrieben. »Wenn es eine philosophische Aufgabe gibt, deren Lösung unser Zeitalter mit einzigartiger Dringlichkeit fordert, so ist es die einer philosophischen Anthropologie«. So äußert sich Scheler 1926. Wir erleben die Ermächtigung einer Disziplin, die seit ihrer philosophischen Akkreditierung zu Beginn der Neuzeit ein eher bescheidenes und unauffälliges Dasein geführt hat. Der ›Mensch‹ rückt ins Gravitationszentrum aller philosophischen Bemühungen, die um die Rückgewinnung einer konkreten Weltsicht, eines ›ursprünglichen Weltbegriffs‹ (Mach) kreisen, und zwar der Mensch als *Existenz* und als *Lebewesen.* Damit sind zwei Positionen gekennzeichnet, die sich etwa gleichzeitig in Konkurrenz zueinander begründen: die Existenzphilosophie und die Philosophische Anthropologie.

Sehen wir von den zahlreichen anthropologischen Einzeluntersuchungen ab, die in die Zeit von 1920 bis etwa 1940 fallen, dann imponiert der große persönliche Einsatz und die entschiedene Denkrichtung und konsequente Theoriebildung dreier Philosophen: Scheler, Plessner und Gehlen. Sie haben unter Assistenz der modernen Biologie, der Psychoanalyse, der sich etablierenden Soziologie und Verhaltensforschung ihren jeweiligen Beitrag zu einer Begründung der Philosophischen Anthropologie geleistet.

Schelers Wirken fällt noch ganz in die hier behandelte Epoche. Plessner und Gehlen ist es vergönnt, nach dem Zweiten Weltkrieg den einmal gesponnenen anthropologischen Faden wieder aufzunehmen. Die geistige und politische Situation in dieser Zeit lässt die Frage nach dem Menschen hinter die aktuellere nach einer neuen Gesellschaftsordnung zurücktreten. Der Philosophischen Anthropologie kommt aber zugute, dass zu ihrem Repertoire auch Soziologie und Sozialphilosophie gehören. Gehlens Gesamtwerk ist nicht zu würdigen, ohne Vorgriff auf seine sozialphilosophischen, gesellschaftskritischen und ästhetischen Arbeiten der Nachkriegszeit.

Gehlen ist nur *cum grano salis* zu den Gründervätern der Philosophischen Anthropologie zu rechnen. Er tritt zu vorgerückter Stunde, zwölf Jahre nach dem Gründungsakt im Jahre 1928 hervor, zu einer Zeit, als dieser Philosophie bereits das Urteil gesprochen war. Die Theorieansätze der ›Halbjuden‹ Scheler (er war bereits 1928 gestorben) und Plessner hatten von 1933 an keine Aussicht mehr auf Beachtung und Diskussion. Plessner hat in weiteren Arbeiten (vor allem *Macht und menschliche Natur*, 1931) seine anthropologische Position noch ausbauen können, bevor er dann 1933, auf dem Umweg über Istanbul, nach Holland in die erzwungene Emigration ging (vgl. Schüßler 2000, 125ff.). Gehlen, der die Gunst der Stunde für sich zu nutzen hoffte, konnte über die Zeitumstände seines anthropologischen Debüts *Der Mensch* (1940) auch nicht sonderlich glücklich sein. Die Wirkung seiner Anthropologie entfaltete sich erst nach dem Zweiten Weltkrieg, aufgrund einer überarbeiteten Neuauflage seines Hauptwerkes. Auch Scheler und Plessner geraten frühestens in den 1950er Jahren wieder in den Blickpunkt der Aufmerksamkeit.

Sachlich gesehen schließt Gehlen an der Position Schelers an. Er nimmt dem Begriff der Weltoffenheit die metaphysischen Weihen und bildet die triebhafte Lebensbasis (das ›Biopsychische‹) zum Theorem des Mängelwesens um. Das Naturwesen Mensch ist Zuchtmeister seiner selbst, sofern es ihm gelingt, die weltoffene plastische Antriebsstruktur in ein Kultur stiftendes Aggregat zu verwandeln. Im Ordnungsgefüge der geronnenen sozialen Lebensformen (Institutionen) domestiziert es sich selbst zum Kulturwesen.

Durch Gehlen erfährt das theoretische Umfeld der Philosophischen Anthropologie eine Akzentverschiebung. Sein Schwur auf empirische Wissenschaftlichkeit, als Reaktion auf Metaphysik und spekulative Theorie, steht in seiner ›Gesamtwissenschaft vom Menschen‹ unter der

Zielvorgabe einer ›empirischen Philosophie‹. Während die Betonung biologischer Lebensnotwendigkeit und triebhafter Naturverfassung des Menschen theoretischen und empirischen Rückhalt in der Schule um Konrad Lorenz findet, liefert der angelsächsische Pragmatismus seinem Handlungs- und Aktivitätsmodell entscheidende Argumente. Auch Gehlen besteht – wie seine anthropologischen Weggefährten und Konkurrenten – auf der biologischen Sonderstellung des Menschen, was auch ihn in eine gewisse Distanz zum Evolutionismus bringt.

1. Max Scheler – Metaphysik der Person und Triebtheorie

1.1 Vom ethischen Personalismus zur Anthropologie

Max Scheler (1874-1928) hat sein großes anthropologisches Werk nicht mehr schreiben können. Als er mit vierundfünfzig Jahren starb, hinterließ er ein Œuvre von außergewöhnlicher thematischer Spannweite und das uneingelöste Versprechen, die Summe seines zurückgelegten Denkwegs in einer philosophischen Anthropologie zu ziehen. Er war nicht Anthropologe von Anfang an wie etwa Plessner und Gehlen (von akademischem Vorlauf abgesehen), an seinem Lebenswerk lässt sich daher sehr gut verfolgen, wie sich ein Themenfeld eröffnet, konfiguriert und allmählich zum Kraftzentrum einer Denkbewegung wird. In seiner letzten Periode streben Metaphysik und Anthropologie aufeinander zu und verschmelzen zur ›Metanthropologie‹. Paul Good stellt in seiner Einführung bereits den ›ethischen Personalismus‹ und damit die ›Materiale Wertethik‹ Schelers unter die Rubrik ›Anthropologie‹. Für ihn gilt: »Sein gesamtes Werk ist in anthropologischer Absicht geschrieben worden« (Good 1998, 83).

Verschlungener Lebensweg

Scheler wurde von den Themen buchstäblich überfallen, die er dann in manischem Schaffensdrang nebeneinander zu bewältigen suchte. Er hat sich seinen Zeitgenossen unauslöschlich eingeprägt als leidenschaftlicher und in sich zerrissener Mensch, der letztlich daran zerbrochen ist, sinnlich-leiblichen Weltgenuss und welttranszendentes Erlösungsverlangen, Weltfrömmigkeit und Gottsuche in Einklang zu bringen. Als barocker Sinnenmensch und religiös-metaphysischer Überwinder war er eine tragische Figur zu Beginn des 20. Jahrhunderts. Auf Hans-

Georg Gadamer, der ihn in seinem Aufsatz *Max Scheler – der Verschwender* (1975) porträtiert hat, machte er einen dämonischen Eindruck. Man darf seine Philosophie, vor allem aber seine Anthropologie, als den Versuch betrachten, die sein Leben zerreißende Spannung im Denken aufzuheben. Aber sein impulsives intellektuelles Temperament, das sich den akademischen Reglementierungen widersetzte, verhindert die schrittweise diskursive Ausformung seines Werkes (vgl. Mader 1980, 10). Obgleich von ungewöhnlicher Wandlungsfähigkeit und Sprunghaftigkeit (vgl. Henckmann 1998, 11), hielt er am Ideal disziplinärer Einheit fest und suchte seinen Gedanken immer wieder ein architektonisches Gerüst zu geben. Seine lebenslange religiöse Gebundenheit und sein zeitweiliges Eintreten für die katholische Kirche gingen als weltanschauliche Voraussetzungen in sein philosophisches Werk ein.

Scheler beginnt 1894 sein Studium der Philosophie und Psychologie in München, wo er auch geboren ist, und wechselt ein Jahr später nach Berlin, um bei Dilthey und Simmel zu hören. Er erhält bei diesen prominenten Gelehrten grundlegende Anregungen für sein späteres Philosophieren. Im Jahre 1897 promoviert der 23-Jährige in Jena mit der Arbeit *Beiträge zur Feststellung der Beziehungen zwischen den logischen und ethischen Prinzipien.* Doktorvater ist der Philosoph Rudolf Eucken, in dessen Lebenswerk sich die Grundlegung einer neuidealistischen Metaphysik und Geistphilosophie mit dem Aufruf zur geistigen Erneuerung seiner Zeit verbindet. Sein Interesse für die Probleme des Geistigen und Religiösen in der Menschheitsgeschichte, die Aufmerksamkeit für historische Weltanschauung und Naturforschung sowie für die Frage nach dem Menschen treiben auch den jungen Scheler um. Die in dieser Zeit angeregte Auseinandersetzung mit Kant bereitet die ›materielle Wertethik‹ vor: die Herausarbeitung eines ideellen Wertprinzips und einer apriorischen Wertordnung als Kontrapunkt zum formalen Sittengesetz des Kantianismus. Schelers frühe Anteilnahme an den sozialen Problemen seiner Zeit, sein soziologisches und sozialphilosophisches Interesse führen ihn 1898 nach Heidelberg zu Max Weber. Ein Jahr später habilitiert er sich in Jena mit der Arbeit *Die transzendentale und psychologische Methode.* Er wird Privatdozent, erst in Jena, dann in München.

1902 begegnet er zum ersten Mal Husserl in Halle. Folgenreich für seine ganze weitere Entwicklung ist dann der enge Kontakt und Austausch mit dem Münchener und Göttinger Phänomenologenkreis während seiner Privatdozentenzeit in München. Schelers Philosophieren ist ohne den Einfluss der Phänomenologie nicht zu verstehen. Allerdings geht er hier schon früh seinen eigenen Weg.

Im Jahr 1910 verliert Scheler als Folge eines Skandalprozesses die Lehrerlaubnis. Er bleibt nahezu ein Jahrzehnt ohne akademisches Amt, bis ihn 1918 die neugegründete Universität Köln beruft und ein Jahr später als Professor für Philosophie und Direktor des sozialwissenschaftlichen Forschungsinstituts einsetzt. Während der ›Interimszeit‹ schlägt er sich als freier Schriftsteller durch und entfaltet eine rege Vortragstätigkeit. In diese Zeit fällt auch seine größte Annäherung an die katholische Kirche.

1925 hält Scheler seine erste Vorlesung über philosophische Anthropologie. In Helmuth Plessner, den er schon 1918 nach Köln gezogen hatte, war ihm ein anthropologischer Mitstreiter und Konkurrent erwachsen. Als dieser ihm mit der Veröffentlichung seiner umfassenden Grundlegung der Anthropologie – *Die Stufen des Organischen und der Mensch* – zuvorkommt, kann Scheler seine Enttäuschung nicht verbergen. Er erhebt den schwerwiegenden Vorwurf des Plagiats, und die akademische Welt hatte ihren kleinen Skandal (dazu Heine von Alemann: *Helmuth Plessner, Max Scheler und die Entstehung der Philosophischen Anthropologie in Köln. Eine Skizze*, 1994).

Entwurf einer ›materialen Wertethik‹

Keimzelle der schelerschen philosophischen Begriffsbildung – so ergibt ein Blick auf die Gesamtbewegung des Schelerschen Denkens – ist der **Personbegriff**. Mit der Grundlegung des ›ethischen Personalismus‹ (*Der Formalismus in der Ethik und die materiale Wertethik* 1913 und 1916) hatte Scheler seine philosophischen Lehr- und Wanderjahre hinter sich gelassen: Die ›**materiale Wertethik**‹ begründete seinen Ruf als originellen, den Problemen seiner Zeit aufgeschlossenen Denker, der über die engen philosophischen Fachgrenzen hinaus ein interessiertes Publikum anzusprechen vermochte. Dieser Akt- und Wert-Personalismus, der seinen Ethik-Entwurf fundiert, war bereits innerhalb des methodischen Bezugsrahmens der Phänomenologie entwickelt worden. Scheler, der sich eher von Sachen und Themen als von methodischen Erwägungen leiten ließ, suchte sich gegenüber den philosophischen Programmen und Schulbildungen seiner Zeit (Lebensphilosophie, Neopositivismus, Neukantianismus, neue Ontologie usw.) durch die Rezeption der husserlschen Phänomenologie zu behaupten. Profil gewann sein Denkansatz jedoch erst mit dem entschiedenen Umbau der Phänomenologie entgegen husserlschen Intentionen. Als einer der phänomenologischen Grundpfeiler bleibt dabei die Wesenserkenntnis, Scheler spricht gelegentlich von ›Eidologie‹, bestehen, die das Phänomen durch freie Variation auf seinen invarianten Kern, d.h. auf sein Wesen zu bringen sucht.

Das Erscheinen des Formalismus-Buches (Teil I 1913 und Teil II 1916 im *Jahrbuch für Philosophie und phänomenologische Forschung*) bedeutet für Scheler den Durchbruch zu einer eigenständigen philosophischen Position. Motive aus Ethik, Erkenntnislehre, Anthropologie, Metaphysik, Religionssoziologie, die schon vor diesen Eckdaten angeschlagen wurden, verbinden sich zu einem Akkord, zu einer einheitlichen Grundmelodie. Person, Korrelationsapriori und Wesenserkenntnis (›Eidologie‹) werden aufgeboten gegen den Formalismus kantischer Ethik-Begründung, den Rationalismus einer auf Allgemeinheit beruhenden konstanten Vernunftorganisation und den Logizismus neukantianischer Erkenntnistheorie und Bewusstseinsphilosophie. ›Person‹ unterscheidet sich gleichermaßen vom transzendentalen Ich als weltlosem Erkenntnis-Subjekt wie vom psychischen Subjekt als Weltding. Als reine Aktualität, als geistiges Aktzentrum ist die Person für Scheler nicht Ding noch Substanz, nicht psychisch noch physisch, sondern ›psychophysisch indifferent‹. Die Person ist sich selbst nicht vorgegeben, sie erlebt sich nur im Aktvollzug. Weder der ›Akt‹, der sich von der (psycho-physischen) ›Funktion‹ abhebt, noch die den Akt vollziehende Person kann gegenständlich gemacht werden. Scheler gibt in seiner Ethik folgende ›Wesensdefinition‹:

»Person ist die konkrete, selbst wesenhafte Seinseinheit von Akten verschiedenen Wesens, die an sich (pros henas) allen wesenhaften Aktdifferenzen (insbesondere auch der Differenz äußerer und innerer Wahrnehmung, äußeren und inneren Wollens, äußeren und inneren Fühlens und Liebens, Hassens usw.) vorhergeht. Das Sein der Person ›fundiert‹ alle wesenhaft verschiedenen Akte« (SGW 2, 382f.).

Person fällt für Scheler nicht zusammen mit der allgemeinen Vernunft, sie ist Geist, individuelle Vernunft; nicht mit dem Bewusstsein, sie ist ›überbewusst‹; nicht mit dem konkreten Ich oder Subjekt, sie ist als konkretes und individuelles Aktzentrum »im absoluten Sein gegründet« (SGW 2, 394). Hier zeichnet sich ein Grundzug des schelerschen Denkens ab: bei allen Überlegungen stets den letzten Fluchtpunkt, den alles einschließenden Horizont mit zu bedenken.

Metaphysik der Person

Mit Schelers Philosophieren kommt also von Anfang an ein metaphysischer und mit ihm ein werthafter Zug in die Phänomenologie, der Husserl fremd war. Husserl verklammerte im ›Korrelationsapriori‹ den (Wahrnehmungs- und Erkenntnis)Gegenstand mit seiner Gegebenheit im Bewusstsein. Das Wie seiner Gegebenheit sollte nach seiner Auffassung je und je einen Blick in das Aktgefüge des transzendentalen Ego ermöglichen. Ontologische oder gar werthafte Vorgaben jeder Art waren dabei auszublenden. Scheler nun verbindet sein philosophisches Interesse an den **Werten** und deren konsistenten Aufbau in einer Ontologie mit dem phänomenologischen Grundsatz der Korrelation. Dem intentionalen Aktzentrum der Person stellt er ein hierarchisch gegliedertes Reich der Werte gegenüber (Wertobjektivismus). Die Werte sind der Geist-Person und ihrer individuellen Leistung des Wertnehmens (in Analogie zum Wahrnehmen), Wertfühlens und Wertverwirklichens vorgegeben. Damit ist nicht nur der Primat des Theoretischen der alten Phänomenologie gebrochen und der Vorrang des Werthaften etabliert, es lässt sich auch angesichts der unverrückbar vorgegebenen (›apriorischen‹) Wertehierarchie der Vorwurf des Platonismus nur schwer entkräften.

So wird offenbar, dass durch Schelers Absicherung der Person als absolute, der Wertordnung zugewandte geistige Seinsweise eine Kluft entsteht zwischen Oben und Unten, ein metaphysischer Hiatus, der charakteristisch für sein Gesamtwerk ist und als auffallendes Kennzeichen seiner Anthropologie wiederkehrt. Während Ich und Leib in die Endlichkeit der *Umwelt* gebannt bleiben, vermag die reine Geist-Person ins Absolute auszuschwingen. Ihre Dimension ist die *Welt* als Inbegriff absoluter Werte, Ideen, als Ort rein geistiger und göttlicher Attribute. Der ›Mensch‹ gehört beiden Reichen an, er muss als das gespaltene Wesen Leib und personales Geistzentrum miteinander versöhnen. Insofern spiegeln sich in ihm als dem Mikrokosmos die (metaphysischen) Verhältnisse des Makrokosmos wider. Man kann sagen, dass in der reinen personalen Geistgewirktheit gleichsam die Transzendenz dem irdischen Triebwesen die Hand reicht.

Phänomenologie als Wesensontologie

Es drängt sich das Bild eines Baumeisters auf, der sein Haus von den oberen Stockwerken her plant und sich immer wieder genötigt sieht, einen besorgten Blick auf das noch unausgeführte Souterrain und das Fundament zu werfen. Scheler verspricht sich und den Lesern wiederholt, den Gesamtplan einer künftigen Anthropologie vorzubehalten. Eines aber kann man ihm nicht zum Vorwurf machen: dass er über dem Ausbau des frei schwebenden Aktzentrums den Leib, den vitalen dranghaften Unterbau vergessen hätte. Seine Ethik, die auf Wertfühlen und Emotionalität und nicht auf Vernunft und Willen gegründet ist, enthält eine »**Leibphänomenologie**« und anthropologische Skizze, greift zurück auf andernorts ausgeführte phänomenologische Einzelanalysen zu Liebe, Hass, Sympathie, Emotionalität und Religiosität.

Scheler verbündet sich mit der Phänomenologie, die in Verachtung der formalistischen Glasperlenspiele der Neukantianer und der Wissenschaftshörigkeit der Positivisten zur Akribie materialer Einzelanalysen aufgerufen hatte. Und als auch diesem schwungvollen Neuanfang das Methodengewissen schlägt, entscheidet er sich für das »methodische Bewußtsein von Einheit und Sinn der phänomenologischen Einstellung« (SGW 2, 11) und gegen eine »Bilderbuchphänomenologie«. Seine Analysen zu den Phänomen Liebe, Hass, Scham, Sympathie, Emotionalität, Religion, Arbeit, Werten u.a. gehören zum festen Bestand phänomenologischer ›Forschung‹, und doch ist er Husserl von Anfang an untreu gewesen.

Scheler stützt sich vor allem auf die Phänomenologie als evidente **Wesensschau und Wesensontologie** und distanziert sich von Anfang an vom Theorem der phänomenologischen Reduktion (als Einklammerung alltäglicher und wissenschaftlicher Seinssetzungen und Eröffnung des Bewusstseins als eines unendlichen Forschungsfeldes). Die transzendental-phänomenologische Reduktion erschien ihm als allzu gekünstelte und isolierte methodische Haltung, die man zurückführen musste auf ihre existentielle Grundhaltung im Sinne eines ›moralischen Aufschwungs‹, wie er selbst sagte. Das Bewusstsein als transzendentales Leistungszentrum wird entmachtet, es verliert damit die Dignität eines Forschungsfeldes für die Phänomenologie. Die ›Welt‹ ist nicht qua Bewusstseinsstrom in ihrem Wesensbestand zu erforschen, sie ist nur der wertfühlenden Zugeneigtheit, letztlich der **liebenden Teilnahme** geöffnet und einer Wesensontologie zugänglich. Scheler (wie auch Heidegger) verkündet den Primat des Seins vor dem Wissen und Denken, sein Gedankengebäude erhebt sich von einem metaphysischen Grundriss. Angesichts der Themen- und Problembestände seiner Zeit gerät Scheler in einen Spagat: Dem unsicheren Boden der fortgeschrittenen Moderne sucht er sich durch Rückzug in die Tradition zu entziehen. Neben seinen Lehrern und Anregern Rudolf Eucken, Wilhelm Dilthey, Georg Simmel, Edmund Husserl, Nicolai Hartmann, Martin Heidegger treten Plato, Aristoteles, Thomas von Aquin, Augustinus, Pascal, Spinoza, Schelling, Buddha.

Der Mensch als metaphysische Wesenseinheit

Eine Chronologie des jäh abbrechenden Denkweges hätte die Daten 1913/16 (Formalismusbuch) als Wendemarken zu verzeichnen. 1912 war die Schrift *Ressentiment und moralisches Werturteil* erschienen. Der materialen Wertethik, die gegen den kantischen Pflichten-Rigorismus den Geist der pascalschen *raison du coeur* und des *ordo amoris* aufbietet, haben nach Angaben Schelers die Analysen zu den Sympathiegefühlen, zu Liebe und Hass zugearbeitet. Sie sind ebenfalls 1913 erschienen unter dem Titel *Zur Phänomenologie und Theorie der Sympathiegefühle und von Liebe und Haß* (in verdoppeltem Umfang 1922 als *Wesen und Formen der Sympathie*). Zur gleichen Zeit (zwischen 1911 und 1914) verfasste Scheler den Aufsatz *Zur Idee des Menschen.* Die Abhandlung hebt mit der denkwürdigen Vorbemerkung an:

»In einem gewissen Verstande lassen sich alle zentralen Probleme der Philosophie auf die Fragen zurückführen, was der Mensch sei und welche metaphysische Stelle und Lage er innerhalb des ganzen Seins, der Welt und Gott einnehme« (SGW 3, 173).

Mit diesem Satz, der nicht nach dem Geschmack Husserls und Heideggers gewesen sein mochte, kündigt sich die schelersche Anthropologie an, die vorläufig noch hinter der Ausarbeitung der Ethik, der Wissenssoziologie zurückzustehen hat. Scheler bezieht Stellung zur anthropologischen Konjunktur seiner Zeit. **Es gibt keine natürliche Einheit des Menschen.** Diese Botschaft kleidet er noch unverhüllt in ein Glaubensbekenntnis:

»Ein dem Wesen und der Art – nicht dem Grade – nach *Neues* beginnt nicht beim homo naturalis, sondern es beginnt erst im gottbezogenen ›historischen‹ Menschen; in jenem Menschen, der seine Einheit erst durch das empfängt, was er sein und werden *soll*: Eben durch die Idee Gottes und einer unendlichen vollkommenen Person« (SGW 3, 194).

Das *animal metaphysicum*, das hier seine Bestimmung erfährt, ist das betende Wesen, nein, das Gebet selbst: Der Mensch »*ist* das Gebet des Lebens über sich hinaus« (SGW 3, 186).

Schon hier als Charakteristikum unverkennbar: Anthropologie und (metaphysische) Wesensbestimmung gehen bei Scheler eine innige Allianz ein. **Der Mensch ist Wesenseinheit** nicht von der Welt her, nicht von der Natur und nicht von der Geschichte, sondern vom absoluten Weltgrund, von Gott her. Mit anderen Worten, seine Sonderstellung begründet sich aus seiner metaphysisch-personalen Einheit und nicht aus seinem naturalen Dasein, das er mit den Tieren (und Pflanzen) teilt. Zurückgewiesen als reduktive Positionen werden der Rationalismus (*homo sapiens*), der Biologismus (*homo naturalis*) und der Pragmatismus und Positivismus (*homo faber*).

1.2 Ontologie und apriorische Wesenseinsicht

Wenn das philosophische Programm einer anthropologischen Fundamentaldisziplin überhaupt einen vertretbaren Sinn haben kann, dann sicher den, die *reductio ad hominem*, die sich in der Neuzeit zur transzendentalen Selbstsetzung, zum weltlosen Cogito verdünnt hatte, unverkürzt zur Geltung zu bringen. In dieser Rückwendung muss der Mensch in allen seinen Dimensionen ins Spiel gebracht werden. Er muss sichtbar werden in seiner Passivität wie in seinen konstitutiven Leistungen und Handlungen, als Denkender und Erkennender wie als Liebender und Fühlender, als Weltkind und Triebwesen wie als Überstiegs- und Geistwesen. Bei Scheler geht es buchstäblich um Gott und die Welt und den Menschen mittendrin (charakteristisch der Titel seiner Fragment gebliebenen philosophischen Anthropologie: *Die Stellung des Menschen im Kosmos*).

Einfallstor zu einem dichten und kaum zu bewältigenden Themengewebe ist bei ihm die ethische Frage. Von der ›Person‹ als dem Kristallisationskern reichern sich die Problemdimensionen der Geistigkeit und Leiblichkeit, der Individualität und Gesellschaftlichkeit, der Kreatürlichkeit und Geschichtlichkeit an. Die ersten zwei Jahrzehnte des 20. Jahrhunderts widmet Scheler überwiegend der Ausarbeitung der Ethik und Wertphilosophie, die 1920er Jahre stehen dann ganz im Zeichen der Wissenssoziologie, Metaphysik und Anthropologie.

Erkenntnisontologie und Soziologie des Wissens

Die **neue Ontologie** (N. Hartmann, Scheler, Heidegger) kündigt die philosophische Konvention der kopernikanischen Wendung auf: Während die rationale Erkenntnis ihre transzendentale Schlüsselstellung verliert, gewinnt das Sein seine Würde zurück. Die Erkenntnis, in sich selbst gründend und weltkonstitutiv, sinkt bei Scheler in den Status eines Seinsverhältnisses herab, in ein Sein unter Seienden, das dem Wertfühlen und der teilnehmenden Liebe untergeordnet ist. Ebenso verwandelt sich das Bewusstsein in eine abhängige Variable des Seins, in ein ephemeres Datum, das in der Realitätswahrnehmung und in der Welteröffnung nur eine marginale Rolle spielt.

Folgenreich für die schelersche Erkenntnisontologie und Wissensmetaphysik ist die These, wonach das Sein als ein Werden das Bewusstsein bestimmt. ›Das Wissen dient einem Werden‹ (SGW 8, 205). Von der marxschen Sentenz – das Sein bestimmt das Bewusstsein – akzeptiert Scheler allerdings nur die Gewichtsverlagerung vom Bewusstsein zum Sein und die Zweistufigkeit ›Basis-Überbau‹, nicht aber die ökonomische und materiale Bestimmung des Seins. ›Sein‹, dies betont er immer wieder, ist ein Werden, gleichsam die Welt *in progress*, ein Geschehen, in das Erkenntnis, Wissen, Bewusstsein und Erleben hineinverwoben sind. Wenn man nach dem Wissen fragt, darf man – so Scheler – den Weltprozess nicht außer Acht lassen, d.h. die gesellschaftlichen und geschichtlichen Verhältnisse, in denen es sich realisiert. Der Strahl der Aufmerksamkeit, so darf man ihn interpretieren, muss bis in den lebensweltlichen, vorreflexiven Wurzelgrund hineinleuchten. Es geht also um nichts weniger als den menschlichen Zivilisationsprozess, um die kulturelle Objektivation des Geistes.

Die hier konzipierte Erkenntnislehre ist Teil einer ›**Soziologie des Wissens**‹, in der ein Faden gesponnen wird von der Ethik und Wertphilosophie zur Kultur- und Sozialphilosophie, Geschichtsphilosophie, Anthropologie und Metaphysik. Deutlich sichtbar von Anfang an: der metaphysische Bezugsrahmen der ›Soziologie der Wissensdynamik‹. Wir begegnen hier einer Merkwürdigkeit der schelerschen Kosmologie: Macht und Ohnmacht sind in seinem Universum ungleich verteilt. Die metaphysische Demarkationslinie trennt einen machtlosen oberen Bereich von einer Machtkonzentration in unteren Bezirken. Movens des Weltprozesses ist die biopsychische Basis, der Lebensdrang, nicht der Geist, der nur ohnmächtig zuschauen kann. Nicht ganz: Die Weltgestaltung ist ein Schauspiel mit verteilten Rollen, in dem der Geist (mit List und Überredung) auf den blind vorantreibenden Prozess Einfluss zu gewinnen sucht. Das Ergebnis ist eine Kompromissformel, ein kosmisches Geschehen mit unbestimmtem Ausgang. Der Weltprozess, so sagt es Scheler, ist eine Resultante aus den beiden metaphysischen Attributen ›Leben‹ und ›Geist‹. In der Abhandlung *Probleme einer Soziologie des Wissens* (1924) schreibt er:

»Der Geist als solcher hat [...] an sich ursprünglich und von Hause aus keine Spur von ›Kraft‹ oder ›Wirksamkeit‹, diese seine Inhalte auch ins Dasein zu setzen. Er ist wohl ein ›Determinationsfaktor‹, aber kein ›Realisationsfaktor‹ des möglichen Kulturwerdens« (SGW 8, 21).

Die kosmologische Trennung in eine ideale und reale Welt kehrt wieder in der disziplinären Unterscheidung zwischen einer Kultursoziologie und einer Realsoziologie. Die ›Soziologie des Überbaus‹ hat es mit den Idealfaktoren, die ›Soziologie des Unterbaus‹ mit Realfaktoren zu tun. Realfaktoren, Kausalfaktoren sind stets die

»realen, triebhaft bedingten Lebensverhältnisse, d.h. die besondere Kombination der Realfaktoren: der Machtverhältnisse, der ökonomischen Produktionsfaktoren und der qualitativen und quanitativen Bevölkerungsverhältnisse, dazu die geographischen und geopolitischen Faktoren, die je vorliegen. Je ›reiner‹ der Geist, desto machtloser im Sinne dynamischen Wirkens ist er in Gesellschaft und Geschichte« (SGW 8, 21).

Wie vermag er dennoch Einfluss zu gewinnen? Dem ›Geist‹ kommt bei Scheler nur »eine negative, ›lenkende‹, d.h. hemmende oder enthemmende, kausale Bedeutung zu, und zwar eine prinzipiell nur negative Realisationsbedeutung – also überhaupt keinerlei soseinsbestimmende Determinationsbedeutung« (SGW 8, 21f.). Leitung und Lenkung sind also die Waffen des unvermögenden Geistes.

Der rationalen, wissenschaftlichen Weltanalyse voran geht das apriorischer Wesensevidenz gehorchende Wertfühlen, diesem die Liebe im formalen Sinne eines metaphysischen Strebens und Übersteigens, als »sich selbst und sein eigenes Sein transzendierende Teil-nahme«. Ohne Liebe, »ohne eine Tendenz in dem Seienden, das ›weiß‹, aus sich hervor- und herauszugehen zur Teilhabe an einem anderen Seienden, gibt es überhaupt kein mögliches ›Wissen‹« (SGW 8, 204). Wissen als ein Seinsverhältnis ist Selbsttranszendenz und liebende Teilnahme.

1.3 Ordnung der Disziplinen

Berühmt geworden ist die schelersche Einteilung der Wissensarten. Wenn Wissen einem Werden dient, muss man nach den Werdenszielen fragen. Scheler glaubt, drei oberste Ziele des Wissens ausmachen zu können: das **Bildungswissen** – es dient dem Werden und der Entfaltung der Person, das **Erlösungswissen** – es dient dem Werden der Welt und »vielleicht dem zeitfreien Werden ihres obersten Soseins- und Daseinsgrundes«; und das **Herrschafts- oder Leistungswissen** – es dient »der praktischen Beherrschung und Umbildung der Welt für unsere menschlichen Ziele und Zwecke« (SGW 8, 205). So also stellt sich das Haus des Wissens dar: Im untersten Stockwerk finden wir das Herrschafts- und Leistungswissen, die Stufe der ›triebhaft bedingten Lebensverhältnisse‹ und der Real- und Kausalforschung, darüber erheben sich die *beletage* der Person (Bildungswissen) und das oberste Stockwerk absoluter, letzter Gründe (Erlösungs- und Heilswissen) – mit ›Fenster ins Absolute‹.

In der Unterscheidung zwischen den Wissenszielen der positiven Einzelwissenschaften und der Philosophie ergibt sich die Bestimmung dessen, was Scheler ›Wesenserfahrung‹ nennt:

> »Philosophie beginnt erst mit der bewußten Ausschaltung aller möglichen begierlichen und praktischen Geisteshaltung und mit bewußter Ausschaltung des ›technischen Prinzips‹ der Auswahl des Wissensgegenstandes nach der Ordnung möglicher Beherrschbarkeit« (SGW 8, 208).

Philosophie hat es nur mit einem Wissen zu tun, »dessen Gegenstände nicht mehr daseinsrelativ auf das Leben sind und nicht relativ auf seine möglichen Werte« (ebd., 209). Philosophie wird also auf Wesensfragen verpflichtet.

Bei Scheler verbindet sich eine eruptive, auch die Tagesaktualität mit einbeziehende Denk- und Arbeitsweise mit der Freude an einem wohlproportionierten Ganzen. Seine auf selbstevidenten apriorischen Einsichten beruhende Wesensontologie dringt Zug um Zug in einen Kosmos ein, der in Sphären, Stufen, Hierarchien und Rangordnungen gegliedert ist. Wir finden hier (apriorische) Rangordnungen der Werte, Ideen, Weltanschauungen, Gefühle, Wissensarten, Triebarten, der Disziplinen. Aber wir werden von Mal zu Mal mit Ausblicken und Vorankündigungen vertröstet, weil es zu detaillierter methodischer Ausführung an Geduld und Zeit fehlt. Dennoch ist mit Schelers Hilfe ein architektonischer Gesamtplan zu erstellen (dazu Henckmann: *Der Systemanspruch von Schelers Philosophie*, 1994).

Zu vermerken ist in diesem Zusammenhang, dass ein reich gegliederter Kosmos ebenso nach einer disziplinären Ordnung verlangt wie ein transzendentalsubjektives Leistungszentrum. Darin wollten die Phänomenologen nicht hinter den neukantianischen Erkenntnistheoretikern zurückstehen. An die Stelle der Fundierungshierarchie von Erkenntniskritik als Erster Philosophie und den verschiedenen philosophischen Disziplinen Logik, Ethik, Ästhetik, Religionsphilosophie (Natorp 1912) setzten sie die Differenz von Fundamental- und Regionalontologie. Man muss sich bei Scheler eine Pyramide vorstellen, deren Spitze die Metaphysik, deren Basis die natürliche Weltanschauung mitsamt den ihr zugehörigen positiven Einzelwissenschaften einnimmt. ›Metaszienzien‹ nennt er jene philosophischen Disziplinen, die zwischen diesen Bereichen zu vermitteln haben. Sie sind auf eine einheitliche kategoriale Gliederung, auf apriorische Wesenseinsicht aus und stellen den Inbegriff der Metaphysik erster Ordnung (Grenzbereich der Wissenschaften, materiale Metaphysik, Ontologie) dar. Darüber erhebt sich die Metaphysik zweiter Ordnung, die Metaphysik des Absoluten (Lehre vom Weltgrund, Gotteslehre).

Wir müssen uns vergegenwärtigen, dass bestimmte Grundeinstellungen (Weltanschauungen) bestimmte Wissensarten aktualisieren, die von unten nach oben, von der breiten Basis bis zur metaphysischen Doppelspitze ein einheitliches architektonisches Gesamtbild ergeben sollen. Dabei wird streng getrennt zwischen den objektivierenden Erkenntnisweisen der positiven Fachwissenschaften (Herrschaftswissen) und der philosophischen Wesenserkenntnis (Bildungswissen und metaphysisches Heilswissen, Erlösungswissen). Wesenserkenntnis trägt bei Scheler das Qualitätsmerkmal der Apriorität, an einem einzigen exemplifizierenden Fall vollzogen, vertritt sie die Unmittelbarkeit, sie ist »teils vorsprachlich, teils nachsprachlich« (SGW 9, 249) und enthüllt ohne symbolische Vermittlung das Sein selbst.

Anthropologie als integrative Regionalwissenschaft
Auf den Aufbau der philosophischen Disziplinen hat eine weitere Grundentscheidung einen großen Einfluss: die eigene Wesensanalyse, Wesenserforschung nicht auf den vorkantischen Stand der Ontologie zurückfallen zu lassen. Um den strikten ontologischen Objektivismus, der mit Nicolai Hartmann wieder Aufwind bekommen hatte, zu vermeiden, sah sich Scheler genötigt, auf einen ›subjektiven‹ Bezugspunkt zurückzugreifen. Aber er meidet, wie auch der frühe Heidegger, das Bewusstseinssubjekt Husserls und der Transzendentalphilosophie und setzt die Person, den Menschen ein.

»Erst vom Wesensbilde des Menschen aus, das die ›philosophische Anthropologie‹ erforscht, ist – als Rückverlängerung seiner urtümlich aus dem Zentrum des Menschen quellenden Akte des Geistes – ein Schluß zu ziehen auf die wahren Attribute des obersten Grundes aller Dinge« (SGW 9, 82). Diese Schlussweise, die das Epitheton ›transzendental‹ trägt, ist für Scheler ein ebenso wichtiges ›Sprungbrett‹ der modernen Metaphysik wie die Wesenseinsicht selbst. Philosophische Erkenntnis kann in ihrer Erforschung der Wesenheiten und Wesenszusammenhänge auf einen möglichen Bezugspunkt nicht verzichten – auf »ein Ding, in dem sich alle Wesenheiten dieser Welt gleichsam begegneten [...]. Und dieses Ding ist der Mensch. Die Bestimmung seines Wesens und seines Ursprungs ist die Frage der Metaphysik, in der sich alle anderen begegnen« (SGW 11, 53).

Der **Mensch ist Schnittpunkt aller Seinsbereiche**, Spiegel und Brennpunkt ›der Wesenheiten und Ideen, die im Weltall realisiert sind‹, er ist Mikrokosmos und Mikrotheos in einem und das Aktzentrum im strengen Wesenszusammenhang zwischen gewissen Klassen geistiger Akte und bestimmten Seinsregionen. Für die Gesamtarchitektonik bedeutet dies: Die den Mittelbau bildenden Metaszienzien (Meta-physik, Meta-biologie, Meta-psychologie, Meta-noetik, Meta-historie, Meta-axiologie und Soziologie usw.) haben ihre Einheit in der Metaszienz des Menschen – in der Metanthropologie.

»In der Metanthropologie aber, in der die Metaszienzien als ein Ganzes sich einigen und endgültig zu zeigen haben, was sie zu leisten fähig sind, liegt zugleich der vermittelnde Übergang von den Metaszienzien, der ›Metaphysik‹ der Grenzprobleme, zur obersten Metaphysik, der Metaphysik des Ens a se und seiner Attribute« (SGW 11, 125f.).

1.4 Die Rezeption der Phänomenologie

Unverkennbar gerät Scheler mit seinen theoretischen Ausgangsbedingungen in den **Problemhorizont der Subjektivität.** Hier treffen sich bei aller methodischen Divergenz der erkenntniskritische Neukantianismus und die phänomenologische Ontologie. Sowohl Natorp als auch Scheler und Heidegger kommen darin überein, dass das Subjekt, die Person, das Dasein nicht von der Gegenstandswelt her, nicht als Gegenstand oder Substanz zu bestimmen sei. In der schelerschen Frage nach der Personhaftigkeit der Person wiederholt sich die Frage nach der Subjektivität des Subjekts. Der (Marburger) Neukantianismus in seiner Spätphase, wir denken vor allem an Paul Natorp, hatte längst eingesehen, nicht zuletzt aufgrund seiner Aufgeschlossenheit gegenüber der Lebensphilosophie, dass der transzendentale Konstitutionsprozess nur unzureichend abgebildet ist in einem statischen und formalen Prinzipialgefüge, genannt ›transzendentales Subjekt‹, ›Bewusstsein überhaupt‹. Es bedarf der Dynamisierung und der Fundierung, allerdings nicht in der Lebenswelt, sondern vorerst im ›Psychischen‹. Das Psychische ist das konkrete Äquivalent und Komplement transzendentaler Objektivierung, das selbst aber nicht objektiviert werden kann – so eine Kernthese Paul Natorps in seiner *Allgemeinen Psychologie nach kritischer Methode* (1912). Wenn jeder Fingerzeig bereits eine Objektivierung ist, so führt erst recht jede begriffliche Bestimmung zu einer Hypostasierung, Verdinglichung, Objektivierung; das Subjektive, Psychische, so lautet der skeptische Bescheid, ist daher grundsätzlich unbestimmbar, es kennzeichnet gleichsam eine Leerstelle, einen Grenzbegriff.

Person und Welt

Scheler teilt diese erkenntnistheoretischen Bedenken nicht, er wagt eine Wesensbestimmung und legt damit die Perspektive seines weit ausgreifenden Theorieentwurfs fest: **Die Personalität der Person ist der ›Geist‹.** Er füllt damit jene Leerstelle aus, die der erkenntniskritische Skrupel offen gelassen hatte. Das Wesen der Person ist ihre Geistigkeit. Von der Gegenständlichkeit, d.h. auch von den positiven Objektwissenschaften her ist der Person nicht beizukommen, aber sie ist deshalb auch nicht weltlos wie das transzendentale Konstitutions- und Vernunftsubjekt. Scheler setzt sie als übergegenständliche Seinsweise in strenge Wechselwirkung mit der ›Welt‹. Zustatten kommt ihm hierbei das phänomenologische Konzept der Intentionalität als ›Bewusstsein-von‹ (Husserl), das er ontologisch umdeutet zu einem Weltverhältnis, zu einer strikten Korrelativität. Dieses Weltverhältnis, so will es Scheler, gründet im absoluten Sein.

Wir haben damit ein philosophisches Niveau erreicht, das sich weit über die empirischen Fachwissenschaften, aber auch über das Verständnis der Philosophie als strenger Wissenschaft (Neukantianismus und husserlsche Phänomenologie) erhebt. Korrelat individueller Geist-Person ist nach Scheler nicht mehr die Welt der Gegenstände, sondern ein offener, im Absoluten gründender Horizont. Wenn später (in der Anthropologie) gesagt wird, der Mensch sei im Unterschied zum Tier das ›weltoffene Wesen‹, dann verdankt er diese Sonderstellung seiner Personhaftigkeit, d.h. seiner Geistigkeit – was immer das sein mag.

Den schelerschen Schachzug weiterhin vor dem Hintergrund transzendentalphilosophischer Begriffskonfiguration betrachtet, ergibt nun folgendes Bild: Die Person ist weder mit dem empirischen noch mit dem transzendentalen Subjekt gleich zu setzten. Sie ist nicht empirisches Subjekt, weil sie aller Gegenständlichkeit und Zeitlichkeit enthoben und psychophysisch neutral ist. Sie ist auch nicht transzendentales Subjekt, d.h. allgemeine und formale Struktur objektivierender Weltkonstitution, sondern das individuelle Glied einer Korrelation, die durch intentionale Akte (Lieben, Hassen, Werten, Wahrnehmen usw.) gestiftet wird. Das Weltverhältnis der Person ist daher nicht durch (transzendentale) Konstitution bestimmt, vielmehr durch Teilhabe und Wechselwirkung. Wir müssen uns einen durch Aktvollzug gewirkten Struktur- und Wesenszusammenhang vorstellen, der eine individuelle Person mit einer individuellen Welt verbindet.

Die Opposition gegen Husserl setzt hier, im Zentrum schelerscher Theoriebildung, ein. Wenn Husserl von ›personalem Ich‹ (z.B. in den *Ideen II*) spricht, dann bewegt er sich im transzendentalphilosophischen Bezugsrahmen und meint im Wesentlichen das empirische Ich, das in konstitutiven Akten des transzendentalen Ego aufgebaut wird. Scheler dagegen errichtet mit der ›Person‹ eine ontologische Instanz, einen Seinsbereich, der als geistiger streng geschieden ist von allem Kreatürlichen, ›Biopsychischen‹, wie er sagt. Dazu gehört das Ich (empirisches Subjekt), der Leib, der Trieb, kurzum, das Leben in allen seinen Formen. Den beiden Bereichen korrespondieren unterschiedliche Weltbegriffe. ›Welt‹ in dem emphatischen Sinn offener Horizonthaftigkeit kommt nur der geistigen Person zu; das Lebewesen, ob Pflanze, Tier oder Mensch, ist dagegen in einen geschlossenen Strukurzusammenhang eingelassen, den die Biologie ›Umwelt‹ genannt hat. Der metaphysische Riss, der die Welt in zwei Bereiche trennt, geht, wie zu sehen ist, durch den Menschen hindurch: der Mensch als Geistwesen (Person) und als Lebewesen.

1.5 Phänomenologie aus metaphysischen Gründen

Der Zug zum Absoluten, so zeigt ein Blick in die innere schelersche Gedankenwelt, beherrscht bereits die Ethik. Person und Wertsein dürfen nicht relativ auf das Leben gedacht und bestimmt werden. ›Person‹ ist ein Absolutum, das näher charakterisiert ist durch Geistigkeit, Individualität, Liebe (als geistiges Streben), als Struktur kommt ihr Übergegenständlichkeit und Überzeitlichkeit zu. Durch einen Hiatus davon getrennt ist das Ich, das nur in leiblicher Materialität, eingebunden in die Umwelt und in Relation zum Du seine Existenzgrundlage hat.

Die gelegentlichen kritischen Anmerkungen zur Phänomenologie verdichten sich in der späten Periode zu zwei umfangreichen Aufsätzen. Die Abhandlung *Vom Wesen der Philosophie und der moralischen Bedingung des philosophischen Erkennens* (1921) richtet sich vor allem gegen die Begründung einer philosophischen Forschungstradition, die sich vom Ideal strenger Wissenschaftlichkeit leiten lässt. Einige Berühmtheit erlangte der 1911 erschienene Logos-Aufsatz *Philosophie als strenge Wissenschaft* (Husserl). Wir erleben, wie Scheler im Spreizschritt zwischen Tradition und Moderne sich philosophisch zu positionieren versucht. Einen Philosophiebegriff ontologischen und platonisierenden Zuschnitts konfrontiert er mit dem husserlschen Gesamtkonzept und bemerkt zunächst in der Frage der selbstevidenten Wesenseinsicht eine grundsätzliche Übereinstimmung: »Die Philosophie ist in ihrer Grunddisziplin [...] evidente Wesenserkenntnis« (SGW 5, 75). Irritation verursacht dagegen die Nähe der Philosophie zur Wissenschaft: Die »wissenschaftliche Philosophie« ist in der Tat ein Unding (SGW 5, 77).

Weltanschauungslehre und Wertphilosophie

Scheler ist der Auffassung, dass sich Husserl unnötigerweise in Äquivokationen des Wissenschaftsbegriffs verstrickt habe, nicht zuletzt, weil er den positiven Wissenschaften eine zu große Unabhängigkeit von den wechselnden Weltanschauungen einzuräumen geneigt sei und – als Kehrseite der Medaille – der philosophischen Bedeutung des Weltanschauungsbegriffs zu wenig traue. Er selbst kann sich sehr wohl eine philosophische Weltanschauungslehre vorstellen als Philosophie der ›natürlichen Weltanschauung‹ und der ›möglichen‹ materialen Weltanschauungen, mit anderen Worten, als Möglichkeitsbedingung einer positiven Weltanschauungslehre und Kulturwissenschaft. »Und diese Weltanschauungslehre wäre auch in der Lage, mit Hilfe einer reinen ideal vollendet gedachten philosophischen Phänomenologie den Erkenntniswert der Weltanschauungen abzumessen« (SGW 5, 77). Unverkennbar wird hier Husserl auf einen Problemkomplex hingewiesen, der in der Betonung der *episteme* vorläufig noch nicht ins phänomenologische Blickfeld getreten ist: die Lebenswelt.

Aus der Nähe des **Wert-Personalismus** zur platonischen Metaphysik (Teilhabe, Idee, Eros, Aufschwung) macht Scheler keinen Hehl. Die Vorgegebenheit von Wertqualitäten und Werteinheiten betrachtet er als »ein strenges Gesetz des Wesensaufbaus«: demgemäß nicht »wertfrei Seiendes zum Gegenstand einer Wahrnehmung, Erinnerung, Erwartung, in zweiter Linie des Denkens und Urteilens ›ursprünglich werden‹ kann, dessen Wertqualität oder dessen Wertrelation zu einem Anderen (Gleichheit, Verschiedenheit usw.) uns nicht schon zuvor irgendwie gegeben gewesen wäre [...]« (SGW 5, 80). Anders gesagt: Der Mensch orientiert sich wertend in der Welt, er ist immer schon eingenommen von einer Wertdifferenz, bevor er in sachlicher Kühle ein objektives Urteil fällt. Alles wertfreie oder wertindifferente Sein verdankt sich einer »mehr oder weniger künstlichen Abstraktion« (SGW 5, 80).

Moralischer Aufschwung und liebende Teilnahme

Den dramaturgischen Höhepunkt seiner im Ton sanften Husserl-Kritik hat Scheler in eine Fußnote verlegt, in der er die phänomenologische Reduktion als nur logische Verfahrensweise des Absehens (SGW 5, 86) seinem Konzept des ›moralischen Aufschwungs‹ als derivativ und fundierungsbedürftig nachordnet. Im Absehen, Dahingestelltseinlassen, Eingeklammertwerden der Daseinsmodi der Gegenstände vollzieht sich eine ›geistige Erkenntnis-Technik‹, die in ihrer methodischen Abstraktion im Aktus der Person fundiert werden muss.

»Indem das konkrete Aktzentrum des *ganzen Menschen* sich zur Teilhabe am Wesenhaften aufzuschwingen sucht, ist also sein Ziel eine unmittelbare Einigung zwischen seinem Sein und dem Sein des Wesenhaften, d.h. es ist hier des Menschen Ziel, das zentrale Aktkorrelat alles möglichen Wesenhaften und zwar in der diesem Reiche immanenten Ordnung zu ›werden‹« (SGW 5, 86, Hervorh. G. A.).

Hierbei ist an ein Wechselgeschehen gedacht, in dem das personale Aktzentrum sich durch Teilhabe »zu verwesentlichen und zu verewigen« hat (SGW 5, 86), wie umgekehrt die Wesenheiten in die Seinsform der Personalität überzuführen sind. Teilhabe, Teilnahme heißt so viel wie Mitvollzug des personalen Aktus am absoluten, göttlichen Sein. Da eine Identität zwischen der Idee »eines (unendlichen), konkreten, personalen Aktzentrums« mit der Idee Gottes postuliert wird (Mikrotheos – Makrotheos), kann Scheler vom »Aufschwung des ganzen geistigen Menschen« sagen, er sei »immer zugleich ein Versuch des

Menschen, sich selber als natürliches fertiges Sein zu transzendieren, sich selbst zu vergöttlichen oder Gott ähnlich zu werden (Platon)« (SGW 5, 86).

Dem metaphysischen Blick präsentiert sich die transzendentale Phänomenologie mit ihrer nüchternen Forschungsmaxime als ein verengtes, methodisch und technisch verstelltes Philosophiekonzept, das nach Korrektur und Ergänzung ruft. Reflexive Blickumkehr, Einklammerung des naiven Weltglaubens, Epoché als Urteilsenthaltung und Reduktion – das ganze methodische Repertoire des an den Schreibtisch gefesselten Gelehrten vermittelt nur ein blasses Abbild von der Stellung des wirklichen Menschen im bunten Weltgetriebe und in der Tiefendimension des Kosmos. Schelers Versuch, die Phänomenologie, vor allem in ihrem programmatischen Bekenntnis zu strenger Wissenschaftlichkeit, umzugestalten, erweist sich bei näherem Zusehen als eine Überbietungsstrategie. Sie versucht die husserlsche Phänomenologie in der Vertikale, d.h. nach oben und unten, zu überbieten. Die eine Richtung weist nach oben, in die Region des Geistes, der göttlichen Aktualität und des absoluten Weltgrundes, die andere nach unten, in die Sphäre lebensweltlicher und biologischer Fundamente und triebhafter Energetik. Die Anthropologie, von der man erwartet, dass sie überwiegend den unteren Bezirken, dem Leben, zugewandt ist, muss sich im Spätwerk Schelers mit der Metaphysik verbünden, um der ihr auferlegten architektonischen Einheitsleistung gerecht werden zu können. Dass dies aus husserlscher Sicht als Rückfall in Anthropologie (Anthropologismus) und Metaphysik zu bewerten ist, braucht nicht weiter betont zu werden (dazu Avé-Lallemant: *Die phänomenologische Reduktion in der Philosophie Max Schelers*, 1975; Janssen: *Die Umwandlung der phänomenologischen Reduktion im Werke Max Schelers und das Realitätsproblem*, 1994).

1.6 Trieb und Realität

In einer weiteren Abhandlung unter dem Titel *Idealismus und Realismus* (1927) vertieft Scheler seine Auseinandersetzung mit der transzendentalen Phänomenologie. In die Kritik einbezogen wird auch Heidegger, der in seiner Existenzialontologie und Daseinsanalytik den Weg aus dem ›Subjektivismus‹ nicht hinausgefunden habe. Was bei Husserl der ›idealistische Subjektivismus des Bewusstseins‹, sei bei ihm der ›ontologische Subjektivismus‹ (›methodischer Solipsismus‹). Als Gegenposition präsentiert Scheler seine im ›Geist‹ fundierte Eidologie (Wesenseinsicht) und ein Realitätskonzept, das zwischen moderner Erkenntnislehre und Triebmetaphysik angesiedelt ist. Wenn der ganze konkrete Mensch ins Spiel gebracht werden soll anstelle des Bewusstseins als universelle Repräsentationsinstanz, dann stellt sich die Frage nach der Welterschließung neu. Wie ist dieses Wesen in den Weltprozess verwickelt, wie konstituiert sich ihm die Realität?

Die Frage ein wenig methodisch verengt und dialektisch zugespitzt: Wie befreit sich die Wesenserkenntnis zu sich selbst, welche Hindernisse muss sie dabei überwinden? Scheler bemerkt über die husserlsche Technik der phänomenologischen Reduktion und Epoché:

»Die ›Ausschaltung‹ oder ›Zurückhaltung‹ der in der natürlichen Weltanschauung stets implizierten Daseinssetzung genügt keineswegs. Nicht um die Zurückhaltung des Daseins*urteils* kann es sich hier handeln, sondern um die Abstreifung des Realitätsmoments *selbst*, das dem Prädikat des Daseinsurteils Erfüllung gibt, respektive um die Ausschaltung der Akte, die dieses Moment *selber* geben« (SGW 9, 207).

Urteilsenthaltung (›logisches Absehen‹) sei leicht, sie belohne auch nur mit einer gewissen Konturierung des zufälligen Soseins des Gegenstandes, Wesenserkenntnis dagegen als apriorische Einsicht in das notwendige Sosein des ›Gegenstandes‹, in das identische eine Wesen, bedürfe einer größeren Anstrengung und einer ›ganz anderen Technik‹: Das Realitätsmoment selbst muss laut Scheler außer Kraft gesetzt werden, nicht nur das Urteil über es. Genau genommen sind es die das Realitätsmoment gebenden Akte, die unterdrückt werden müssen, damit etwas Neues in Erscheinung treten kann, »was in der natürlichen Weltanschauung nicht enthalten war, etwas, was sich uns als ein Grundbestandteil des echten Wesens enthüllen wird« (SGW 9, 208).

Realität und triebgebundenes Leben

Scheler zufolge reicht der neutrale Blick des uninteressierten Beobachters (Husserl) nicht aus, um zur Wesenserkenntnis aufzusteigen. Die natürliche Weltanschauung als Sprungbrett phänomenologischer Operationen darf nicht vorschnell eingeklammert, außer Geltung gesetzt, sie muss vielmehr in ihrer verborgenen Wirkungsweise erforscht werden. Dazu gehört vor allem, dass man die in aller vorreflexiven Weltsicht mitgegebene Daseinssetzung auf ihre ontologischen Implikationen hin untersucht. Scheler entfaltet nun im Gespräch mit den zeitgenössischen Realitätstheorien und der Triebmetaphysik sein eigenes Realitätskonzept. Er steigt herab zum geist- und ideenblinden Lebensgrund, um von diesem Fundament Stufe um Stufe jene Welt aufzubauen, die das Korrelat unserer unermüdlichen praktischen und technischen Lebensbewältigung ist: von der Bildwahrnehmung, vom ekstatischen Wissen und Widerstandserleben über Bewusstsein und Reflexion zu Strukturen des Selbst- und Gegenstandsbewusstseins. Wenn Scheler den Wirkungskreis der Realität abschreitet, ergibt sich das Bild eines in sich geschlossenen Reiches, das gleichzeitig der dynamische Grund alles lebendigen Webens und Wirkens und das zähe Widerstandsmedium aller höheren Seinserkenntnis ist. Realität, mehr als nur die kategoriale Setzung des Denkens, enthüllt sich hier von ihrer den Menschen auch fesselnden und niederhaltenden Charakteristik.

Realität und Widerstandserlebnis

Was ist das konstitutive Moment der Realität? Triebmetaphysische Positionen von Fichte, Schelling, Schopenhauer, Feuerbach, Dilthey bis Freud in unterschiedlichen Variationen sagen: der Trieb, genauer, der Widerstand gegen den Trieb (Impuls und Widerstand). Die Überzeugung herrscht vor, dass der gehemmte Trieb, das unausgelebte Leben, zusammen mit dem Aufbau vorbewusster Orientierungsmuster eine Physiognomie der Welt generiert. Was die Welt im Innersten zusammenhält, das ist der blinde Lebensdrang – ontologische Quelle des Leidens, aber auch der Macht- und Könnensphantasien.

›Realität‹, so erfahren wir bei Scheler, ist an ein Widerstandserlebnis gebunden und früher als Bewusstsein, Reflexion und Gegenständlichkeit. ›Erlebt‹ wird insgesamt der Widerstand gegen das ›triebhaft voluntative Verhalten‹ zur ›Welt‹. Das Haben und Erleiden des Widerstandes (*vor* allem Bewusstsein) nennt er **›ekstatisches Wissen‹**: »Im ekstatischen Wissen ist die gewußte Welt noch nicht gegenständlich gegeben« (SGW 9, 192). ›Gegenständlichkeit‹ als Korrelat ichbezogener Perzeption und des Selbstbewusstseins ist Sekundärphänomen, vergleichbar der heideggerschen Unterscheidung von ›Zuhandenheit‹ und ›Vorhandenheit‹. Der zu erlebende und zu erleidende Widerstand gegen das Trieb- und Lebenszentrum ergibt »die Einheit einer realen Sphäre« – *vor* allen einzelnen Realitäten (SGW 9, 263). Scheler legt großen Wert darauf nachzuweisen, dass der erlebte Widerstand keine nur ›periphere sinnliche Erfahrung‹ ist. Das Hemmungs- und Widerstandserlebnis *kann* in Begleitung von sinnlichen Perzeptionen auftreten und auch an Erinnerungs- und Denkgegenstände gebunden sein – immer aber ist es ein »zentrales Erlebnis der Stufe meines ›Selbst‹« (SGW 9, 211).

Realität als Gegenwelt des Geistes

Schelers Realitätskonzept entwirft eine Gegenwelt zum Akt-sein des Geistes und der Person, nämlich eine triebgewirkte ›Welt‹, die den Menschen in das Raumzeitliche bannt, eine ›Welt‹ praktischen Besorgens und technischer Verfügung, des diskursiven und ›wissenschaftlichen‹ Denkens. Aus dieser Gebundenheit muss sich der zur Wesenserkenntnis bereite Philosoph befreien – dies schreibt Scheler der transzendentalen Phänomenologie ins Stammbuch. Dementsprechend formt er die phänomenologische Reduktion um. Sie stellt sich nun nicht mehr als die methodisch geübte Blickumkehr eines Bewusstseinssubjekts und die Einklammerung aller vorgängigen Daseinssetzung dar, sondern als das Vermögen des Geistes, Wesen und Dasein voneinander zu trennen. Sie ist eine ›Techne‹, ein ›inneres Handeln‹ (also keine bloße Methode), das in der Aufhebung des Realitätsmoments die ›Entwirklichung‹ der Welt und ihre ›Verwesentlichung‹ herbeiführen muss. ›Aufhebung des Realitätsmoments‹ heißt näherhin, dass »die Bildwahrnehmung und alles in ihr erfaßbare zufällige Sosein der Dinge wegfallen« (SGW 9, 245). Nicht nur die Raumzeitlichkeit wird aufgehoben, sondern auch die zufällige Vereinzelung der Dinge. »Wird das Realsein also aufgehoben für die Erkenntnis, so ist auch die Singularisation des Jetzt-Hier-Soseienden mit aufgehoben« (ebd.). Damit ist der weitere Weg zu einem identischen Wesen geebnet. Zurückgewiesen wird das husserlsche ›Prinzip aller Prinzipien‹, wonach sich alle Bedeutung einseitig in einer nichtsinnlichen Anschauung auszuweisen hat. Die Tatsache der nichtsinnlichen Anschauung grundsätzlich bejahend, sagt Scheler: »Alle Erkenntnis vollzieht sich vielmehr in der streng gegenseitigen Anpassung und Identifizierung von Bild und Bedeutung, aber hingerichtet auf das *eine* in sich selbst und ontisch *ungeteilte* Sosein des Seins *der Sache selbst*« (SGW 9, 201).

Entwirklichung der Welt
Scheler ist bestrebt, seine Wesenserkenntnis von allen irdischen Beimengungen und Begrenzungen zu befreien. Wesenseinsicht unterscheidet sich von der Indirektheit diskursiver Erkenntnis (eine Mehrheit von Gegenständen in der Zeit durchlaufen) durch Unmittelbarkeit, sie ist nicht an Repräsentationen, Symbole gebunden, »sondern teils vorsprachlich, teils nachsprachlich« (SGW 9, 249). Ebenso ontologisch geschieden sind das **Geistwesen** als Vermögen wirkunfähiger Intentionen sowie der Wesensschau und das **Lebewesen** als Vitalzentrum und Ursprung der Kausalidee. Real ist alles, was wirkfähig ist.

Das Realitätsmoment aufheben heißt, das Lebenszentrum aufheben. Was bleibt übrig? Die einseitig naturalistische Triebtheorie im Stile Schopenhauers steht dann vor dem Nichts, das sie ja letztendlich anstrebt (die Nichtung der Welt als Wille). Dem ›Platoniker‹ Scheler bleibt die Wesensstruktur der Welt als Residuum und Substrat zurück, vielmehr: Erst jetzt eröffnet sich der zugewandten Geist-Person der transzendente Wesensverhalt der Welt. »Der menschliche Geist vermag sich [...] an die Stelle des stetigen Hervorgehens der Welt und ihrer Bilder aus dem Grunde der Dinge (im Sinne einer creatio continua) zu versetzen, an der die Vereinzelung der Dinge im Raumzeitsystem und das zufällige Sosein oder Sowerden noch nicht vollendet ist« (SGW 9, 247). Dem Menschen ist bei ›Inhibierung‹ der vital-triebhaften und Realität stiftenden Mächte nicht nur der Blick in den Grund der Dinge gewährt, als Geist-Person hat er auch teil am ›übersingulären Geist‹, ist er Miterzeuger und Mitspieler im großen Welttheater. »Der Mensch besitzt also sehr wohl jenen ›intellectus archetypus‹, den Kant, der ihn nur als ›Grenzbegriff‹ anerkannte, ihm bestritt – Goethe aber ihm ausdrücklich zubilligte« (SGW 9, 41 Fußn.).

1.7 Anthropologie

1928, im Todesjahr Schelers, erscheint als Sonderdruck die knapp hundert Seiten umfassende Abhandlung *Die Stellung des Menschen im Kosmos*. Was heute anthropologisches Vermächtnis ist, verstand Scheler selbst als erste Abschlagszahlung auf die ›Philosophische Anthropologie‹, deren Erscheinen er in der Vorrede für »Anfang des Jahres 1929« angekündigt hatte. Aber ein Blick in die nachgelassenen Fragmente ergab, »daß Scheler 1928 nicht einmal angefangen hatte, sein großes Werk niederzuschreiben« (Henckmann 1998, 194). Die kleine Schrift, die 1927 in Darmstadt als Vortrag unter dem Titel *Die Sonderstellung des Menschen* gehalten worden war, enthält nichts wesentlich Neues. Dies erstaunt nicht weiter, wenn man sich vergegenwärtigt, dass die ›Anthropologie‹ in der Konsequenz der schelerschen Gedankenentwicklung liegt, gleichsam deren Schlussapotheose ist und dass die hier zusammengefügten Theoreme andernorts und wiederholt zur Darstellung gekommen sind.

Blinder Triebwillen und Geistperson

Schelers Denken ist von zwei Tendenzen geprägt: Eine Philosophie des Endlichen und der lebenspraktischen Konkretion verbindet sich mit einem Ausgriff auf letzte absolute Gründe des Seins. Im Weltgeschehen – so Scheler – treten Erkenntnis und vernünftiger Wille hinter wertnehmenden, fühlenden, liebenden und triebhaften Modalitäten zurück. Immer aber ist Scheler Metaphysiker, auch wenn er sich den unteren ontologischen Bezirken lebensweltlicher Verwurzelung und elementarer (›biologischer‹) Lebensprozesse zuwendet. Das Grundgerüst seiner philosophischen Anthropologie aktualisiert zwei unterschiedliche metaphysische Traditionen, die aufeinander projiziert werden: Geist-Person, platonisierender Aufschwung, liebende Teilnahme und die Fundierung aller Lebensformen im ›blinden Triebwillen‹ (durch Schopenhauer berühmt gewordene Triebmetaphysik). Insofern kann man sagen, dass die Anthropologie ein metaphysisches Desiderat ist, und zwar eines, das aus dem weltanschaulichen Wechsel vom Theismus zum Panentheismus resultiert, und eines, das sich der unübersehbaren Fülle humanwissenschaftlicher Forschungsbefunde verdankt. Wie der werdende Gott bei Scheler zu seiner Verwirklichung des Menschen bedarf, so bedarf der moderne Mensch im Zeitalter des Nihilismus und der arbeitsteiligen Wissenschaft der Vergewisserung in einer einheitlichen Wesensbestimmung. Oder anders gewendet: Scheler schlägt den Weg von der Person zum Menschen (**vom Wert-Personalismus zur Anthropologie**) ein, er entfaltet die Sphäre dranghafter Lebensprozesse und unterlegt sie der freischwebenden Geist-Dimension (reine Aktualität) als Fundament. Dadurch entsteht eine Gesamtarchitektonik, die (zum ersten Mal) Unten und Oben, Drang und Geist, blinde Trieb-Macht und durch Sublimierung gewonnene Freiheit in *ein* Bild fasst. Die Antagonisten ›Geist‹ und ›Leben‹ stehen im Kampf um die Vorherrschaft über den Weltprozess. Im verworrenen Lauf der Welt begegnen sich Mensch und Gott als korrelative Bezugsgrößen und Ergänzungspole, deren Verschmelzung letztes teleologisches Ziel der kosmologischen Utopie ist. Während Plessner und Gehlen den metaphysischen Aufbau der Anthropologie für verfehlt und die Wesensbestimmung des Menschen als *animal metaphysicum* für obsolet hielten, hat Scheler bis heute Anhänger gerade wegen des metaphysischen Ausgriffs. Paul Good, dem die Metaphysik letzte Konsequenz ist, wundert sich über ein solches ›Metaphysikverbot‹ in der philosophischen Anthropologie, gehe es doch hier gerade um das Lebewesen, »das sich durch eine Bewegung des Transzendierens auszeichnet« (Good 1998, 82; vgl. auch Gerd Haeffner: *Der Mensch als Überstiegs-Wesen*, 1995).

Selbstvergewisserung in Zeiten politischer Erschütterungen
Scheler beginnt mit einer Analyse der Zeitsituation und leitet daraus die Dringlichkeit der philosophischen Anthropologie ab. Zu konstatieren ist die wachsende Spezialisierung der Wissenschaften und die unübersehbare Fülle wissenschaftlicher Forschungsergebnisse über den Menschen (moderne Naturwissenschaft, genetische Psychologie, Evolutionstheorie, naturwissenschaftliche Anthropologie) – »eine Idee vom Menschen aber besitzen wir nicht« (SGW 9, 11). Dem vorherrschenden Zeitgefühl des vom Expressionismus und der Lebensphilosophie

geprägten Jahrzehnts nach dem Ersten Weltkrieg gibt er beredten Ausdruck, wenn er schreibt, »daß zu keiner Zeit der Geschichte der Mensch sich so problematisch geworden ist wie in der Gegenwart« (SGW 9, 11).

Stufenaufbau des Kosmos

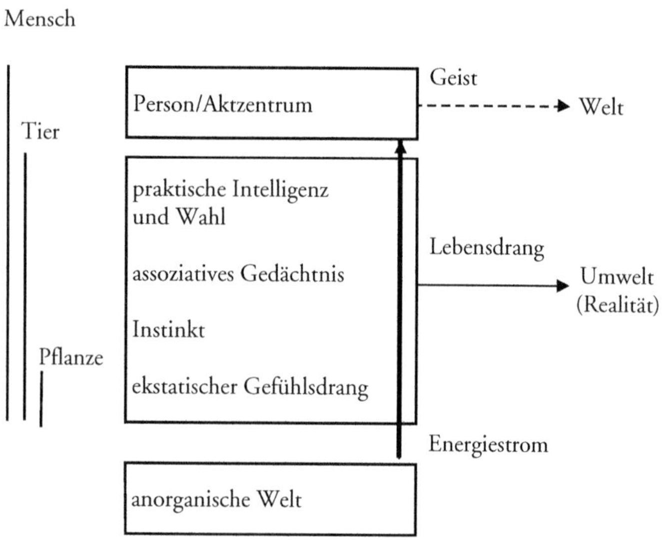

Dynamisches Modell

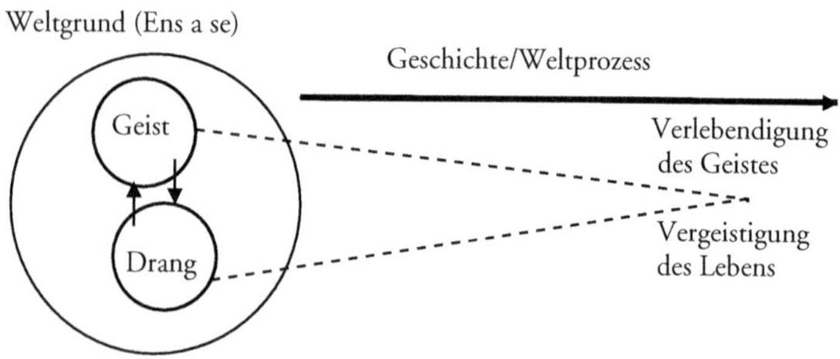

Mit sicherem Strich skizziert Scheler seine Anthropologie. Zu ihrer Hauptaufgabe zählt der **Beweis der menschlichen Sonderstellung** im Reich des Kreatürlichen. Es gilt als ausgemacht, dass der Mensch kein selbstverständlicher Teil der Natur mehr ist. Gleichwohl hat er mit allen anderen Mitgeschöpfen seine triebhaft-naturalen Wurzeln gemeinsam. Aber als Vitalwesen – so entscheidet Scheler – ist der Mensch »ganz ohne Zweifel eine Sackgasse der Natur, ihr Ende [...]« (SGW 9, 96). Hier wird das für die Philosophische Anthropologie wichtige Motiv der **morphologischen Mängelausstattung** (Herder, Alsberg) des kranken Tieres (Nietzsche) angeschlagen. Im Vergleich zur souveränen Verhaltenssicherheit des instinktgelenkten Tieres ist der Mensch das schlecht angepasste, um Orientierung ringende Lebewesen. In Schelers metaphysischem Konzept ist der Mensch nicht nur Sackgasse, sondern auch deren Ausweg. Als mögliches Geistwesen, d.h. als mögliche Selbst-Manifestation des göttlichen Geistes ist er ein Wesen, »das in dem tätigen Mitvollzug der Geistesakte des Weltgrundes sich selbst zu ›deifizieren‹ vermag« (SGW 9, 96). Die Sonderstellung des Menschen beruht also allein auf seiner metaphysischen Verankerung. Die Rechtmäßigkeit der für den Menschen beanspruchten Sonderstellung ist nur zu erweisen, wenn man akribisch Stufe für Stufe den Aufbau der lebendigen Welt in Augenschein nimmt. Nur *ex negativo* ist der Beweis zu erbringen, dass der Mensch keine natürliche Einheit *hat*, sondern eine geistige Wesenseinheit *ist*.

1.7.1 Reich der Natur

Am Anfang steht die Grenzziehung, die das Reich des Lebendigen vom Anorganischen trennt. »Was die Grenze des Psychischen betrifft, so fällt sie mit der Grenze des Lebendigen überhaupt zusammen« (SGW 9, 12). Auszuloten ist nach dieser Terminologie der Bereich des ›Biopsychischen‹ von der Pflanze über das Tier zum Menschen, eine Stufenfolge der psychischen Kräfte und Fähigkeiten. ›Wesensphänomenologisch‹ korrespondiert mit der äußeren Manifestation des Lebendigen (Selbstbewegung, Selbstformung, Selbstdifferenzierung, Selbstbegrenzung in zeitlicher und räumlicher Hinsicht usw.) das Fürsich- und Innesein – »das psychische Urphänomen des Lebens« (SGW 9, 13).

Ekstatischer Gefühlsdrang
Unterste Stufe des Psychischen ist der bewusstlose, empfindungs- und vorstellungslose Gefühlsdrang. Hier sind Gefühl und Trieb noch nicht voneinander geschieden. Scheler weist diese Stufe der Pflanze zu, die

ansonsten keinerlei Sinnesorgane, keine Empfindung aufweist, weil sie kein Zentrum hat, von dem her eine Rückmeldung zu erwarten wäre. Dem vegetativen Leben kommt mangels Zentralisierung (Fehlen eines Nervensystems) nur der nach außen gerichtete Drang, der ›ekstatische Gefühlsdrang‹ zu. Mit anderen Worten, die erste Stufe der Innenseite des Lebens ist der **Gefühlsdrang**, der sich in wesensphänomenologischer Reinheit an der Pflanze zeigt, aber als Residuum der Evolution auch im Tier und im Menschen noch vorhanden und wirksam ist.

Wie wirkt sich der Gefühlsdrang beim Menschen aus? Scheler greift in das triebmetaphysische Arsenal und präsentiert seine andernorts ausgeführte Realitätstheorie, derzufolge alles Bewusstsein, das Haben von Wirklichkeit, im primären Widerstandserlebnis, im Leiden gründet. Wenn er Stufe um Stufe im Reich des Biopsychischen aufwärts schreitet, so hat er bereits auf der untersten Stufe ein Wesensmerkmal ausgemacht, das dem ganzen Bereich seine spezifische Dynamik, sein Gepräge gibt: Der ekstatische Gefühlsdrang der pflanzlichen Stufe ist die Manifestation des Lebensdranges schlechthin, als triebhafte Aufmerksamkeit, als die »Einheit aller gegliederten Triebe und Affekte des Menschen« (SGW 9, 16).

Stufe um Stufe aufwärts schreiten – das heißt den Aufbau der psychischen Welt (die Stufenordnung des seelischen Lebens) vom ekstatischen Gefühlsdrang über den Instinkt, das assoziative Gedächtnis zu praktischer Intelligenz und Wahl zu verfolgen. Damit sind die Grenzen des Biopsychischen ausgemessen, das Reich, das Pflanze, Tier und Mensch miteinander vereinigt, ist kartographiert. Die vegetative Stufe ist rasch überschritten, die folgenden Stufen (einschließlich der ersten) teilt der Mensch mit den Tieren, denen (auf der Stufe der Primaten) intelligentes Verhalten und eine gewisse Wahlfähigkeit nicht abgesprochen werden kann. Nun aber zeigt sich, dass der Mensch als *Lebewesen* dem Tier aufgrund seiner mangelhaften Organausstattung unterlegen ist – eine ›**Sackgasse der Natur**‹. Die Natur hat ihn für den Kampf ums Überleben nur unzureichend ausgestattet. Was rettete ihn dennoch aus dieser Sackgasse? Scheler ist der Auffassung, dass zur Beantwortung dieser Frage eine gänzlich neue Seite im Buche der Natur aufgeschlagen werden müsse, besser noch: ein Ergänzungsband aufzulegen sei mit der Signatur ›Meta-physik‹.

Alles Lebendige ist beseelt. Dies heißt für Scheler, dass den lebendigen Dingen neben einer objektiven, dem äußeren Beobachter zugewandten Seite, eine nicht unmittelbar sichtbare Innenseite zukommt – ein Fürsich- und Innesein. Dieses Fürsich- und Innesein hat mit den objektiven Phänomenen des Lebens (Selbstbewegung, Selbstformung, Selbstdifferenzierung usw.) »an Struktur und Ablaufform die innigste

Seinsgemeinschaft« (SGW 9, 13). Für Scheler steht also von Anfang an fest, dass es sich bei den »physiologischen« und »psychologischen« Prozessen nur um »zwei Seiten eines und desselben Lebensvorganges« handelt (SGW 9, 58). Als kleines Gedankenexperiment finden wir bei ihm die Unterscheidung zwischen einer ›Biologie von außen‹ und einer ›Biologie von innen‹, die als getrennte Disziplinen zusammengehalten werden von der Wesensphänomenologie. Scheler versucht aus seiner morphogenetischen Stufenleiter den Leib-Seele-Dualismus dadurch zu verbannen, dass er seiner ›Eidologie‹ neutrale Begriffe, psychophysisch indifferente Wesensbestimmungen abverlangt. Für den Instinkt und alle höheren Wesensstufen gilt das heuristische Prinzip: »Das ›Verhalten‹ ist das deskriptiv ›mittlere‹ Beobachtungsfeld, von dem wir auszugehen haben« (SGW 9, 17f.).

Instinkt
Die erste seelische Wesensform, der ekstatische Gefühlsdrang, bringt als Grundbestimmung alles Lebendigen die Drang- und Triebhaftigkeit ins Spiel. Der **›Instinkt‹ als zweite Lebensstufe** rückt das Verhältnis von Mensch und Tier ins Blickfeld. Als angeborene und erbliche Verhaltensform spricht er auf typisch wiederkehrende Situationen an, die für das Leben der Art (und nicht für das Individuum) bedeutsam sind, ein starrer auf Schlüsselreize reagierender Mechanismus, der sich von plastischen, intelligenten und triebhaften Verhaltensweisen unterscheidet. Es ist der Instinkt, der das Verhalten und die selektive Wahrnehmung des Tieres in seiner jeweiligen artspezifischen Umwelt steuert, ja die Struktureinheit von Tier und Umwelt erst stiftet. Instinkte beeinflussen also das Verhalten, die Empfindungen, die gesamte Sinnesorganisation und das Gedächtnis.

Zum Problemfeld dieser genetischen Stufe gehört es, einen **Vergleich von Mensch und Tier** anzuschließen. Nicht ohne Koketterie ist das Spiel der Philosophischen Anthropologie, tief verwurzelte Überzeugungen einmal auf den Kopf zu stellen: das Tier wegen seiner fraglosen (instinktgelenkten) Verhaltenssicherheit zu bewundern, den Menschen als orientierungsunsicheren, zur Maßlosigkeit neigenden Kantonisten zu bedauern. Der anthropologisch einschlägige Terminus der ›Instinktschwäche‹ erweist sich bei näherem Zusehen als zweiwertig, er benennt sowohl eine Befreiung (von stereotypen, vorgegebenen Verhaltensmustern) als auch eine Belastung (durch Orientierungsunsicherheit). Diese nicht auszuschließende Ambivalenz tritt besonders bei den Folgen der Instinktreduktion auf das menschliche Triebleben hervor. Wenn der Ablauf von Hemmung und Enthemmung nicht mehr festgefügten, artspezifischen Mustern folgen kann, weicht die kurzschlüssige Abfuhr einer vermittelten, aufs Ganze gesehen, inadäquaten Befriedigung. Es entsteht – so will es diese Triebtheorie – eine Stauung und Überschusslage, die den Trieb bzw. dessen energetisches Potential verfügbar werden lässt. Die Triebenergie kann ins Maßlose hypertrophieren, sie kann aber auch kulturell disponibel gemacht werden – etwa durch Verdrängung und Sublimierung. Scheler baut den ›**Triebüberschuss**‹ als wichtigen Bestandteil in den unteren Teil seines anthropologischen Gebäudes ein.

Assoziatives Gedächtnis

Die dritte psychische Form, die ›Assoziation‹, versucht Scheler aus dem instinktiven Verhalten abzuleiten. Wir betreten damit den Boden der Gewohnheit, der Reproduktion, des bedingten Reflexes, zusammengefasst von ihm unter der Rubrik ›**Fähigkeit des assoziativen Gedächtnisses**‹ (Mneme). Das assoziative Gedächtnis steht unter dem Einfluss von Trieben, Bedürfnissen und deren Aufgaben. Keine Assoziation ist ganz ohne intellektuellen Einschlag. Obwohl noch Prinzip der Starrheit und der Gewohnheit (darin dem Instinkt vergleichbar), spricht ihm Scheler eine erste befreiende Wirkung zu. »Die Wirksamkeit des assoziativen Prinzips bedeutet im Aufbau der psychischen Welt zugleich Zerfall des Instinktes [...]. Sie bedeutet ferner zunehmende Herauslösung des organischen Individuums aus der Artgebundenheit [...]« (SGW 9, 26). Phänomene der Nachahmung und der Wiederholung treffen wir bei Mensch und Tier an, als Wiederholungstrieb und Tradition.

Praktische Intelligenz und Wahl

Die immer auch intellektuell eingefärbte Assoziation stellt dem Übergang zur nächsthöheren psychischen Wesensform, der ›**Intelligenz**‹, keine Hindernisse in den Weg. Scheler, der mit dieser vierten Stufe zwar den höchsten Punkt des Biopsychischen, nicht aber das höchste kosmologische Niveau erreicht hat, legt Wert auf die Feststellung, dass es sich auf dieser Stufe nur um die ›organisch gebundene‹ und ›praktische‹ Intelligenz handeln könne. Diese Intelligenz ist noch organisch gebunden, weil sie im Dienst einer Triebbefriedigung steht, sie ist praktisch, weil ihr Zweck in einem Handeln liegt. Von dieser organisch-praktischen Ausrichtung möchte Scheler einen zusätzlichen ›psychischen‹ Aspekt unterscheiden: »die plötzlich aufspringende Einsicht in einen zusammenhängenden Sach- und Wertverhalt innerhalb der Umwelt« (SGW 9, 28). Charakteristisch sind hier Antizipation, Voraussicht – eine Spielart des produktiven Denkens. Ob Primaten diese Stufe erreichen, war 1927 – zehn Jahre nach den Affenversuchen durch

Wolfgang Köhler auf Teneriffa – eine viel diskutierte Frage. Für Scheler gilt indes, dass das Tier dem Menschen in allen Affekten noch näher steht als in der Intelligenz.

Scheler kann mit einer ressentimentfreien Gelassenheit auf das (hoch organisierte) Tier schauen, weil er weiß, dass die Frage der Menschlichkeit des Menschen im Bereich des Psychischen nicht entschieden wird. Das Tier hat allenfalls Intelligenz, der Mensch hat Geist und Vernunft. Mit dem Menschen kommt also ein ganz neues Prinzip ins Spiel.

»Das neue Prinzip steht außerhalb alles dessen, was wir ›Leben‹ im weitesten Sinne nennen können. Das, was den Menschen allein zum ›Menschen‹ macht, ist nicht eine neue Stufe des Lebens – erst recht nicht nur eine Stufe der einen Manifestationsform dieses Lebens, der ›Psyche‹ –, sondern es ist ein allem und jedem Leben überhaupt, auch dem Leben im Menschen entgegengesetztes Prinzip: eine echte neue Wesenstatsache, die als solche überhaupt nicht auf die ›natürliche Lebensevolution‹ zurückgeführt werden kann [...]« (SGW 9, 31).

1.7.2 *Reich des Geistes*

Die vier genannten Stufen zusammen machen das **Reich des Biopsychischen** aus. Für Scheler ist damit der Aufbau der Welt aber noch nicht abgeschlossen. Jede Wesensbestimmung des Menschen, die auf die Ebene des Lebendigen beschränkt bleibt (z.B. *homo naturalis*, *homo faber*), verfehlt ihr Ziel, weil sie menschliches Sein auf seine natürlichen Wurzeln reduziert. Der Mensch ist über seine natürliche Gebundenheit hinaus geistige Person und hat Anteil am göttlichen Weltgrund. Welche Wesenseigenschaften verdankt nun der Mensch seiner Sonderstellung im Kosmos? Wir finden in Schelers Anthropologie die berühmt gewordenen Sätze: »Ein ›geistiges‹ Wesen ist also nicht mehr trieb- und umweltgebunden, sondern ›umweltfrei‹ und, wie wir es nennen wollen ›weltoffen‹: Ein solches Wesen hat ›Welt‹« (SGW 9, 32). Diese **Welt-Umwelt-Dichotomie** hat Eingang gefunden in die Philosophische Anthropologie, ist gleichsam deren Erkennungsmelodie geworden. Anders gewendet heißt dies, dass der Mensch zwei Zentren hat, das Vitalzentrum und das Geistzentrum.

Alle Wesensbestimmung ist ein geistiger Akt. Während das Tier seine Umwelt nur als Widerstandszentrum für sein Verlangen und seinen Widerwillen ›ekstatisch‹ erlebt, erheben sich beim Menschen diese Widerstandszentren zu Gegenständen. Der Mensch kann das Sosein der Gegenstände prinzipiell selbst erfassen. »Geist ist daher Sachlichkeit, Bestimmbarkeit durch das Sosein von Sachen selbst« (SGW 9,

32). Der logischen Seite des Geistes kommt als formalste Kategorie der Gegenstand, die Sachlichkeit zu, aber bei Strafe des unendlichen Regresses ist er selbst der Vergegenständlichung und damit der objektivierenden Erkenntnis entzogen.

Geist ohne Macht

Das Geistige im Menschen – so Scheler – färbt und durchdringt alle Lebensregungen, ›geistig‹ ist das Ideendenken, eine besondere Art der Anschauung (von Urphänomenen oder Wesensgehalten), eine bestimmte Klasse volitiver und emotionaler Akte wie Güte, Liebe, Reue, Ehrfurcht.

Erstaunen und Befremden hat bei der Rezeption der schelerschen Anthropologie die Tatsache erweckt, dass der Geist einerseits die ›Macht‹ ist, die den Menschen aus den animalischen Niederungen zu sich emporzuheben vermag, aber andererseits nur über eine geborgte, aus der Gegenwelt aufsteigende Energie verfügen darf. Skepsis hat weiterhin die Entgegenstellung von Geist und Leben erregt, die sich bei Scheler in der bekannten Wesensdefinition des Menschen als Neinsager und Asket des Lebens niedergeschlagen hat.

Schelers Pantheismus erhält seinen unverkennbaren Akzent durch die Energetik. Die ans Kuriose grenzende kosmologische Machtverteilung stellt sich so dar: Der werdende Gott bedarf zu seiner Entfaltung der geistigen Person des Menschen (wie der Mensch der geistigen Potenz Gottes bedarf), die geistige Person im Menschen ihrerseits ist ohnmächtig ohne das blinde Walten des Lebensdranges. Der Kraft- und Energiestrom läuft von unten nach oben.

»Das ursprünglich aller Macht, aller Wirksamkeit Bare ist gerade der Geist, je reiner er ist [...]. Mächtig ist ursprünglich das Niedrige, ohnmächtig das Höchste« [...]. Das Mächtigste, was es in der Welt gibt, sind die ideen-, formen- und gestalt›blinden‹ Kraftzentren der anorganischen Welt als unterste Wirkpunkte dieses Dranges« (SGW 9, 52).

›Von Hause aus‹ ist der Geist ohnmächtig, er kann aber durch Sublimierung an Macht gewinnen. Dadurch erhält die damals vorherrschende Triebtheorie (man denke an Sigmund Freud) ein ontologisches Prinzip. Die Frage, Wer oder Was verdrängt?, beantwortet Scheler so: der Geist. Agent der Verdrängung und Sublimierung ist also der ›Geist‹. Der Geist ist das Nein-sagende Prinzip, **der Mensch ist der ›Asket des Lebens‹**. »Mensch sein heißt: dieser Art Wirklichkeit ein kräftiges ›Nein‹ entgegenschleudern« (SGW 9, 42). Im metaphysischen, pantheistischen Weltmodell Schelers geschieht die Gott- und Menschwerdung durch die Sublimierung der Natur. Letztes Telos ist die Verlebendigung des Geistes und die Sublimierung des Lebens zum Geist. Weltgestaltung kann heißen, dass die Lebenstriebe in die Ideen- und Sinnstruktur eingehen und in der Geschichte wirkmächtig werden. Nach Schelers optimistischer Einschätzung zeigt die Geschichte ›im Großen und Ganzen‹ eine zunehmende Ermächtigung der Vernunft, aber in letzter Instanz ist der Ausgang des Weltprozesses offen (dazu Mall: *Schelers Idee einer werdenden Anthropologie und Geschichtsteleologie*, 1994).

2. Helmuth Plessner – Biophilosophie und politische Theorie

2.1 Natur und geschichtliche Welt

Trotz seiner philosophischen Anfänge bei Kant und Husserl fühlte sich Helmuth Plessner (1892-1985) schon früh zum Göttinger Dilthey-Kreis um Georg Misch hingezogen (vgl. Briefwechsel mit Josef König 1994). So wundert es nicht, dass er sich von der diltheyschen Lebens- und Kulturphilosophie inspirieren ließ und seine ›anthropologische‹ Fragestellung im Problemhorizont der philosophischen Hermeneutik positionierte. Das hermeneutische Bemühen um den methodisch gesicherten Aufbau der geschichtlichen Welt in den Geisteswissenschaften, so seine Auffassung, treibt die anthropologische Frage hervor. Seiner ersten Ausbildung nach war Plessner Biologe, der über eine wissenschaftssoziologische Arbeit den Weg zur Philosophie gefunden hatte. Er war Schüler bei dem Biologen und Philosophen Hans Driesch und Freund des holländischen Biologen Frederik J.J. Buytendijk, der ihm nach seiner Vertreibung aus Deutschland an der Groninger Universität ein Unterkommen ermöglichte. Die bedrängten Jahre in Holland waren auch eine Zeit fruchtbarer biologisch-anthropologischer Zusammenarbeit und Auseinandersetzung (vgl. Briefwechsel zwischen Buytendijk und Plessner, hg. von Boudier 1993). Stephan Pietrowicz schlägt in seiner 1992 erschienenen umfangreichen Monographie *Helmuth Plessner. Genese und System seines philosophisch-anthropologischen Denkens* den Bogen von der voranthropologischen zur anthropologischen Periode Plessners und leuchtet den geistesgeschichtlichen Hintergrund des philosophischen Gesamtwerkes aus. Kersten Schüßler zeigt in ihrem Buch *Helmuth Plessner. Eine intellektuelle Biographie* (2000), wie sich die geistige Physiognomie Plessners in einer bewegten Epoche deutscher Vergangenheit herausgebildet hat, die vom Untergang des

Kaiserreichs über die Weimarer Republik, den Nationalsozialismus bis zur Bundesrepublik reichte. Monika Plessner schildert in ihrem Lebensbild *Die Argonauten auf Long Island* (1995) die gemeinsamen Jahre mit Helmuth Plessner von 1951 bis zu dessen Tod im Jahre 1985.

Biologie und philosophische Hermeneutik: Biophilosophie

Plessner stellt die anthropologische Frage in den Dienst einer universellen Hermeneutik und versucht, als Biologe und Naturkundiger einem Defizit abzuhelfen: die (geistig) verstehende, sinnvermittelnde Welteröffnung an die sinnliche Materialität und den Leib zurückzubinden. Unsere geschichtlich-kulturelle Welt sei nicht allein geistgewirkt, sondern das Zufallsprodukt eines bedürftigen, auf Ergänzung und Vermittlung angewiesenen geistig-seelisch-körperlichen Wesens oder ›Lebens‹. Plessner bewegt sich hier durchaus auf diltheyschen Denkbahnen eines um geschichtliche Konkretion und lebendige Erfahrung bemühten Theorieansatzes. Sein eigener methodischer Beitrag einer ›Naturphilosophie‹ oder ›**philosophischen Biologie**‹ besteht nun in der Absicht, aus den leibkörperlichen Positionseigenschaften des Menschen, aus seinem leiblichen In-der-Welt-sein, alle weiteren Bestimmungen menschlicher Existenz zu entfalten. Eine anthropologische Fundamentalposition etabliert sich hier, die sich sofort mit ihrem Gegenbild konfrontiert sieht: der Fundamentalontologie Heideggers. Zwei Wege, die diltheysche Idee einer Universalhermeneutik zu verwirklichen.

Der Grundlegung seiner philosophischen Anthropologie in den *Stufen* (*Die Stufen des Organischen und der Mensch*, 1928) stellt Plessner eine Diagnose der geistigen Situation voran. An der Zeit sei, so seine Auffassung, eine **Reform der Philosophie** »unter dem Aspekt einer Begründung der Lebenserfahrung in Kultur und Weltgeschichte« (*Stufen*, 68). »Die Etappen auf diesem Wege sind: Grundlegung der Geisteswissenschaften durch Hermeneutik, Konstituierung der Hermeneutik als philosophische Anthropologie, Durchführung der Anthropologie auf Grund einer Philosophie des lebendigen Daseins und seiner natürlichen Horizonte« (*Stufen*, 68f.). Mit anderen Worten, Anthropologie findet im lebendigen Dasein »und der mit ihm in Wesenskorrelation stehenden Schichten der Natur« (ebd., 69) ihr methodisches Fundament, sie hat sich nach Plessner als ›Naturphilosophie‹ oder ›philosophische Biologie‹ zu begründen.

Pflanze, Tier und Mensch als Lebensstufen

Zentralthema dieser Biophilosophie ist der **Begriff des Lebens**, Signatur einer ganzen Epoche und die Chiffre für Dynamik und Schwungkraft, für ungezähmte Urwüchsigkeit und Ursprünglichkeit. Plessner nähert sich dem Begriff von zwei Seiten her: von der Philosophie und von der Biologie. Zunächst versucht er, dem Lebensbegriff den mythischen Schleier einer dumpfen irrationalen Triebmacht zu nehmen, indem er ihn, Dilthey folgend, auf Erleben und sinnlich-konkrete Erfahrung bezieht. Dann fädelt er sich in die zeitgenössische, nicht nur von Biologen geführte Kontroverse um den Gegenstand, das Formalobjekt der Biologie ein und gewinnt vor allem in Auseinandersetzung mit Hans Driesch, Jakob von Uexküll und Wolfgang Köhler ein eigenes theoretisches Konzept des ›Lebens‹. Der lebendige Organismus erscheint im Unterschied zum unbelebten Körper im Doppelaspekt (Innen-Außen-Divergenz). Doppelaspektivität, Grenzphänomen, Positionalität sind die Bauelemente einer dreifach gestaffelten, nicht evolutionär zu verstehenden Stufentheorie des Lebens. Pflanze, Tier und Mensch werden gegen ihr Umfeld gesetzt (positioniert), sie realisieren in jeweils spezifischer Weise ihre Grenze. Die jeweilige Art, die Grenze zu überschreiten, sich zu positionieren oder sich zur Einheit zu organisieren, was dasselbe bedeutet, sagt Entscheidendes über den Organismus aus, weist ihm einen Ort im Stufenschema zu (Pflanze, Tier oder Mensch). Leben realisiert sich in der Positionierung, im »osmotischen« Austausch, in der Grenzverwirklichung und Selbstorganisation. Je komplexer das Lebewesen organisiert ist, desto vermittelter ist sein Verhältnis zum Umfeld, oder anders gewendet: desto vielfältiger erschließt sich ihm die Umwelt.

Die ›offene Organisationsform‹ setzt die Pflanze in überwiegend passiver Weise dem Umfeld aus. Die ›geschlossene Form‹ des Tieres und des Menschen dagegen organisiert sich über ein Zentrum, das das Lebewesen in ein Verhältnis zu ihm und zum Umfeld setzt (offene Positionsform). Während das Tier in zentrischer Positionalität seine Mitte, sein Zentrum einnimmt als vermeintliche (nicht reflektierte) Unmittelbarkeit, ist der Mensch in sein Zentrum ›gesetzt‹ und damit über dieses Zentrum hinaus, ›exzentrisch‹ (vgl. Schema Seite 113). Der Mensch ist das **exzentrische Lebewesen**. Merkmal der exzentrischen Positionalität ist es, im Zentrum zu sein – wie das Tier – und gleichzeitig außerhalb des Zentrums zu sein. So ist der Mensch innerhalb und außerhalb seiner, ein Wesen ohne fixiertes Zentrum, ohne vorgegebenes identisches Selbst. Exzentrizität kennzeichnet eine unaufhebbare Spannung. In (minimaler) Überschreitung tierischen Lebens hat sich damit eine antagonistische Unruheposition etabliert, die sich aktiv organisieren und sich eine eigene Lebensform geben muss in kultureller Objektivation, in kollektiver Erinnerung und Selbstvergewisserung (Geschichte), in Ausdruck und Austausch, im mitweltlichen Miteinander.

Der Aufriss dieses neuen Lebenskonzepts, so ist bald zu bemerken, bewegt sich überwiegend in der reflexionstheoretischen Begriffswelt und Dialektik. Allgegenwärtig ist die **Metapher der ›Vermittlung‹**: Unmittelbarkeit und Mittelbarkeit, Direktheit und Indirektheit, vermittelte Unmittelbarkeit, Setzen, Gesetztsein usw. Andererseits tritt im Grenzphänomen und seiner Behandlung (offene Form – geschlossenes Positionsfeld, geschlossene Form – offenes Positionsfeld) und im Begriff der Positionalität (Gestelltheit gegen das Umfeld und Selbstorganisation) deutlich ein **systemtheoretischer Zug** hervor. Aber all diese Konstruktionselemente einer dynamischen Strukturform dürfen die Phänomenalität der (vortheoretischen) Ausgangsbedingungen nicht vergessen machen: Leben *erscheint* im Doppelaspekt (in der Verschränkung von sichtbarem Außen und unsichtbarem Innen).

Exzentrische Sonderstellung des Menschen

Darf man resümieren: der Mensch, das reflektierende Tier, tierischer Leib plus Reflexion? Man verkennt das plessnersche Lebenskonzept, Kernstück seiner Anthropologie, wenn man es in den Dienst der Bewusstseins- und Reflexionsphilosophie gestellt sieht. Der Leibkörper ist nicht bloßer materialer Appendix reflektierenden Bewusstseins, vielmehr müssen umgekehrt die Monopole menschlicher Positionsform (Ich, Reflexion, Geist) sich aus dem leibkörperlichen In-der-Welt-sein verstehen lassen. Die Merkmale menschlicher Körperlichkeit sind nach Plessner vor allem ›Rückbezüglichkeit‹, ›Instrumentalität‹, ›Exteriorität‹ und ›Expressivität‹. Die exzentrische Position eröffnet dem ›Geist‹ einen Spielraum. Was den Menschen unheilbar in die Unruhelage versetzt, in die Wurzellosigkeit und Unergründlichkeit der Welt und seiner selbst, ist das **Oszillieren zwischen zwei antagonistischen Seinslagen**: ein Leib zu sein und einen Körper zu haben. Die Dynamik dieser Position lässt sich je nach begrifflicher Wahl semantisch durchvariieren: im Zentrum – außerhalb des Zentrums, eine Mitte haben – keine Mitte haben, Teil der Natur – außerhalb der Natur, natürlich sein und künstlich sein, zentrifugale und zentripetale Bewegungsrichtung, Zentrierung – Dezentrierung, über sich hinaus – sich vermittelnd – auf sich zukommen; sich ermächtigen müssen, um nicht machtlos zu sein; unmittelbar nur sein können kraft eigener Vermittlungsleistung; seinem Vorwegsein vorweg sein usw. – mit Merleau-Ponty (1966) zu sagen, eine Position der Ambiguität (Zweideutigkeit).

Leben und Ausdruck

Nach eigenem Bekunden ist Plessner 1923 mit seinem Buch *Die Einheit der Sinne* (*Einheit*) der Durchbruch zur philosophischen Anthropologie gelungen. Den Weg habe ihm Dilthey gewiesen. Er lässt sich theoretisch anregen vom semantischen Feld hermeneutischer Schlüsselbegriffe: Leben, Erleben, Ausdruck, Verstehen, Sinn, Geschichte, und schließt sich dem Postulat einer philosophischen Begründung der **Geisteswissenschaften** an. Das Ziel einer methodisch gesicherten ›universellen Hermeneutik‹ lässt sich in einer für die Philosophie veränderten Problemsituation nur auf dem Wege einer »Theorie menschlicher Lebenserfahrung in den Geisteswissenschaften« (*Stufen*, 63) oder kürzer: einer »**Theorie geisteswissenschaftlicher Erfahrung**« erreichen. Darin werden die hermeneutischen Kategorien ›Leben‹ und ›Ausdruck‹ in besonderer Weise akzentuiert. ›Ausdruck‹ artikuliert sich in dem breiten Bedeutungsspektrum spontaner, vorsprachlicher Mimik und Gestik über Lachen, Weinen und Lächeln und das bewusst eingesetzte (darstellerische) Ausdrucksmittel bis hin zur kulturellen Leistung und Gestaltung (Plessner bezeichnet die Hermeneutik geradezu als ›universelle Wissenschaft vom Ausdruck‹). So auch der Lebensbegriff, der in der semantischen Spannweite geistig-kultureller Selbstobjektivation und ihrer materiellen Basis im leiblich-sinnlichen Geschehen variiert.

Ob Ausdruck oder Leben, vorsprachliche Mimik oder sprachliche Kundgabe, ob geistige Gestaltung oder sinnlich-stoffliches Substrat und leibkörperliche, sensomotorische Zueignung zu Umwelt und Welt (Versinnlichung, Verkörperlichung, Verleiblichung), immer geht es um jenen Prozess der Selbstobjektivation des Lebens, in dem sich der Mensch als Wesen der Geschichte, der Kultur und der Gesellschaft konstituiert. Aber dies gilt es zu beachten: Der Mensch ist Subjekt-Objekt der Kultur *und* der Natur. In diesem Prozess »des Selbstverstehens des Lebens im Medium seiner Erfahrung durch die Geschichte« (*Stufen*, 60) gibt es keine dominante Bezugsgröße, keinen authentischen Ursprung und kein absolutes Subjekt. Im Gegenteil, die Begriffe ›Leben‹, ›Mensch‹ und ›Geschichte‹ erweisen sich als austauschbare Kategorien.

Fundierte philosophische Hermeneutik

Als philosophischer Biologe sieht sich Plessner aufgerufen, die logozentrischen Blickverengungen der philosophischen Hermeneutik aufzubrechen, ihrer Tendenz zur Geist-, Sinn- und Sprachzentriertheit entgegenzuwirken und die ›Natur‹ wieder in ihr Recht einzusetzen. Die Fundamente lassen sich breiter auslegen, wenn man »geschichtliche Wirklichkeit und Natur in derselben Erfahrungsrichtung zu erfassen« sucht (*Stufen*, 58). Das komplexe Geschehen geschichtlicher Objektivation, kultureller und gesellschaftlicher Selbstgestaltung und sinnhafter Welteröffnung gilt es in seiner sinnhaft-sinnlichen, geistig-seelisch-körperlichen Verschränkung zu erfassen. Die vertrauten Horizonte des Sinnes sind mit deren dunkler Kehrseite, dem Fremden, Paradoxen, dem Unsinn, zu konfrontieren, die Macht bewusster Entscheidungen ist durchsichtig zu machen auf die Ohnmacht faktischer Bedingtheit, das sprachliche Zeichensystem ist auf seine akusto-motorische Basis zu beziehen, d.h. auf das vitale System des Menschen, das geistseelische Innen muss mit dem körperlichen und expressiven Außen verschränkt werden usw. ›Verklammerung‹, ›Vermittlung‹, ›Verschränkung‹, in diesen ›dialektischen‹ Kategorien versucht Plessner, in Überwindung des ontologischen und methodischen Dualismus der philosophischen Tradition, die treibenden Kräfte kultureller Selbstobjektivation (›objektiver Geist‹, wie Dilthey im Anschluss an Hegel sagte) zu erfassen. Erst im zweiten Anlauf zum Konzept einer ›Theorie geisteswissenschaftlicher Erfahrung‹ gelingt es ihm, dafür die Strukturform zu finden: die Exzentrizität.

Die Theorie geisteswissenschaftlicher Erfahrung, Forschungsprogramm und Arbeitstitel einer heuristischen Disziplin auf dem Wege zu einer ›allgemeinen Hermeneutik‹, realisiert sich in drei Stufen: in der Ästhesiologie des Geistes von 1923 (*Die Einheit der Sinne. Grundlinien einer Ästhesiologie des Geistes*), in der philosophischen Anthropologie von 1928 (*Die Stufen des Organischen und der Mensch*) und in der Anthropologie der geschichtlichen Weltansicht von 1931 (*Macht und menschliche Natur*). Die ersten zwei Konzeptionen sind systematische Meisterleistungen, die sich strikt an das von Scheler für die Philosophische Anthropologie erhobene Gebot psychisch-physischer Indifferenz halten: »Der Träger des Leibes wird [...] weder als Körper noch als Seele, sondern gegen diesen gedanklichen Unterschied indifferent erfaßt« (*Stufen*, 64). Im weiteren Sinne heißt dies: Bei aller Offenheit gegenüber den Forschungsergebnissen der Psychologie und der naturwissenschaftlichen Humanwissenschaften muss sich die Philosophische Anthropologie, ohne Anleihen bei der einzelwissenschaftlichen Methodik und Begriffsbildung zu machen, ihre eigene Erfahrungsgrundlage erschließen und methodisch-begrifflich absichern.

2.2 Sinne und Sinn

›Theorie geisteswissenschaftlicher Erfahrung‹ heißt also zunächst: systematische Rekonstruktion geistig-sinnhafter Welteröffnung in zwei Schritten. Der *erste Schritt* setzt in der ›horizontalen‹ Fragerichtung der *Einheit der Sinne* (1923) an. Hier verknüpft Plessner in einer ›Ästhesiologie des Geistes‹ (Sinneslehre des Geistes) die geistige Sinngebung mit der kulturellen Leistung der Sinne. Er versucht von den Sinnesqualitäten (Gesicht, Gehör, Geruch, Geschmack, Zustandssinne usw.) einen Strukturzusammenhang zwischen den phänomenalen Schichten der alltäglichen Welt und der erlebenden, anschauenden, empfindenden Person herzustellen. Der *zweite Schritt* verschränkt in den *Stufen* (1928) die horizontale Achse (Mensch-Umwelt-Verhältnis) in eine vertikale Achse (Stufung des Lebendigen) und gewinnt in der Kategorie ›Leben‹ ein Modell von größerer Beweglichkeit und Leistungsfähigkeit.

Verweilen wir noch beim ersten Schritt der geisteswissenschaftlichen Theoriebildung. Von der Ebene sinnlich-qualitativer Welterschlossenheit, d.h. noch diesseits aller wissenschaftlich-abstraktiven und rationalen Trennung in Subjekt und Objekt soll nach Plessner das Mensch-Umwelt-Verhältnis als ›Konformitätssystem von Sinnlichkeit und Geistigkeit‹ rekonstruiert werden. Die ›Sinne‹ (Empfindungs- bzw. Sinnesqualitäten) sind mehr als eine zu vernachlässigende Zutat zur formalen (kategorialen) Objektkonstitution, sie sind als ›autonome Zwischensphäre‹, als ›Mittelglied‹ zwischen Leib und Geist selbst konstitutiv für unsere Weltzugehörigkeit und bedürfen daher einer ›Kritik‹ (wie in der transzendentalen Analytik der kantischen *Kritik der reinen Vernunft* die reinen Verstandesbegriffe und Grundsätze).

Wenn also die Theorie der Sinnesqualitäten mehr zu sein beansprucht als die (introspektive) Beschreibung zufälliger sinnlicher Erlebnisse, dann muss sie gemäß den Regeln erkenntniskritischer Konvention die Sinne nach ihrem Gebrauch, d.h. nach ihrer Leistungsfähigkeit und ihren Grenzen befragen. Die ›Kritik der Sinne‹ bedient sich bei Ausschluss von Introspektion und Intuition des indirekten, auf Objektivität zielenden Verfahrens. Die ›Modale‹ der Sinne, ihre Wesensgesetze, zeigen sich nur in ihrem ›verstehenden Gebrauch‹, d.h. in ihrer kulturellen, sinnhaften Funktion. Mit anderen Worten, die Sinne werden – so Plessner – auf die Mannigfaltigkeit kultureller Sinngebungen bezogen, sinnliche Qualität und geistige Sinngebung, Sinnlichkeit und symbolische Formen (Geist) korrespondieren miteinander. Keine Sinnesqualität ohne eigene (kulturelle) Ausdrucksmöglichkeit und kein Sinn ohne stofflich-leibliche Basis. Thema der ästhesiologischen Analyse ist also die **Versinnlichung des Geistes** und die **Vergeistigung der Sinne**. In der Ästhesiologie des Geistes verschränkt sich eine Kritik der Sinne mit einer Theorie des Geistes, die auf dem methodischen Umweg über die Erforschung des kulturellen Formensystems den leiblich-sinnlichen und den geistigen Pol menschlicher Existenz unter *einem* Aspekt zu begreifen sucht.

Sinn und Sinne aufeinander zu beziehen, d.h. Sinngebung und körperliche Haltung, und den ›Sinn der Sinne‹ im indirekten Frageverfahren über das historisch gewachsene faktische Symbolsystem zu klären – dies bedarf schon einer ausgefeilten Kunst der Vermittlung. So verwundert es nicht, wenn Plessner in seiner Ästhesiologie auf eine streng systematische Darstellungsform zurückgreift.

Als Gegenbild der zu beklagenden allgemeinen Sinnesvergessenheit der philosophischen Tradition und der fortschreitenden naturwissenschaftlich motivierten Entsinnlichung schwebt Plessner eine Naturphilosophie vor Augen, die eine ›materiale‹, ›belebte und gestaltete Natur‹ zum Thema hat, mit anderen Worten, die Welt, wie sie »zu sehen, zu hören und zu fühlen ist« (*Einheit*, 62). Die Schlüsselbegriffe ›Anpassung‹, ›Anschauung‹ und ›Auffassung‹ dienen einerseits dazu, den jeweiligen gegnerischen Positionen Blindheit und Versagen in Fragen der Sinnesmodalitäten nachzuweisen, sie dienen andererseits unter den Rubriken »Sinne und Bewußtsein« und »Einheit des Sinnes« dem Entwurf einer architektonisch sich verdichtenden Theorie des Bewusstseins, der in der letzten Phase der Durchbruch zum ›Leib‹ gelingt.

Bei aller Sprödigkeit der Darstellung und dem Flirt mit der transzendental-analytischen Begründungsweise gerät das Schlüsselthema, die Grundintention einer sich etablierenden Anthropologie niemals aus dem Blick: die Verklammerung des kulturellen Formensystems mit seiner sinnlich-stofflichen Basis. Die umfassende Sichtweise der hier durchgeführten phänomenologischen Analysen war wegweisend, sie übertraf die wenige Jahre später auftauchende Chiffre des ›In-der-Welt-seins‹ (Heidegger), die ihre Welthaltigkeit an eine freischwebende, körperlos-verinnerlichte Existenz zu verlieren drohte.

Plessner widmet der Ästhesiologie Jahrzehnte später eine korrigierende Nachlese (*Anthropologie der Sinne*, 1970). Er begrüßt den Durchbruch der phänomenologischen Methode in den Humanwissenschaften, würdigt besonders die Leistungen der Mediziner auf diesem Gebiet (Viktor von Weizsäcker, Erwin Straus) und betrachtet das Thema immer noch als ein dringendes Forschungsdesiderat (dazu König 1994, 219ff.; Lessing 1998).

2.3 Philosophie des Lebens

Während sich in der *Einheit der Sinne* (1923) die Anthropologie Plessners in ersten vagen Umrissen abzeichnet, zeigt sich in den *Stufen* (1928) deren ausgeführte Architektonik. Plessner ersetzt nun die Frage nach den ›Modalen der Sinne‹ durch jene nach den Wesensbestimmungen des Lebens. Die horizontale Achse (Mensch-Umwelt-Verhältnis) kreuzt die vertikale Achse (Stufung des Lebendigen) und ein Koordinatensystem entsteht, das sich von der Vorgegebenheit historisch gewachsener kontingenter Kulturformen befreit sieht. Im Nullpunkt der Koordinaten liegt der Begriff des Lebens, nur noch kontrastiert mit dem Unbelebten. Hier ist auch der Ursprung der philosophischen Biologie, die sich als ›apriorische Theorie der organischen Wesensmerkmale‹ die Stufung der organischen Welt unter *einem* Gesichtspunkt zur Aufgabe gestellt hat. Dafür soll ein Leitfaden gefunden und erprobt werden.

Plessner exponiert die anthropologische Frage als Existenzbedingung der Philosophie vor dem Problemhintergrund seiner Zeit. »Die Terminologie des achtzehnten Jahrhunderts kulminiert in dem Begriff der Vernunft, die des neunzehnten im Begriff der Entwicklung, die gegenwärtige im Begriff des Lebens« (*Stufen*, 37). Im ersten Schritt werden in Auseinandersetzung mit Nietzsche, Bergson, Spengler, Kant, Hegel, Windelband, Rickert, Dilthey, Misch u.a. die Möglichkeitsbedingungen einer Philosophie des Lebens ausgelotet. Verworfen wird mit dem Lebensintuitionismus (Bergson, Spengler), der die naive und wissenschaftliche Erfahrung ablehnt und statt dessen auf eine nichtrationale Erkenntnis-Quelle zurückgreift, jede metaphysische, spekulative Philosophie des Lebens. »Eine Philosophie, die dem Denken den Mut nimmt und damit der wissenschaftlichen Erkenntnis ihren Wert raubt« (*Stufen*, 48). Plessner erhebt zwei Forderungen an die Lebensphilosophie, eine inhaltliche und eine methodische: Sie muss den Lebensbegriff in seinem umfassenden Bedeutungsspektrum (Natur *und* Geschichte) in Ansatz bringen. Diese einheitliche Perspektive hat sich als *Erfahrung* zu ermöglichen und zu rechtfertigen.

Plessners Exkurs in die Philosophie-Geschichte endet bei der Hermeneutik Diltheys und Mischs. Nachdem er hier seine Frage positioniert hat, geht er daran, das Problemfeld einer hermeneutischen Lebensphilosophie abzustecken. Ziel ist es, eine Forschungsmaxime, einen Leitfaden zu finden, mit dessen Hilfe man sicher durch das Labyrinth der unabsehbaren Lebensmanifestationen kommt. Von den Einzelwissenschaften, den Natur- wie den Geisteswissenschaften, die allesamt in methodischer Vorentscheidung eine Reduktion an den Dingen vornehmen, darf sich die heuristische Theorie der menschlichen Lebenserfahrung keinen unmittelbaren Nutzen erwarten. Ziel der philosophischen Anstrengung darf nicht eine wohlfeile Synthese sein. Auch das Ausweichen in Sprachphilosophie und Kulturphilosophie ist der Sache nicht dienlich. »Deshalb hat hier die Philosophie eine große systematische Arbeit zu erfüllen. Indem sie das Problem der Anthropologie formuliert, rollt sie das Problem der Existenzweise des Menschen und seine Stellung im Ganzen der Natur mit auf« (*Stufen*, 62f.). Mit einem kritischen Seitenblick auf den schelerschen Dualismus resümiert Plessner seine Vorgehensweise so:

»[...] unter Vermeidung eben jener geschichtlich belasteten Bestimmungen wie Gefühle, Drang, Trieb und Geist einen Leitfaden zu finden und zu erproben, der die Charakterisierung spezieller Erscheinungsweisen belebter Körper möglich macht. Solche Charakterisierung darf weder mit den begrifflichen Instrumenten der Naturwissenschaft noch mit denen der Psychologie erfolgen« (*Stufen*, 19).

Der Ausschluss der Einzelwissenschaften betrifft vor allem das Planungsstadium und den systematischen Aufbau der hermeneutischen Philosophie des Lebens. Ist sie einmal etabliert und konsolidiert, kommt sie nicht umhin, die jeweils aktuellen Forschungsergebnisse z.B. von Anatomie, Entwicklungsgeschichte, Physiologie, Psychologie, Psychopathologie, Soziologie, Ethnologie zur Kenntnis zu nehmen. Plessner, auf der Höhe des humanwissenschaftlichen Diskussionsstandes seiner Zeit, setzt sich mit der Biologie auseinander, die damals vor der Frage stand, wie die Ganzheit, die Autonomie des Organischen zu sichern sei. Reichen die methodischen Mittel mechanischer (positivistischer) Naturforschung aus, oder muss man zurückgreifen auf ein zusätzliches immaterielles Prinzip (Lebensstoff, Lebenskraft, Formprinzip)? In dieser Kontroverse zwischen Materialismus und Vitalismus spielte auch die Gestalttheorie (Michael Wertheimer, Kurt Koffka, Wolfgang Köhler u.a.) ihren Part. Der Neovitalist Hans Driesch war der Auffassung, man käme nicht ohne formbildende Kraft des Organismus aus, er nannte sie im Blick auf Aristoteles ›Entelechie‹. Jakob von Uexküll weist zwar den Entelechie-Begriff zurück, erklärt aber das Formproblem als unverzichtbare Aufgabe der Biologie. Driesch vertrat die Anschauung von der mechanisch unzugänglichen Ganzheitlichkeit eines Organismus, der Köhler widersprach: die Ganzheiten seien Gestalten und dabei ›mechanischer‹ Analyse zugänglich. Bei den Vitalisten (Hans Driesch, Johannes Reinke, Erich Becher, Jakob von Uexküll u.a.) herrschte insgesamt die Meinung vor, es müsse eine nichtstoffliche Ordnung, eine Regel des Lebens geben, die dem Stoff erst sein Gefüge verleiht (Formidee, Formursache). Die Biologie war damals, zumindest unter vitalistischem Vorzeichen, die Nahtstelle zwischen Naturwissenschaft und Geisteswissenschaft, zwischen positivistischer Naturauffassung und teleologischer Naturbetrachtung. Die kontroverse Linie führt quer durch die Antithesen Einheit – Vielheit, Gestalt – Aggregat, Autonomie – Heteronomie, Automatismus – Spontaneität, materiell – immateriell, Form – Inhalt, mechanisch – psychisch (dazu Cassirer: *Das Erkenntnisproblem 4*).

Plessners Konzept des Lebens

In diesen Streit greift Plessner ein und präsentiert in den *Stufen* (1928) einen eigenen System-Entwurf. Im Rückblick charakterisiert er das Ziel der Untersuchung so: »[...] die Darstellung der Bedingungen, unter welchen Leben als Erscheinung möglich wird. Seine Wirklichkeitsbedingungen ermitteln die Naturwissenschaften« (PGS IV, 428). Auch er plädiert für einen **immateriellen Aspekt des Lebens**, weist aber die Zumutung eines von außen ansetzenden Faktors, einer metaphysischen Zusatzhypothese zurück, nicht zuletzt deshalb, weil sie dem ontologischen Dualismus (Kausalität *und* Teleologie) Vorschub leistet. Die organische Welt, die Welt des Lebendigen sei nur unter *einem* Gesichtspunkt zu begreifen, oder gar nicht. Dieser Gesichtspunkt ist nach Plessner die ›**Doppelaspektivität**‹, in der sich das Lebewesen dem Betrachter darbietet. Lebende Körper, so sagt er, erscheinen im Unterschied zu unbelebten Dingen, im doppelten Aspekt von sichtbarem Außen und unsichtbarem Innen. Unmittelbar mit dieser divergenten Blickrichtung ist ein weiteres Kriterium gegeben: Unbelebten Dingen sei die Grenze nur als das ›virtuelle Zwischen‹ gegeben, das sie vom anstoßenden Medium trennt. Im Falle des belebten Körpers »gehört die Grenze reell zum Körper, er ist gegen das angrenzende Medium und zu ihm abgesetzt« (*Stufen*, 30). Fügt man den Begriffen ›Doppelaspektivität‹ und ›Grenze‹ jenen der ›Positionalität‹ hinzu, dann hat man die Schlüsselbegriffe und tragenden Säulen jenes Lebens-Konzeptes, das Plessner nicht nur gegen den **Vitalismus-Streit in der Biologie**, sondern auch gegen den Zweiweltenaspekt der philosophischen Tradition, Erbe cartesianischer Ontologie, ins Feld führt.

Am Anfang des methodischen Weges, den Plessner in den *Stufen* beschreitet, steht die Doppelaspektivität als Kernthese, deren Tragfähigkeit in Auseinandersetzung mit den einschlägigen theoretischen Positionen in Biologie und Philosophie zu erproben ist. Die Theorie apriorischer Wesensbestimmungen des Lebens hat keinen Gegenstand, der im Voraus festläge. Sie arbeitet sich ab an einem paradoxen Phänomen, das zwar der Anschauung gegeben ist (als »Funktionswert der Anschauung«), aber »über die Fassungsgrenze der Sinne hinausgeht« (*Stufen*, 137). Zwei alternierende, nicht ineinander überführbare Aspekte, deren Einheit Kopfzerbrechen bereitet. Wie realisiert sich diese Einheit? Von Anfang an auszuschließen ist ein von außen wirkender Faktor (Lebenskraft, Entelechie), auch der Gestaltbegriff, so ergibt die Erörterung, reicht zur Kennzeichnung der spezifisch organischen Einheitsform nicht aus. Die Lösung muss jenseits der Gestalttheorie und jenseits der Alternative von Mechanismus und Vitalismus gesucht werden.

Was unterscheidet den Organismus vom unbelebten Körper?
Die akribischen Auseinandersetzungen mit Driesch, Köhler, von Uexküll und anderen Exponenten der Lebensforschung steuert auf die Frage nach der **Einheit des Organismus** zu. Es ist offensichtlich und bedarf keiner umständlichen Rechtfertigung, dass sich das neuzeitliche Denken durch die cartesische Erbschaft des Zweiweltenaspektes in eine Sackgasse manövriert hat. Die grundsätzliche Frage nach der Einheit beantwortet sich aber nicht dadurch, dass man die Dualität einfach aufhebt. Man muss im Gegenteil das Problem der Dualität erneut stellen. Nicht auf deren Überwindung komme es an, so entscheidet Plessner, sondern auf die Beseitigung ihrer ontologischen Fundamentalität. Dann bleibt vom Dualismus zweier in sich zentrierter Seinsbereiche (*res extensa* und *res cogitans*), zweier Entitäten (Leib und Seele) eine alternierende Blickrichtung und die innere Dynamik lebender Körper zurück. Diese Dynamik – so entscheidet Plessner – entfaltet sich an der Grenze, im Grenzverkehr, als Grenzverhältnis. Im ›Doppelaspekt‹, in der unauflösbaren ›Aspektdivergenz‹ von Außen und Innen, ›erscheint‹ das Lebewesen, das sich in doppelsinniger Transzendierung (aus sich heraus, in sich hinein) zur Einheit zusammenschließt, ›vermittelt‹, indem es seine Umgrenzung nicht einfach statisch ausfüllt (wie ein Mineral, ein aufgehäufter Kohlenberg), sondern überschreitet, realisiert. Nach Plessner hat der lebendige Körper im Unterschied zum Ding ein Verhältnis zu seiner Grenze. Die Grenze erfüllt eine doppelte Funktion, sie hat gegen das ›Außen‹ abzuschließen und aufzuschließen.

Die Erörtung des Doppelaspekts erweitert sich zur grundlegenden Frage nach dem **Verhältnis von Organismus und Umgebungsfeld**, eine Konfiguration, die den weiteren Gang der ›Biophilosophie‹ Plessners bestimmt und die Konturen des ›Gegenstandes‹ der Biologie sichtbar werden lässt. Der Organismus und seine Umgebung – wie ist das Verhältnis theoretisch abzubilden? Vorbild sollte möglichst nicht die strikte statische Subjekt-Objekt-Trennung sein. Für eine dynamische Relation, deren Bezugsglieder nicht im Voraus feststehen, eignen sich die Begriffe ›System‹, ›Struktur‹, ›Funktion‹. Wir finden diese Termini in der Tat in der Nomenklatur der philosophischen Biologie Plessners, zusammen mit dem Begriff der ›Vermittlung‹. Als methodische Anweisungen figurieren die Begriffe ›indirektes Frageverfahren‹, ›Anschauung‹, ›Dialektik‹ und ›psycho-physische Indifferenz‹. Phänomenologischer Blick und konstruktiver Formwille konkurrieren in diesem Entwurf. Einer sich gegenüber der Anschauung offen haltenden theoretischen Blickrichtung zeigt sich das dynamische Spiel der Austauschprozesse, der sensomotorischen Kreisbewegungen als **innerer Antagonismus der Grenze**.

Doppelaspekt von Innen und Außen, Grenze des Organismus
»Am Widerspiel der aus dem Wesen der Grenze erwachsenden Eigenschaften eines Körpers entfalten sich alle fundamentalen Merkmale der Lebendigkeit« (*Stufen*, 253). Hier ist programmatisch die Frage nach dem Leben auf den kleinsten Nenner gebracht. Was Pflanze, Tier und Mensch zur Einheit, zur lebendigen Welt zusammenschließt, ist die Grenze. Die Grenze stellt die Minimalbedingung des Lebens dar. Lebendige Dinge sind grenzrealisierende Körper. Erscheinungsmäßig unterscheiden sich die lebendigen Körper bei Plessner als ›raumbehauptend‹ von den unbelebten Körpern als nur ›raumerfüllend‹. In systemtheoretischer Logik gefasst, trennt *und* verbindet die Grenze einen Bereich mit dessen Außen, vermittelt ein substantielles Innen mit seinem äußerlichen Positionsfeld, Aktionsraum, Umfeld (wie auch immer). Reflexionstheoretisch ist damit ein Vermittlungsgeschehen beschrieben. ›Grenze‹ meint also mehr als das äußere Umgrenztsein eines Körpers durch seine Haut und, trotz aller reflexionstheoretischen Begrifflichkeit, etwas Elementareres als einen Bewusstseinsprozess.

Die Grenze erfüllt gegen das Umfeld einen abschließenden und aufschließenden Funktionswert, sie geht durch den Organismus hindurch und bildet dessen inneren Antagonismus. ›Grenze‹ bedeutet Übergehen und Stehen, Werden und Beharren in einem. »In seinen Organen geht der lebendige Körper aus ihm heraus und zu ihm zurück, sofern die Organe offen sind und einen Funktionskreis mit dem bilden, dem sie sich öffnen« (*Stufen*, 253). Der lebendige Körper organisiert sich zur Einheit in der doppelsinnigen Grenzrealisierung: Er ist über ihm hinaus und ihm entgegen (gesetzt). In dieser Position (›Positionalität‹) ist er sich selbst vorweg und dadurch sich gegenwärtig. Aus der Vorwegstruktur, dem ›wagenden Lebensakt‹, der ›Vorbemächtigung der Welt‹ ergibt sich nach Plessner der zeitliche Charakter des Organismus: ›Lebendiges Sein ist zukunftsfundiert‹.

Lebendiges Sein wird hier gefasst in einer gegensinnigen Struktur (mit dem Medium gegen das Medium), als widerspruchsvolle Einheit und innerer Antagonismus. Der lebendige Körper muss sich zur Einheit vermitteln, weil er unmittelbar nicht sein kann. Er verliert seine absolute Selbstmacht an die Organe, die ihn zur Einheit seiner selbst im Kontakt mit dem, was er nicht ist, vermitteln. »Als Grenze ist der Organismus daher nur die Hälfte seines Lebens« (*Stufen*, 255). Leben heißt daher bedürftig (auf den Lebenskreis angewiesen) sein, Leben bedeutet aber auch Plastizität, auf die Anforderungen in vielfältiger Weise antworten können. ›Vermittelte Unmittelbarkeit‹ ist bei Plessner die Formel für diesen Sachverhalt. Ein verlorener Mittelpunkt erheischt die Ergänzung durch ein Anderes, Fremdes. ›Unmittelbarkeit‹ (Beisichsein, Zentriertheit, Identität) ist nur zu haben im Vorgriff, in der Vorbemächtigung. Auf die menschliche Daseinsweise bezogen (und in existenzphilosophischem Gestus ausgedrückt) heißt dies: Existenz ist aufgegeben, sie muss vollzogen werden. In Beziehung zum Positionsfeld ist der Organismus ›exzentrischer Mittelpunkt‹. Als grenzerhaltender Körper steht er in nichtumkehrbarer gegensinniger Relation zum Lebensraum, bildet mit ihm einen zirkulären Austausch (z.B. sensomotorische Kreisprozesse).

Stufenkonzept – offene und geschlossene Form

Der kühne Zugriff auf die Einheit des Lebens noch diesseits der Differenzierung in pflanzliche, tierische und menschliche Seinsweise ergab die Strukturbestimmungen ›Doppelaspektivität‹, ›Grenze‹, ›Positionalität‹, ferner ›Vorwegstruktur‹, ›Zentrum‹, ›Frontalität‹, ›Zweck und Mittel‹, ›Gegenwartsfeld‹, ›Kreisprozess‹ u.a. Mit diesen Begriffen beschreibt Plessner ein Vermittlungsgeschehen, vermöge dessen sich in Korrelation Organismus und Positionsfeld, Selbst und Umwelt, Ich und Welt konstituieren. Das Thema Verhältnisbestimmung variiert Plessner in seiner äußersten Spannweite: von unvermitteltem Austausch und Steuerungsprozessen (etwa in einem geschlossenen Funktionskreis) über rudimentäre Formen von Vermittlung und Distanz, die den Organismus in ein mögliches instrumentelles Verhältnis zum eigenen Körper versetzen (Tier), bis hin zum unheilbaren Bruch, der den Organismus exponiert und in ein gegenständliches Verhältnis zu seinem Körper und zur Umwelt versetzt (Mensch). Pflanze, Tier und Mensch bilden die Stufenfolge zunehmender Vermittlungsbedürftigkeit (und -leistung) und Komplexität. Das jeweils höhere ›Seinsniveau‹ beruht auf der jeweils niedrigeren Stufe.

Welchen Vorteil bietet diese Strukturform auf den ersten Blick? Sie vermeidet den Anthropomorphismus und kommt in der Verhältnisbestimmung von Organismus und Umgebungsfeld ohne jene lebensfremden Faktoren von außen aus, die sich in der philosophischen Tradition mit wechselndem Kurswert niedergeschlagen haben: lenkende Instinkte, Triebe, Gefühle, Interessen, Urteilsvermögen, Geist, Wille u.a.

Offene Form ohne Zentrum: Pflanze

Die Ausführung der Stufentheorie konkretisiert das ›Bild‹ jener Strukturform, die dem Leben die grundlegenden Eigenschaften der Vermittlungsbedürftigkeit und der Wandlungsfähigkeit verleiht. Die Darstellung hat zeitweilig auf den Menschen vorgreifen müssen. Wie ist das **Leben der Pflanze** organisiert, um mit der untersten Stufe zu beginnen? Plessner führt hier ein striktes Kriterium ein: ein Zentrum haben oder kein Zentrum haben. Damit ist zwischen dem pflanzlichen Leben auf der einen und dem tierischen und menschlichen Leben auf der anderen Seite eine grundlegende Unterscheidung gesetzt: die Differenz zwischen offener und geschlossener Organisationsform. Die offene Form der Pflanze weist kein Zentrum auf. Erst die geschlossene Form, die Tier und Mensch zusammenrücken lässt, bringt den Prozess der Vermittlung und Selbstvermittlung in Gang, der auf der Lebensstufe des Menschen seine Triumphe feiert und in eklatantem Widerspruch zur Souveränität der in sich ruhenden Pflanze steht. Den Kriterienkatalog auf eine kurze Formel gebracht:

- Zentrum ja oder nein? Nein = offene Form = Pflanze. Ja = geschlossene Form = Tier und Mensch.
- Wie wird das Zentrum jeweils realisiert, die Mitte eingenommen? Scheinbar unvermittelt = Tier, vermittelt = Mensch. Die Positionalität des Tieres ist *zentrisch*, die des Menschen ist *exzentrisch* organisiert.

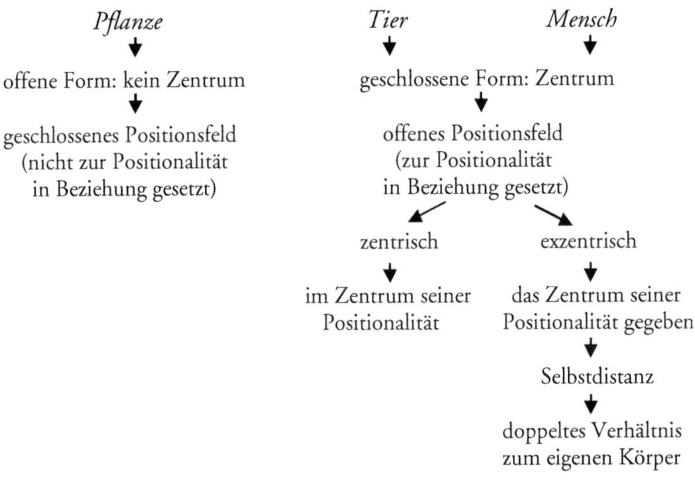

Die Pflanze steht nach diesem Modell nicht in Beziehung zu ihrer Positionalität, sie ist mangels irgendwelcher Zentralorgane, von denen Bewegungsimpulse ausgehen könnten, *unmittelbar* in ihre Umgebung eingegliedert. Als unselbständiger Abschnitt des ihr entsprechenden Lebenskreises ist sie nur Durchgang, ›unvermitteltes Hindurch‹, wie

Plessner sagt. Das Lebewesen der geschlossenen Form dagegen wahrt seine Selbständigkeit gegenüber dem Lebenskreis. Es ist nach Plessner in allen seinen Lebensäußerungen nur *mittelbar* seiner Umgebung eingegliedert, weil es sich von seinen Organen ›repräsentieren‹ lässt. Ein Zentrum haben heißt also: Umwertung der Unmittelbarkeit der Pflanze in die Mittelbarkeit (vermittelte Unmittelbarkeit) des gegen sein Umfeld abgesetzten, im Verhältnis zu seinem Positionsfeld stehenden, sich zur Ganzheit selbst zusammenschließenden Organismus. Entscheidendes ›anthropologisches‹ Kriterium dieser gegenüber der Pflanze höheren Organisationsform ist die mit der Entstehung eines Zentrums gegebene Verdoppelung des Körpers. Die Abhängigkeit des Körpers vom Zentrum, so sagt es Plessner, ermöglicht ein Gegenüberverhältnis zwischen dem Lebensträger und der Körpermannigfaltigkeit. Diese zentrische Bezogenheit und repräsentative Verdoppelung der Organe versetzt den Leib mitsamt seinem Umfeld in eine Gegenstellung. Plessner spricht hier vom ›Haben‹ des beherrschbaren, formbaren Leibes (Körper) im Unterschied zum ›Sein‹ des opaken auferlegten Leibes (Plessner vertauscht gelegentlich die Bedeutung der Begriffe Leib und Körper). Das Haben-Sein-Verhältnis, d.h. das Oszillieren zwischen den Seinsweisen **Körper-Haben und Körper-Sein** bestimmt den Lebensrhythmus der geschlossenen Organisationsform. ›Oszillieren‹ meint nach Plessner den unaufhebbaren Wechsel von gegenständigem Körpersein zu raumhaftem Insein im Körper, von Außensein und Insein. Die Distanz zum eigenen Leib ist das Organisationsprinzip der geschlossenen Form (Tier und Mensch). Der Körper ist, vermittelt über Zentren, von ihm selber abhängig geworden, in ihm selber vertreten (*Stufen*, 311).

Geschlossene Form mit Zentrum: Tier und Mensch

Plessner verwendet viel Zeit darauf, die **Grenzlinie zwischen Tier und Mensch** abzuschreiten. Er schließt sich dabei weder der Evolutionstheorie, dem biologischen Anpassungskonzept, dem uexküllschen Umweltbegriff noch dem Reiz-Reaktions-Schema mechanistischer Psychologie und Verhaltenslehre umstandslos an. Folgenreich ist der theoretische Sachverhalt, wonach Tier und Mensch der gleichen (geschlossenen) Organisationsform angehören. Für den Menschen bedeutet dies nach Plessner, ›dass er körperlich Tier bleiben muss‹. Andererseits wird das Tier kraft der ihm zugesprochenen Lebensstruktur (Selbst, Handeln, Spontaneität, Gedächtnis, Intelligenz) von Plessner auf ein Seinsniveau gehoben, das die philosophische Tradition überwiegend dem Menschen vorbehalten hat. Mensch und Tier eint die gleiche leib-körperliche Organisationsform, trotzdem gehören beide zwei unterschiedlichen Stufen des Lebens an.

Dem Tier bleibt das eigene Zentrum, aus dem es agiert, seinen Leib beherrscht und auf Reize aus der Umwelt antwortet, verborgen. Während die Pflanze nur Durchgang des ihr entsprechenden Lebenskreises ist (unvermitteltes Hindurch), ist das Tier bei Plessner vermitteltes Hindurch konkret lebendigen Vollzugs. Doch auch für das Tier gilt noch, dass es ›dargelebt, hingelebt‹ wird. Ihm bleibt sein Haben verborgen. Das Tier lebt ›zentrisch‹, in der raum-zeithaften Zentralität als reines Mich, der Mensch lebt als Mitte, im relativierbaren Hier-Jetzt ›exzentrisch‹ als Ich. Was die Dinglichkeit des Umgebungsfeldes, auf die das Tier instinktiv und spontan zu reagieren weiß, ist beim Menschen das Entgegenstehen einer erforschbaren und technischem Eingriffswillen zugänglichen Objektwelt. Das von Dingen erfüllte Umfeld (Tier) geht in die gegenständlich organisierte Außenwelt (Mensch) über. Dies ist nicht nur die Geburtsstunde des *homo faber*, hier zeichnet sich – so Plessner – ein grundstürzender Wandel an: der Übergang zu einer riskanten Lebensform. Die geschlossene Organisationsform ist jetzt bis zum Äußersten durchgeführt (gemeint ist hier, dies gilt es zu beachten, die Ausdifferenzierung einer Strukturform nach Möglichkeit und Realisierung, ohne den Hauch der Evolution, des Hervorgehens einer Lebensstufe aus der anderen).

Der Mensch als exzentrische Lebensform

Der kleine Schwenk von der zentrischen zur exzentrischen Positionalität innerhalb der geschlossenen Organisationsform hat unübersehbare Folgen. Es öffnet sich die Lebenssituation in der Selbstdistanzierung, symbolischen Codierung und Reflexionsfähigkeit. Ein kontemplativer Spielraum ist entstanden für umsichtiges Verhalten, geplante Handlungen, für die schöpferische Gestaltung der sozialen Verhältnisse, schließlich für die technische Umgestaltung der Lebenswelt. Aber diese Produktivität ist erwachsen aus der Lebensnotwendigkeit einer außer sich geratenen Existenzform. Das Tier, wenn dieses Aperçu erlaubt ist, stellt sich aus dieser Sicht als der noch in sich ruhende, weil noch nicht zu sich selbst erwachte ›Mensch‹ dar, während der Mensch das aus seinem Zentrum gefallene ›Tier‹ ist.

Der Organismus der geschlossenen Form steht bei Plessner in Distanz zu seinem Körper, er ist in ihm von ihm selbst abgehoben im fortwährenden **Wechsel von Insein und Außensein**, im Oszillieren vom Körpersein zum raumhaften Insein im Körper. Zwischen ihm und der Welt herrscht ein Verhältnis der ›vermittelten Unmittelbarkeit‹. Voraussetzung aller Vermittlung ist ein Zentrum, die Mitte der Positionalität, die bei Plessner nur im Vollzug gegeben ist. Das lebendige Sein als Einheit in der Differenz beharrt im Werden, indem es ihm selbst vorweg ist. Im Vorwegsein ist es ihm im raumzeitlichen Hier-Jetzt gegenwärtig, hat es Bewusstsein, Vergangenheit, Gedächtnis. »Alles Gewesene wird und ist durch den unausgesetzten Vorgriff des Lebens in beständiger Umbildung begriffen« (*Stufen*, 358).

Wie realisiert sich die geschlossene Form nach ihren letzten Möglichkeitsbedingungen? Was bleibt die tierische Existenzform gegenüber der nächsthöheren Stufe schuldig? Zwar ist nach Plessner das Tier in der Empfindung der ›Griffigkeit der Dinge‹ sich und seinem Positionsfeld vorweg, aber die Dinge besitzen noch keinen Sachcharakter und das Vorwegsein bleibt ihm grundsätzlich verborgen. Es geht im Hier-Jetzt auf. Dies bedeutet auch, dass ihm der Sinn für das Nicht-Sein, fürs Negative fehlt (hier besteht Übereinkunft zwischen Plessner und Scheler). Das Tier bleibt bei aller geleisteten Vermittlung ›nur‹ das vermittelte Hindurch, es ist nach Plessner noch nicht ›hinter sich‹ gekommen (wie der Mensch), sein Gesamtkörper noch nicht vollkommen ›reflexiv‹ geworden.

Im Unterschied zu Scheler begründet Plessner mit der menschlichen Existenzform keine neue Organisationsform. Der **Durchbruch zum Ich** bedeutet das Reflexivwerden des tierischen Leibkörpers. Der Mensch ist in die Mitte seiner Existenz gestellt, er weiß dies und ist deshalb über sie hinaus. Ihm ist die Zentralität seiner Existenz bewusst geworden von einem Bezugssystem her, das sich raumzeitlich nicht mehr verorten, nicht mehr vergegenständlichen lässt. Der Mensch ist als *Ich* – wie Plessner bemerkt – ›hinter sich gekommen‹ und in der eigenen Innerlichkeit zum möglichen Zuschauer seiner Lebensvollzüge geworden. Aber er erhebt sich nicht zu stoffloser intellektualer Geistigkeit, zum perspektivenlosen Blick (er ist nicht *intellectus archetypus*, wie bei Scheler), sondern bleibt kreatürlich gebunden im Hier-Jetzt und erlebt und perzipiert auch ohne den Blick auf sich, hingenommen von den Objekten und gelenkt durch die Bewegungen des eigenen Leibes. »Ist das Leben des Tieres zentrisch, so ist das Leben des Menschen, ohne die Zentrierung durchbrechen zu können, zugleich aus ihr heraus, exzentrisch.« (*Stufen*, 364).

Die Monopole menschlicher Lebensform – Ich, Geist, Reflexion – entfaltet Plessner im Blick auf das leibliche In-der-Welt-sein des Menschen, auf seine leibkörperliche Organisationsform. Auch das Tier ist vermöge vermittelnder Zentralorgane von ihm selbst abgehoben im Wechsel von Körpersein zum raumhaften Insein im Körper. Es ist nach Plessner lernfähig, hat Gedächtnis, beherrscht seinen Körper. Aber erst dem Menschen »ist der Umschlag vom Sein innerhalb des eigenen Leibes zum Sein außerhalb des Leibes ein unaufhebbarer Doppelaspekt der Existenz, ein wirklicher Bruch der Natur. Er lebt diesseits und jenseits des Bruches, als Seele und als Körper *und* als die psycho-physisch neutrale Einheit dieser Sphären« (*Stufen*, 365). Es ist eine Einheit in der Differenz, verbindender Hiatus, »leeres Hindurch der Vermittlung«, und nicht das den Gegensatz versöhnende Dritte. »(Positional) liegt ein Dreifaches vor: das Lebendige ist Körper, im Körper (als Innenleben oder Seele) und außer dem Körper als Blickpunkt, von dem aus es beides ist« (*Stufen*, 365). Plessner spricht in diesem Zusammenhang von *Person*, deren Existenz wahrhaft auf Nichts gestellt sei.

Lachen und Weinen betrachtet Plessner als ›Schlüsselphänomene‹ für die Sonderstellung des Menschen. Sie verweisen als Ausdrucksformen auf die Auseinandersetzung des Menschen mit seinem Körper und werfen ein Schlaglicht auf die exzentrische Lebensform (vgl. dazu Krüger: *Zwischen Lachen und Weinen*, 1999).

In seiner Einführung in das Werk Plessners versucht Kai Haucke, die biophilosophische Ausgangsfrage nach dem lebendigen Ding und der menschlichen Unterscheidungsfähigkeit zwischen unbelebtem und belebtem Sein am Leitfaden des tradierten Substanzbegriffs zu rekonstruieren. Bei Plessner haben wir es nach seiner Auffassung mit einem ›hermeneutisch gewendeten Substanzbegriff‹ zu tun (vgl. Haucke 2000, 65). Hat Plessner mit der ›exzentrischen Positionalität‹ und dem Grenzphänomen ein substantielles Sein beschreiben wollen, das sich im Begriffsverhältnis von Substanz und Akzidenz abbilden lässt? Wären die moderneren Begriffe der Funktion, der Struktur (Gestalt) und des Systems nicht besser geeignet, gerade die Gebrochenheit, Ambiguität und Dialektik als Charakteristik der plessnerschen Anthropologie zum Ausdruck zu bringen? Ob Substanz oder Struktur – der Autor hat zu einem Interpretationsraster gefunden – wie man an diesem Buch sehen kann –, das sich als außerordentlich fruchtbar erwiesen hat.

2.4 Außenwelt, Innenwelt, Mitwelt

In der doppelten Distanz zum eigenen Körper, das heißt, selbst noch vom Innenleben abgehoben, lebt der Mensch nach Plessner in einer *Welt*, die entsprechend der dreifachen Charakterisierung seiner Position in Außenwelt, Innenwelt und Mitwelt zerfällt. Es ist ein Verhältnis der Sachhaltigkeit, das alles Gegebene im Ausschnitt, als Ansicht, vor dem Hintergrund eines Ganzen (der jeweiligen Sphäre) nur fragmentarisch erscheinen lässt.

Prinzipiell außer sich, hat der Mensch bei Plessner ein doppeltes Verhältnis zu seiner physischen Existenz. *Struktural* lässt dies die Deutung zu, dass er aufgrund seiner ›exzentrischen Mitte‹, seines vagabundierenden Zentrums der Möglichkeit nach zu allen seinen leibsinnlichen Bewegungen ein Verhältnis gewinnen kann, verschärft ausgedrückt, über alles hinausgerät und überbieten muss, was er je denkt, plant, tut. *Energetisch* ergibt sich der in unterschiedlicher Terminologie oft beschriebene Sachverhalt frei flottierender leiblicher Energien, die beim Tier noch gebunden sind (unstillbarer Hunger, unendliche Begierde). Plessner zufolge ist der Mensch konstitutiv heimatlos. »Exzentrisch gelangt der Mensch notwendig hinter jeden aus eigener Kraft gefundenen Ruhepunkt, hebt sich von ihnen ab und steht damit wieder im Nichts« (Hammer 1967, 187). Das ›Existenzial‹ des Nichts ist einer der Berührungspunkte zwischen Heidegger und Plessner.

Dies alles gehört zum Gesamtbild der ›**exzentrischen Positionalität**‹, die nicht zu denken ist ohne den Charakter der Ambiguität, des Antagonismus, der Zweideutigkeit. Nur kursorisch aufgeführt, finden wir im Werk Plessners folgende weitere Attribute: Wurzellosigkeit, Gleichgewichtslosigkeit, Unergründlichkeit, prinzipiell entfremdet; ortlos, zeitlos, ins Nichts gestellt; nach Ausdruck drängen; in der zweideutigen Lage Ding unter Dingen und absolute Mitte sein; ein Leben zu führen, das aufgegeben ist, will sagen, sich zu dem, was es schon ist, erst machen muss; in der Geschichte eine Spur eigener Unrast und Produktivität hinterlassen; ein sich selbst nicht ausschöpfbares Sein (*homo absconditus*) usw.

Die geschlossene Organisationsform über die tierische Stufe hinausgehoben, führt zur bekannten Komplikation der exzentrischen Positionalität. Für den Menschen bedeutet dies:

1. einen Körper zu haben (entgegenstehendes Außen),
2. im Körper zu sein (als Innenleben oder Seele),
3. von einem außerhalb des Körpers liegenden Blickpunkt (Zentrum) auf beide Modalitäten zu schauen (den unaufhebbaren Wechsel von Insein und Außensein zu bemerken). Dementsprechend ist die Welt in dreifacher Ausfaltung gegeben:

Außenwelt ist die positionale Steigerungsform des von Dingen erfüllten Umfelds des Tieres. Bezogen auf die Gegenstände ist die Außenwelt das Kontinuum der Leere oder der raumzeitlichen Ausdehnung. Weil der Doppelaspekt radikal ist, ist nach Plessner das Umfeld des Tieres nicht in die Außenwelt des Menschen und umgekehrt überführbar. Exzentrizität als unaufhebbarer Doppelaspekt von Körper und Leib bedingt ein Lageverhältnis: Der Mensch ist »als Ding unter Dingen an beliebigen Stellen des Einen Raum-Zeitkontinuums und als um eine absolute Mitte konzentrisch geschlossenes System in einem Raum und einer Zeit von absoluten Richtungen« (*Stufen*, 367). Dies sind zwei

Weltansichten, die mit dem Menschen als *Leib* (empirische Orientierung nach oben, unten, rechts, links, früher, später usw.) und mit dem Menschen als *Körperding* (Grundlage mathematisch-physikalischer Auffassung) korrespondieren. Diese Unterscheidung ist nach Plessner nur zu treffen von einem unobjektivierbaren Punkt jenseits von Körper-Sein und Körper-Haben.

Innenwelt ist das Pedant zur Außenwelt. Die doppelte Perspektive des Leibes und des Leibkörpers (absolute Mitte und Ding unter Dingen) wiederholt sich bei Plessner im Doppelaspekt von Seele und Erlebnis. Denn auch für die Innenwelt, die Welt ›im‹ Leib, gilt die Scheidung in Selbst- und Gegenstandsstellung. Aber Realität der Außenwelt zu Realität der Innenwelt verhält sich wie Erscheinung zu Sein. Die Erscheinungsweise des Gegenstandes ist etwas anderes als das ›mir zu Mute Sein‹. Ich bin und ich habe meine Erlebnisse, eine, wie Plessner sagt, »durchzumachende *und* wahrzunehmende Realität«. »Selbstsein« erlaubt eine Skala des Seins aufzustellen, die »von reiner Hingenommenheit und Selbstvergessenheit bis zum versteckt vorhandenen verdrängten Erlebnis« reicht (*Stufen*, 369). Laut Plessner haben wir uns im distanzierten Modus der Selbstreflexion und wir verlieren uns, gehen auf im Zustand starken Schmerzes, ekstatischer Lust. Die beiden extremen Möglichkeiten, Aktsubjekt und Erlebnis im exzentrischen Sinne, d.h. über einen Hiatus, miteinander zu verknüpfen. »Wirkliche Innenwelt: das ist die Zerfallenheit mit sich selbst, aus der es keinen Ausweg, für die es keinen Ausgleich gibt« (*Stufen*, 372).

Mitwelt nimmt bei Plessner den höchsten Rang im menschlichen Weltverhältnis ein. Sie überbietet Außenwelt und Innenwelt. Aber sie tut es nicht dadurch, dass ihre Elemente, die Personen, ein spezifisches Substrat beisteuerten. Ihr Spezifikum ist die Lebendigkeit in ihrer höchsten Form: der exzentrischen Form. Die Realität der Mitwelt beruht nicht auf Analogieschlüssen, einfühlenden Akten, sie ist mit der Sphäre menschlicher Existenz, exzentrischer Seinsform selbst gegeben als eine auf Körper und Seele nicht zurückführbare Seinsschicht. In der Exzentrizität ergeht an das Individuum die Forderung, zwischen individuellem und ›allgemeinem Ich‹ zu unterscheiden. Diese Forderung Plessners ist indes kein Abstraktum, vielmehr erfüllt sie sich im konkreten gesellschaftlichen Verkehr durch den konventionellen Gebrauch der Personalpronomina ›Du‹, ›Er‹, ›Wir‹. »Mitwelt ist die vom Menschen als Sphäre anderer Menschen erfaßte Form der eigenen Position« (*Stufen*, 375). Durch die exzentrische Positionsform ist die Mitwelt gebildet und zugleich ihre Realität gewährleistet. Die Mitwelt *umgibt* nicht die Person (wie die Umwelt) und *erfüllt* nicht die Person (wie die Innenwelt), sie »*trägt* die Person, indem sie zugleich von ihr getragen und gebildet wird« (*Stufen*, 376). Die Sphäre des Wir, indifferent gegen Körper und Seele, Außen und Innen, ist die »Welt des Geistes«.

Plessner bleibt hier seinem Dreistufenschema treu. Exzentrizität bildet den Abschluss einer Positionsbestimmung, die sich über die pflanzliche und tierische Seinsstufe (diese voraussetzend) erhebt. Das Weltverhältnis der exzentrischen Lebensform übersteigt und überbietet die Weltmodalitäten Außenwelt und Innenwelt in der sozialen Sphäre als der Welt des Wir und des Geistes. ›Geist‹ darf nach Plessner nicht mit den Begriffen ›Seele‹, ›Subjekt‹, ›Bewusstsein‹ verrechnet werden, ›Geist‹ ist eine mit der exzentrischen Positionsfom geschaffene und bestehende Sphäre, die keine weitere Realität (neben außenweltlicher Erscheinungsweise und innerpsychischer Realität) darstellt. Geist ist ›realisiert‹ in der Wir-Form des Ich, im einheitlichen Umgriffensein und Umgreifen der personalen Lebensexistenz. Körper und Seele hat der Mensch, »weil er sie ist und lebt. Geist dagegen ist die Sphäre, kraft deren wir als Personen leben« (*Stufen*, 377f.).

Ist mit der Exzentrizität die höchste (zwar exponierte und gefährdete) Lebensform etabliert, so erreicht die Sphäre des Geistes, des Wir eine Stufe (jenseits von Außenwelt und Innenwelt), die die Voraussetzung für Natur und Seele bildet. Geist ist die Möglichkeitsbedingung der Objektivation seiner selbst und der gegenüberliegenden Außenwelt (vgl. Eßbach 1994, 110).

Plessners dreistufiges Lebenskonzept präsentiert auf seiner höchsten Organisationsstufe ein labiles Funktionssystem, eine Strukturform der Indirektheit, Vermittlungsbedürftigkeit und Plastizität. Die geschlossene Organisationsform über das Niveau des Tieres hinausgehoben, steigert ihr Vermittlungspotential bis zum vollständigen Reflexivwerden des Leibkörpers. Eine Existenzform ist etabliert, die außer sich geraten ist, die ihren Fluchtpunkt gleichsam ausgelagert hat. Dieser zweideutigen, ambivalenten, über sich hinausweisenden Lebenssituation kann dieses Wesen nur begegnen, indem es sich zum Können ermächtigt, zur Gestaltung seiner Welt und zur Formung seiner selbst. Aber alle auferlegte Produktivität wird durchkreuzt von der Undurchdringlichkeit der Welt (und des Selbst), von der Kontingenz der Ereignisse und der schmerzlichen Gebundenheit an den ›tierischen‹ Organismus. Exzentrizität ist Plessners Formel für ein heikles Gleichgewicht, das sich zu stabilisieren versucht vermöge der *Instrumentalität* und der *Expressivität* im Ausgleich des Innen-Außen-Verhältnisses.

2.5 Drei anthropologische Grundgesetze

Plessners Theorie des Lebendigen und seiner Wesensgesetze erfährt ihre Krönung – den zurückgelegten Denkweg der *Stufen* (1928) gleichsam resümierend – in der Systematik der drei anthropologischen Grundgesetze. Der Mensch, der sich ohne Vorgaben von der Natur zu dem erst machen muss, der er schon ist, begegnet seiner ›Welt‹ in der Typik von **Kultur, Geschichte und Gesellschaft.** Entsprechend dieser Typologie zerfällt der Akt menschlicher Selbstvermittlung, der ›geistigen‹ Selbstobjektivation, in drei Vollzugsmodalitäten, denen Plessner 1928 noch die Autorität anthropologischer Gesetze verliehen hat:

1. das Gesetz der natürlichen Künstlichkeit,
2. das Gesetz der vermittelten Unmittelbarkeit (Immanenz und Expressivität) und
3. das Gesetz des utopischen Standorts (Nichtigkeit und Transzendenz).

2.5.1 Das Gesetz der natürlichen Künstlichkeit

Aus Anlass des ersten anthropologischen Grundgesetzes blickt Plessner auf den **Prozess menschlicher Kultivierung.** In welchem Verhältnis steht die Kultur zur exzentrischen Lebensform? Menschsein bedeutet nach Plessner die ›Abhebung‹ des Lebendigseins vom Sein und den Vollzug dieser Abhebung. Daraus ergibt sich die Antinomie: »Sich zu dem erst machen zu müssen, was er schon ist, das Leben zu führen, welches er lebt« (*Stufen*, 384). Damit ist eine Position gekennzeichnet, die für Plessner zwischen zwei Extremen liegt: Der Mensch lebt entweder einfach das zu Ende, was er ist, oder er macht sich, gleichsam als Schöpfung *ex nihilo*, zu dem, was er ist.

Von Natur bleibt der Mensch angewiesen auf eine Ergänzung nichtnatürlicher, nichtgewachsener Art. Im dramatischen Gestus: Der Mensch muss sich ins Gleichgewicht bringen, gegenüber der unwirtlichen Natur eine bewohnbare Welt schaffen. Wie kann dies gelingen? Nach Plessner nur im Zusammenspiel mit der ›Welt‹, der Natur. In seinen Entdeckungen und Erfindungen zeigt sich seine Weltzugehörigkeit, sein Leben in Bezügen, in Situationen. »Der Mensch erfindet nichts, was er nicht entdeckt« (*Stufen*, 396). Er ist eigentlich ›nur‹ Entdecker, auch wenn er erfindet. Seine Erfindungen sind keine Schöpfungen aus dem Nichts, sie sind im Wechselspiel mit der Natur, situativ und bei Gelegenheit entstanden und entdecken ihm einen Bewandtnis-, einen Sinnzusammenhang, der ›vor‹ dem Werkzeug da war. Das Tier kann nach Plessner nur finden, aber erfinden kann es nicht, weil es nichts dabei entdeckt. Hier offenbart sich eine Symmetrie: Wie der Mensch sich nicht selbst macht, sondern sich immer schon in einer Situation vorfindet, sich bei Gelegenheit seiner Erfindungen selbst entdeckt, so verdanken sich seine Schöpfungen dem glücklichen Griff, der günstigen Gelegenheit. Aber alle Erfindungen müssen sich – so Plessner – über den individuellen Akt des Erfindens erheben. Erst wenn sie ein Eigengewicht bekommen, Objektivität, Werkcharakter angenommen haben, erfüllen sie ihre kulturelle Vermittlungsfunktion, haben sie stabilisierende Wirkung.

Der ›**Anlass**‹ **zur Kultur**, sagt Plessner und greift die zeitgenössische Kontroverse um den Vorgang der Kultivierung auf, ist »nicht erst die Störung eines ursprünglich normal, harmonisch Gewesenen und wieder harmonisch werden könnenden Lebenssystems« (*Stufen*, 391). Vielmehr sei es die exzentrische Lebensform, die nach dem Gesetz der natürlichen Künstlichkeit, d.h. produktiv ihr Leben führen muss. Er erteilt der spiritualistischen ebenso wie der naturalistischen Kulturtheorie eine Absage. Die Position geistiger Omnipotenz versäumt es, die ›Entstehung‹ des Geistes aus ›der dem Menschen spezifischen Naturgrundlage‹ verständlich zu machen. Wenngleich die Gegenposition (Naturalismus) hier einen Schritt weiter geht, verliert sie für Plessner an Überzeugungskraft durch die Einseitigkeit ihres Kompensationstheorems. »Für sie bedeutet der Mensch ein krankes, aus seiner natürlichen Bahn, aus seinem vitalen Gleichgewicht geworfenes Tier. Er ist Opfer der parasitären Ausbildung eines Organs [des Gehirns, G.A.] geworden« (*Stufen*, 388f.). Dieses Wesen als Invalide seiner höheren Organisationsformen bedarf der Krücken und der künstlichen Welt seiner Kultur.

Der Mensch ist bei Plessner nicht das kranke Tier, das im kulturellen, institutionellen Rahmen die instinktive Souveränität des (›gesunden‹) Tieres erlangen kann. Es gibt keine Ruhelage in einer ›zweiten Natur‹, nur den Umweg zu einem ›zweiten Vaterland‹ (vgl. Eßbach 1994, 30), das ihm aber die ersehnte Geborgenheit, Verwurzelung und Sicherheit über die Zeiten schuldig bleibt. Auch der Begriff des Triebes bzw. dessen kulturschöpferische Verdrängung und Sublimierung greift nach dieser Auffassung zu kurz. Der Mensch wird nicht nur getrieben (*vis a tergo*), sondern auch zu Anforderungen an sich, durch Appelle an seine Freiheit herausgefordert (*vis a fronte*). Ebenso scheidet der Machttrieb als Selbststeigerungstendenz des Lebens als Ursprung der Kultivierung aus, er ist nur Symptom der Exzentrizität und ihres Vollzugszwangs. Allen diesen Theorien gelingt es nach Plessner nicht, »den

Menschen als Menschen und doch als Naturwesen in Einer Perspektive zu sehen« (*Stufen*, 390). Ihr Kardinalfehler sei es, naturwissenschaftliche und geisteswissenschaftliche Vorstellungen zu vermischen und ein Symptom menschlichen Daseins für das Ganze zu nehmen.

Der Mensch als exzentrische Lebensform muss bei Plessner nach dem Gesetz der natürlichen Künstlichkeit, der künstlichen Natürlichkeit produktiv sein Leben führen. Ihm widerfährt es, gelegentlich außer Vollzug zu geraten und irre zu werden an der Evidenz seiner unmittelbaren Wahrnehmungswelt. Dann bricht ihm die Einheit seiner Lebenssituation auseinander (Seele *und* Körper, Ich *und* Weltzugehörigkeit, Subjekt *und* Objekt unter Objekten). Die immer bei dieser Gelegenheit sich schmerzlich aufdrängende Einsicht in die Hälftenhaftigkeit und **Ergänzungsbedürftigkeit seiner Existenz** versucht der Mensch abzuschütteln durch die Rastlosigkeit unablässigen Tuns, in der Überbietung des bereits Geleisteten. Dies ist nach Plessner die Situation eines Wesens, dem sich jede einmal errungene Sicherheit in neue Unsicherheit, jede Stabilität in neue Instabilität verwandelt.

2.5.2 Das Gesetz der vermittelten Unmittelbarkeit (Immanenz und Expressivität)

Die Rastlosigkeit menschlichen Tuns als dauerndes Überbieten macht den Kultur stiftenden Prozess aus, der aber nach Plessner nicht verwechselt werden darf mit dem Geschehen der Geschichte. Hier wirken Kräfte anderer Art. »Nur in der Expressivität liegt der innere Grund für den historischen Charakter seiner Existenz« (*Stufen*, 416). Bevor aber Plessners Gedankenführung zu diesem Schluss kommt, holt sie weit aus. Sie widmet sich der Exzentrizität unter dem zentralen Gesichtspunkt der **vermittelten Unmittelbarkeit** und versucht, von der Immanenz des Bewusstseins einen Bogen zur Expressivität zu spannen. Am Anfang steht die These, dass der schöpferische Akt eine Ausdrucksleistung ist. Zum **Ausdrucksbedürfnis** als einem elementaren Grundzug menschlichen Lebens gehört das Bedürfnis nach Mitteilung und Gestaltung. Das Ausdrucksgeschehen, Mitteilung und Gestaltung umfassend, ist ein ›Existenzial‹, das nach dem ›anthropologischen Gesetz‹ der vermittelten Unmittelbarkeit in einem Analogieverhältnis zur Immanenz des Bewusstseins steht.

Plessner betont auch in diesem Kapitel der *Stufen* die Weltzugehörigkeit der exzentrischen Lebensform, die sich darstellt als eine »ursprüngliche Begegnung des Menschen mit der Welt, die *nicht* zuvor verabredet ist« (PGS IV, 413). Es ist eine entschieden dialektische, doppeldeutige Verwobenheit in den Weltprozess, wie die Formel von der ›vermittelten Unmittelbarkeit‹ anzeigt. Wie der lebendige Körper in der divergenten Außen-Innen-Perspektive als in sich gründende, nach außen abgegrenzte Einheit hervortritt, so erfährt sich der Mensch als in sich gesetzt, in die Immanenz seines Bewusstseins verschränkt und damit im Verhältnis stehend zur objektivierbaren ›Außenseite‹ seines Leibkörpers und seiner Umwelt (dies Verhältnis verdoppelt sich, gerät zu einem Verhältnis zu einem Verhältnis aufgrund des exzentrischen, ausgelagerten Schwerpunktes). Diese grundsätzliche Symmetrie lässt sich, wie Plessner verfährt, auf jeden Erkenntnisgegenstand übertragen. Die dem perspektivischen Blick abgekehrte Seite des Gegenstandes stellt als Erscheinung einen Evidenzverlust, eine sich versagende Unmittelbarkeit dar. Darin liegt aber gleichzeitig der Gewinn, die Möglichkeitsbedingung der ›objektiven‹, vermittelten Erkenntnis. Nicht nur Subjekt und Gegenstand unterliegen jeweils dem Gesetz der vermittelten Unmittelbarkeit, auch deren Verhältnis zueinander untersteht dem nämlichen Gesetz. Wenn man dies denn als Verlust- und Gewinnanzeige betrachten will, so wird, wie es Plessner sagt, der Bruch in der Struktur des Gegenstandes durch den Bruch der exzentrischen Position aufgefangen und legitimiert. Wir haben es insgesamt mit einem gebrochenen Realitätsverhältnis zu tun, dem sich die Welt verhüllt, indem sie sich zeigt, und sich zeigt, indem sie sich verhüllt, eine »verdeckende Offenbarung« (*Stufen*, 405).

Bewusstsein und Ausdruck (Innen-Außen) unter gleichem Gesetz
Wir werden also von Plessner noch einmal auf den Tatbestand der Exzentrizität hingewiesen, wonach das Subjekt in sich selbst steht, in seinem Bewusstsein gefangen ist in doppelter Abgehobenheit von seinen leiblichen Sinnesflächen. Daraus folgt aber keine Komplikation für die Erreichbarkeit und die Gewissheit der Realität, die nach Plessner keines Beweises, keines Instinktes und keiner Intuition bedarf – dies ist im Gegenteil die *Bedingung* der erscheinungsmöglichen Wirklichkeit. Die Bewusstseins-Immanenz legt zwischen Ding und Subjekt eine Distanz, einzige Gewähr für die Verknüpfung beider. »Nur die Indirektheit schafft die Direktheit, nur die Trennung bringt die Berührung« (*Stufen*, 408).

Im nächsten Schritt unterstellt Plessner auch die Expressivität, das gesamte Ausdrucksgeschehen, dem Gesetz der vermittelten Unmittelbarkeit: »Immanenz und Expressivität beruhen auf ein und demselben Sachverhalt der doppelten Distanz des Personzentrums zum Leib« (*Stufen*, 409). Im Bereich der Mitteilung und Gestaltung – so bestimmt er – waltet dasselbe Gesetz wie in der Sphäre der Erscheinungswirklichkeit, der Erkenntnis. Hier stoßen wir auf die gleiche scheinbare Paradoxie: »Adäquatheit der Äußerung als einer das Innere wirklich nach außen bringenden Lebensregung *und* ihre wesenhafte Inadäquatheit und Gebrochenheit als Umsetzung und Formung einer nie selber herauskommenden Lebenstiefe« (*Stufen*, 410). Ebenso wenig wie der Erkenntnisakt in eine subjektive Intention und eine objektive Sphäre des unerreichbaren An-sich auseinander fällt, so gibt es auch im Bereich ›Mitteilung und Gestaltung‹ keine Divergenz zwischen intendierter Erfüllung und objektiver Erfüllung. Nach dem Gesetz der vermittelten Unmittelbarkeit gilt auch hier: Die Trennung ist das Verbindende, ist die Möglichkeitsbedingung der Erfüllung einer Intention. Wie sich dem immanenten Bewusstsein Realität gleichermaßen zeigt und verhüllt, so gehört für Plessner zur Erfüllung einer expressiven Strebung Erfüllung und Ausbleiben der Erfüllung. Das eine ist die Bedingung des anderen. Wenn wir mit der Realität Kompromisse eingehen, wenn sie sich dem glücklichen Griff, der Einheit von Vorgriff und Anpassung fügt, dann und nur dann darf man nach Plessner von echter Erfüllung einer Bestrebung sprechen.

Zur Unausweichlichkeit der Expressivität sagt Plessner:

»Jede Lebensregung der Person, die in Tat, Sage oder Mimus faßlich wird, ist [...] ausdruckshaft, bringt das Was eines Bestrebens irgendwie, d.h. zum Ausdruck, ob sie den Ausdruck will oder nicht. Sie ist notwendig Verwirklichung, Objektivierung des Geistes« (*Stufen*, 415).

Eine philosophiehistorische Reminiszenz an Diltheys Triade von Erleben, Ausdruck, Verstehen und an die hermeneutische Variante des hegelschen ›objektiven Geistes‹. Und gerade an diesem Charakteristikum der exzentrischen Lebensform des Menschen knüpft Plessner die **Geschichtlichkeit**. »Durch seine Expressivität ist er also ein Wesen, das selbst bei kontinuierlich sich erhaltender Intention nach immer *anderer* Verwirklichung drängt und so eine *Geschichte* hinter sich zurückläßt« (*Stufen*, 416).

Expressivität als Bewegungsgesetz der Geschichte

Nicht das rastlose Tun als Überbietung einer als schmerzlich empfundenen Hälftenhaftigkeit und Ergänzungsbedürftigkeit sei das Movens der Geschichte, sondern der Ausdruck. Das Schaffen sei dem Menschen nach dem Gesetz der natürlichen Künstlichkeit wesenhaft auferlegt, aber aus dieser ewigen Unruhe als einem sich perpetuierenden Prozess ergebe sich noch keine Verschiedenheit im Fortgang. Auch ein äußerlicher Fortgang »als schnurgerade Kette adäquater Erfüllungen« oder als »ewiges auf der Stelle Treten« vermittelt nicht den Bewegungstypus menschlicher Geschichte. Dieser hält die Mitte zwischen dem Fortschritt (zur nächsten Etappe) und dem Kreisprozess, ein »Kontinuum diskontinuierlicher, sich absetzender, auskristallisierender Ereignisse« (*Stufen*, 416). Das Motiv der (gebrochenen) Zugehörigkeit zur Welt schließt damit sowohl die Vorstellung aus, wonach der Sinn der Geschichte in einem ihr vorschwebenden Ziel liege, dem sie sich annähere, als auch die Auffassung, dass sie ein großes *nunc stans* bedeute.

Plessner besteht auf der nicht sehr leicht nachzuvollziehenden **Trennung von Kultur und Geschichte**. Dabei gerät die Kultur in das Licht einer ahistorischen, auf technischer Reproduktion beruhenden Künstlichkeit. Die Exzentrizität ist eine dynamische Struktur, ja sie macht recht eigentlich die Proteushaftigkeit, die Beweglichkeit und Wandlungsfähigkeit des Menschen deutlich. Warum treibt der Mensch »beständig von sich fort, ohne Möglichkeit der Rückkehr« (PGS VIII, 398)? Weil er, einmal außer sich geraten, zur verlorenen Unmittelbarkeit und (›unkünstlichen‹) Natürlichkeit nicht zurückfinden kann. Im Verhältnis zur Natur folgt daraus eine ambivalente und doppeldeutige Situation: Aus naturalen Bezügen herausgefallen, bleibt der Mensch für Plessner immer auch Naturwesen, hat er der Natur nichts Autonomes entgegenzusetzen, etwa den ›Geist‹ als das andere Prinzip (hier liegt die Differenz zu Schelers dualer Metaphysik). Er muss sein Leben gestalten – mit der Natur und gegen die Natur.

Den **Unterschied von Kultur und Geschichte** versucht Plessner durch zwei verschiedene Produktionsweisen zu begründen, die jeweils unterschiedliche Bewegungsweisen bedingen. Den im Zusammenspiel mit der Natur gefundenen (›erfundenen‹) Artefakten traut Plessner zwar zu, die unsichere Lebenssituation des Menschen abzustützen, ihr Bewegungsduktus langt aber über die reproduzierende Überbietung nicht hinaus. Das farbensprühende Spiel wechselnder Gestalten, Werke und Taten, das die Geschichte ist, unterliegt einem anderen Schrittgesetz: dem der Expressivität.

Das gelungene Ergebnis einer Bestrebung »ist (nicht aus Gründen der Mängel irdischer Existenz und des spröden Materials, sondern aus inneren Gründen) dort, wo es nicht sein sollte, das, was es nicht sein sollte« (*Stufen*, 415). Der Intentionsstrahl wird beständig abgelenkt, zwischen Intention und Erfüllung klafft eine Lücke. Aber gerade diese Differenz, Ausdruck der Exzentrizität und des Gesetzes der vermittelten Unmittelbarkeit, ist die Möglichkeitsbedingung der Erfüllung. Die darin liegende Herausforderung an die schöpferische Potenz, so darf man Plessner verstehen, bestimmt geradezu das Bewegungsgesetz der Geschichte. Der Mensch hat deshalb »ein Recht und die Pflicht, das Gelingen *von neuem* zu versuchen« (*Stufen*, 415). Er tut dies, ist dabei schöpferisch in einem emphatischen Sinn und hinterlässt eine Spur, die wir ›Geschichte‹ nennen. »Es ist Gesetz, daß im letzten die Menschen nicht wissen, was sie tun, sondern es erst durch die Geschichte erfahren« (*Stufen*, 419). Und hier schließt sich der (hermeneutische) Kreis und der Weg ist geebnet für eine ›**Anthropologie der geschichtlichen Weltansicht**‹, die als Anthropologie der Politik und Macht wird auftreten können (vgl. *Macht und menschliche Natur. Ein Versuch zur Anthropologie der geschichtlichen Weltansicht*, 1931).

2.5.3 Das Gesetz des utopischen Standorts (Nichtigkeit und Transzendenz)

Das dritte anthropologische Grundgesetz bietet den *Stufen* die Gelegenheit für einen letzten Blick auf die exzentrische Lebensform. Das Thema zielt ins Herz der Metaphysik und zeigt die Abgründigkeit menschlicher Existenz zwischen Nichtigkeit und transzendenter Erhebung, zwischen quälenden Selbstzweifeln und versöhnender Glaubensgewissheit. Plessners Votum (sein philosophisches Glaubensbekenntnis) zugunsten des Verzichts auf einen wirklichkeitstranszendenten Stützpunkt gibt seiner Anthropologie das charakteristische Gepräge. Der in der exzentrischen Position liegende Widerspruch, die **Mehrdeutigkeit und Undurchsichtigkeit menschlicher Existenz**, ist nur um den Preis eigener Selbstfesselung, Entmachtung und Unproduktivität aufzuheben. Das Versicherungsbegehren ist die Kehrseite der konstitutiven Wurzellosigkeit. Aber alle verabsolutierenden Versicherungsformen führen zur Lähmung der schöpferischen Kräfte. Deshalb ist die Offenheit menschlicher Lebenssituation die Grundforderung der ›politischen Anthropologie‹. Alle anthropologischen Bemühungen Plessners konvergieren in diesem Punkt, im Begriff des Politischen als Korrektiv zu geschlossenen Welt-, Menschen- und Gesellschaftsbildern. Während das schmale Buch *Grenzen der Gemeinschaft* (1924) die Grundlegung der politischen Anthropologie vorbereitet, kann Plessner in den nachfolgenden Hauptwerken – *Die Stufen des Organischen und der Mensch* (1928) und *Macht und menschliche Natur* (1931) – daran anknüpfen.

Die exzentrische Schwebelage und ihre Perspektive

Aufgrund seiner exzentrischen Position ist der Mensch ›hinter sich‹ gekommen, er kann sich und seine Welt objektivierend in den Blick nehmen. Aber damit ist er nach Plessner ortlos geworden und einer Perspektive überantwortet, die, über die konkrete Gegebenheit von Umwelt und Selbst hinausgreifend, ihren Fluchtpunkt im Absoluten hat. Ein Konvergenzpunkt, der die Welt, trotz aller perspektivischen Begrenzungen, zu einem Ganzen zusammenschließt (Weltall, Weltgrund, Gott). Dieser Vorgriff auf die Welt, auf den absoluten Weltgrund, lässt die tatsächliche, gewordene Welt als Individuum begreifen. Im Horizont der Möglichkeiten stellt sich für Plessner unsere Welt als kontingente Realisierung dar, die auch anders hätte verlaufen können. Im Selbstverhältnis des Menschen das analoge Phänomen: vor dem Absolutum Menschheit das Bewusstsein der eigenen Individualität, mit dem bitteren Beigeschmack der Sterblichkeit, Zufälligkeit und Austauschbarkeit. Der **utopische Standort des Menschen**, seine Ortlosigkeit, lässt ihn nach einem Stützpunkt der eigenen Existenz greifen. Aber seine Welt, als Außenwelt, Innenwelt und Mitwelt, ist selbst stützungsbedürftig.

Aus der Schwebelage, die ihm die exzentrische Position auferlegt, aus der Unentschiedenheit zwischen Hier und Dort, könne sich der Mensch durch einen *Sprung in den Glauben* retten. Die Religion, sagt Plessner, ist ein ›Definitivum‹, sie will dem Menschen geben, was ihm im Letzten Natur und Geist vorenthalten müssen. Zwischen den offenen Spielräumen der Kultur und den Verheißungen einer geschlossenen Welt letzter Gewissheiten besteht, so der schroffe Bescheid, »absolute Feindschaft«. »Wer nach Hause will, in die Heimat, in die Geborgenheit, muß sich dem Glauben zum Opfer bringen. Wer es aber mit dem Geist hält, kehrt nicht zurück« (*Stufen*, 420). Felix Hammer, der bereits 1967 seine Dissertation über das Gesamtwerk Plessners vorgelegt hat, beweist ein feineres, berufsbedingtes Gehör für die Resonanzen der religiösen Frage. Ihm geht der Begriff der ›Unergründlichkeit‹ in *Macht und menschliche Natur* (1931) zu weit (vgl. Hammer 1967, 190) und mit einer gewissen Erleichterung stellt er fest: »Alles deutet bei Plessner darauf hin, dass der exzentrisch bedingten Weltsehnsucht schon die bloße Idee eines höchsten Wesens Genüge tut. Ebenso wenig folgt aber aus der Korrespondenz von Gottesvorstellung und Welteinheitskonzeption, dass Gott nur eine Fiktion des Menschen ist« (ebd., 186). Hammer glaubt, in Plessners Werk das Einfallstor des Religiösen im Begriff der ›vermittelten Unmittelbarkeit‹ ausmachen zu können: »Und doch wäre gerade die von ihm entwickelte Kategorie der ›vermittelten Unmittelbarkeit‹ geeignet, das Religion erst ermöglichende Phänomen der sich im Symbol vermittelnden Transzendenz zu erfassen« (ebd., 209).

Wendet man sich aus der metaphysischen Höhenlage zum gesellschaftlichen Alltag zurück, so ergibt der u-topische Zustand zwischen Hier und Dort bei Plessner folgendes Bild: Das Individuum ist absorbiert, durchdrungen von der Mitwelt, es trägt sie und es wird von ihr getragen. Das gesellschaftliche Wir dominiert die biologische Existenz, Substanz der Individualität. Der Stolz auf die Individualität, auf das Subjektsein, wird überschattet vom Bewusstsein der Gleichheit, der Ersetzbarkeit. Vor dem Wir der Gesellschaft sind alle gleich. Ich, das Individuum hier, bin austauschbar gegen den Anderen, das Individuum dort, und umgekehrt. Ich bin gleichermaßen Subjekt *und* Objekt unter Objekten. Aus der exzentrischen Lebensform folgt daher nach Plessner eine Stimmungslage, die zwischen Stolz und Scham oszilliert und zu einer Verhaltensweise im Wechsel von selbstbewusster Darstellung und verdeckendem Rückzug führt.

Plessners Strukturtheorie des Lebendigen mündet ein in eine **Theorie der Geschichte und der Macht**. Erst die Synthese vom machttheoretischen Konzept mit der Theorie der Organismen und des Leibkörpers ergibt ein zureichendes Gesamtbild der plessnerschen Intentionen – gleichsam deren Vollendung in einer ›**politischen Anthropologie**‹. Es spricht nicht gerade für analytischen Spürsinn, in Plessners Strukturbestimmungen (Exzentrizität, Positionalität usw.) die Wiederkehr des Deutschen Idealismus (vor allem Fichte) zu sehen. Wenn man Plessner von dorther zu verstehen versucht, von woher er aufgebrochen ist, läuft man Gefahr, seine Anthropologie auf ein trostloses Grundgerüst festzulegen: der Mensch als das reflektierende Tier, das auch einen Leib hat – die alte Bewusstseins- und Reflexionsphilosophie, nun unterfüttert mit einem leiblichen Fundament. Ist dies der Fluchtpunkt aller plessnerschen Aktivitäten, dann wären alle Anstrengungen vergebens gewesen! Damit ist auch keineswegs die Aufhellung des Konzepts der Exzentrizität zu erreichen. Man sollte anerkennen, dass sich der Denk- und Begriffshorizont Plessners im Übergang von der voranthropologischen zur anthropologischen Phase deutlich gewandelt hat. Plessners Gedanken sind erst fruchtbar geworden in der originellen Verbindung einer Strukturtheorie des lebendigen Leibkörpers mit einer Theorie der Geschichte, der Politik und der Macht – und hier leben sie weiter und entfalten ihre befreiende Sprengkraft (vgl. Fischer 1993; Arlt 1993, 1996; Hitzler 1995; Schürmann 1997).

2.6 Politische Anthropologie

Innen und Außen divergieren im zweiseitigen Kräfteverhältnis. Exzentrisches Leben – so entscheidet Plessner – muss sich entäußernd eine Form geben, sich gleichermaßen bannen und von sich selbst erlösen. Veräußerung und Verinnerung bedingen einander wechselseitig. Wer diese Struktur, diesen Funktionszusammenhang zerbricht, gerät unausweichlich in den Dualismus. Der Mensch – so darf man diese Position deuten – ist sich nicht selbst vorgegeben, weder als Urmensch und Naturwesen noch als natürliches Ich. Er beginnt seine Karriere nicht als *homo natura*, der sich zur Höhe der Kultur emporläutert. Alle Trieb- und Überbaukonzepte sehen sich genötigt, die Menschwerdung immer wieder neu zu erzählen in Begriffen der Evolution, Domestikation, Sublimierung, Zivilisierung. Die ›dualistische Anthropologie‹ setzt den Menschen als (naturale) Substanz in monadischer Geschlossenheit voraus, die sich je nach Entwicklungskonzept zu ziviler Gesellschaft und Menschlichkeit erhebt (Humanismus) oder sich korrumpieren lässt in einer zerrütteten Gesellschaftsordnung. Der Dualismus hat sich traditionell mit dem Entfremdungstheorem verbündet. Der Mensch, eingeschlossen in die vertrauten Horizonte seiner Innerlichkeit, vermag im Außen der stofflichen Welt und des widerständigen Körpers nur ein Medium zu sehen, das alle ›reinen‹ geistigen Bestrebungen ablenkt und zunichte macht. Die anthropologische Position der ›offenen Immanenz‹ dagegen widerstreitet aller unvermittelten Ursprünglichkeit, für sie ist Politik die »notwendig erzeugte Brechungsform der Lebensbeziehungen« (PGS V, 143), das Salz des Lebens in der utopischen Schwebelage und das Gift gegen alle Prätentionen auf Heimkehr und diesseitige Erlösung. Also gerade nicht die *ultima ratio* eines entfremdeten, noch nicht zu sich selbst gekommenen Lebens.

Macht als Können, Politik als Gestaltung

Der Mensch ist das *zoon politikon*, das politische Wesen. Plessner unternimmt es in seinem Buch *Macht und menschliche Natur* (1931), die **anthropologischen Bedingungen von Politik und Macht** herauszuarbeiten. Die Wurzellosigkeit und Gleichgewichtslosigkeit exzentrischer Lebensform verschärft sich hier zur grundsätzlichen Unbestimmbarkeit und Unergründlichkeit. Sich in der Schwebe halten, die Unergründlichkeit seiner Welt und seiner selbst anerkennen und ertragen, bedeutet nach Plessner schöpferisch sein. Macht heißt Können. Der Mensch, der nicht allmächtig ist, müsse sich zum Können entbinden, zur Produktivität ermächtigen, und zwar im Verzicht auf abschließende Versicherungsformen, auf Totalentwürfe und geschlossene Weltbilder. Der Mensch sei sich als schöpferische Kraft unergründlich, eine offene Frage. Nur so hält er den Horizont der Zukunft offen, spannt er sich in die von ihm errungene Geschichte ein, setzt sich frei und setzt sich aus in einem riskanten, unabsehbar-offenen Prozess.

Politik »als selbstmächtige Gestaltung und Behauptung menschlicher Macht« (PGS V, 218) muss für Plessner wieder in der Ubiquität dieser Bedeutung sichtbar gemacht werden: als Politik des Rechts, der

Wirtschaft, der Religion, der Kultur, aber auch der privaten Verhältnisse. Die Aufwertung des Politischen war angesichts der in Deutschland gepflegten Kultur des Unpolitischen (›machtgeschützte Innerlichkeit‹) ein dringendes Gebot. Das Scheitern der Weimarer Republik vor Augen, geißelte Plessner den politischen Indifferentismus der tonangebenden Kreise, die Parteipatronage als eines der Symptome für die weit verbreitete Geringschätzung der Politik und die Politik verachtende Utopie der Gemeinschaft. Schon 1924, ein Jahrzehnt vor der düsteren Apotheose der Volksgemeinschaft, warnte er in seiner Schrift *Grenzen der Gemeinschaft* in beispielloser Hellsicht vor dem politischen Einfluss der Gemeinschaftsideologie. Die öffentliche Diskussion um die **Dichotomie von Gemeinschaft und Gesellschaft** (Tönnies) bildete den Anlass zu einem leidenschaftlichen Plädoyer für die Gesellschaft. ›Gesellschaft‹ meint bei Plessner einen vermittelten Modus sozialer Realisierung, der sich vor allem durch die Begriffe Distanz, Rollenspiel, Verdecktheit, Anonymität, Rationalität, Öffentlichkeit umschreiben lässt. Davon setzt sich die ›Gemeinschaft‹ als soziale Unmittelbarkeitsform ab, in der nach Plessner Seele zu Seele findet in gemeinsamer (blutsmäßiger) Gebundenheit und im Schwur auf Echtheit und Rückhaltlosigkeit. Hinter dem Gesellschaftsethos steht die Sehnsucht nach den Masken, hinter denen alle Unmittelbarkeit verschwindet, die Utopie der Gemeinschaft dagegen wird getragen von den Affektwerten der Geborgenheit, der Einigkeit bis zur Verschmelzung.

Öffentlichkeit und gesellschaftliche Rollenspiele

Voraussetzung und entscheidendes Merkmal der Gesellschaft ist die Veröffentlichung. Plessner greift in *Grenzen der Gemeinschaft* gern die Metapher des *theatrum mundi* auf. Die Gebrochenheit und Zweideutigkeit menschlicher Existenz steht der ursprünglich in sich gegründeten Innerlichkeit entgegen, sie verlangt nach Resonanz und Selbstobjektivation, nach leiblichem Ausdruck und gesellschaftlicher Anerkennung. Über ›andere und anderes‹ – so Plessner – wird der Mensch er selbst. Er muss vor sich und anderen eine Rolle spielen, um zur Einheit seiner selbst, zu Form und Gestalt zu kommen. Die **Öffentlichkeit** ist die Auftrittsbedingung des Individuums, die Bühne für die irrealen Spiele der Rollen, Masken, Berufe, offiziellen Gesichter. Für Plessner gilt der ganze künstliche Zauber des Nimbus, der Diplomatie und des Zeremoniells, der Lockungen und Drohungen nur der gesellschaftlichen Anerkennung. Es sind die **Spiele der Macht**, die auf der Bühne der Gesellschaft gespielt werden. Aber man beachte, ›Macht‹ meint hier nicht deren erstarrte, vom Spiel ausgeschlossene Form der Gewalt. Öffentlichkeit als Pufferzone, als Inbegriff vermittelter, gebrochener Unmittelbarkeit schafft erst die individuellen Spielräume, die Bedingungen für Rückzug und Distanz. Zeigen *und* Verbergen ist die Lebensessenz selbstbehaupteter Individualität. Der Gemeinschaft ist für die Geborgenheit in identifizierbarer Verschmelzung ein hoher Tribut zu entrichten: die Individualität selbst.

Im Ethos der Gesellschaft spricht sich unverhüllt die ›ethische‹ Grundentscheidung der politischen Anthropologie Plessners aus: Verhaltenheit, Distanz und Indirektheit sind die ›Schutzmittel‹ – wie er sagt – der Zweideutigkeit in aller Existenz. Gegen das Einschwören auf gruppenverbindliche Wahrheiten und Bekenntnispflicht, Gesinnungserforschung und Rückhaltlosigkeitsforderung bietet Plessner das Ethos der Distanz auf: Werte der Indirektheit, Logik der Diplomatie, Kultur des Unpersönlichen (Respekt schließt Abstand ein), Hygienewerte des Taktes, Zartheit, Kultiviertheit der Andeutungen, die Pflicht zur Macht und der Zwang zur Politik. Alles Werte, die einer offenen Gesellschaft zur Ehre gereichen.

Der politischen Anthropologie eröffnet sich in der Konfiguration von Geschichte, Gesellschaft, Leib und Macht ein weites Feld. Sie ist damit ihrem (hermeneutisch intendierten) Ziel, Natur und geschichtliche Welt miteinander zu verklammern, näher gerückt (dazu Seitter 1985; Arlt 1996).

3. Arnold Gehlen – Pragmatismus und empirisches Methodenideal

3.1 Zur Tat verurteilt

Mit zwölf Jahren Verspätung betritt Arnold Gehlen (1904–1976) die Bühne der Philosophischen Anthropologie. Die Losungen sind ausgegeben, das Programm ist formuliert, die Richtung vorgezeichnet. Jeder Neuankömmling würde es schwer haben, dem elaborierten Grundriss der modernen Anthropologie ein eigenes Gepräge zu geben oder nur neue Akzente hinzuzufügen. Gehlen aber gelang schließlich, was ehedem den Gründervätern, Scheler und Plessner, versagt blieb, ein breites öffentliches Interesse auf sich und die Philosophische Anthropologie zu lenken. Sein **›anthropo-biologischer‹ Theorieansatz** bestach durch einen kräftigen und entschiedenen Strich, durch suggestive Formeln und schlagkräftige Begriffe und vor allem durch große Plausibilität.

Gehlens anthropologisches Gebäude ruht vor allem auf drei Säulen: *Der Mensch* (1940), *Urmensch und Spätkultur* (1956) und *Moral und Hypermoral* (1969). Diese Bücher, die mehrere Auflagen erlebt haben (das erste brachte es allein auf über zehn), hielt Gehlen für so eng miteinander verknüpft, »daß er sie am liebsten als Fortsetzungsbände unter demselben Titel (nämlich *Der Mensch*, G.A.) herausgebracht hätte« (aus der Einleitung in die Studienausgabe, Rehberg 1986, I). Unter dem Titel *Anthropologische Forschung* (1961) sind neun Aufsätze zum gleichen Themenkreis herausgekommen.

Gehlen hat 1925 bei dem Philosophen und neovitalistischen Biologen Hans Driesch über dessen Theorie der Setzung promoviert. Er wurde im Soziologischen Institut der Universität Leipzig Assistent Ernst Freyers (›Leipziger Schule‹), bei dem er sich 1930 mit der Arbeit *Wirklicher und unwirklicher Geist* (1931) habilitierte. 1934 übernahm er den Lehrstuhl für Philosophie seines Lehrers Driesch in Leipzig. »In den 30er und frühen 40er Jahren exponierte Gehlen seine systematisch nach wie vor höchst bedeutsame Handlungswissenschaft im Kontext eines ›politischen Aktivismus‹ faschistischer Prägung. Freyers Machiavelli-Studie, Schelskys Hobbes-Arbeit und Gehlens Fichte-Auslegung (wie auch sein Interesse an Pareto) gehören in denselben Zusammenhang« (Rehberg 1994, 524). Den politischen Verhältnissen der 1930er Jahre vermochte er nicht zu widerstehen. Er geriet wie Konrad Lorenz, mit dem sich sein Lebensweg mehrfach kreuzte, in den Sog der völkisch-biologistischen Ideologie (Stichworte Rassenreinheit und Erbgesundheit). 1938 wechselte er von Leipzig nach Königsberg. Während er 1940 an die Universität Wien berufen wurde, nahm der Mediziner und Zoologe Lorenz den Lehrstuhl in Königsberg ein – als Ordinarius für Philosophie in der Nachfolge Kants! Symptom für die Verirrungen einer biologistisch gestimmten Zeit. In den Jahren 1933/34 hat Gehlen an einer ›Philosophie des Nationalsozialismus‹ gearbeitet, von der nur einige Bruchstücke erhalten sind (vgl. Thies 1997, 34). Nach dem Zweiten Weltkrieg gelang es Gehlen, rasch wieder Fuß zu fassen. Die französischen Besatzungsmächte haben ihn 1947 an die neu gegründete Hochschule für Verwaltungswissenschaften in Speyer berufen und sein anthropologisches Hauptwerk *Der Mensch. Seine Natur und seine Stellung in der Welt* trat in bereinigter Fassung seinen Siegeslauf an.

Empirische Gesamtwissenschaft vom Menschen

Wie versucht Gehlen, sich von seinen Vorgängern abzusetzen? Scheler, dem er sich verpflichtet weiß, wirft er die außerwissenschaftliche, metaphysische Grundorientierung vor, die, leicht zu diagnostizieren, in den ontologischen Dualismus einmündet (*Forschung*, 141). Auch Plessner gerät unter Metaphysikverdacht, aber ihn trifft der Bannstrahl vor allem deshalb, weil er sich von der ›wirklichkeitsfernen‹ Hermeneutik und der geisteswissenschaftlichen Erfahrung leiten lässt. Nach Gehlen «haben alle diese ›Großinformationen‹ eine im wesentlichen doch nur dichterische Evidenz« (*Forschung*, 141). Gegenüber dem Geistbegriff Schelers und der Nähe Plessners zur Lebensphilosophie Diltheys setzt er auf Empirie und (harte) Erfahrungswissenschaft – der methodische Anspruch lautet auf empirische Anthropologie und Philosophie (*Urmensch*, 19, 8). Dahinter verbirgt sich ein methodisches Programm, das den **Menschen in ›morphologischer Hinsicht‹**, gleichsam von außen betrachtet (*Mensch*, 86).

Vertraut klingt die Forderung nach einem ›durchlaufenden Strukturgesetz‹, das von den biologischen Ausgangsbedingungen (Instinkt, Trieb, Bedürfnis) bis zu den höchsten Kulturleistungen (Institutionen, Moral) reichen soll. Nur so ist die Entgleisung in den metaphysischen Dualismus zu verhindern, das Leib-Seele-Problem zu neutralisieren. »Wir wollen also ein System wechselseitiger Beziehungen *aller* wesentlichen Merkmale des Menschen herstellen, vom aufrechten Gang bis zur Moral« (*Mensch*, 23). Der leitende Gesichtspunkt ist die *Handlung*.

Die gehlensche Philosophie und Anthropologie als **›Gesamtwissenschaft vom Menschen‹** versucht sich also durch zwei Momente zu profilieren: Sie stellt die Handlung, den aktiven, sich durch Handlung institutionalisierenden Menschen ins Zentrum; und sie betont den Bezug zu wissenschaftlich gesicherter Erfahrung.

Ein Novum für die Philosophische Anthropologie ist die Entscheidung, dem angelsächsischen Pragmatismus und seinem Verhaltenskonzept zu folgen. Die **Handlung** ist Scharnier und Gelenkstelle zwischen dem Theorem des Mängelwesens und der Institutionenlehre. Als komplexe dynamische Organisationsform, die von Residualinstinkten und Trieben bis hinauf zum Denken und der sprachlichen Symbolfunktion reicht, ist sie gleichsam eingespannt zwischen den biologischen Basisbedingungen und den Anforderungen der gesellschaftlichen Lebensformen. Genau besehen, besteht eine Funktionseinheit zwischen der Handlung und den Institutionen.

Wir stoßen hier auf einen schon bekannten Sachverhalt: Der Mensch, von der Natur im Stich gelassen, muss für Ergänzung sorgen, muss sich objektivieren, versachlichen, veräußerlichen, institutionalisieren, um er selbst sein zu können – ein Wesen der Indirektheit, Vermitteltheit und Entfremdung. Gehlen, so lässt sich vorab sagen, revolutioniert das vorgefundene Anthropologie-Modell nicht, er versetzt Akzente, spitzt polemisch zu und gerät dabei immer wieder in das

Fahrwasser einer konservativen Kulturkritik. Wenn er der Moderne den Spiegel vorhält, und dies nicht erst in der Spätschrift *Moral und Hypermoral* (1969) tut, dann weht der Geist der Nüchternheit und Illusionslosigkeit. Dem riskierten und vielfach gefährdeten, vor allem sich selbst gefährdenden Wesen Mensch verordnet er die **heilende Kraft der Disziplin und der Ordnung**. Erfahrung, Realität und Ordnung sind gleichsam die Substanz aller Institutionalisierung, die Rechtfertigung für das bedingungslose Gehorsamsgebot, das an das Individuum ergeht. Das Junktim von Gefährdung und Ordnung verdankt sich nicht erst dem melancholisch verhangenen Blick des altersweisen Anthropologen, es gehört zum dramaturgischen Gerüst der gehlenschen Anthropologie und Soziologie von Anfang an.

Das Mängelwesen unter Handlungszwang
Die ›**biologische Mittellosigkeit**‹ (*Mensch*, 34) als Gefährdung steht am Beginn aller Überlegungen, sie ist Postulat und Ursache der Aktivität, mit deren Hilfe der Mensch sich ›entlastet‹. Dies bedeutet, dass in der internen Systematik dem Handlungskonzept das Konstrukt des Mängelwesens vorgeordnet ist. Gemessen an der vollkommenen Organausstattung und souveränen Verhaltenssicherheit des Tieres ist der Mensch ein defizitäres Wesen. Weltoffenheit als Äquivalent der biologischen Mittellosigkeit ist, berücksichtigt man den Preis, den der Mensch dafür zu entrichten hat, eher ein Danaergeschenk, sie ist Belastung (*Mensch*, 36). Gehlen umreißt die biologische Ausgangssituation des Menschen, tierische Umweltangepasstheit als Norm vor Augen, in Begriffen des Verlustes und des Mangels: Umweltlosigkeit, Unangepasstheit, Instinktunsicherheit, organische Unspezialisiertheit, mit einem Wort ›morphologische Primitivität‹, und in Begriffen der Arbeitsanforderung: Reizüberflutung (Überraschungsfeld), Antriebsüberschuss, Aggressionsbereitschaft. Alles in allem eine (biologisch) belastete Situation, die nach Entlastung drängt (*Mensch*, 33). Und Entlastung bieten nur die ›obersten Führungssysteme‹ (Religion, Weltanschauung) und die Handlung: als Pflichtleistung im Gehege der Institutionen, als Institution setzende Tat im geglückten Einzelfall. »Eine Persönlichkeit: das ist eine Institution in *einem* Fall« (*Untersuchungen*, 259).

Die gehlensche Systematik erlaubt es, den Handlungsbegriff in den Schnittpunkt zweier Achsen (Koordinaten) zu stellen. Auf der horizontalen Ebene vermittelt die Handlung zwischen Innenwelt und Außenwelt. Die vertikale Achse umspannt den Bereich menschlichen Verhaltens von den untersten ›unentlasteten‹ biologischen Basisfunktionen bis hinauf zu den entlastenden kulturellen Symbolleistungen. Die Skala reicht von den Trieben, Residualinstinkten und der Sensomotorik bis zum Denken und sprachlichen Ausdruck. Damit wird ersichtlich, was mit dem Begriff des ›**durchlaufenden Strukturgesetzes**‹ gemeint ist. Die zu gewinnenden Kategorien müssen den Strukturzusammenhang von biologischer Gesetzmäßigkeit und kultureller Sekundärbearbeitung zu fassen bekommen. Es gehört zum methodischen Anspruch der ›empirischen Philosophie‹ und Anthropologie, vom Handeln her zu den ›biologischen‹, naturalen Wurzeln des Menschen vorzudringen.

Mängelwesen und riskante Weltoffenheit beschreibt Gehlen in Begriffen der **Triebtheorie**. Er spricht vorsichtigerweise von ›Antriebsleben‹ (›Antriebsstruktur‹) und Bedürfnis (*Mensch*, 332f.). Theoretische Ausgangssituation ist das gebrochene Antriebsleben des Menschen, energetischer Ursprung und Movens der Handlung. Im Übergang von der Umweltgebundenheit zur Weltoffenheit verliert das Antriebssystem seine vorgegebene reglementierende Ordnung, seinen zeitlichen Rhythmus, seine instinktgeleiteten Hemmungen und Entladungen. Es hat sich gleichsam verselbständigt, akkumuliert sich wie ein gestauter Fluss und stellt hohe Anforderungen an die Steuerungsfähigkeit des Triebwesens Mensch. Das gestaute Energiereservoir ist die Bedingung aller kulturellen Leistungen, es stellt aber auch ein erhebliches Gefahrenpotential dar: Staudämme können brechen. Dieser Sicherheits-, Unsicherheitsaspekt hat Gehlen zeit seines Lebens in magischer Weise angezogen. Handeln kann nur dann auf Dauer gestellt werden, wenn die gebrochene Dynamik menschlicher Antriebe in die Zuverlässigkeit und Berechenbarkeit instinktanalogen Verhaltens übergeführt werden kann. Dies ist die Aufgabe der Institutionen. Ihr Imperativ und Pflichtgebot soll dem menschlichen Verhalten eine ›quasi-instinktive‹ Orientierungssicherheit verleihen. Die Handlung soll sich habitualisieren (*Mensch*, 79).

Aus der prekären biologischen Ausgangslage kann sich der Mensch nur durch die Tat befreien. Seine natürliche Mängelausstattung kann mehr als kompensiert werden durch die Plastizität und Formbarkeit seines ›Triebwerkes‹ und durch die Vielfalt seines Verhaltensrepertoires. Aber der Blick auf die Potentiale des Imaginativen, des Schöpferischen und Spielerischen wird vom gehlenschen Ordnungsprinzip verstellt. Er zeichnet das Bild des Menschen als eines Wesens, das sich in gesellschaftlichen und kulturellen Lebensformen objektiviert – und diesen Formen dann bedingungslos unterwirft, unterwerfen muss aus angeblich biologischer Notwendigkeit.

Triebleben und kulturelle Selbststabilisierung

Weltoffenheit und ihre dynamische Konsequenz deutet Gehlen u.a. als gebrochenes, sich unter Kulturanforderungen stellendes Antriebsleben, der einschlägige Terminus lautet ›**Hiatus**‹ (*Mensch*, 53, 152, 348). Als ›Bedürfnis‹, als Bewusstseinstatsache tritt nur *der* Trieb in Erscheinung, der, mangels adäquater und kurzschlüssiger Abfuhr, gestaut wird. Kontrastfolie ist das vollkommene, in sich geschlossene Trieb- und Hemmungssystem, das das Verhalten des Tieres steuert. Weltoffener Lebensvollzug bedeutet Triebumwandlung (›Hintergrundserfüllung‹), Virtualisierung der Bedürfnisse, Sublimierung und teilweiser Triebverzicht. Der Hiatus legt das menschliche Triebleben bloß und eröffnet damit die Bewusstseins-Innerlichkeit. Die Steuerung ist in die menschliche Verantwortung gelegt. Das Triebleben, das sich vom Handlungsvollzug ›abhängen‹ lässt, kommt der Kultivierung aufgrund seiner Plastizität und Anpassungsfähigkeit entgegen. Der Kultur stiftende Imperativ lautet: Das Triebleben soll der Handlung nachwachsen (*Mensch*, 336). Und die Handlung bezieht ihre normative Kompetenz aus den Institutionen. Freudsche **Triebtheorie und pragmatischer Handlungsbegriff** stützen sich hier gegenseitig.

Primärvorgang und Realitätsprinzip stehen sich wie Antriebsleben und Institution gegenüber. Die vom Hiatus entfachte Glut der Bilder, Imaginarien und Wünsche muss unter die Kontrolle der Handlung gebracht werden. Nur in der pflichtgemäßen Erfüllung einer gesellschaftlichen Aufgabe zehrt sie sich auf. Die Institution als Realitätsinstanz und Inbegriff des ›wirklichen Geistes‹ (vgl. Böhler 1973, 237ff.) ist der Schutzwall gegen die Hypertrophie wunschgeleiteter Imaginarien und Ersatzbefriedigungen, mit einem Wort, einer irrealen Innenwelt. Die Handlung hat nur *einen* Richtungssinn: die Institutionen und das in ihr geltende Normensystem. Alle ›inneren‹ Momente der Handlung, von den Anmutungen, den Bildern und Wertgefühlen bis hin zu den Gedanken und Reflexionen, begleiten nur den ›äußeren‹ Akt, sie zehren sich auf in der Bewegung nach außen, werden ›abgearbeitet‹, wie Gehlen sagt.

Der dem Pragmatismus entlehnte Handlungsbegriff zeigt sich vielleicht am deutlichsten in der Abhängigkeit der Erkenntnis und des Bewusstseins vom Handlungsvollzug. Erkenntnisse, Wirklichkeitsorientierung insgesamt, gewinnt nur der, der auch ›wirklich‹ handelt. **Wirkliches Handeln** ist allein in der starken gemeinschaftsstiftenden Institution möglich, sie ist der Garant für Realität, Sachhaltigkeit und Erfahrung (›Kommunikation‹, ›kommunikative Bewegungen‹). Kritiker haben den problematischen Status der vom Handlungsvollzug ausgeschlossenen Reflexion hervorgehoben (z.B. Lepenies 1967). Ein wenig zugespitzt: Es gibt kein Handeln diesseits der Institutionen. Die Umkehrung der Bewegungsrichtung ist die Entscheidung für das Nicht-Handeln schlechthin (*vita contemplativa*), sie zieht die psychische Besetzung alles dessen nach sich, was in der institutionalisierten Handlung Hintergrundmusik bleiben musste: die ungezügelten Bedürfnisse, Bilder und Träume. Gehlen beschwört in seiner impetuösen Kulturkritik die **Gefahr des ›Subjektivismus‹** (*Urmensch*, 22ff.) herauf. Handlungsverweigerung bedeutet Regression, Rückfall in eine irreale Innenwelt: Der Realitätssinn verkümmert, die Welt verliert ihre Sachhaltigkeit und ihren Anforderungscharakter, sie sinkt herab zur ästhetischen Utopie, zum Diskussionsgegenstand einer parasitären Intellektuellenkultur und verflachenden Bewusstseins-Industrie.

Innerlichkeitskultur und Handlungsverweigerung
Droht uns die Gefahr des entfesselten ›Subjektivismus‹? Gehlen attestiert seinem Jahrhundert einen fortschreitenden Autoritätsverfall der Institutionen, vor allem des Staates und der Kirche. ›Spätkultur‹ bedeutet ihm so viel wie Aushöhlung und Zersetzung traditioneller Institutionen, einen allgemeinen Werteverfall im Gefolge. Es ist die technische Weltbewältigung, die in ihrer vollendeten Form der Industriekultur und Zivilisation den Übergang von den gewachsenen Institutionen zu den anonymen Großorganisationen bewirkt. Das Syndrom aus naturwissenschaftlicher Forschung, industrieller Massenproduktion, kapitalistischer Wirtschaftsform und wuchernder Bürokratie erhält den Namen ›**Superstruktur**‹ (*Seele*, 11ff.).

Die Superstrukturen haben in ihrer unüberbietbaren Effizienz nach Gehlen längst die Weltherrschaft angetreten, sie überziehen den ganzen Erdball und sind in ihrer Eigendynamik kaum mehr zu steuern. Vom Ordnungsgesichtspunkt her betrachtet, sind sie der Inbegriff eines sich im Chaos stabilisierenden Systemzustandes. Wir erleben das Wuchern einer technisch-bürokratischen Zivilisation und einer auf Repetition und Überentlastung beruhenden Kultur, die sich in Mode und Massengeschmack, in überreiztem Individualismus, in verantwortungsloser ästhetisierender Innenschau und Moralhypertrophie, in Übersättigung und Luxurieren der Antriebe (Sexualisierung durch Werbung) äußert. Das 20. Jahrhundert steht – so Gehlen – im Zeichen kultureller und künstlerischer Erschöpfung. Nachdem alle Entwürfe durchgespielt sind, bleibt nur mehr die Wiederholung, das fruchtlose Experimentieren mit Versatzstücken, die sterile Abstraktion. Die kulturkritischen Chiffren Gehlens sind ›Subjektivismus‹, ›Post-histoire‹, ›Kristallisation‹, ›Humanitarismus‹, ›Hypermoral‹.

Dem gehlenschen Theorieansatz ist eine kohärente und bezwingende Linienführung nicht abzusprechen. Im Kern aller Überlegungen steht die Erkenntnis (oder eher die Grundentscheidung?, die Befürchtung?), dass die ästhetisierend-kontemplative Spiegelung der Innenwelten den Realitätssinn des Menschen korrumpiert und die mühsam in langer Generationenfolge gewachsenen institutionalisierten Sicherungen zerstört. Der Mensch ist als ›Naturwesen‹ eo ipso gefährdet; nun zeigt sich, dass der Sicherungsaufwand gegen die natürlichen Bedrohungen eine Gefährdung zweiter Ordnung heraufbeschwört. Den unmittelbaren Naturzwängen entwachsen, wird sich der Mensch selbst zum Problem.

Der Mensch der Moderne ist, so lässt sich die gehlensche Kulturkritik zusammenfassen, vergrübelt, träumerisch und anspruchsvoll, ein verzogenes und verzärteltes Kind. Er beginnt zu vergessen, dass er zur Tat verurteilt ist. Dem inaktiven Menschen aber geht der Realitätssinn verloren. Erst die durchgreifende zivilisatorische Entlastung hat ihm die Mittel an die Hand gegeben, die ursprüngliche Grundrichtung institutionalisierender Handlung umzukehren und eine regressive Kultur der Innerlichkeit (›eine vom Handeln abgefilterte Kultur‹) zu etablieren.

Ohne Handlung keine wirkliche Welt

Gehlen ist davon überzeugt, dem **›unwirklichen Geist‹** (*Moral*, 97) auch in den Vorstellungswelten der Philosophen und der Geisteswissenschaftler auf der Spur zu sein. Der in historischer Perspektive betrachtete Akt der Objektivierung, das ideengeschichtliche Modell des objektiven Geistes (Hegel, Dilthey) erfasst nur ein Reich reiner Geister, eine ›Halbtranszendenz‹, wie Gehlen sagt. Der *ganze* Mensch und nicht nur sein subjektiver ›Geist‹ (Bewusstsein, geistige Vermittlung) muss ins Spiel gebracht werden, Ideen bedürfen der Institutionalisierung, der dazugehörigen Praxis, um wirklich werden zu können (Grundgedanken auch der schelerschen Wissenssoziologie). Die hegelsche Erbschaft einer historisierenden Lebensphilosophie als ›Hermeneutik‹ und die ihr darin folgenden Geisteswissenschaften, allen voran die Historiographie, greifen in eine unverbindliche kontemplativ-ästhetisierende Leere; die inkriminierten Begriffe sind ›Sinn‹, ›Verstehen‹, ›Erlebnis‹, ›Einfühlung‹, ›Reflexion‹ und ›historisches vorstellendes Bewusstsein‹ (vgl. *Mensch*, 392, 388). Demgegenüber gilt es, die Sinnfrage zu suspendieren (*Urmensch*, 61) und den Menschen als das sprechende und handelnde Wesen wieder in den Mittelpunkt des Interesses zu rücken und an seine biologische und auch kulturelle Gefährdung nachdrücklich zu erinnern.

Nur der handelnde Mensch untersteht dem Realitäts- und Ordnungsprinzip, weil Handeln von Gehlen nur in der Institution, schließlich sogar *als* Institution zugelassen und anerkannt wird. »Alles gesellschaftliche Handeln wird nur durch Institutionen hindurch effektiv, auf Dauer gestellt, normierbar, quasi-automatisch und voraussehbar« (*Urmensch*, 42). Dieses leidenschaftliche Plädoyer für die *vita activa* verbindet sich mit einem empirischen Methodenideal. Der gesamtwissenschaftliche Theorieanspruch negiert die Geisteswissenschaften und stützt sich auf folgende Disziplinen: Biologie, vergleichende Verhaltensforschung, Physiologie, Paläontologie, Archäologie, dazu kommen Sozial- und Entwicklungspsychologie, Gestalttheorie, Sprachwissenschaft und Soziologie.

Struktur

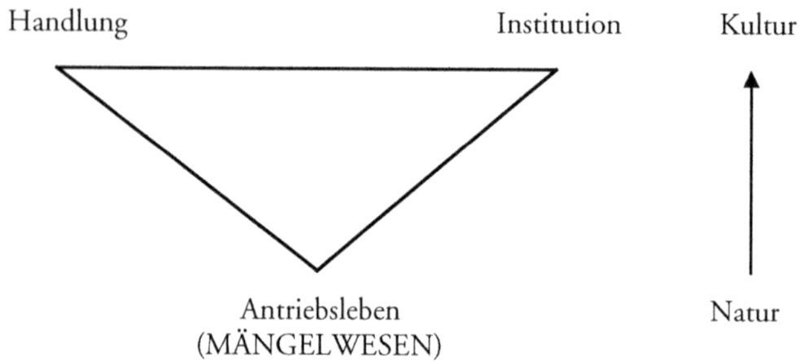

Dynamik

Im Zentrum des gehlenschen Universums steht also die Handlungstheorie, die flankiert ist vom Theorem des Mängelwesens auf der einen und der Institutionenlehre auf der anderen Seite. Die Technik wird in den Gesamtentwurf des Menschen hineingearbeitet. Wir begegnen der Handlung als einem komplexen Leistungsgebilde, das in biologische, pragmatische und systemtheoretische Theoriezusammenhänge gestellt wird. Der drohenden Dissoziation des menschlichen Antriebslebens ist kompensatorisch nur durch den Ordnungs- und Realitätsbezug zu begegnen. Die Institution führt über die äußere Disziplinierung zum Aufbau innerer psychischer Repräsentationsinstanzen; ›Zucht‹, ›Charakter‹, ›Persönlichkeit‹ sind die spezifischen Begriffe, die wir bei Gehlen finden (*Der Mensch*, 1940; *Die Seele im technischen Zeitalter*, 1957). Die Institution kann ihre Orientierungs- und Leitfunktion, ihren Sollcharakter nur dann entfalten, so lautet die rigide Forderung, wenn sie außerhalb der Sinnfrage und aller zersetzenden Kritik gestellt wird, also ›ohne Reflexionsstörungen‹ funktionieren kann (*Seele*, 106).

3.2 Der Mensch als Mängelwesen

Dass der aus Naturbezügen herausgefallene Mensch sich kraft eigener Aktivität (Praxis, Arbeit) in den Kulturzustand zu erheben hat, gehört zum Ideenbestand des 19. Jahrhunderts (Hegel, Marx). Die Forschungsergebnisse der aufblühenden Humanwissenschaften verliehen der Frage nach der Formierung des Menschen zu einem gesellschaftlichen, geschichtlichen und kulturellen Wesen bei gleichzeitiger Modellierung seiner natürlichen Mitgift einen innovativen Schub. Hier sah die Philosophische Anthropologie des beginnenden zwanzigsten Jahrhunderts ihre Chance, das vom Niedergang der idealistischen Systementwürfe hinterlassene Vakuum aufzufüllen und der Philosophie zu einem neuen Brennpunkt zu verhelfen. Jenseits der großen metaphysischen Alternativen (Leib oder Seele, Geist oder Leben, Natur oder Kultur, Geschichte oder Naturnotwendigkeit) und im Einklang mit den modernen empirischen Humanwissenschaften, allen voran der Biologie, sollte ›der Mensch‹ als **anthropologisch-biologisch-philosophisches Gesamtkonzept** in den Mittelpunkt gestellt werden. Dies schloss indes eine philosophische Vorbehaltsklausel gegenüber den positiven Einzelwissenschaften nicht aus.

Gehlen, der den empirischen Charakter seiner ›anthropo-biologischen Betrachtungsweise‹ betont (*Forschung*, 141f.), fokussiert die einschlägigen Theoreme und Forschungsansätze der zeitgenössischen Biologie und Verhaltensforschung im herderschen Konstrukt des Mängelwesens (*Mensch*, 83). Er setzt die Tatsache, die biologische Eindeutigkeit des Menschen als selbstverständlich voraus, ohne die aller Faktizität vorgelagerte Frage einer sinnhaften Welterschlossenheit zu stellen. Geschichte ist in die theoretischen Ausgangsbedingungen nicht aufgenommen. Am Anfang steht also die ›Weltoffenheit‹ als Faktum und nicht die sinnhafte, sich historisch je und je artikulierende ›Welteröffnung‹. Weltoffenheit ist Ausdruck biologischer Mittellosigkeit (*Mensch*, 37), eine Belastungssituation, die den Menschen unter Aktionszwang setzt. Während das Tier, an dem Gehlen Maß nimmt, in Einklang mit seiner Umwelt lebt, steht der umweltbefreite, weltoffene Mensch in einem Missverhältnis zur ›Natur‹ insgesamt. Bei der Beschreibung dieser morphologischen Sonderstellung des Menschen bedient sich Gehlen der zeitgenössischen Theorien: Merkmale relativer Unspezialisiertheit menschlichen Körperbaus (Hermann Klaatsch: *Der Werdegang der Menschheit und die Entstehung der Kultur*, 3. Aufl. 1936), Retardierung und Fetalisierung (Louis Bolk: *Das Problem der Menschwerdung*, 1926), extrauterines Frühjahr (Adolf Portmann: *Biologische Fragmente zu einer Lehre vom Menschen*, 1944; Hochland: *Die Entscheidung des ersten Lebensjahres*, 1956), Instinktschwäche, Triebüberschuss, Reizüberflutung und Weltoffenheit (Max Scheler: *Die Stellung des Menschen im Kosmos*, 1928).

Es ist leicht zu erkennen, dass der herdersche Begriff des Mängelwesens (des kranken Tieres bei Nietzsche) die Theoriedynamik entscheidend prägt und das Kompensationstheorem überwertig werden lässt. Je größer die biologische Gefährdung, desto nachhaltiger und eindeutiger sind die kulturellen, institutionellen Sicherungen zu setzen. Gehlen versucht, diesem Sachverhalt eine positive Wendung zu geben in seiner fundamentalen und universell angewandten **Kategorie der ›Entlastung‹** (*Mensch*, 62ff.).

Das ursprüngliche biologische Gefahrenpotential droht von zwei Fronten: vom Antriebsleben und von der Informationsverarbeitung. Die Weltoffenheit des menschlichen Antriebslebens beschwört die Gefahr der Dissoziation und Entartung der Triebe herauf. Die große von der vergleichenden Verhaltensforschung in den 1960er Jahren entfachte Diskussion um die konstitutionelle Triebhaftigkeit der Gewalt hat auch Gehlen dazu bewogen, den **Aggressionstrieb** als anthropologische Konstante in sein Theoriemodell aufzunehmen (*Moral*, 42). Im Bereich der Wahrnehmung droht die ›Reizüberflutung‹ (ein übrigens in Pädagogik und Psychologie reichlich traktiertes Konzept). Das ›Überraschungsfeld‹ stellt in systemtheoretischer Terminologie eine Komplexität dar, die nach Reduktion (Luhmann), in der gehlenschen Sprache, nach Entlastung drängt.

Im anthropo-biologischen Theorieansatz repräsentiert das Theorem des Mängelwesens den breiten biologischen Unterbau, das große Feld der Antriebsdynamik und Affekt- und Bedürfnisökonomie. Hierher gehören die Begriffe ›Hiatus‹, ›Gefühlsstoß‹, ›Hintergrundserfüllung‹, ›Umkehr der Antriebsrichtung‹, schließlich ›Motiv‹, ›Bedürfnis‹ und ›Interesse‹ (im Grenzbereich zwischen Anthropologie und Soziologie). Weltoffene Antriebsstruktur bedeutet Freisetzen der Motorik. In die Lücke zwischen aktueller Erregung und aufgeschobener Handlung, in den Hiatus zwischen ›abgehängtem‹ Trieb und befreitem Handeln springt das Bewusstsein ein (*Mensch*, 340, 348). Dies bedeutet u.a., dass beim Menschen, im Unterschied zum instinktsicheren Tier, das Antriebsleben bloßgelegt ist (bildbewusstes Inneres und Hemmung). Weltoffene Antriebsstruktur ist gekennzeichnet durch eine von Triebzielen abgetrennte und verschiebbare Energieform. Die Unmöglichkeit kurzschlüssiger Abfuhr führt ›energetisch‹ zum Triebüberschuss, ›strukturell‹ zur Eröffnung einer Bewusstseins-Innerlichkeit, einschließlich der Handlungs- und Könnenphantasie. Mit anderen Worten, die Versagungen, die die Natur dem Menschen durch den chronischen Drang, den unstillbaren Hunger zumutet, gleicht sie wieder aus durch besondere **kognitive, symbolbildende Eigenschaften** und die Fähigkeit, sich handelnd zu kultivieren und zu institutionalisieren – in der Auffassung Gehlens allesamt Entlastungsfunktionen. Eine besondere Variante der Stauungs-Metaphorik wird von Henri Bergson u.a. entlehnt: Jede gehemmte Handlung hinterlässt einen Gefühlsstoß.

Zum Bild der Ökonomie der Antriebe und Bedürfnisse gehört der unglücklich gebildete Begriff der ›Hintergrundserfüllung‹ (*Moral*, 50ff.). Erfüllt werden Bedürfnisse, die im Zuge der Umwandlung der Besetzungsenergie vom aktuellen Vordergrund in den inaktuellen, Dauerbefriedigung gewährenden, Hintergrund getreten sind. So sozialisieren sich individuelle Antriebe und Bedürfnisse unter dem Einfluss von Zwang und Versprechen (auf Stabilität und Kontinuität). Kulturell erwünschte Bedürfnisse und Bestrebungen erlangen Zweckcharakter, sie werden ›Selbstwert im Dasein‹ (*Urmensch*, 16).

Handlung und Kulturbildung

Der Mensch als Handelnder, seine Lebenswirklichkeit aktiv Gestaltender kann der Schubkraft der Triebe nicht entraten. Sie sind als naturwüchsige Kraft die Energiequelle der Kultur. Aber die amorphen menschlichen Antriebe müssen sich den Handlungszielen anbequemen und unter kultureller Anforderung Gestalt gewinnen. Die Organisation des Antriebssystems ist Aufgabe der Institutionen. Die Handlung selbst als geplantes, zielgerichtetes Verhalten verdankt sich bereits der

Ökonomie der Umwandlung, der Verteilung, Verschiebung der Antriebsenergie und der Virtualisierung der Bedürfnisse. Erwünschte Handlungen und Bedürfnisse werden in diesem Prozess der Kultivierung selbst zu Bedürfnissen, gewinnen Selbstwertcharakter (›**Sollqualität**‹ **der Handlung**). ›Kultivierung‹ meint den energetischen Schub in Richtung der Institutionen: Bedürfnisse und Antriebe wachsen den Handlungen nach. Die Aufgabe ist dann gelöst, »wenn die Sicherheitserfordernisse des Handelns selbst zu Bedürfnissen werden« (*Mensch*, 349) und dabei der Kontakt zur organischen Basis nicht verloren geht. Denkbar ist bei Schwächung der Institutionen die entgegengesetzte Bewegungsrichtung. Das Antriebsleben fällt auf sich zurück, individualisiert sich, luxuriert und setzt dabei ein auswucherndes, gesellschaftlich nicht mehr kontrollierbares Phantasieleben frei. Im gehlenschen Gesetz der ›Umkehr der Antriebsrichtung‹ ist dies alles in die Disjunktion von Ekstase und Askese, von Triebhörigkeit und Selbstverlust hier und Sublimierung und Triebverzicht dort gebracht (*Urmensch*, 260).

Von den klassischen Triebtheorien versucht sich Gehlen dadurch abzusetzen, dass er auf jeglichen Triebkatalog verzichtet und »inhaltlich bestimmte angeborene teleokline ›Grundtriebe‹, welche auf bestimmte Weltinhalte zugeschnitten sind«, ablehnt (*Mensch*, 346). Methodisch kann man diesem biologischen Elementarbereich nur indirekt von der Handlung her näher kommen. Gleichwohl drängt sich der Vergleich mit der freudschen Triebthematik insgesamt auf. Der Psychoanalyse macht er indes zum Vorwurf, den ursprünglichen Zusammenhang zwischen Antriebsstruktur und sprachlicher Symbolleistung nicht berücksichtigt zu haben. Der Mensch, so sagt Gehlen, ist bis ins Antriebsleben hinein sprachmäßig. Sprache ist das entscheidende Medium der Entlastung (*Mensch*, 241).

3.3 Die Handlung

Die philosophische Neuzeit hatte den Menschen aus dem Blick verloren. Unter dem mahlenden Räderwerk begrifflich-analytischer Weltzergliederung und zunehmender wissenschaftlicher Spezialisierung war er bis zur Unkenntlichkeit zerrieben worden. Aus den zurückgebliebenen Bruchstücken (*res cogitans*, Monade, reines Ich, Bewusstsein überhaupt, Seele, Körper, Materie) war nie mehr ein Ganzes zu fügen. Die erste entscheidende Tat jeder Philosophischen Anthropologie musste es sein, eine Perspektive zu gewinnen, unter der menschliche Wirklichkeit in ihrer Einheit und lebendigen Fülle sichtbar würde. Wo war der pulsierende Mittelpunkt? Wir wissen, dass sich Gehlen für die

›Handlung‹ entschied und dabei Aristoteles und die amerikanischen Pragmatiker (James, Schiller, Dewey, Peirce, Mead) zu seinen Kronzeugen ernannte (*Forschung*, 16ff.).

Das durchlaufende Strukturgesetz
Die dualistischen Konsequenzen des schelerschen Stufenschemas drohend vor Augen, betont er die Notwendigkeit eines einheitlichen ›Stils‹ menschlicher Bewegungen, Lautäußerungen, Intelligenzakte, Handlungen, Antriebserlebnisse. Der Mensch ist das handelnde, sich verhaltende, Stellung nehmende Wesen. In seinem anthropologischen Hauptwerk *Der Mensch* (1940) versucht Gehlen »nachzuweisen, wie die **Bestimmung des Menschen zur Handlung** das durchlaufende Aufbaugesetz aller menschlichen Funktionen und Leistungen ist, und dass sich diese Bestimmung aus der physischen Organisation des Menschen eindeutig ergibt: ein physisch so verfaßtes Wesen ist nur als handelndes lebensfähig; und damit ist das Aufbaugesetz *aller* menschlichen Vollzüge, von den somatischen bis zu den geistigen, gegeben« (*Mensch*, 23).

Man muss sich der Tragweite der hier vorgelegten Strukturbestimmung des Menschen bewusst sein: Von Natur ist der Mensch nur als handelndes Wesen überlebensfähig. Dies heißt in letzter Konsequenz, dass die gesamte menschliche Lebenswirklichkeit, das Bewusstsein, das Denken, die sinnhafte Weltorientierung, Lachen und Weinen, unter die Prämisse der Aktivität gestellt wird. Dies heißt ferner, dass der Motor dieser Aktivität der ›biologische‹ Lebens- und Überlebenswille (die pure Lebensnotwendigkeit) ist. *Eine* Einschränkung ist dabei allerdings zu machen. Das Negativ der Handlung ist die Reflexion, der lautlose, hartnäckige Antagonist der aktiven Lebensbewältigung. Sie unterminiert, zersetzt, verhindert die Handlung und begründet, – dies die kulturkritische Botschaft – eine irreale, passive Gegenwelt (*Seele*, 106).

Der Handlungsbegriff, den man am ehesten in einer soziologischen Kategorienlehre erwartet, markiert bei Gehlen den **Übergang von der Anthropologie zur Soziologie**. Handlung und Institution bilden zusammen eine Funktionseinheit insofern, als die menschliche Handlung die Institution begründet und die Institution Voraussetzung der Handlung ist. Aus dem unkoordinierten Verhalten aller Individuen bilden sich Ordnungsmuster heraus, die sich zu sozialen Lebensformen verdichten und schließlich als ›Institutionen‹ dem Individuum mit der Souveränität einer normierenden Ordnungsmacht gegenübertreten. Die Institution ist der gesicherte Handlungsrahmen, der es dem Individuum ermöglicht, sich zu entäußern und zu versachlichen, sich selbst zu übersteigen in einer ›**Transzendenz ins Diesseits**‹ (*Urmensch*, 16).

Die weltoffene Antriebslage des Menschen, die Gehlen mit dem (kurz)geschlossenen Antriebssystem des Tieres kontrastiert, setzt eine Lücke zwischen den ›elementaren Bedürfnissen‹ und deren Befriedigung. Dieser Hiatus als *deus ex machina* entlässt aus sich »das ganze System der Weltorientierung und Handlung, also die Zwischenwelt der bewußten Praxis und Sacherfahrung, die über Hand, Auge, Tastsinn und Sprache läuft« (*Mensch*, 53). Insgesamt ein Prozess, der auch den sozialen Zusammenhang stiftet. Das vom Instinktdruck entlastete menschliche Verhalten ist zu erlernbaren, nicht angeborenen Handlungsfiguren befreit.

Kybernetisches Kreismodell

Freigesetzte Handlung ist exponiert und gefährdet, sie muss sich selbst organisieren, stabilisieren und zur ›Sollqualität‹ erheben. Triebdynamisch bedeutet dies, dass sich das Antriebssystem formieren muss. Gefahrenpotential ist dabei der Antriebsüberschuss (*Mensch*, 211) – aber ohne überschüssiges Antriebsleben gibt es keine Hemmungsleistung. Durch Konditionierung und Verarbeitung früherer Erfahrungen, durch Einflussnahme über die Triebziele und Bedürfnisse verwandelt sich – so darf man Gehlen verstehen – die potentiell frei flottierende Energie in eine gerichtete Energieform, in einen Vektor, der wie eine Kompassnadel auf die Institutionen weist. Wir erhalten das Systemmodell einer sich selbsttätig ausdifferenzierenden Organisationsform, in der sich das in Sozial- und Sachverhältnisse verwickelte, unter Realitätsanforderungen stehende Antriebsleben zur indirekten, vermittelten Kulturform transformiert. Das elementare Triebleben wird so Schritt für Schritt – in psychoanalytischer Terminologie gesagt – unter die Sekundärbearbeitung durch die Institutionen gebracht. Gehlen spricht vom ›**Handlungskreis**‹ (*Mensch*, 333f.) und stützt sich dabei auf die Kreismodelle von Hans Driesch, Jakob von Uexküll, James M. Baldwin, Viktor von Weizsäcker. Er unterstellt sein Handlungskonzept der universellen Kategorie der Entlastung.

Das menschliche Antriebsleben in die Gewalt der Institutionen bringen, heißt nicht zuletzt auch unter den Einfluss der ›**Institution**‹ **Sprache** (›Institution der Institutionen‹) und ihrer symbolischen Codierung bringen. Man muss sich den gehlenschen Handlungsbegriff als einen Funktionskreis vorstellen, der die verschiedenen Lebensvollzüge, von den elementaren Triebimpulsen bis hinauf zum Denken und Sprechen, nach dem Gesetz der Entlastung miteinander interagieren lässt. Wir erhalten so eine Fundierungshierarchie, in der die niederen die jeweils höheren Lebensfunktionen stützen und entlasten müssen. Die innere Dynamik und höchste Stufe dieser Hierarchie der Leistungen und Funktionen ist die Sprache. Unter deren Vorherrschaft erreicht das menschliche Verhalten seine höchste Vollendung im selbstgesteuerten Handeln.

Handeln bedeutet Entlastung

Nach Gehlen ist der Mensch das Mängelwesen, das sich mit Hilfe der Kultur von der Natur ›entlastet‹. Wie funktioniert die Entlastung? Produktivität beruht auf Funktionssicherheit (*Mensch*, 139f., 144) und alle kulturellen Leistungen verdanken sich der Mechanisierung des physiologischen Unterbaus. Nur durch stabile Basisgewohnheiten können Energien nach ›oben‹ zu den höheren Funktionen abgeführt werden, die dadurch ein gewisses Maß an schöpferischer Freiheit gewinnen können. Gehlen gibt das Beispiel des Klavierspielers, der über eingeübte motorische Beherrschung der Fingergriffe überhaupt erst frei werden kann zu schöpferischer Gestaltung. Bezogen auf das gesamte Weltverhältnis ergibt sich das »System der produktiven Entlastungen, in dem der Mensch auf der einen Seite eine variable, doch griffsichere motorische Beweglichkeit gewinnt, während auf der anderen Seite die Welt den Charakter der ›erworbenen Neutralität‹ erhält: sie ist bekannt und intim, aber ebenso dahingestellt und übersehen« (*Mensch*, 240).

Mit der Weltoffenheit gesetzt ist der ›Hiatus‹, der am Anfang aller kompensatorischen Kulturleistung steht. Durch ihn wird zum ersten Mal – wie Gehlen sagt – die Aussicht auf einen ›**Führungswechsel**‹ eröffnet. Vom starren Instinktmechanismus befreit, muss das Verhalten eine neue Organisationsform ausbilden. Variabel gewordene Bewegungen im Wechselspiel mit den Wahrnehmungen sind der dynamische Kern des sich selbst ausformenden Kreisprozesses. »**Kommunikation**« bestimmt Gehlen als sensomotorische Unterhaltung mit den Dingen, »deren Niederschlag ihre symbolgesättigte Objektivität ist« (*Mensch*, 165f.). In dem Maße wie die Austauschprozesse zwischen System und Umwelt unter den Einfluss sprachlicher Symbolisierung geraten, befreit sich das System aus der Umweltgebundenheit, es wird »situationsentlastet«, wie Gehlen sagt.

Bei Gehlen berühren sich die weit gespannten Bedeutungshorizonte der Handlung und der Sprache. So wie die Handlung das Aufbaugesetz aller menschlichen Funktionen und Leistungen ist, so reicht die Sprache bis in die Wurzeln des Antriebslebens hinein, sie bestimmt die Struktur der Wahrnehmung und ist in das Bewegungsleben ›hineinkomponiert‹. Handlungen sind symbolische, zeichenvermittelte Akte, wie umgekehrt sprachliche Artikulationen einen Handlungscharakter haben können. **Sprachliche Weltbewältigung** bedeutet, sich von der Unmittelbarkeit der Situation, von der bedrängenden Gegenwart der

Dinge zu befreien, Symbolisierung schafft ein ›entfremdetes Selbstgefühl‹ (*Mensch*, 134, 166), ein situationsentlastetes Bewusstsein als ›innere Außenwelt‹ (Novalis), eine in die Zukunft weisende Daseinsrichtung.

In diesem ›kommunikativen‹, sich selbst organisierenden Handlungskreis baut Gehlen die **Technik als Organersatz** ein. Eine nahe liegende Entscheidung, wenn man bedenkt, dass das Lebensgesetz des Menschen die Aktion ist und dass die symbolisch vermittelte Aktion sich die Welt »intim und verfügbar« macht (*Mensch*, 241). Selbststeuerung der Handlung und Verfügung über die Dingwelt – dies ist nach Gehlen Entlastung par excellence.

Für Gehlen, der dazu neigt, in Fragen der Entlastung das Wovon? über das Wozu? zu stellen, ist der offene Welthorizont repräsentiert durch die Herausforderungen der Reizüberflutung und der gestauten, ungesteuerten Antriebslage. Entlastung und Führung werden in einem Atemzug genannt (vgl. *Mensch*, 238). Das von biologischen Zwängen befreite Handeln hat sich für das Leben in der Institution qualifiziert. Der Starrheit instinktgeleiteter Reaktionen entkommen, droht nun die Stereotypie selbstauferlegter Verhaltensgewohnheit. Jetzt gilt die ordnungspolitische Maxime: Du sollst dich habituell verfestigen und dich von den Institutionen ›konsumieren lassen‹ (*Urmensch*, 208).

Die Belastungen, die dem Menschen als Mängelwesen auferlegt sind, setzen ihn unter Vollzugszwang: Er muss handeln. Und wie es scheint, um jeden Preis, auch um den Preis der individuellen Entscheidung, der reflexiven Selbstbefragung und verstehenden Einsicht. »In dem völlig unproblematischen Erlebnis des Vollzugs einer Handlung ist jede Reflexion ausgehängt, man kann nicht gleichzeitig handeln und reflektieren, sondern nur sein Handeln anschauen. Die Handlungen Anderer versteht man ursprünglich [...] durch Nachvollzug« (*Urmensch*, 26f.). Allem Anschein nach wird damit das bloße Funktionieren, die pure Akthaftigkeit der Handlung gerechtfertigt, Fragen der Produktivität, Sinnhaftigkeit und Legitimation werden dagegen ausgeblendet. »Offensichtlich reicht aber der Maßstab biologischer Zweckmäßigkeit nicht aus, um den Sinn gesellschaftlichen Verhaltens ganz zu erschöpfen. Eine blinde Reproduktion des Lebens, rein um ihrer selbst willen, ist gleichgültig gegen Barbarei und Humanität, gegen die Bestimmung einer Existenz, die von der Natur gleichsam auf der Risikoschwelle zwischen Wahrheit und Unwahrheit ausgesetzt worden ist« (Habermas 1958, 28).

3.4 Die Institutionenlehre

Mit seiner handlungsorientierten Institutionenlehre hat Gehlen gesellschaftswissenschaftlichen Boden betreten. Gemäß der methodischen Maxime des durchlaufenden Strukturgesetzes fügen sich die Schlüsselbegriffe ›Antriebsleben‹, ›Handlung‹ und ›Institution‹ zu einem geschlossenen triadischen Formenkreis (vgl. Schema Seite 140). Der Aufbau der gesellschaftlichen Welt zeigt sich in Abhängigkeit von der Formierung des menschlichen Antriebs- und Bedürfnislebens. Insofern darf man bei Gehlen von einer *anthropo-biologischen* Grundlegung der sozialen Phänomene sprechen. Das Handeln, Instinktentbindung und Triebüberschuss voraussetzend, konfiguriert sich unter biologischem Druck zu steigender Vermitteltheit und Symbolgeladenheit. Zunehmende Indirektheit und triebdynamische Umschichtung stellen das menschliche Verhalten unter das Gesetz der Entlastung und garantieren mit der Funktionstüchtigkeit der Institutionen die Sicherheit der Handlung.

Gehlen bekennt in seinem Buch *Urmensch und Spätkultur* (1956), dass sich seine ›Philosophie der Institutionen‹ einem kritischen Motiv verdanke: die Institutionenblindheit und realitätsferne Unterschätzung stabilisierender Lebenspraxis als Sünde wider die menschliche Kultur und Gemeinschaft zu entlarven, deren sich die idealistische Geistmetaphysik schuldig gemacht hat, getreulich die Tradition rationalistisch aufgeklärter Neuzeit fortführend. Über die moderne Gesellschaft hat sich eine Institutionendämmerung gesenkt mit allen Konsequenzen entfesselter Subjektivität, so lautet das kulturpessimistische Resümee (*Urmensch*, 18f.). Was hat diese Entwicklung in Gang gesetzt? Um diese Frage beantworten zu können, begibt sich Gehlen an den Ort institutioneller Urstiftung, er rekonstruiert die Geburt der archaischen Gesellschaft.

Von der archaischen zur Wohlstandsgesellschaft
Gehlen verbindet die Strukturbestimmung der Institution mit der **Geschichte menschlicher Vergesellschaftung**, die über die Kulturschwellen des Monotheismus und der naturwissenschaftlich-technischen Weltauffassung eine verhängnisvolle Weichenstellung in Richtung moderner überentlasteter Wohlstandsgesellschaft erfahren hat (*Urmensch*, 97). Uns Wohlstandsbürgern, institutionenmüde, aber reflexionswach, konsumierend und räsonierend und in handlungsverweigernder Innenschau unsere Subjektivität genießend, uns wird das hohe Lied der Solidität archaischer Kultur gesungen. In gelegentlich einschießenden Wortkaskaden galliger Kulturkritik erweist sich Gehlen

als Meister geschliffener Rhetorik. Kein Zweifel wird darüber gelassen, dass ›Institution‹ das Synonym für Stabilität ist, deren erste und vorrangige Wesensbestimmung. »Alle Stabilität bis ins Herz der Antriebe hinein, jede Dauer und Kontinuität des Höheren im Menschen hängt zuletzt von ihnen ab« (*Urmensch*, 8). Prototyp der Institution ist der Staat.

Das Thema ›Institution‹ entzündet sich an Hegels Begriff des objektiven Geistes, in Gehlens Verständnis das Urbild und Modell einer »vom Handeln abgefilterten Kultur« (*Urmensch*, 257), die geschlagen ist von ›reflexionsverhangener Sachferne‹ und praktischer Folgenlosigkeit. Ideen bedürfen zu ihrer Verwirklichung eines institutionalisierten Ordnungsrahmens, einer stabilisierten Lebenspraxis. »Es ist unmöglich, aus der bloßen Vorstellung oder Propaganda von ›Werten‹ das Verhalten einer Gesellschaft zu ändern, man muß die Institutionen dazuliefern« (*Urmensch*, 60). Ideen können nur außengestützt und stabilisiert existieren. ›Halbtranszendenz‹ (*Urmensch*, 18) – auf Hegel und den Idealismus gemünzt – meint eine Objektivierung und Selbsttranszendierung des Menschen, die im Entwurf, in der folgenlosen Innerlichkeit, in der handlungsarmen Sachferne befangen bleibt; der objektive Geist ist, mit einem Wort zu sagen, unwirklicher Geist. »Eine Kultur der Subjektivität ist ihrem Wesen nach nicht stabilisierbar, sie muß in einer massenhaften ephemeren Überschußproduktion enden« (*Urmensch*, 23). Eine Überfüllung des Vorstellungsraumes und eine Verarmung des Handlungskreises bedingen einander wechselseitig, Vorstellung von der Wirklichkeit und Wirklichkeit selbst werden ununterscheidbar. Wir sitzen einer Selbsttäuschung des Verstehens auf.

Gehlen präsentiert uns das Bild einer Gesellschaft introvertierter, vor sich hinträumender Individuen, die jeglichen Sach- und Realitätsbezug verloren haben. Als Kontrapunkt setzt er vor der Kulisse des jagenden und Beeren sammelnden Frühmenschen einen gesellschaftlichen Urzustand in Szene, der noch nicht angekränkelt ist von der modernen Reflexionskultur. Gehlens ›Archaik‹ als paläontologischer, phylogenetischer Zugriff stützt sich auf Literatur vor allem aus den Bereichen der Verhaltensforschung, Ethnologie, Kulturanthropologie, Paläontologie und Archäologie und erzählt die Geschichte eines Urmenschen, den die Naturgewalten und der tägliche Überlebenskampf in Atem halten und der damit dem gehlenschen Ideal selbstvergessener Sachhingabe vollkommen entspricht. Der allein außengesteuerte Urmensch lässt sich noch frag- und klaglos von den wenigen bestimmenden Institutionen vereinnahmen.

Ritus und Identifikation
Welche prinzipiellen Aufbau- und Funktionsgesetze der Institution erschließen sich dem analytischen Blick auf das archaische Weltgefüge? Kein rationaler Gründungsakt geht den Institutionen voraus, ihr Entstehen verdankt sich nicht der Willensentscheidung autonomer Subjekte, wie es die Vertreter der Vertragstheorie verstehen wollen. Überhaupt scheiden alle subjektiven Zweckmäßigkeitserwägungen bei der Gründung sozialer Lebensformen aus (*Urmensch*, 251). Man muss die Motive handelnder Individuen strikt trennen von der immanenten Zweckmäßigkeit sich sedimentierender Institutionen, die sich gleichsam als ›Nebenfolge‹ rituellen Verhaltens (archaische Kultur) herausbilden und sich hinaufsteigern zu verpflichtender Sollgeltung. Gehlen spricht von ›**sekundärer Zweckmäßigkeit**‹ (*Urmensch*, 106f.). Allgemein verbindliche Sozialgefüge entziehen sich also der Vertragsbereitschaft der Individuen, der rationalen Planung und dem experimentierenden Zugriff, sie setzen sich hinter dem Rücken der handelnden Individuen durch und erlangen Selbstzweck und Eigengesetzlichkeit – und werden sakrosankt.

Die Institution als verbindliche soziale Lebensform tritt in die Lücke, die die Weltoffenheit hinterlassen hat, »sie steht an der Stelle des fehlenden automatischen Zusammenhangs zwischen Menschen« (*Urmensch*, 157). Gehlen spricht von einem ›System verteilter Gewohnheiten‹. Die **Institution als ›Stabilisierungsgefüge**‹ verselbständigt sich über die Köpfe der Beteiligten hinweg und sie funktioniert unterhalb der Schwelle bewusster Kontrolle und rationaler Entscheidungen. Nur so, dies ist die Auffassung Gehlens, greift der Entlastungseffekt. »Im Grunde handelt es sich ja um die Wiederherstellung des fundamentalen Verhältnisses von Instinkt und Auslöser auf der höheren Ebene der willkürlichen, erlernbaren, aber zu stabilisierenden Verhaltensformen« (*Urmensch*, 26).

Hierher gehört auch die Kategorie der Hintergrundserfüllung, die für den triebdynamischen Aspekt der Institutionalisierung einsteht: Durch Dauerabsättigung primärer Antriebe wird Antriebsenergie entbunden, die ihrerseits zur Entfaltung neuer Bedürfnisse beiträgt. Jetzt erst ist die Bedingung dafür geschaffen, dass sich habitualisierte Handlungsformen als Teilstücke von Institutionen stabilisieren und zur reinen Sachlichkeit verselbständigen können (vgl. *Urmensch*, 74). Zur Institutionalisierung gehören also die Hintergrundserfüllung und der Sacherfolg.

Die verhältnismäßig einfach strukturierte, an Darstellung (Ritus) und Identifikation gebundene archaische Kultur stabilisiert sich, so sagten wir, allein über den Außenhalt. Das institutionell gesicherte

Leben rückte noch kaum über die Familien- und Verwandtschaftsregulationen hinaus. Diese Gesellschaft, so stellt Gehlen mit Bewunderung fest, bot nicht das Schauspiel einer »dauernden Revolte gegen das Institutionelle« (*Urmensch*, 208), wie die unsrige, ihr war jede »Idealhypertrophie«, jeder »fanatische Idealismus« (*Urmensch*, 216, 259) fern. Im Blick nach vorn war der Urmensch sich noch nicht selbst zum Problem geworden. Die gemeinsame Not sicherte den gemeinschaftlichen Zusammenhalt.

Verdrängung von Ritus und Kult
Dies änderte sich gründlich im ›Zeitalter des Subjektivismus‹. Die zwei Kulturschwellen der **monotheistischen Religion** und der **naturwissenschaftlich-technischen-industriellen Weltauffassung** eröffnen über die fortschreitende Entmythologisierung der Außenwelt und die unaufhaltsame Entmagisierung der Sprach- und Vorstellungswelt den Weg nach innen (*Urmensch*, 139, 144). Zurück bleiben der eine, unsichtbare Gott und die Maschinen. Der seiner selbst inne gewordene, mit seiner neu gewonnenen Subjektivität Ansprüche verknüpfende Mensch bescherte der Gesellschaft unüberwindbare Probleme. Stabilisierung war schwieriger geworden, sie musste von außen nach innen, außen *und* innen wirken. Moderne Institutionen als ›kunstvoll formalisierte Systeme‹ funktionieren nur dann effektiv, wenn es ihnen gelingt, dauerhafte innere Instanzen und Strukturen (Charakter, Persönlichkeit) aufzubauen (›heraufzuzüchten‹). Nun wurden – so Gehlen – auch die inneren Stützen der modernen Gesellschaft weggeschlagen von ihren Liquidatoren, den Aufklärern, die das Individuum zur Unbotmäßigkeit und zur Ansprüchlichkeit verführten und damit die Institutionen für alle Zeiten schwächten. Die Etappen des gehlenschen Verfallsprozesses reichen vom Monotheismus, von der Vertragstheorie und Verkündung der allgemeinen Freiheitsrechte, über die Entstehung einer naturwissenschaftlich-technischen Weltsicht und industriellen Produktionsweise, bis zur überentlasteten individualistischen Konsumgesellschaft (*Urmensch*, 163). »Gehlen richtet sich gegen die Prinzipien, die der Französischen Revolution von 1789 als Leitideen dienten: Freiheit, Gleichheit, Brüderlichkeit. Seine normatischen Hintergründe orientieren sich eher an den deutschen Ideen von 1914: Pflicht, Ordnung, Gerechtigkeit« (Thies 1997, 268).

Gehlens phylogenetische Forschungs-Exkursionen in die archaische Gesellschaft kommen zu dem Ergebnis, dass sich die Urstiftung institutionellen Lebens dem kultischen **Zusammenhandeln der Menschen** verdankt. Im darstellenden Ritus als einem zweckfreien, aber obligatorischen Verhalten entstanden die großen gesellschaftlichen Einrichtungen (*Urmensch*, 243ff.). Der Aufbruch in die naturwissenschaftlich-technische, monotheistische Moderne und deren Folgewirkungen (Rationalisierung, Intellektualisierung, Verinnerlichung) stellten die Gesellschaft vor unlösbare Probleme. Das rituell-darstellende Verhalten, das die Metaphysik und die Institutionen generiert, wird vom rational-praktischen, experimentellen Handeln aus dem öffentlichen Raum in die psychische Innerlichkeit verdrängt. Kunst, in der archaischen Gesellschaft noch ganz im Zeichen der Außenwelt-Stabilisierung stehend, zieht sich als handlungsarme Verarbeitung des Lebens in innere Bezirke zurück. Seele wird fortan zum beherrschenden Darstellungsbereich (vgl. *Seele*, 58f.). Im gleichzeitigen Aufblühen der Individualpsychologie und des großen psychologischen Romans triumphieren die »zerebralen Exaltationen der Moderne« (*Urmensch*, 261).

Gehlen legt seiner Zeitkritik eine eigene Typologie der Handlungsformen zugrunde. Dem rituell-darstellenden und dem rational-praktischen (materialistischen) Verhalten stellt er die ›**Umkehr der Antriebsrichtung**‹ als persönliche Lebensführung entgegen. Sie ist die resignative Antwort auf eine unumkehrbare Fehlentwicklung, auf die subjektivistische Gesellschaft, deren man sich nur durch Ekstase oder Askese entziehen kann. Gehlen kultiviert die aristokratische, mit dem Stoizismus kokettierende Haltung, die sich die Losung gibt: Der Weg nach innen führt über die Askese. »Die Askese muß gerade in das kaum zu Leistende hineinführen, und das wäre heute der Verzicht auf die Vorteile der öffentlichen Meinung, auf die Montagen des Einverständnisses und die facilités des Schwachstrom-Lebensersatzes« (*Urmensch*, 256).

Zu den Entstehungsbedingungen der Institution gehören nach Gehlen also die Trennung von Motiv und Zweck und die Verselbständigung des Zweckes. Das thematische Feld wird vor allem bestimmt durch die terminologischen Formeln ›Hintergrundserfüllung‹, ›Selbstwert im Dasein‹, ›Transzendenz ins Diesseits‹, ›stabilisierte Spannung‹ und ›Gegenseitigkeitsprinzip‹. Der abstrakte Gehalt der Institutionen einer Gesellschaft ist ihr Rechtssystem, gleichsam »die Grammatik ihrer Bedürfnisse« (*Urmensch*, 78). Wenn man also sagen kann, dass die **Institutionen das Rückgrat der Gesellschaft** sind (vgl. Heuß 1994, 261), so ist das Rechtssystem der harte Kern der Institutionen.

Im Zeichen von Ordnung und Gewohnheit

Gehlen gilt als einer der Pioniere moderner Institutionentheorie. Aber seine Institutionenlehre ist nicht frei von einer dogmatischen Kulturkritik, die in der gegenwärtigen Kultur und Zivilisation nur einen in den Abgrund führenden Verfallsprozess zu sehen vermochte. Schon

1956, als sein Buch *Urmensch und Spätkultur* erschien, bot ihm die zu einiger Stabilität gelangte deutsche Nachkriegsgesellschaft, und mit ihr die internationale politische Großwetterlage, Anlass zu besorgter Analyse und satirisch-bösen Glossen. Seine Analyse: Alle großen institutionellen Einrichtungen, vor allem Staat, Kirche, Schule, Militär, Familie, sind von Paralyse und Auszehrung befallen. Traditionell gewachsene Institutionen werden überwuchert und verdrängt von **anonymen Großorganisationen** mit den Folgen einer allgemeinen Destabilisierung, Vermassung, Haltlosigkeit, ein irreversibler unlenkbarer Prozess, der längst seine eigene Dynamik gefunden und sich zu einer Groß-Chaos-Lage stabilisiert hat. Mit einer gewissen Hellsicht hat Gehlen im Begriff der Superstrukturen die erregten Debatten der ausgehenden 1990er Jahre über die ›Globalisierung‹ vorweggenommen.

Gehlen, der nie bis zu einem ausgeführten Konzept der Intersubjektivität (Böhler 1973, 259f., 264) vorgedrungen ist, zwingt in seiner Institutionenlehre die unverbundenen, gefährdeten Individuen zur Notgemeinschaft tätiger Bürger zusammen, die als Gegenwert für die zu leistende Versachlichung, Veröffentlichung, Disziplinierung am freien Austausch der Güter und Ideen an der allgemeinen Sicherheit teilhaben dürfen. Der im Kern juridische Charakter der Institutionen, Norm- und Sachorientierung gewährleistend, schafft geordnete Verhältnisse, überschaubare Hierarchien und entlastet das individuelle Handeln. Gehlens Modell präsentiert sich von Anfang an in einer dialektischen Schieflage, weil die Akzente einseitig auf Ordnung und Stabilität gesetzt sind. Davon nicht ausgenommen ist auch die Sprache als Institution, die erste ›Stabilisierungskerne‹ bereitstellt. Die Institutionen machen den Menschen, sie geben dem Individuum Form und Gestalt. Gehlen vergisst aber über diese kaum zu widerlegende Behauptung die ›dialektische‹ Umkehrformel, wonach das geformte Individuum seinerseits lebenslang Anteil hat an der Gestaltung, Modifizierung, Weiterentwicklung, Verwerfung der herrschenden Einrichtungen.

Gehlens biologische Ausgangsbedingungen (Mängelwesen), sein überwiegend naturaler, ahistorischer Blick auch in Fragen der Gesellschaft verleiht den Institutionen die Wucht von Naturereignissen: quasi-automatisch funktionierende **Disziplinar- und Gewohnheitszusammenhänge**, deren Veränderung nur als Krankheitssymptom zu diagnostizieren ist. Gehlen war blind für die gesellschaftlichen Formierungsprozesse (vgl. Rehberg 1994, 541). Er vermochte im Autoritätsverfall bestimmter Einrichtungen nur die Auflösung des Institutionellen schlechthin zu sehen (vgl. Rehberg 1994, 517). Dies bedeutet auch, dass er nicht zu unterscheiden wusste zwischen funktional und dysfunktional operierenden Institutionen (vgl. Lipp 1994, 442). Jede einmal etablierte gesellschaftliche Ordnung ist schon allein ihres Funktionierens wegen gerechtfertigt und allen Konflikten enthoben. Karl-Siegberg Rehberg, Gehlens letzter Assistent und Herausgeber seiner Schriften, sagte auf dem Sonderseminar der Hochschule für Verwaltungswissenschaften Speyer 1989: »Die Schwächen seiner Institutionentheorie liegen darin, dass er die Ordnungsbedrohung durch Ordnung, dass er die Dysfunktionalität der Ordnungshypertrophie zu wenig beachtet, ja – aus politischen Wertungen heraus – eher verdeckt hat« (Rehberg 1994, 831).

Was Gehlen am Ordnungsgedanken zu faszinieren schien, war das lautlos funktionierende System, das diskrete Summen einer gut geölten Staatsmaschinerie. (Gehlens Bewunderung für das Sowjet-System ist bekannt). Die Allgegenwart der Entlastungskategorie verdeckt völlig den Sachverhalt, dass institutionell gesichertes Leben immer auch Belastung und Einengung bedeutet, und für die monströs aus dem Ruder laufenden Institutionen des 20. Jahrhunderts, für Staatsvergottung und Gemeinschaftskult, fehlte Gehlen offenbar die Sprache.

Eine andere Frage ist die nach der methodischen Operationsbasis. Gehlen empfahl sich gern als der Empiriker unter den philosophischen Anthropologen. In seiner Institutionenlehre schreibt er:

»Wir entwickeln unsere Kategorien vorwiegend in *archaischen* Kulturen, die also ins Diesseits transzendieren, und sofern es sich um echte Kategorien handelt, bleiben sie deswegen doch anthropologisch wesentlich, wofür auch die zahlreichen Fälle der Anwendung und Illustration am modernen Kulturleben sprechen« (*Urmensch*, 91).

Es ist sicherlich eine Kühnheit, die verstreuten, nicht immer gesicherten Fundstücke aus der Paläontologie, Archäologie, Kulturanthropologie, Ethnologie zu einem Gesamtbild, gar noch zu einem einheitlichen archaischen Bewusstsein zusammenfügen zu wollen, um daran den Verfallsgrad unserer modernen Gesellschaft messen zu können. Gehlens ›Archaik‹ ist sicher alles andere als ein theoretisches Bravourstück, sie ist der Konstruktion und Spekulation näher als dem beanspruchten »empirisch-analytischen Vorgehen« (*Urmensch*, 92).

Eine pointierte, aber zustimmende Darstellung der gehlenschen Institutionenlehre finden wir bei Friedrich Jonas *Die Institutionenlehre Arnold Gehlens* (1966). In seiner Kritik der Institutionenlehre Gehlens spricht Johannes Weiß in seinem Buch *Weltverlust und Subjektivität* (1971) von einer »anthropobiologischen Verengung der Problematik« und vertritt die Auffassung, »daß die Gehlensche Institutionenlehre sich gerade in der Ableitung ›primärer Institutionen‹ als eine Natur-Theorie erweist« (Weiß 1971, 14). Oder in eine lakonische Form gegossen: »[...] die Geschichte, die Institutionen, sind selbst aus Naturstoff gemacht« (Lipp 1994, 362). In der Diskussion unter Gesellschaftswissenschaftlern ist die anthropo-biologische Begründung der Institutionenlehre ein Stein des Anstoßes und es wird geargwöhnt, »ob nicht die durch das Individuum und seine Bedürfnisse umrissene Basis für eine Institutionenlehre wie überhaupt jede Sozialphilosophie zu schmal ist« (Heuß 1994, 310).

3.5 Konservative Kulturkritik

Melancholie und Unordnung
Gehlen begleitet den irdischen Wandel des Menschen mit tiefer Skepsis. Aufgebrochen mit fragwürdiger natürlicher Mitgift, hat ihn sein unsicherer und tastender Gang – soviel darf gesagt werden – nicht an die sicheren Gestade einer zweiten künstlichen Natur gebracht. Seine abenteuerliche Reise, eine gefährliche Gratwanderung zwischen unmittelbarer Lebensbewältigung und ausgreifender Weltdeutung, führte ihn vom magischen, beschwörenden Ritus zur Religion des einen Gottes und zu den monomanen metaphysischen Entwürfen, setzte ihn der Entzauberung durch die wissenschaftliche Revolution und dem Nihilismus aus und geriet schließlich – wollen wir Gehlen folgen – in die Falle der modernen Industriekultur. Gehlens Neigungen zu melancholischen kulturkritischen Impressionen steigern sich mit zunehmendem Alter, sie erreichen ihr Crescendo in der Altersschrift *Moral und Hypermoral* (1969).

Wolf Lepenies hat in seinem Tableau der Melancholie (Melancholie als Unordnung, Melancholie und Langeweile, Handlungshemmung und Reflexion, Weltverlust und Weltnähe usw.) Gehlen einen Ort zugewiesen. Er konstatiert in dessen Philosophie ein melancholisches Klima, das sich aus der anthropologischen Ausgangssituation ergibt: Zum Menschen als gefährdetem und riskiertem Wesen gehört die Erfahrung der Ohnmacht und die Neigung zur Depression. Als systematischen Ort der ›Melancholie‹ macht Lepenies den Antagonismus von Reflexion und Handlung aus: Der Rückzug *in* die Innerlichkeit muss mit einem Realitätsverlust bezahlt werden, der Rückzug *aus* den objektivierenden gesellschaftlichen Lebensformen verursacht Unordnung. Gehlen, der sich über die melancholischen Attitüden eines Werther und Kierkegaard mokiert, kennt gegen die Melancholie nur die Heilmittel der Handlung (Arbeit) und der Ordnung. »Das anthropologische Konzept Gehlens ist durchaus ›melancholisch‹ konzipiert, seine Institutionenlehre ist das anti-melancholische Rezept« (Lepenies 1969, 237).

Gehlens Suada gegen die Errungenschaften der Aufklärung – Aufklärung als die Emanzipation des Geistes von den Institutionen – gegen Demokratisierung und Gleichheitsgebot, gegen ›Menschenlebenswert‹ und ›Ethos der acceptance‹, gegen Moralhypertrophie und Humanitarismus, für die Einschränkung der Pressefreiheit usw. (*Moral*, 143ff.) spricht eher die Sprache einer politischen Streitschrift, die sich an der Studentenrevolte der 1960er Jahre entzündet hat (vgl. Lepenies/Nolte 1971, 84f.). Aber Gehlen versichert uns, dass wir es mit einer anthropologischen Untersuchung über die Ethik zu tun hätten, deren Ziel es sei, die verschiedenen – und übrigens z. T. miteinander unverträglichen – Quellen der Moral herauszuarbeiten. Es lässt sich beobachten, wie theoriefremde Motive mehr und mehr die Überhand gewinnen. Gehlen, dem die gesellschaftliche und politische Entwicklung in der Bundesrepublik zur Zumutung geworden war, geriet wie von selbst in den ideologischen Streit jener Jahre und zog als *Rocher de bronze* des Konservativismus die Kritik der Linken auf sich. Jürgen Habermas schrieb:

»Gehlen hingegen empfiehlt das Paradox eines absichtsvollen Rückschritts in der Humanität – die Rückkehr zum Ethos der großen und undurchsichtigen Institutionen. Revolution von rechts nannte man das zu einer Zeit, als man noch Illusionen hegen konnte über solche Empfehlungen« (Habermas 1984, 119).

Unstabilisierbare Innenwelten

In *Moral und Hypermoral. Eine pluralistische Ethik* (1969) stellt Gehlen im Rückgriff auf die vergleichende Verhaltensforschung (Konrad Lorenz, Niko Tinbergen) verschiedene grundlegende Ethosformen auf und bekennt sich – wie schon der Untertitel des Buches andeutet – zu einem ethischen Pluralismus. Anthropo-biologisch darf auch diese Abhandlung genannt werden, nicht nur weil sie die konstitutionelle, triebhafte **Aggressionsbereitschaft des Menschen** in den Rang einer anthropologischen Konstante erhebt, sondern vor allem wegen der veränderten Einschätzung der menschlichen Instinkte, deren Unsicherheit nach früherer Auffassung zu kulturellen Analogiebildungen herausforderte, deren Restbestände (Instinktresiduen) jetzt zur Begründung des Moralverhaltens und der Institutionen (instinktgestützte Gewohnheiten, Regulationen) herhalten müssen, wie Plessner kritisch angemerkt hat. Zeitkritisch vorausgegangen und das Thema Industriekultur und Subjektivismus variierend und aus einer anderen Perspektive beleuchtend ist die Schrift *Die Seele im technischen Zeitalter* (1957).

Die moderne Seele, so sagt Gehlen, entstand zusammen mit der Psychologie und der Kunst (*Seele*, 58, 63). Wie die Individualpsychologie ein irreales Unternehmen ohne Gegenstand wurde, so entfaltete sich die Kunst zur Mikrologie einer irrealen inneren Befindlichkeit. Das Zeitalter des Subjektivismus und der Psychologie bringt zwar eine enorme Verfeinerung des Gefühlslebens hervor (man denke an den großen psychologischen Roman), aber die Innenschau spiegelt nur eine Welt aus zweiter Hand. Gehlens Schlussfolgerung: Moderne Seele ist kein Sein sui generis, sie hypertrophiert im Treibhausklima der überreizten Wohlstandsgesellschaft, unter müßigen und schamlosen Blicken, zur Sumpfblüte. Gehlen spricht von der **Industriekultur als einer Scheinkultur**, die sich die ›Seele‹ als letzte Bastion der Unmittelbarkeit meint leisten zu müssen und die diese Phantasmagorie mit der ›Zeitsignatur‹ objektiv vermischter, unbestimmter Realität, mit allgemeiner Unbestimmtheit und Verschwommenheit zu bezahlen hat (*Seele*, 90). Dieser Kultur, diesseits institutioneller Sicherung, ohne ›Sozialzement‹, traut Gehlen nur eine ›schöpferische Zerstörung‹, aber keine Stabilisierung des Lebensraumes zu. Die Idee der modernen Seele ist der Rückfall in die vermeintliche Unmittelbarkeit der isolierten Einzelempfindungen – kein Fundament einer welthaltigen Kultur, kein wissenschaftliches Formalobjekt. Psychologie ist nur als Sozialdisziplin möglich, wie auch das Individuum seine Form, seine Gestalt nur in der Gemeinschaft gewinnt.

Konsumgesellschaft und moralisches Räsonieren

Gehlens kulturkritische Variationen, die seine anthropologische Arbeit begleiten und durchdringen, erweitern sich zum Schluss um die moralische Spielart (›Sozial-Regulationen‹). Wie wir wissen, führt die Industrialisierung als Großereignis irreversibler Art – Gehlen zufolge – zur Auflösung der alten Sozialordnung, zur Schwächung des Staates, zum Werteverfall. Zur Scheinwelt der Industriekultur gehört auch die Scheinmoral als unverbindliche Gesinnungsethik und ›moralisierende Querulanz‹. Die Reihe der zeitkritischen Signaturen, vor allem ›Subjektivismus‹, ›Superstrukturen‹, erweitert sich um die Formeln der **Moralhypertrophie** und des **Humanitarismus**. In dieser handlungsreduzierten und damit erfahrungsarmen Welt wird diskutiert, kritisiert, räsoniert und eben auch moralisiert. Das überhöhte materielle Anspruchsniveau konvergiert mit einem gesteigerten Moralanspruch: humanitäre Moral des ethischen Wohlstandes bei gleichzeitigem Verfall der Sitten (*Moral*, 62).

Gehlen gewinnt dem Untergang der Institutionen einen neuen, biologisch begründeten Ursprung hinzu. Wo eine Legierung zweier

Ethosformen mit der behutsamen Führung der einen einst die gesunde Norm definiert hat, ist eine Dissoziation und Umkehrung eingetreten: Das Staatsethos unterliegt dem Sippenethos (Familienethos), das männliche Prinzip dem weiblichen, die angeborene Aggression ihrer Hemmung. Industriekultur bedeutet die **Dominanz des Familienethos**, des ›Feminismus‹ (*Moral*, 143). Der Staat liegt im Würgegriff der vom Humanitarismus angekränkelten Gesellschaft.

Schuld sind die Intellektuellen

Damit ist ein verhängnisvoller Wertewandel vonstatten gegangen: Die politischen Staatstugenden der Disziplin, des Selbstopfers, des Patriotismus werden von sozialpolitischen Ideen, von Humanismus und Sozialismus verdrängt. Die selbstverständlich befolgten Tugenden der Askese, der Pflicht, des Opfers weichen nicht nur dem Ideal eines friedlichen und humanen Grundsätzen folgenden Lebens (ein trügerisches Ideal, das nur den zahnlosen Versorgungsstaat hervorbrachte), vielmehr führt die ›Ethik des Massenlebenswertes‹ (*Moral*, 144) als einer ethischen Nobilitierung des Wohlstandes eine allgemeine selbstverständliche Ansprüchlichkeit herauf. ›Masseneudämonismus‹, heute sagen wir: Konsumismus, und Ethik arbeiten einander zu (*Moral*, 83).

Der Humanismus verzerrt sich zu seiner Karikatur im ›Humanitarismus‹ (eine Nietzsche zu verdankende sardonische Verballhornung), die Moral zu ihrer eigenen Parodie in der Hypermoral. Moralhypertrophie bedeutet Ethisierung des Wohlstandes, schließlich Politisierung der Ethik. Mit anderen Worten, der ›Sozialstaat‹ weicht die Aktivität des Staates, die Staatstugenden auf: »So nimmt der Leviathan mehr und mehr die Züge einer Milchkuh an« (*Moral*, S. 110). Der angeborene Aggressionstrieb wird – so Gehlen – durch die Reindarstellung ethischer Haltungen freigesetzt, dagegen durch hierarchisch geordnete Rang- und Rechtsordnung (jeder an seinem Platz) gebunden. Mit Gewissen und bürgerlicher Moral sei kein Staat zu machen, die Institutionen selbst müssten als ›Sollgeltung‹ gelebt werden (*Moral*, 96).

Hier tritt Gehlens **etatistischer Konservativismus** und ordnungspolitischer Grundzug in Reinkultur hervor. Er hat auch schon den gesellschaftlichen Agenten dieser biologischen Fehlentwicklung, den Nutznießer, ausgemacht, es ist der umtriebige räsonierende ›Intellektuelle‹ in seinem Drang nach Macht und öffentlicher Anerkennung. Die parasitäre Loge der institutionell Ungebundenen und Verantwortungslosen schürt das Feuer der Unzufriedenheit und Ansprüchlichkeit (*Moral*, 150f.). Der Soziologe und Gehlen-Schüler Helmut Schelsky hat in seinem Buch *Die Arbeit tun die anderen. Klassenkampf und Priesterherrschaft der Intellektuellen* (2. Aufl. 1975) diesen Faden weiter ausgesponnen. Habermas zieht für das gehlensche Spätwerk folgendes Resümee: »Respektable Lebensweisheiten und theoretisch interessante Annahmen mischen sich mit dem politischen Stammtisch eines aus dem Tritt geratenen Rechtsintellektuellen, der den lebensgeschichtlichen Aporien seiner Rolle nicht mehr gewachsen ist« (Habermas 1984, 108). Ablehnung mischt sich mit Bewunderung: »Bis hinein in die Terminologie (Entlastung, Überforderung, Stabilisierung und Institutionalisierung) hat Habermas damit die Argumentation von Gehlen nachvollzogen. In dieser Kontroverse zwischen Gehlen und Adorno steht Habermas näher bei ersterem« (Thies 1997, 157).

4. Die anthropologischen Positionen im internen Vergleich

4.1 Natur und Kultur

Stellt man den jeweiligen Entwürfen der Philosophischen Anthropologie die ›existenziale Anthropologie‹ zur Seite, dann ergibt sich folgendes Bild. Die ›Natur‹ erweist sich als theoretische Herausforderung für alle Parteien. Der Existenzialontologie Heideggers ist sie eine ontologische Verlegenheit: Sie wird als innerweltlich Seiendes transzendiert, steht somit dem existierenden Menschen gegenüber, ohne aber in die ›Kategorien‹ der Zuhandenheit und der Vorhandenheit zu passen. Wenn man die Welt als ein Strukturmoment des je eigenen Daseins betrachtet, tritt die Natur in ein indifferentes Schattendasein zurück. Das Dasein findet sich demgemäß nicht ›von Natur‹ in einer physischen Welt vor, sondern inmitten des Seienden aufgrund einer existenziell gestimmten Befindlichkeit. Es konnte so der Anschein entstehen, »als seien beim Menschen Geburt, Leben und Tod reduzierbar auf ›Geworfenheit‹, ›Existieren‹ und ›Sein-zum-Ende‹« (Löwith LSS 1, 279). Die Konstruktion der Welt als ›Umwillen‹ des Daseins gebiert das leib- und geschlechtslose ›Dasein im Menschen‹ (ebd., S. 280).

Von Natur ein Kulturwesen
Auch die Philosophische Anthropologie, die der Weltzugehörigkeit des Menschen als Naturgebundenheit gerecht zu werden versucht, hat ihre Not mit dem Begriff der Natur. Sie wird in eine ›Dialektik‹ hineingezogen, deren Problemtitel die ›Sonderstellung‹ des Menschen ist. Man anerkennt zwar die Bestimmungsgründe, die mit der ›äußeren‹ und ›inneren‹ Natur gesetzt sind, weiß aber, dass damit allein die ›Huma-

nitas‹ (Plessner) nicht zu begründen ist. Was der Mensch ist, ist er nicht von Natur aus. Der Mensch in seiner ›Doppelnatur‹ wird zum Apostaten, zum Unruhestifter der Natur (Plessner), er ist als ›Emigrant der Natur‹ (Plessner) zur ›transzendentalen Obdachlosigkeit‹ (Lukács) verurteilt. ›Natur‹, vielmehr die **Formation von Natur und Kultur**, erweist sich als einer der entscheidenden Problemhorizonte der Philosophischen Anthropologie. Der Mensch ist ›von Natur‹ über die Natur hinaus oder mit Herder zu sagen: der erste Freigelassene der Schöpfung. Gehlen bemerkt: »›Kultur‹ ist [...] ein anthropo-biologischer Begriff, der Mensch von Natur ein Kulturwesen« (*Mensch*, 80).

Das Hinaussein über die Natur kennzeichnet den geistigen und kulturellen Spielraum. Hier zeigt sich der logische Drahtseilakt der Philosophischen Anthropologie: Der Mensch ist über die Natur hinaus und bleibt dennoch Teil der Natur – als sinnliches, sterbliches, leibkörperliches Wesen. Aber diese Leibkörperlichkeit darf nicht als substantieller Gegenpol zu Geist und Kultur verstanden werden – wir hätten dann einen metaphysischen Dualismus von Natur und Geist zu beklagen –, sondern als Ausdruck einer spezifisch menschlichen Möglichkeits- und Verwirklichungsform, eine in sich gebrochene Einheit.

Natur als ›innere Natur‹ des Menschen ist kein Faktum, das der Betrachtung offen zutage läge, die Natur des Menschen ist immer schon kulturell geformt, möglicherweise verformt (Stichwort ›Entfremdung‹). Auch wenn im alltäglichen Sprachgebrauch das Prädikat ›natürlich‹ zwanglos über die Lippen kommt, versteht sich der Mensch zunächst aus seinen kulturellen Horizonten (Tradition, Sprache, Gesellschaft, Geschichte). Natur im ›unverfälschten‹ Sinne (wie die Reklame zu sagen beliebt) begegnet nur in der nichtmenschlichen Natur. Auch die Anthropologie, unterstützt von der zeitgenössischen Biologie, stellte das Tier als die vollkommen organisierte Naturform dar, daran gemessen der Mensch nur ein ›Mängelwesen‹, das kranke Tier ist, retardiert und auf kulturelle Ergänzung notwendig angewiesen. Der Philosophischen Anthropologie bleibt die Frage virulent, wie man das Naturmoment, ohne in eine Naturunmittelbarkeit zu verfallen und ohne den Naturwissenschaften tributpflichtig zu werden, ins Spiel bringen kann. Die Vertreter des Mängelwesentheorems (Scheler und Gehlen) versuchten eine Bestimmung *via negationis*. Die von der Biologie dem Tier zugewiesenen Eigenschaften sprachen sie dem Menschen in nur eingeschränktem Maße zu oder aber völlig ab: Umweltunangepasstheit, Instinktunsicherheit, organische Unspezialisiertheit, Reizüberflutung, mangelnde Triebsteuerung usw. Hier war die *natura naturans* stiefmütterlich mit ihrem Geschöpf verfahren, insofern sie es in nicht überlebensfähigem Zustand in die Welt entlassen hatte. Dieser dingfesten Zugriffsweise steht die Empfehlung Gehlens und Schelers gut an, neben dem Verhalten der Tiere (und Pflanzen) auch die Kinder (Gehlen *Mensch*, 145, 205ff.), primitive Volksstämme und Frauen zu beobachten, weil sie der Natur noch nahe seien. »Im Weibe, bei ausgeprägten Ackerbaustämmen (im Gegensatz zu Tierzüchtern und Nomaden), in dem ganzen (nichtjüdischen) Asien scheint das pflanzliche Prinzip [...] im Menschen zu überwiegen« (SGW 9, 17). Eine weitere, sehr verbreitete Näherungsweise in der philosophischen Tradition ist die, in den ›vernunftfernen‹ Funktionen und Vermögen Äquivalente der Natur zu sehen: Leben, Leib, Trieb, Gefühl, Sinnlichkeit, Bedürfnis usw.

Der Mensch der modernen Anthropologie ist exzentrisch
Mit der Einbeziehung der Natur in das menschliche Weltverhältnis ist aber noch keine Wesensbestimmung ausgesprochen, wie Scheler mit Nachdruck betont. Um das anfangs gebotene Tableau zu vervollständigen: Wenn bei Heidegger sich das Menschsein aus dem Seinsbezug definiert, dann bei Scheler aus dem Verhältnis zum *ens a se*, zum absoluten göttlichen Weltgrund; der Mensch ist Mensch aufgrund seiner Selbstdisziplinierung und Selbstformung in den geronnenen Institutionen (Gehlen), er ist in seiner Exzentrizität als das abständige Wesen er selbst (Plessner).

Abgesehen von der begrenzten Aussagekraft solcher zugespitzten Vergleiche, ergibt sich für das Naturmoment folgende Differenzierung: Bei Heidegger fällt die Natur letztlich auf die Seite des abkünftigen Außen, Scheler wendet sich ihr im Stufenaufbau des Biopsychischen zu, er versetzt sie aber gegenüber dem Geist als dem eigentlichen Bestimmungsgrund des Menschen ins zweite Glied. Nach Gehlen ›entlastet‹ sich der Mensch mit Hilfe der ›Kultur‹ von der Natur – dies heißt vor allem: durch institutionelle Selbstformung. Nicht ohne grimmige Zufriedenheit wurde über ihn vermerkt, er habe sich die schelersche naturale Basis zu Eigen gemacht, ohne den metaphysischen Überbau zu akzeptieren. Er musste sich daher den Vorwurf des Naturalismus, schlimmer noch, den des Biologismus gefallen lassen (geäußert von Litt, Mahn, Haering, Weiß, Böhler, Glaser, Habermas, Liebrucks u.a.; dazu Ottmann: *Gehlens Anthropologie als kulturalistische Anthropologie*, 1994). Plessner versteht seinen Beitrag zur Grundlegung und zum Aufbau einer universellen Hermeneutik als ›Naturphilosophie‹, als ›philosophische Biologie‹. Er strebt von Anfang an eine Sinnlichkeit und Sinn, Natur und Geschichte gleichermaßen umfassende Perspektive an. Seine zum Markenzeichen gewordene ›**Exzentrizität**‹ finden wir indes *avant la lettre* auch bei Scheler, der daraus gleich eine metaphysische Grunddisposition macht.

»[...] in genau dem selben Augenblicke, da sich der ›Mensch‹ aus der ›Natur‹ herausstellte und sie zum Gegenstand seiner Herrschaft und des neuen Kunst- und Zeichenprinzips machte, – in ebendemselben Augenblicke mußte der Mensch auch sein Zentrum irgendwie außerhalb und jenseits der Welt verankern« (Scheler SGW 9, 89).

Der unheilbar aus seinem Zentrum gefallene Mensch bedarf des welttranszendenten Stützpunktes. Die ›politische Anthropologie‹ Plessners konstituiert dagegen eine offene Lebenssituation, die gerade durch die ›jenseitige Verankerung‹ wie durch jede absolute Versicherungsform wieder geschlossen wird. Daran gemessen bekommt die an Plessners ›offene Frage‹ erinnernde schelersche Bestimmung des Menschen einen besonderen Akzent: »Der Mensch ist ein Wesen, dessen Seinsart selbst die noch offene Entscheidung ist, was es *sein* und *werden* will« (SGW 9, 150).

Exzentrizität im Sinne der Strukturbestimmung: ›Der Mensch ist aus der Natur gerückt (Sonderstellung), wiewohl noch Teil der Natur‹, hätte vermutlich allen drei Parteien ein zustimmendes Kopfnicken abgenötigt. Ersichtlich kennzeichnet diese Struktur ein ›dialektisches‹ Verhältnis. Die Herausforderung an die Philosophische Anthropologie scheint nun darin zu bestehen, der Verführung zu vereinfachender Betrachtung zu widerstehen, d.h. die Spannung nicht kurzerhand in die eine oder andere Richtung (Natur *oder* Kultur) aufzuheben, den Widerstreit einfach aufzulösen. Mit anderen Worten, Natur und Kultur dürfen nicht hypostasierend als gesonderte Seinsbereiche behandelt werden, sie müssen in ihren gegenwendigen Formationsgesetzen erfasst werden.

Metaphysik und Gesamtwissenschaft

Scheler hat leichtes Spiel, denn unter seiner metaphysischen Demiurgenhand formiert sich das Weltgeschehen zu einem hierarchischen Ordnungsgefüge. Oben und Unten, Triebnatur und Kultur, Drang und Geist, Lebewesen und Geistwesen sind streng voneinander geschieden. Das Verhältnis des machtlosen Geistes zur rohen Macht der Natur ist einseitig und unumkehrbar: Es drängt sich das platonische Bild des Reiters auf, der mit vom Pferd geborgten Kräften das Pferd soll zügeln können. Dem Menschen als geistige, individuelle Person ist das ›Lebewesen‹, der *homo naturalis*, vorgelagert. Was der Mensch durch Wesensbestimmung ist, muss er nach Scheler durch eigene Anstrengung erst erwerben. Absage an das Leben (der Mensch als ›Asket des Lebens‹) und ›moralischer Aufschwung‹ (zu den Werten, Ideen) gehen Hand in Hand. Alles in allem eine undialektische Betrachtungsweise, die vor allem zu imponieren vermochte als mutiges

Bekenntnis zur metaphysischen Tradition in wissenschaftlich beherrschten Zeiten.

Gehlen als erklärter Gegner der Metaphysik mochte an die dem ›Erdenmenschen‹ (Scheler) aus überirdischen Sphären entgegengestreckte Hand nicht glauben. Sein empirisches und erfahrungswissenschaftliches Ethos verbot ihm, andere als sinnliche und erfahrungsgestützte Bestimmungsgründe für die Erklärung menschlichen Lebens anzunehmen. Er setzte auf die Handlung bzw. das Verhalten als ein beobachtbares Geschehen. Auf der Suche nach einer Schlüsselkategorie, die geeignet sein würde, das Leib-Seele-Problem und damit den metaphysischen Dualismus auszugrenzen, stieß er auf die Handlung, »d.h. die Auffassung des Menschen als eines primär handelnden Wesens, wobei ›Handeln‹ in erster Annäherung auf Veränderung der Natur zum Zwecke des Menschen gerichtete Tätigkeit heißen soll« (*Forschung*, 17).

Plessner führte diese Textstelle an, als er seine Kritik an Gehlen vorbrachte. Er übersetzt Handeln mit »biologischem Verhaltensprinzip« und »Verhaltensmodell« (*Stufen*, 23), merkt kritisch an, dass die Spezies *homo* ausschließlich auf ihre Aktionsmöglichkeit hin entworfen werde (*Stufen*, 24) und resümiert gallig, dass »das pragmatische Kleid nach behavioristischem Zuschnitt« dem Menschen nicht passe (*Stufen*, 27). Er versucht Gehlen mit dessen eigenen Waffen zu schlagen, indem er in der gehlenschen Kategorie der ›offenen Antriebsstruktur‹ und der zu ihr passenden Sprache geradezu ein Indiz für die Emanzipation des Menschen zu biologischer Mehrdeutigkeit sieht. »Menschliches Verhalten läßt sich nicht auf ein Schema bringen, nicht auf das der Kettenreflexe, aber auch nicht auf das des zweckgerichteten Handelns« (*Stufen*, 27). Die gehlenschen Gesetze der Entlastung, Ersparung, Stabilisierung, so ist Plessner überzeugt (PGS VIII, 277), rücken im Interesse der Handlung die geistigen Leistungen unter biologische Gesichtspunkte (›Zoologisierung‹).

Demgegenüber muss daran erinnert werden, dass wir bei Gehlen auch Ansätze zu einem Handlungskonzept nach Maßstäben der Systemtheorie finden. Im Begriff der ›Kommunikation‹ und des ›Handlungskreises‹ wird ein Funktionszusammenhang beschrieben, der die verschiedenen Lebensvollzüge – von Triebimpulsen bis zu Sprechen und Denken – miteinander nach dem Prinzip der Entlastung interagieren lässt, eine interne und selbsttätig sich ausdifferenzierende Organisationsform (*Mensch*, 47ff., 139ff., 156). Aber diese Fürsprache rettet Gehlen nicht aus der naturalistischen Verlegenheit. Da er in jedem Fall darauf besteht, der Handlung ein ›Triebwerk‹ vorzuschalten, ist es ganz gleichgültig, ob man der Deutung der Handlung als äußeres beobachtbares Verhalten oder als internes Organisationsgesetz den Vorzug gibt. Für Gehlen ist die Vorgegebenheit einer triebgewirkten Naturbasis (Theorem des Mängelwesens) eine methodische Notwendigkeit. Die Handlung hat als ›kultureller‹ Aktivitätsmodus das Antriebsleben im Rücken, ja, sie verdankt sich selbst der Modellierung der amorphen Antriebsbasis. Die Triebe und Bedürfnisse, so will es der Kultivierungsprozess, müssen den Erfordernissen des gemeinschaftlich organisierten Lebens (Institutionen) nachwachsen (*Mensch*, 336). Wie vormals in der schelerschen Triebmetaphysik, so lautet auch hier der kulturelle Imperativ auf (soziale) Triebumwandlung, Sublimierung und teilweisen Triebverzicht. Aus der belasteten Situation nicht überlebensfähiger ›Natur‹ (Mängelwesen) rettet sich der Mensch in kulturelle Gemeinschaftsformen, die das Verhalten symbolisch-sprachlich vermitteln und normieren, auf Dauer stellen und berechenbar machen und dadurch das Individuum ›entlasten‹.

Diesseits von Natur und Kultur
Ein Lehrstück für die widersprüchliche Dichotomie von Kultur und Natur bietet Gehlens anthropo-biologischer Ansatz. »Natur erster Hand« (*Mensch*, 303, 348) zeigt sich zunächst in der ›biologischen‹ Bedeutung weltoffener Antriebslage, in Instinktunsicherheit und gefährlichem Antriebsüberschuss, dann in der weiteren Bedeutung des ›Naturzustandes‹ (Hobbes), eines regellosen, zur Instabilität neigenden und grundsätzlich gefährdeten Soziallebens. Menschliches im Unterschied zum tierischen Leben ist gleichbedeutend mit kulturellem Leben, mit der Selbstformung in gesellschaftlichen Lebensformen (Institutionen). Vor dem Rückfall in die Natur, den sich Gehlen nur als Dissoziierung der Antriebe, als allgemeine Destabilisierung vorstellen konnte, hat er mehrfach gewarnt. Insofern konnte Gehlen für die ›Kulturanthropologie‹ in Anspruch genommen werden. Dem widerspricht in anderer Hinsicht nicht der Vorwurf des Naturalismus. Die Kultur als ›Natur zweiter Hand‹ soll die Instinktunsicherheit des Mängelwesens Mensch ausgleichen, oder mit anderen Worten: Die Institution hat die durch den Hiatus aufgerissene Unsicherheitslücke auszufüllen. Das menschliche Verhalten hat sich, gleichsam als Instinktersatz, zur eingeschliffenen Gewohnheit zu verfestigen. Die Institution ist damit eine Notgemeinschaft in der Aktion zusammengeschweißter Individuen, die nur über die Wirkung ihrer Handlungen, nicht aber über die Intentionen miteinander verknüpft sind. Diesen Individuen wird kein Subjektcharakter zugestanden.

Der Naturbegriff Gehlens ist, wie wir sehen können, doppeldeutig: Die ›Natur‹ im unvermittelten Sinn ist die des Tieres, sie steht für

Eindeutigkeit, Instinkt- und Verhaltenssicherheit, die menschliche ›Natur‹ ist dagegen infolge Weltoffenheit gebrochen – ein Unsicherheitsfaktor. Damit wird die Kultur als ›zweite Natur‹ zum Kompensationsphänomen, und es zeigt sich, dass sie untergründig beherrscht ist vom ungebrochenen Naturbegriff der nichtmenschlichen Natur und deren Charakteristik der Starrheit und Zwanghaftigkeit. Dies erklärt das rigide, ›naturalistische‹ Gesamtklima der gehlenschen Philosophie.

Plessner lenkt mit seinem Konzept der exzentrischen Position die Aufmerksamkeit auf den ursprünglichen Strukturzusammenhang und das interne Kräftespiel menschlicher Lebensgestalt, die sich in natürlicher Faktizität zu geschichtlicher Selbstvermittlung und kultureller Selbstproduktion ausformt. Betont wird dabei nicht die große Synthese, die perennierende Identität, sondern der Antagonismus divergierender Kräfte, der den Menschen von sich forttreibt und zum geschichtlichen, seiner selbst unergründlichen Wesen macht (›homo absconditus‹). Exzentrizität »unterstreicht die im zoologischen Rahmen verbleibende *und* ihn sprengende **Doppelnatur des Menschen**, die nicht statisch zu fassen ist, sondern eine ständig zu durchlebende und zu vollziehende Verschränkung des Leibes in den Körper bedeutet« (PGS VIII, 396). Diese Verschränkung wird in den ›spezifisch menschlichen Erscheinungen des Übermanntseins‹ – wie Lachen und Weinen – sichtbar.

4.2 Methodische Ausgangsbedingungen

Stellt man die methodischen Ausgangsbedingungen der drei Anthropologiekonzepte nebeneinander, dann ergibt sich folgende Situation. Während Plessner, Gehlen und auch Heidegger (in der Daseinsanalytik) von einer *Struktur* ausgehen, besteht Scheler auf der Notwendigkeit einer *Wesens*untersuchung und *Wesens*einsicht. Aufschlussreich hierzu ist der späte Aufsatz *Idealismus und Realismus* (1928, SGW 9) samt seinen Zusätzen, in dem Scheler in Auseinandersetzung mit Husserl und Heidegger sich seiner eigenen philosophischen Disposition zu versichern sucht.

Schelers Kritik an Heidegger

Er macht Heidegger zum Vorwurf, den Anspruch der Phänomenologie auf Wesenserkenntnis preisgegeben und die Erste Philosophie des Aristoteles zum Feld der Phänomenologie gemacht zu haben (SGW 9, 285), mit der fatalen Konsequenz, blind geworden zu sein für das »Reich rationaler wie anschaulich qualitativer sachlicher Aprioritäten«

(SGW 9, 286). Heideggers Philosophie habe damit ausgesprochen empiristische Züge angenommen. Weil sie nicht mehr zwischen Wesen und zufälligem Sosein trenne, habe sie auch die Möglichkeit aus der Hand gegeben, zwischen dem empirischen Begriff des Menschen und seinem Wesensbegriff zu unterscheiden. Scheler beschreibt die Grundintention Heideggers als den »Versuch, eine Seinsstruktur ›des‹ Menschen aufzuweisen, in der alle seine Wesenseigenschaften und Tätigkeiten wurzeln [...]« (SGW 9, 274).

Scheler, der hier die Daseinsanalytik aus *Sein und Zeit* unter die Prämissen der Anthropologie stellt, plädiert für den umgekehrten Weg. Statt von einer unzerlegbaren Urstruktur des Daseins (des Menschen) auszugehen, muss man versuchen,

> »den Menschen aus zuvor schon verstandenen Seinsweisen (wie Körperlichkeit, Leiblichkeit, Lebewesen, Selbstbewußtsein, Vernunft, Göttlichkeit etc.) als Wesenheit erst aufzubauen, aus Seinsweisen, von denen jede ihre Sonderstruktur hat, und die sich dann zu einer Gesamtstruktur zusammensetzt, die ihrerseits empirischen und schlechthin wandelbaren, aber keinen apriorischen Charakter besitzt« (SGW 9, 276).

Scheler begründet die Richtigkeit seiner Position mit der Bemerkung, dass der Mensch kein geschlossenes, sondern ein offenes System sei.

Weitere Kritikpunkte lassen sich aus dem metaphysischen Charakter der schelerschen Wesensphänomenologie verstehen. Er kritisiert das Fehlen eines zweiten Zentrums, eines *ens a se* und göttlichen Weltgrundes, neben dem des Daseins. Das **Verhältnis von Anthropologie und Geschichte** versetzt Scheler verständlicherweise in eine gewisse Verlegenheit. Der Mensch ›ist‹ nicht seine Geschichte. »Die Person ›schwebt‹ als Wesens- und Aktzentrum über ihrer Geschichte – und kann doch nur in ihr und durch sie sich explizieren und gestalten und verwirklichen« (SGW 9, 299). Man darf diesen ›Schwebezustand‹ nicht aufheben, wie dies Heidegger getan hat, »ohne der Person den freien Atem aus der Luft der Ewigkeit zu versagen« (ebd.). Scheler, der Heidegger eine Annäherung an Lebensphilosophie und philosophischen Historismus vorwirft, bekennt: »Unsere Lehre beruht auf Relativierung des historischen Seins, die voraussetzt, dass Person, Geist – überzeitlich ist« (SGW 9, 295).

Heideggers Philosophie der Schwere und Härte des Seins, die Angst, Sorge, Geworfenheit, Weltverfallenheit und Nichts in den Stand ontologischer Grundbestimmungen erhoben hat und dem Dasein jeden Weg zur Selbsterlösung versperrt (wie Scheler mit Ingrimm bemerkt), gerät in den Verdacht einer sinistren Gotteslehre – »eine neue Form von finsterem Calvinismus, wie sie ja neuerdings durch Barth, Gogarten u.a. als Theologie entwickelt wurde. Wir lehnen jedes Zusammen von Theologie und Philosophie ab« (SGW 9, 283). Hier wittert der Theologe den Theologen. Nur zu verständlich klingt da die Forderung: »Der Katholizismus, nicht der Protestantismus muss zu Ende gedacht werden« (SGW 9, 296). Mit dem Vorwurf des »**Daseinssolipsismus**« (ebd., 260) macht er noch vor Binswanger, Levinas u.a. kritisch auf die selbstbezogene Innerlichkeit des je eigenen Daseins aufmerksam, das nach seiner Auffassung auf den Anderen bezogen und durch Liebe in das Leben eingebettet werden muss. (Zum Verhältnis Scheler-Heidegger der sehr erhellende Aufsatz von Pöggeler: *Ausgleich und anderer Anfang. Scheler und Heidegger*, 1999).

Im methodischen Spektrum der Philosophischen Anthropologie steht also die von Scheler vertretene (metaphysische) Wesensbestimmung gegen den strukturalen Entwurf, apriorische Gültigkeit gegen eine im (Gedanken-)Experiment zu erprobende Entscheidung. Scheler hätte gegen die ›Struktur‹ an sich nichts einzuwenden gehabt, wenn sie sich denn dem läuternden und härtenden Feuer der Wesensanalyse ausgesetzt hätte. Nicht als unzerlegbare Urstruktur (und als *formales* Apriori) hat sie Bestand, sondern als Synthese, als notwendiger Zusammenhang von material-apriorischen Wesensbegriffen.

Philosophie und empirische Wissenschaften

Plessner und Gehlen lehnen die Wesensphänomenologie und Metaphysik Schelers ab. Sie versuchen in jeweils eigener Weise, eine kritische **Distanz zur Metaphysik** zu wahren. Plessner überantwortet die Grundlegung seiner Anthropologie der ›hermeneutischen Lebensphilosophie‹. Ein kühnes Unterfangen, wenn man bedenkt, wie weit verstreut das Bedeutungsfeld des Lebensbegriffs ist, wie belastet in einer Epoche intuitiver Lebensmystik und Geistverachtung (Klages, Spengler, Expressionismus, George-Schule) – keine Empfehlung für eine konsistente Theorie. Das Experiment konnte nur gelingen, weil er konsequent einem Strukturprinzip gefolgt ist, das sich als sehr geschmeidig und fruchtbar erwiesen hat. Sich am Leitfaden des Lebendigen und Organischen bewegen, dies bedeutet für ihn gerade nicht, der Suggestivkraft der traditionellen Begriffe Trieb, Instinkt, Geist, Wille, Bewusstsein usw. – die Scheler übrigens einer Wesensanalyse für würdig hält – zu erliegen. Er eröffnet das Feld der Philosophischen Anthropologie mit den Strukturbegriffen ›Positionalität‹ (Exzentrizität), ›Grenzrealisierung‹, ›Aspektdivergenz‹, ›Unergründlichkeit‹, ›Verschränkung von Leib und Körper‹ (Oszillation) – eine Gesamtstruktur, die sich indifferent gegenüber der Gebietstrennung von physisch und psychisch, Natur und Kultur (Geschichte) verhält.

Es scheint Plessner gelungen zu sein, den in aller Theorie des Menschen lauernden Dualismus zu binden (nicht zu eliminieren, nicht zu entschärfen) und als entscheidendes Agens, als dynamisches Strukturmoment in den Theoriezusammenhang einzubauen. Dies erklärt die Differenziertheit und methodische Elaboriertheit seiner Theoriebildung, die sich den (bequemen) Weg in die Naturunmittelbarkeit und Kulturtotalität ebenso versagt wie den Weg in die Zweiweltentheorie der Metaphysik.

Gehlen versucht sich durch Annäherung an die empirischen Erfahrungswissenschaften zu etablieren. Eine rühmenswerte Absicht, wenn da nicht sein Affekt gegen die Metaphysik zu einer Übersprungshandlung, zu einer Überkompensation geführt hätte. Seine ›Gesamtwissenschaft vom Menschen‹, die sich am Leitfaden eines ›durchlaufenden Strukturgesetzes‹ bewegen soll, erhält den Status einer ›empirischen Philosophie‹. Eine befremdliche Formel, die aber ein Indiz ist für die schwierige Positionierung der Philosophischen Anthropologie zwischen Philosophie und den positiven Einzelwissenschaften. Wenn Anthropologie auf Wesensbestimmung beruht, dann nimmt sie gegenüber den empirischen Humanwissenschaften insofern eine überlegene Stellung ein, als sie glaubt, einen privilegierten Zugang zum Sein zu haben.

Bezieht man Heidegger in die Betrachtung mit ein, dann ergibt sich wiederum der Extremfall: Das je eigene Dasein aus seinen Verstehenshorizonten bestimmen, heißt objektivierende Erkenntnis als derivativ und nachgeordnet auszuschließen. Den Wissenschaften ist hier die Mitwirkung versagt. Scheler dagegen, obgleich den Menschen ›metaphysisch‹ als Person und geistiges Aktzentrum bestimmend, steht den Forschungsergebnissen der empirischen Einzelwissenschaften aufgeschlossen gegenüber. Er stellt den Menschen in den kosmischen Gesamtzusammenhang, was ja auch bedeutet, ihn in das Reich des Biopsychischen (Natur) einzugliedern.

Weltoffenheit und Geschichtlichkeit

Alles in allem herrscht ein **problematisches Verhältnis zwischen Philosophie und Wissenschaft** vor, dem Gehlen durch die Kompromissformel ›empirische Philosophie‹ zu entkommen sucht. »Arnold Gehlen zerschlägt den Gordischen Knoten, ohne ihn zu lösen, wenn er die Philosophie selbst als empirische Wissenschaft zu betreiben vorgibt« (Schnädelbach 1983, 265). Gehlens effektvoller Schwur auf die Empirie hat dennoch mehr als nur rhetorische Bedeutung. Seine Auswahl der positiven Fachwissenschaften ist selektiv, sie schließt von Anfang an die sogenannten Geisteswissenschaften, allen voran die Geschichtswissenschaft, als realitätsfernen, unwirklichen Geist aus.

Sein Theorieansatz, der sich an die Vorgegebenheit des *homo natura* bindet und Weltoffenheit als Faktum und nicht als sinnhafte, sich historisch ereignende Welteröffnung behandelt, versäumt es daher, Geschichte als Parameter aufzunehmen. Prinzipiell verspielt ist damit die Offenheit gegenüber der Möglichkeit und Unmöglichkeit der Frage nach dem Menschen. Schelers Ausgriff auf den absoluten Weltgrund, seine beabsichtigte ›Relativierung des historischen Seins‹ zugunsten der Ewigkeit lässt ebenfalls kein auffallendes Interesse an der Geschichte im Sinne eines offenen Prozesses erwarten. Zu seinen Gunsten muss aber gesagt werden, dass die zwei kosmischen, um den Lauf der Welt ringenden ›Mächte‹ (der machtvolle Lebensdrang und der ohnmächtige Geist) in einen offenen Horizont gestellt werden: der Ausgang ist ungewiss.

»Was der Mensch sei, sagt ihm nur seine Geschichte« (DGS VIII, 226). Diesem berühmten diltheyschen Diktum kann Plessner unter der Voraussetzung zustimmen, dass mit ihm keine überzeitliche Wesensbestimmung besiegelt wird. Seine methodische Ergänzung liest sich so: »Wir müssen die *conditio humana* unterhalb ihrer geschichtlichen Prägungen ansetzen und sehen uns deshalb auf die elementarste, gegen alle Deutungen invariante Daseinsweise verwiesen, die wir mit Verkörperung bezeichnen« (PGS VIII, 209). Die plessnersche Anthropologie zwischen Naturphilosophie und philosophischer Hermeneutik versetzt den Menschen in den Schnittpunkt von Geschichte und Natur. Aus dieser Sicht stellt sich der Begriff einer ›**historischen Anthropologie**‹ als bloße Tautologie dar.

Das Theorem des Mängelwesens, das den Metaphysikkritiker Gehlen in die Nachfolge Schelers gerückt hat, verleiht der Kultur, dem Kultivierungs- und Zivilisationsprozess einen kompensatorischen Charakter, so dass man dem Fragehorizont der Philosophischen Anthropologie ironischerweise den Titel »homo compensator« (Marquard 1983) angetragen hat. Für Plessner, der ebenfalls von der Hälftenhaftigkeit und Ergänzungsbedürftigkeit des Menschen spricht, trifft diese Charakterisierung am wenigsten zu. Seine konsequente Durchführung strukturaler Bestimmung gibt dem Menschen eine gebrochene Einheit. »Wir sind nicht nach dem Modell des Zentauren konstruiert – tierisches Triebwesen plus Intellekt und moralische Person –, sondern, wiewohl gebrochen, aufgebrochen, aus einem Guß« (PGS VII, 453).

›Exzentrische Positionalität‹ bedeutet Abständigkeit, konstitutive Entfremdung, Standortlosigkeit, offene Immanenz, Unergründlichkeit, kurzum eine offene und mehrdeutige Lebenssituation. Und wie in der Kritik an Gehlen angeklungen, ist der Mensch schon ›biologisch‹ zur Mehrdeutigkeit befreit, oder gar nicht. Nur in einer unhistorischen und undialektischen Betrachtungsweise geht dem Menschen in seiner beschreibbaren (historisch variierenden) Kulturform ein Urmensch, ein Naturwesen, ein natürliches Ich voraus, das sich vermöge Domestikation, Sublimierung, Zivilisierung, wie auch immer, zur Kulturstufe emporzuläutern hat.

Das verbreitete Paradox, wonach der Mensch sich zu dem erst machen muss, der er ist, spielt an auf eine andere als metaphysische ›Schwebelage‹ (Scheler). Der Mensch hat Plessner zufolge **keinen diesseitigen und keinen jenseitigen Halt**, er muss ohne eindeutig fixierbaren Ort (›u-topisch‹) sich durch sein Tun und seine Werke eine verbindliche ›Lebensform‹, eine Gestalt im Wandel geben, »indem er entwirft, realisiert und wieder überschreitet, was er sein kann« (Fahrenbach 1973, 904). Weder Natur noch Geschichte halten fraglose Maßstäbe für ihn bereit. Das Leben ist dem Menschen aufgegeben, und diese Aufgabe beschreibt Plessner in den **Kategorien des Politischen**. Die Mehrdeutigkeit und Undurchsichtigkeit der exzentrischen Position ist unaufhebbar. »Die Verborgenheit des Menschen für sich selbst – homo absconditus – fällt zusammen mit seiner Weltoffenheit. Er kann sich nie *ganz* in seinen Taten erkennen – nur seinen Schatten, der ihm vorausläuft und hinter ihm zurückbleibt, – einen Abdruck, – einen Fingerzeig auf sich selbst« (PGS VIII, 359).

Unergründlichkeit und Macht

Plessners Beharren auf der ›natürlichen‹ Erbschaft des Menschen, das er mit Scheler und Gehlen teilt, lässt ihn nicht in den Naturalismus abgleiten. Es scheint ihm gelungen zu sein, die Vorbehalte gegenüber der Metaphysik buchstäblich ins Produktive zu wenden. Wenn zunächst das dritte anthropologische Grundgesetz des utopischen Standortes in den *Stufen* (1928) jegliche metaphysische Ortsbestimmung ausschließt, so ist später der Akt der ›Entsicherung‹ und des offen gehaltenen Horizontes in *Macht und menschliche Natur* (1931) geradezu der Ermöglichungsgrund **produktiver Selbstermächtigung**. Der Mensch hat Macht, sofern er sich als offene Frage betrachtet. Die Unergründlichkeit und Unbestimmbarkeit des Menschen und seiner Welt ist die Bedingung der Macht im Sinne schöpferischer Phantasie und produktiven praktischen Könnens. Der ohnmächtig/mächtige Mensch ist sich als schöpferisches Potential unergründlich. Dies bedeutet für das *menschliche Selbstverständnis*: Der Mensch ist sich selbst aufgegeben und er erfährt sich selbst als offene Frage. Für die *Anthropologie*: Sie darf sich vor keinen ideologischen Karren spannen lassen. Dies hat nicht nur Konsequenzen für die Bestimmung des Menschen, sondern auch für den methodischen Status und Anspruch der Philosophischen Anthropologie. Der Mensch als ›Macht und offene Frage‹ unterläuft alle Prätentionen auf überzeitliche Wesensbestimmungen. Nimmt man den Terminus der ›Unergründlichkeit‹ ernst, dann hat sich Anthropologie offen zu halten gegenüber allen Möglichkeiten, in denen der Mensch sich verstehen kann. Sie darf für ihre Strukturbegriffe »keinen abschließend-theoretischen, sondern nur einen aufschließend-exponierenden Wert beanspruchen« (PGS VIII, 39).

Innen-Außen-Verhältnis

Misst man die drei anthropologischen Theorieansätze Schelers, Plessners und Gehlens einschließlich der Daseinsanalytik Heideggers an ihrem **Verhältnis zur Innen-Außen-Struktur**, dann ergibt sich folgendes Bild: Heidegger und die Existenzphilosophie verlegen ihren methodischen Ausgangspunkt in die Innerlichkeit sich verstehenden Selbstbezugs (existentieller Vollzug), während die Anthropologie vorwiegend die Außenperspektive besetzt. Leben, Körper, Verhalten, Ausdruck repräsentieren den sichtbaren Aktionsraum des Menschen, der erfahrungswissenschaftlicher Behandlung zugänglich ist und den die Anthropologie weitgehend mit den objektivierenden Humanwissenschaften teilt. Zur Existenzphilosophie gehört ferner die Betonung des Individuums. Heidegger stellt mit seinem **Existenzial der ›Jemeinigkeit‹** den Akt individueller Selbstwahl und Selbstwerdung heraus. Vom ›Dasein‹ sagt er: »Das Sein dieses Seienden ist *je meines*« (SuZ, 41). Ebenso spricht er vom Tod, der je der meine, das Gewissen, das je meines ist usw.

Die schelersche Philosophie hat als Wesensphänomenologie (Evidenzerleben, materiales Apriori) und ethischer Personalismus naturgemäß eine große Affinität zur Innenperspektive, seine Anthropologie dagegen ist im Postulat psychisch-physischer Begriffsbildung um einen Ausgleich beider Perspektiven bemüht. Gehlens empirisches Methodenideal macht von Anfang an die Außenperspektive stark (›morphologische Hinsicht‹). Kehrseite seines biologisch begründeten Plädoyers für die *vita activa* ist die strategische Herabsetzung kontemplativer Innerlichkeit: ›Subjektivismus‹ avanciert zur Zentralkategorie seiner Kulturkritik. Die Handlung als Aktionsmodus ›nach außen‹ vollzieht sich umso ungehinderter, je weniger Störfaktoren ›von innen‹ (Reflexion, Sinnansprüche usw.) auftreten. Dem Menschen der Moderne ist aufgrund zivilisatorischer Überentlastung das Ideal selbstvergessener Sachhingabe, von dem die archaische Gesellschaft noch untergründig beherrscht war, verloren gegangen. Das sich in seinen Innenwelten spiegelnde, auf sich selbst zurückgeworfene Individuum beschwört zusammen mit dem Selbstlauf und der Entartung der Großorganisationen

(›Superstrukturen‹) unüberwindliche Gefahren für die institutionelle Sicherung moderner Gesellschaft herauf. Das autonome, entscheidungsfähige politische Subjekt ist eine Phantasmagorie, mit der kein Staat zu machen ist.

Wie Gehlen in der **Handlung**, so betont Plessner im ›**Ausdruck**‹ die Außenperspektive. Aber seine Strukturform der Positionalität und Aspektdivergenz stellt Innen und Außen in ein antagonistisches, spannungsgeladenes Verhältnis: Inneneinsicht und Körperansicht sind in einem gegensinnigen Antagonismus ineinander verschränkt. Gleichsam in Opposition zur Existenzphilosophie, Existenzialontologie und aller verinnerlichenden Tendenzen erklärt er die Ausdruckscharaktere zu einer Perspektive, in der sich der Mensch als geistig-seelisch-leibliche Einheit thematisch wird (vgl. PGS VIII). Diese der Anthropologie ans Herz gelegte Sichtweise darf aber nicht als ontologisches Ungleichgleichgewicht gedeutet werden. Hier gilt: Veräußerung bedingt Verinnerung. Plessner, der den Begriff der ›**offenen Immanenz**‹ (PGS V, 222) geprägt hat, hegt Argwohn gegen alle Positionen geschlossener Innerlichkeit, weil sie die Gefahr des (methodischen, metaphysischen) Dualismus heraufbeschwören.

Der Dualismus als Herausforderung an die Anthropologie

Die Metaphysik zog die Kritik nicht nur wegen ihres Anspruchs auf überzeitliche Wesensbestimmung auf sich, sondern auch wegen der Unausweichlichkeit ihres dualistischen Weltbildes. Dem traditionell der philosophischen Anthropologie zugerechneten Leib-Seele-Problem versucht Scheler mit Hilfe des methodischen Gebots psychophysischer Indifferenz Herr zu werden – und gewinnt dafür entschiedene Befürworter und Nachfolger –, reißt aber bedauerlicherweise eine Kluft anderer Art auf: die **Dualität von Leben und Geist**. Wie ist bei ihm der Leib, als einer der anthropologischen Kernbegriffe, positioniert?

Wie das Ich die formale Möglichkeitsbedingung meiner seelischen Erlebnisse, so ist der Leib identischer Bezugspunkt aller meiner Organempfindungen, die zusammen in einem Leib notwendig gegeben sind (SGW 2, 401). Wir finden hier das Verhältnis von Einheit und Mannigfaltigkeit, von Form und Gehalt im kantischen Sinne gespiegelt. Der Leib ist Berührungsmedium von Realität und Umwelt (Körper), als Bewusstsein zerfällt er in eine innere und äußere Anschauungsrichtung. Topologisch steht er im Grenzverkehr mit dem Physischen, Psychischen und dem Ich und bildet mit ihnen zusammen den Bereich des Gegebenen. Das ontologische Reich der Gegebenheit und des Biopsychischen aber steht in schroffer Antithese zur geistigen Person, die in ihrer Akthaftigkeit und Übergegenständlichkeit nicht von dieser Welt ist. Obgleich der Leib kategorial weder dem Physischen noch dem Psychischen zugerechnet wird, ergibt sich ein dualistisches Gesamtbild: die künstliche Unterscheidung von innerer und äußerer Anschauung und die Trennung zwischen einer (naturalen) Basisgegebenheit und einem (geistigen) Überbau.

Die schelersche Errungenschaft psychisch-physischer Begriffsbildung scheint erst in einem konsequent durchgeführten **Strukturmodell** auf fruchtbaren Boden zu fallen, wie dies am Theorieansatz Plessners zu demonstrieren ist. Die Merkmale menschlicher Körperlichkeit werden als ›Rückbezüglichkeit‹, ›Instrumentalität‹, ›Exteriorität‹, ›Expressivität‹ angegeben (PGS VIII, 321). Als grenzerhaltender Körper steht der Organismus in nichtumkehrbarer gegensinniger Relation zum Lebensraum, führt im Zusammenspiel mit ihm einen zirkulären Austausch. Die Verhältnisbestimmung von Organismus und Umgebungsfeld versucht, ohne lebensfremde Faktoren von außen (Geist, Trieb, Wille usw.) auszukommen. Der Rhythmus des Leibköpers, das Oszillieren zwischen Körper-Sein und Körper-Haben ist das Lebensgesetz der geschlossenen Organisationsform, die Mensch und Tier nahe aneinander rückt. Der Übertritt von der Stufe des Tieres zur Stufe des Menschen begründet keine neue Organisationsform, wie etwa der schelersche Übergang vom Biopsychischen ins Reich des Geistes eine neue ontologische Dimension eröffnet. Zur gleichen Organisationsform gehörend, unterscheiden sich Mensch und Tier als zentrische und exzentrische Positionalität in minimaler Strukturdifferenz – eine Differenz allerdings von großer Wirkung.

Eine *strukturale* Grundposition, die mit dem Bewegungsgesetz der Gegensinnigkeit, des Antagonismus arbeitet, wie dies für Plessner zutrifft, kann an der sauberen ›ontologischen‹ Trennung von Umwelt und Welt (Scheler und Gehlen) nicht ihr Genügen haben. Ebenso wenig wie das Tier nur Partikel im Funktionszusammenhang mit der Umwelt ist, so vermag der Mensch als freiheitliches Wesen und geistige Person auszuschwingen in die unbegrenzte Offenheit des Welthorizontes (uexküllsche Umweltlehre plus platonische Metaphysik).

Anthropologie und politische Theorie

Plessners Perspektive der Politik (**Politik als Organon**) bereichert die Philosophische Anthropologie um die Dimension der Macht im Sinne des Könnens. Die ›politische Anthropologie‹ darf als Summe und Apotheose des plessnerschen Werkes angesehen werden, sie bringt den biophilosophisch-hermeneutischen mit dem sozialphilosophisch-politischen Teil zur Einheit.

Die Ungesichertheit des weltoffenen Lebewesens fordert zu unterschiedlichen anthropologischen Grundpositionen und Versicherungsformen heraus. Unwiderstehlich ist der Drang, das ›unfestgestellte Tier‹ doch noch festzustellen! Scheler gibt dem Erdenmenschen in seinem dunklen Drange einen transzendenten Rettungsanker mit auf den Weg. Gehlen verordnet dem eigensüchtigen, wankelmütigen und triebgesteuerten Naturwesen die Zucht und die bedingungslose Entäußerung in den Institutionen. Heidegger und Plessner bestehen darauf, dass der Mensch sein' Sach' auf nichts gestellt hat. Vor dem Pathos heroischer Nichtigkeit und abgründiger Geworfenheit (Verachtung bürgerlichen Lebens im ›Man‹ und ›Gerede‹ bei Heidegger) rettet Plessner sich durch seine Theorie des Politischen. Sie setzt gegen die Versicherungsform der Institution (Gehlen) die zur Produktivität entsicherte eigene Ermächtigung: der Mensch innerhalb und außerhalb gesellschaftlicher Lebensformen, die keine absolute Sicherheit bieten können. Während das Individuum sich nach der gehlenschen Institutionenlehre bedingungslos dem Ordnungsgebot zu unterwerfen hat, fordert Plessner politische Spielräume für die Entfaltung aller schöpferischen Kräfte. Die ›Gesellschaft‹ als rational durchsichtige und anonyme Lebensform ist für ihn geradezu die Auftrittsbedingung des Individuums, das sich als Rollen- und Maskenträger zeigen und verbergen will (PGS X, 232). Die Anonymität als Bedingung der Individuation und Moment der Freiheit! Damit ist der Bevorzugung der ›Gemeinschaft‹ und ihrer Enge und Stallwärme gegenüber der ›kühlen Gesellschaft‹ eine Absage erteilt und dem modernen ›Kommunitarismus‹ der Boden entzogen (vgl. Arlt 1996, 91).

5. Frontverläufe im Kampf gegen die Anthropologie

Die neuzeitliche **Zentralperspektive auf das Subjekt** begründet nicht nur die Tradition der Transzendentalphilosophie als Letztbegründung (Descartes, Kant, Fichte, Husserl u.a.), sie ist sicherlich auch die Ausgangsbedingung für die Zentrierung philosophischer Themen auf den Menschen. Aber wir müssen den Unterschied zwischen dem ›weltlosen‹ Subjekt als letztem Erkenntnisgrund und dem ›Menschen‹ als Faktum, als Gegebenheit in der Welt, im Blick behalten. Für Husserl, dem letzten großen Vertreter der Transzendentalphilosophie, war die Anthropologie eine mundane Disziplin, eine Weltwissenschaft, die zum Aufbau der Philosophie aus letzten Gründen nichts beizutragen hatte. Die ›naive‹ Sicht auf die Welt als vorgegebene Tatsache musste suspendiert werden zugunsten einer transzendental-phänomenologischen Blickweise, die die Welt in ein ›Phänomen‹ verwandelte und ihren Aufbau in subjektiv-konstitutiven Akten zeigte (vgl. Seite 43).

Die Gegner

Als Heidegger seine existenziale Analytik des Daseins in *Sein und Zeit* vorstellte, vermochte Husserl darin nur den Zerrspiegel eines ›**transzendentalen Anthropologismus**‹ zu erblicken. Wie kann man, fragte er, das menschliche Dasein als Weltgegebenheit für das transzendentale Ego nehmen und ihm gleichzeitig konstitutive Aufgaben zuweisen? Heidegger kontert mit der Gegenfrage: Was ist die Seinsart dieses Seienden, das man das leistende Subjekt oder reine Ego nennt? Er lehnt die transzendentale Reduktion ab und stützt seine Daseinsanalytik auf die Auslegung der ursprünglichen sinnhaften Erschlossenheit des Daseins. (Die Dokumente der Auseinandersetzung zwischen Husserl – Heidegger in Cristin 1999, 14ff.). Die Frage nach dem menschlichen Dasein lenkt auf die Frage nach dem ›Sein als solchen‹ hin. Gegenüber der Frage nach dem Sein ist die Frage nach dem Menschen zweitrangig: Der Mensch bestimmt sich im Verhältnis zum Sein und nicht umgekehrt.

Ein ähnliches Theoriemodell scheint bei Scheler vorzuliegen, der den Menschen im Verhältnis zum absoluten Weltgrund bestimmt. Die Fundamentalontologie Heideggers wird hier offenbar ersetzt durch eine pantheistische Onto-Theologie. Aber der äußere Anschein trügt. Schelers dualistisches Weltgebäude besetzt mit den Zentralkategorien des Lebens (Lebewesens) und ekstatischen Gefühlsdranges auch die Dimension des Kreatürlichen und Mitgeschöpflichen menschlichen Daseins – eine Dimension, auf die Heideggers Daseinsanalytik meint verzichten zu können. **Anthropologie wird metaphysisch** und rückt ins Zentrum des philosophischen Fragens (vgl. Seite 90).

Während also für Husserl die Anthropologie eine lästige und Verwirrung stiftende Erscheinung ist, nähert Heidegger sich ihr an. Er setzt an die Stelle der von ihm verachteten zeitgenössischen Anthropologie die Daseinsanalytik und mit ihr die erste Skizze zu einer ›existenzialen Anthropologie‹ – und wird zu einem der prominenten Mitbegründer der Existenzphilosophie neben Jaspers, Marcel u.a. Heidegger und Scheler rücken insofern zusammen, als sie den Menschen in Bezug auf ein ›Umgreifendes‹ – Sein und Seinsgeschick, absoluten Weltgrund und Gott – bestimmen.

Hier geht es also um ein Konkurrenzverhältnis im Anspruch auf letzte Gründe. Eine andere Perspektive gewinnen wir, wenn wir probeweise die **Alternative von Geschichte und Natur** (vgl. Marquard

1971, 369f.; 1987, 40f.) als dialektischen Ausgangspunkt setzen. Anthropologie formiert sich demnach im 19. Jahrhundert in der naturalistischen Opposition zur hegelschen Geschichtsphilosophie und historischen Metaphysik der Freiheit. So lässt sich für das 20. Jahrhundert verstehen, dass Heidegger in Diltheys Philosophie des Lebens nur eine geschichtsferne und seinsvergessene Metaphysik, er sprach von »anthropologischer Grundeinstellung« (*Holzwege*, 92), zu sehen vermochte. Aber schon Scheler, der sich übrigens für die Annäherung der Phänomenologie an die Hermeneutik nicht erwärmen konnte, lässt sich nicht widerspruchslos in das Bild einfügen. Er erhebt Protest gegen das Menschenverständnis des *homo naturalis* und *homo faber* und den naturalistischen Zeitgeist – nicht wegen seiner Geschichts-, sondern wegen seiner Geistferne – und verweist auf die geistigen Werte und die Weltoffenheit der Geistperson. Während man Plessner und seiner hermeneutischen Intention Geschichtsblindheit nicht vorwerfen kann, bleibt in der weiteren Diskussion um die Anthropologie der Makel des **geschichtslosen Naturalismus** an Gehlen haften. Entgegen der marquardschen These erhebt sich schon innerhalb der modernen Anthropologie Widerspruch gegen den Naturalismus. Aber noch ganz im Sinne dieser These wendet sich das marxistische Denken bis hin zur Frankfurter Schule gegen die Anthropologie mit dem Vorwurf der Geschichtslosigkeit.

Unversöhnlich zeigt sich die kritische und dialektische Gesellschaftstheorie der **Frankfurter Schule** gegenüber den »Deklamationen über den Menschen« (Adorno AGS 20.1, 262): Die Anthropologie ist schon ihrer Idee nach verfehlt. Der ›Mensch‹ ist überhaupt nichts Ursprüngliches, für sich Seiendes, sondern immer schon ›vermittelt‹, Teil eines Ganzen, Partikel in einem gesellschaftlichen und geschichtlichen Prozess. Die Anthropologie verdankt sich daher einer unzulässigen Abstraktion, sie hat sich ihren ›Gegenstand‹ dadurch erschlichen, dass sie ein Moment in einem unzertrennlichen Ensemble isoliert und für das Ganze ausgegeben hat. Außerdem begegnet man der Vorliebe des anthropologischen Diskurses für Wesensbestimmungen und ›Konstanten‹ (Naturkonstanten, anthropologische Konstanten) mit Misstrauen. Man argwöhnt hier die verschleierte Legitimation verdinglichter historisch-gesellschaftlicher Prozesse.

Wenn wir Theodor W. Adorno zu Wort kommen lassen, dann zeigt sich, wie der Frontverlauf von der jeweilig eingenommenen Perspektive abhängt. Aus der Sicht Adornos sind Anthropologie und Existenzialanalyse dasselbe.

»›Der Mensch‹ – das ist nicht, wie man wohl meint, der Daseinsgrund, zu dem man durchzudringen hätte, um gegenüber der geschichtlichen Verstricktheit festen Boden unter die Füße zu bekommen oder gar das Tor zum Wesenhaften aufzustoßen. Sondern der Mensch ist ein von den bestimmten historischen Menschen und ihren Beziehungen abgezogenes Abstraktum [...], das dann hypostasiert wird« (AGS 8, 448f.).

Ins gleiche Horn stößt Max Horkheimer in seinem Aufsatz *Zum Begriff des Menschen* (1957), wenn er die »Verfallenheit ans anthropologische oder existentielle Trugbild« geißelt oder von dem Glauben spricht, »der die abstrakten Begriffe Sein und Mensch zum Konkreten deklariert« (HGS 7, 59). Die Kritische Theorie zeigt nun eine besondere Empfindlichkeit gegenüber der Kulturanthropologie, die ebenfalls darauf besteht, den Menschen als Teil des kulturellen und geschichtlichen Gesamtprozesses zu verstehen. Sie hat mit der Anthropologie Erich Rothackers offenbar leichtes Spiel (Adorno AGS 20.1, 136ff.; Horkheimer HGS 13, 14ff.).

Kulturanthropologie und Gesellschaftstheorie kommen sich also über den Anspruch ins Gehege, den Blick auf die gesellschaftliche Gesamtwirklichkeit (vgl. Landmann 1961, 16) erweitert zu haben. Die ›Frankfurter‹ besetzen darüber hinaus angestammtes anthropologisches Terrain, wenn sie – wie Adorno – das ›Eingedenken‹ des vergessenen Naturanteils fordern. Von den prominenten ›Frankfurtern‹ hat nur Jürgen Habermas eine Gesamtdarstellung der Anthropologie vorgelegt, allerdings in einem Lexikon-Artikel und zu gewisser Neutralität verpflichtet (Habermas 1958). So konnte über die ›Möglichkeiten und Grenzen anthropologischer Kritik an der Neuen Linken‹ nachgedacht werden (Lepenies 1971, 115ff.). Der Kontroverse Gehlen – Habermas haben die Soziologen Wolf Lepenies und Helmut Nolte in ihrem Buch *Kritik der Anthropologie* (1971) ein Kapitel gewidmet.

Die Überwinder

In all diesen Fehden und wechselvollen Frontstellungen ist ein Zug der gereizten Aufmerksamkeit, ja der ressentimentgeladenen Bewunderung für die Anthropologie nicht zu übersehen. Wie ein kalter Staatsstreich nimmt sich dagegen die Großtat des ›**Strukturalismus**‹ aus (berühmte Vertreter, aber nicht immer bekennende Strukturalisten: Claude Lévi-Strauss, Jacques Lacan, Roland Barthes, Louis Althusser, Michel Foucault): die kopernikanische Wendung auf das Subjekt einfach aufzuheben und **den ›Menschen‹ zu verabschieden**. Die aus dem Schlummer erwachte Philosophie kommt ohne ein Zentrum aus: ohne das transzendental-konstitutive Subjekt, ohne das seinsverstehende Dasein und den leibsinnlichen Menschen – die ›transzendental-empirische Dublette‹ (Foucault) wird hinfällig.

Das **Wahrnehmungsfeld der ›Strukturalisten‹** artikuliert sich in Differenzen und Oppositionen, in Struktur- und Funktionszusammenhängen, in anonymen Prozessen und Diskursformationen, die sich selbst genügen und nicht wieder im Subjekt zentriert sind. Man denke an die in der Gestalttheorie gesetzte Differenz zwischen Figur und Grund, an die Melodie, deren Gesamtordnung mehr ist als die Summe ihrer Teile. Das Generalzentrum ›Subjekt‹ wird ersetzt durch wechselnde Zentrierungen und (in der Geschichte) spontan auftretende Konfigurationen; die Zentralperspektive zerfällt in eine unermessliche Anzahl von Perspektiven, wobei Zeigen und Verbergen in ein unaufhebbares Wechselspiel zueinander treten: Das eine ist die Bedingung des anderen. Wenn Michel Foucault, in dessen Werk auch der Geist Nietzsches und Heideggers weht, von den Spielen und Strategien der Macht spricht, meint er Spiele ohne Spielleiter, Strategien ohne Strategen.

Das Subjekt ist aus dem Zentrum seines Universums verstoßen und entmachtet, der Traum des anthropozentrischen Weltbildes ist unwiderruflich zerstört und die Philosophie hat für die **verschlafene Anthropologie** nur ein verhaltenes Lachen übrig. Foucault deutet Nietzsches Botschaft der Philosophie der Wiederkehr und des Übermenschen als die uneingestandene Wahrheit, »daß der Mensch bereits seit langem verschwunden war und immer weiter verschwand, und daß unser modernes Denken vom Menschen, unsere Sorge um ihn, unser Humanismus heiter auf seiner grollenden Nichtexistenz schliefen« (Foucault 1974, 389). Wenn wir für die Einsicht in den selbstverschuldeten Tod Gottes reif sind, dann vermöchten wir auch einsehen, dass das abendländisch-humanistische Selbstbild des Menschen längst zum Trugbild geworden ist. Berühmt geworden ist das foucaultsche Diktum aus *Die Ordnung der Dinge* (1974), wonach man nur noch in der Leere des verschwundenen Menschen denken könne. Jetzt endlich sei Raum geschaffen, in dem es möglich sei, zu denken (ebd., 412). Den ›Anthropologen‹ gebührt nur ein »philosophisches Lachen«; d.h. all denjenigen,

> »die noch vom Menschen, von seiner Herrschaft oder von seiner Befreiung sprechen wollen, all jenen, die noch fragen nach dem Menschen in seiner Essenz, jenen, die von ihm ausgehen wollen, um zur Wahrheit zu gelangen, jenen umgekehrt, die alle Erkenntnis auf die Wahrheiten des Menschen selbst zurückführen, allen, die nicht formalisieren wollen, ohne zu anthropologisieren, die nicht mythologisieren wollen, ohne zu demystifizieren, die nicht denken wollen, ohne zugleich zu denken, daß es der Mensch ist, der denkt [...]« (ebd., 412).

IV. Neuorganisation des anthropologischen Feldes nach 1945

1. Zeitgeschichtliche Kulisse

Die Spur der Philosophischen Anthropologie droht sich im weltanschaulichen, gesellschaftlichen und wissenschaftlichen Kräftespiel der Nachkriegszeit zu verlieren. Die **Existenzphilosophie** als ihre treue Begleiterin weiß sich gesichert durch den Rückhalt so bekannter Namen wie Martin Heidegger und Karl Jaspers, sie erhält energische Unterstützung vom französischen Existentialismus (Jean-Paul Sartre, Gabriel Marcel, Albert Camus), der einen fulminanten Aufstieg erlebt. Aber in ernsthafte Bedrängnis gerät sie erst durch die Konsolidierung der **Ethologie** (Verhaltenswissenschaft), die seit den 1950er Jahren mit den Arbeiten von Erich von Holst, Niko Tinbergen und Konrad Lorenz einen unerwarteten Aufschwung nimmt. Sie begegnet der Philosophischen Anthropologie auf biologischer Ebene und kann als empirische Forschung mit einer breiten gesellschaftlichen Anerkennung rechnen. Konrad Lorenz (1903-1989) erlangte mit seiner ›vergleichenden Verhaltensforschung‹ große Publizität und Popularität, er besetzt das Feld tierischen und *menschlichen* Verhaltens und stiehlt gewissermaßen der Anthropologie die Schau. Die witzig-entlarvenden Analogien aus dem Tierreich kamen gut an, sie wurden Tages- und Partygespräch. Entwaffnend war die Art und Weise, wie Lorenz dem Menschen den Spiegel vorhielt. Ähnlich wie seinerzeit die Psychoanalyse Freuds, so bereicherte die Ethologie den Wortschatz des Alltags: Unterwerfungsgeste, Beißhemmung, Imponiergehabe, Balzritual, Aggression, Hackordnung, Alpha-Tier usw. Nur die linken Gesellschaftstheoretiker erwiesen sich als Spielverderber, sie verbaten sich die Vertierung des Menschen, sprachen von Biologismus und Evolutionismus und warnten vor sozialdarwinistischen Legitimationsversuchen gesellschaftlichen Lebens. In der ›**Gesellschaft**‹ als Leitbegriff der 1960er Jahre war der Philosophischen Anthropologie eine weitere, die dritte, unversöhnliche Konkurrenz erwachsen.

Soziologie statt Anthropologie
Im Stimmengewirr der Nachkriegsgesellschaft, die nach anfänglichem traumatischen Verstummen und verbissener Aufbauleistung allmählich zu politischem Bewusstsein erwachte, vermochte die Philosophische

Anthropologie sich kaum Gehör zu verschaffen. Die 1950er Jahre waren geprägt vom unpolitischen und restaurativ-autoriären Klima der Adenauer-Ära. Die Auseinandersetzung mit der beschämenden jüngsten Vergangenheit suchte man sich durch verdoppelte Anstrengung im Wiederaufbau und durch angepasstes Wohlverhalten zu ersparen. Hunger nach Weltanschauung konnte nach den Jahren der Indoktrination nicht aufkommen, und die Jahre der gegenseitigen Schuldvorwürfe, der Grundsatz- und Ideologiedebatten schienen noch fern. Experimente waren vorläufig nicht gefragt, aber man suchte für den betriebsamen und materiell-handgreiflichen Lebensalltag nach einem geeigneten ideellen Dekor, das sich in einer im weitesten Sinne **christlichen Weltanschauung** mit ihren Vertretern Romano Guardini, Josef Pieper, Martin Buber, Pierre Teilhard de Chardin, Carl Friedrich von Weizsäcker u.a. bot.

Aber schon werfen die 1960er Jahre ihre Schatten voraus. Gefragt waren Theoretiker vom Anforderungsprofil des Soziologen (und nicht etwa des Anthropologen), und die Exponenten der Philosophischen Anthropologie, Plessner und Gehlen, werfen sich das Gewand des Soziologen über. Aus der holländischen Emigration heimgekehrt, erhält Plessner einen Ruf an die Universität Göttingen. Er nimmt dort den neu gegründeten Lehrstuhl für Soziologie ein und behält sich das Recht vor, auch Philosophie lehren zu dürfen. Gehlen wird bereits 1947 an die von der französischen Militärregierung gegründete Hochschule für Verwaltungswissenschaften in Speyer berufen. Als Professor der Soziologie wechselt er dann 1962 an die Technische Hochschule Aachen.

Alles nur Verwandlungskunst in Zeiten konjunkturellen **Aufschwungs der Soziologie**? Das soziologische, sozialphilosophische Engagement war der Philosophischen Anthropologie von Anfang an eigen: Scheler war Mitbegründer der Wissenssoziologie, Plessner veröffentlichte noch vor seiner anthropologischen Grundlegung (*Die Stufen des Organischen und der Mensch*, 1928) seine sozialphilosophische Schrift *Grenzen der Gemeinschaft* (1924) und legte damit den Grundstein zu seiner ›politischen Anthropologie‹. Gehlen fügt seiner Anthropologie von 1940 eine Institutionenlehre (*Urmensch und Spätkultur*, 1956), eine sozialpsychologische Studie (*Die Seele im technischen Zeitalter*, 1957) und eine Genealogie der Moral (*Moral und Hypermoral*, 1969) hinzu.

Linke und rechte Kulturkritik

Als das Institut für Sozialforschung in den fünfziger Jahren von New York nach Deutschland zurückkehrte, stand es vor der Aufgabe, geeignete Mitarbeiter zu gewinnen. Da der Kontakt zu den engen Vertrauten der Exilzeit »durch stetig anwachsende sachliche und persönliche Entfremdung gekennzeichnet« war (Albrecht u.a. 1999, 156), griff man auf einen ferner liegenden Personenkreis zurück. In die engere Wahl geriet auch Plessner, den man an das Institut zu binden suchte, und selbst Gehlen, der Daheimgebliebene und ehemals Völkisch-Konservative, wurde in der toleranten Anfangsphase 1953 »zu einem Beschnupperungsvortrag eingeladen« (ebd., 167). Trotz aller kritischen Distanz der Frankfurter Schule zur philosophischen Anthropologie entstand zwischen **Plessner und Horkheimer** eine ›Vernunftehe‹, die bis zu Horkheimers Tod 1973 hielt. Auch zwischen **Adorno und Gehlen** bestand, ungeachtet weltanschaulicher Differenzen im Großen, eine Übereinstimmung im Detail (Themen der Ästhetik, Kultur- und Gesellschaftskritik) und ein freundschaftliches Einvernehmen. »An der Frage, ob die gesellschaftlichen Strukturen als Entlastung oder Entfremdung zu bewerten seien, scheiden sich endgültig die Geister« (Thies 1997, 125).

Bleibt anzumerken, dass trotz der in den 1960er Jahren einsetzenden Polarisierung zwischen linker und rechter Gesellschaftsauffassung die **vorherrschende Kulturkritik** erstaunlich homogen war. Das Räsonnement über Kapitalismus, Naturwissenschaft, Technik und Vernunft einte so unterschiedliche Geister wie Heidegger, Gehlen, Schelsky auf der einen und Horkheimer, Adorno, Marcuse, Anders, Habermas auf der anderen Seite.

Dennoch gehörten die Scharmützel zwischen linkem und rechtem Spektrum zur damaligen Tagesordnung. Eine kräftige Farbschattierung in der leidenschaftlich geführten Debatte um eine gerechtere Gesellschaftsordnung boten Gehlens Schelte gegen die parasitäre Klasse der Intellektuellen und seine sarkastischen Glossen zum unaufhaltsamen Zerfall der Institutionen. Als Befürworter des starken Staates stand er im Gegenwind der linksintellektuellen Kritik. Habermas empfahl 1970 gegen die gehlensche ›Verschwörungsvision‹ die Analyse ihrer historischen Wurzeln: »Ein im Dreieck Carl Schmitt, Konrad Lorenz, Arnold Gehlen entwickelter Institutionalismus könnte leicht das Maß an Breitenglaubwürdigkeit erhalten, das kollektiven Vorurteilen genügt, um virulente Aggressivität zu entbinden und gegen innere Feinde, mangels äußerer, zu richten« (Habermas 1984, 126).

Für Plessner dagegen waren die Institutionen nur Versicherungsformen auf Widerruf, ihnen kam weder Ewigkeitswert noch widerspruchslose Autorität zu. Der Mensch in der exzentrischen Position ist sich selbst unergründlich und damit in eine offene Lebenssituation gestellt, die er in schöpferischer Eigenmacht praktisch, d.h. ›politisch‹ zu gestalten hat. Die größte Versuchung dieser offenen Lebensform sieht Plessner darin, sich selbst zu paralysieren in zentrischen Selbstentwürfen und in verschließenden Weltbildern und Utopien. Dazu zählte er den Eurozentrismus. Geschichte betrachtete er als einen offenen Prozess, zu dem der freie Wettbewerb der Kulturen gehört. Obwohl Plessner viel Weitsicht bewiesen hat für die Gefahren, die der zivilen Gesellschaft von der Gemeinschaftsideologie und dem Staatstotalitarismus drohen, war er zunächst dem aristokratischen Ideal Max Weber'scher Führungsdemokratie gefolgt, bis er sich dann unter dem Druck der politischen Ereignisse in den 1930er Jahren zur parlamentarischen Demokratie bekannt hat. Wie Plessner sich politisch positioniert hat zwischen Carl Schmitt, Martin Heidegger und anderen Denkern und welche Wandlungen er dabei vollzog, beschreibt Kersten Schüßler (2000, 102f., 118f., 138; vgl. Kramme 1989).

Drei Schlüsselereignisse

Versucht man das Spannungsgefüge, in dem sich die Philosophische Anthropologie zu behaupten hatte, zu rekonstruieren, dann fallen drei *Schlüsselereignisse* von bezwingender Symbolkraft ins Auge: (1) Die Schließung des Instituts für Umweltforschung des renommierten Biologen Jakob von Uexküll bald nach dessen Tod 1944 bei gleichzeitigem Aufstieg der Verhaltensforschung. (2) Plessners kommissarische Leitung des Frankfurter Instituts für Sozialforschung 1952/53. (3) Heideggers Gespräche und Seminare in Zollikon von 1959 bis 1969.

(1) Symbolträchtig an der Schließung des Uexküll'schen Instituts ist, dass eine ›sinndeutende Biologie‹, die Lebensprozesse als zirkuläres Zeichengeschehen beschreibt, sich der Nomenklatur des Subjekts bedient und an einen übergreifenden Kompositionsplan der Natur festhält, vor einem evolutionär-mechanistischen Naturverständnis zurückweicht. Genauer müsste man sagen: einer wissenschaftspolitischen Entscheidung gemäß hat weichen müssen. Darin zeichnete sich auch ein **Strukturwandel innerhalb der Biologie** ab, die sich von philosophischen und anthropologischen Positionen auf die ›streng naturwissenschaftliche‹ Erforschung angeborener, stammesgeschichtlich entstandener Anpassungsleistungen zurückzieht. Die Philosophische Anthropologie verliert damit einen starken biologischen Rückhalt und getreuen Mitstreiter im Kampf gegen den ›Evolutionismus‹ und den Primat der Vererbung.

Hier muss allerdings auf die Divergenz innerhalb der Philosophischen Anthropologie hingewiesen werden. Während Plessner gegen das öffentliche Vergessen der Anthropologie anschreibt (*Immer noch Philosophische Anthropologie?*, 1963; *Der Aussagewert einer Philosophischen*

Anthropologie, 1973), feiert Gehlen als Soziologe, streitbarer Kulturkritiker (zusammen mit Helmut Schelsky) und Verteidiger der Verhaltensforschung publizistische Triumphe, und zwar zu einer Zeit, als auch Lorenz im Zenit seines Ruhmes steht. An dieser allgemeinen Aufmerksamkeit partizipiert allerdings auch sein Buch *Der Mensch*, das im Lauf der Jahre mehr als zehn Auflagen erreichte. Die 1990er Jahre erleben dann den Niedergang der vergleichenden Verhaltensforschung (Schließung des Max-Planck-Instituts für Verhaltensphysiologie in Seewiesen bei Starnberg), statt dessen zeigt sich die Philosophische Anthropologie – dank ausgleichender Gerechtigkeit – in einem gelinden Aufwind.

(2) Ein weiteres Ereignis von gewisser Symbolkraft ist das Auftreten Plessners in Frankfurt. 1952/53 vertrat er im Institut für Sozialforschung Theodor W. Adorno, der ein Jahr in den USA zubringen musste, um den Anspruch auf seine amerikanische Staatsbürgerschaft nicht zu verlieren. Plessner, selbst kein Anhänger der Kritischen Theorie, wusste, dass man seine Anthropologie für obsolet hielt (vgl. M. Plessner 1995, 59). Mehr noch: Bei den ›Frankfurtern‹ stand die philosophische Anthropologie grundsätzlich unter Ideologieverdacht. Für Adorno ist ›der‹ Mensch ein bloßes Abstraktum und Surrogat, das sich allein hypostasierender Begriffsbildung verdanke (vgl. AGS 8, 449).

Aber in der Verteidigung der Psychoanalyse Freuds gegen deren Auflösung in Soziologie und amerikanische Kulturanthropologie treten Horkheimer und Adorno entschieden für die Beibehaltung der Libido, des Konzepts der Kastration und des Ödipus-Komplexes ein, also für jenen konstitutiven Teil der Psychoanalyse, der als ›Triebpsychologie‹ denunziert wurde. Für Adorno sind Schmerz und Leid so etwas wie ein Organon der Erkenntnis. Erinnert sei an die ›**Kulturismusdebatte**‹ und Kontroverse zwischen Herbert Marcuse und Erich Fromm, dem man die kulturanthropologische Relativierung freudscher Thesen und die Indienstnahme der Psychoanalyse für die amerikanische Kulturindustrie vorwarf. Die Linke in der Bundesrepublik beklagte die **Existentialisierung und Anthropologisierung der Psychoanalyse** bei gleichzeitigem Verlust ihres Naturanteils. Sie selbst war bestrebt, die psychoanalytischen Theorien in das interdisziplinäre Forschungskonzept der kritischen Gesellschaftstheorie zu integrieren und Freud mit Marx zu versöhnen (vgl. Görlich/Lorenzer/Schmidt 1980, 61, 79).

In dieses Umfeld gehören die ihrem Titel nach ›anthropologisch‹ klingenden Bücher Herbert Marcuses: *Der eindimensionale Mensch. Studien zur Ideologie der fortgeschrittenen Industriegesellschaft* (1970) und *Triebstruktur und Gesellschaft. Ein philosophischer Beitrag zu Sigmund Freud* (1971); und Günther Anders mit seinem zweibändigen Werk *Die Antiquiertheit des Menschen*. Bd. 1: *Über die Seele im Zeitalter der zweiten industriellen Revolution,* und Bd. 2: *Über die Zerstörung des Lebens im Zeitalter der dritten industriellen Revolution* (1. Aufl. 1956 und 1980). Beide sind in den genannten Büchern weit davon entfernt, die Tradition der philosophischen Anthropologie fortzusetzen, eher schon die der deutschen Kulturkritik – wie den jeweiligen Untertiteln zu entnehmen ist. Die Stoßrichtung weist gegen Existenzphilosophie, Anthropologie und nivellierende Soziologisierung nach amerikanischem Muster. Aber der Anthropologiebegriff erweist auch hier – in seiner Negation – seine Kursgängigkeit und Unzerstörbarkeit. Für die Soziologen Wolf Lepenies und Helmut Nolte gilt es als ausgemacht, dass gerade die ›Kritische Theorie‹ »auf anthropologische Aussagen nie verzichtet [hat]« (Lepenies/Nolte 1971, 11).

Die alte Garde der Kritischen Theorie setzte sich schon früh für den nicht verdinglichten, von der philosophischen Tradition **vernachlässigten Naturanteil** ein. »Das Eingedenken der Natur im Subjekt« (*Dialektik der Aufklärung,* 1947) bezeichnet für Gunzelin Schmid Noerr einen bestimmten Theorietypus, den Adorno als »materialistisches Aroma« des Denkens (*Philosophische Terminologie* Bd. 2, 1974, 166) beschreibe. »Dazu gehört nicht nur die Hereinnahme der eigenen organischen Materialität des erkennenden Subjekts in die Erkenntnis, sondern insgesamt die Figur der Dechiffrierung des Geistigen, Einheitsstiftenden, kulturell ›Hohen‹ hinsichtlich seiner Funktion als Zurichtung des Nicht-Geistigen, Vielen, Zerstreuten, ›Niederen‹« (Schmid Noerr 1990, XIIIf.).

Nach Erscheinen von Ulrich Sonnemanns *Negativer Anthropologie* (1969) scheint sich Adorno zur Möglichkeit einer, allerdings nicht verdinglichenden, Anthropologie bekehrt zu haben (vgl. Rezension, AGS 20.1, 262).

(3) Das nächste symbolträchtige Ereignis ist die Vortrags- und Diskussionstätigkeit Heideggers in Zürich und Zollikon von 1959 bis 1969. Es ist das Werben der schweizerischen Ärzte, Psychiater und Psychoanalytiker um den großen Meister des Seins und der existenzialen Analytik. Diese Begegnung hat eine Vorgeschichte, die bis in die 1920er Jahre und dem Erscheinen von *Sein und Zeit* (1927) zurückreicht. Ein Teil der Ärzte sagte sich vom naturwissenschaftlichen Methodenideal los, suchte nach neuen Leitbildern in der Philosophie und fand sie vor allem in der Existenzialanalytik (Heidegger) und in der Philosophischen Anthropologie (Scheler). Fortan bestanden zwei Lager, die einander als ›Somatiker‹ und ›Metaphysiker‹ titulierten und sich gegenseitig beargwöhnten. Diese Neuorientierung war Teil einer Gesamtbewegung über Ländergrenzen und Disziplinbeschränkungen hinaus. Psychologen, Psychiater, Mediziner und Biologen erklärten die

Einführung des Subjekts in ihre Disziplin für eine unverzichtbare Forderung (Viktor von Weizsäcker, Jakob von Uexküll, Frederik J.J. Buytendijk, Alexander Mitscherlich u.a.). Unter dem Dach der ›Phänomenologie‹ arbeiteten vereint die Psychiater und Daseinsanalytiker Ludwig Binswanger und Medard Boss, die Psychiater Erwin Straus und Victor Emil von Gebsattel, der Arzt und Philosoph Eugène Minkowsky, der Philosoph Paul Häberlin, die Philosophen und Psychologen Hans Kunz und Wilhelm Keller u.a. An Binswangers Denk- und Forschungsweg lassen sich exemplarisch die Etappen einer **Annäherung der Medizin an die Philosophie** ablesen: vom neukantianischen Konzept des Subjekts über die Intentionalität und phänomenologische Einstellung Husserls zur Existenzialanalytik Heideggers (vgl. Herzog 1994, 83).

Heidegger verstand sich als der standhafte Mahner, der gegenüber der blinden Betriebmacherei in Psychologie, Psychopathologie, psychosomatischer Medizin und Anthropologie die Frage nach dem Sein und der Existenz des Menschen offen gehalten habe. Die *Zollikoner Seminare* (hrsg. v. M. Boss, 1987) sind für die Kontinuität dieser Haltung ein eindringliches Dokument. Nicht alle medizinischen Mitstreiter verfielen der buchstabengetreuen Heidegger-Orthodoxie wie Medard Boss. Die Formel vom ›produktiven Missverständnis‹ (Kunz 1976, 12), von Binswanger dankbar aufgegriffen in seinem *opus magnum* (*Grundformen und Erkenntnis menschlichen Daseins*, 1962), bekundet einen ›liberalen‹ Umgang mit der philosophischen Modelltheorie, in diesem Fall der Existenzialontologie, die entgegen der ausdrücklichen heideggerschen Sperrklausel ›anthropologisch‹ ausgedeutet wurde.

2. Wirkungsgeschichte und Chronologie

Zur gleichen Zeit als Manfred Riedel zur Rehabilitierung der praktischen Philosophie aufrief (Riedel 1972/74), rüstete sich auch die Anthropologie zu einem neuen Vorstoß. Nach und nach erscheinen von 1972 bis 1975 unter dem Signet *Neue Anthropologie* sieben Bände in einheitlicher Taschenbuchausstattung. Die Bände 1 und 2 sind der Biologischen Anthropologie gewidmet, die Bände 3, 4, 5 tragen jeweils die Untertitel Sozial-, Kultur- und Psychologische Anthropologie, die zwei letzten Bände, 6 und 7, sind der Philosophischen Anthropologie vorbehalten. Als Herausgeber zeichnen Hans-Georg Gadamer und der Mediziner Paul Vogler. Gadamer, ursprünglich nur als philosophischer Mitarbeiter für das ehrgeizige Projekt gewonnen, übernimmt nach dem

Tode Voglers 1969 die Herausgabe des gesamten Werkes. Angesichts der auseinander strebenden Zweige der Wissenschaften vom Menschen ist eine **Gesamtperspektive der einzelnen Forschungsbereiche** geplant, aber nicht im Sinne einer enzyklopädischen Darstellung.

»Die Idee war vielmehr, den Forscher zu Wort kommen zu lassen, der sich über seinen Beitrag zum Wissen vom Menschen selber Rechenschaft zu geben wünscht, indem er seinen partikularen Ausschnitt auf das Ganze bezieht und im Lichte des Ganzen darzustellen versucht« (Gadamer: Schlussbericht, Bd. 7, 375).

Man hoffte, auf diese Weise einen lebendigen Austausch über die Disziplingrenzen hinaus anstoßen zu können.

Erwartungsgemäß hat die Vorgabe ›Anthropologie‹ und ›Mensch‹ einen bunten Blumenstrauß an Themen hervorgebracht, er umfasst das traditionelle Leib-Seele-Problem, Evolutionslehre und Verhaltensforschung ebenso wie humanmedizinische Aspekte menschlicher Beziehungen und Kommunikation, die Tragweite energetischer Sprachbetrachtung, das Leibapriori der Erkenntnis, die Menschenbilder der Religionen, Spiel und Rechtssystem und ist mit ›kybernetischer Anthropologie‹ und ›Anthropologie der Musikinstrumente‹ längst noch nicht erschöpfend benannt. Ein Panorama des anthropologischen Denkens und Forschens oder erneut der Beweis, dass das Menschliche in der Welt allgegenwärtig ist und die Anthropologie keine Grenzen kennt? Die Rückbesinnung auf interdisziplinäre Zusammenarbeit ist Kennzeichen der 1970er Jahre, und wir erleben eine Konjunktur der einzelwissenschaftlichen ›Anthropologien‹: psychologische, psychoanalytische, pädagogische, soziologische, theologische, medizinische Anthropologie.

Ähnlich wie die 20er Jahre, so erleben die 60er und 70er Jahre des 20. Jahrhunderts eine **Rückwendung des Menschen auf sich selbst.** Jeweils krisengesättigte Epochen, die Grund genug boten, über die Frage nach der Zukunft des Menschen in skeptische Nachdenklichkeit zu verfallen. Existenzphilosophie, Existentialismus, Ethologie, Biologie, Behaviorismus, die Gesellschaftswissenschaften und eben auch die philosophische Anthropologie teilen sich das Feld der kritischen Selbstbefragung. Die verschiedensten Auffassungen des Menschen standen miteinander im Wettstreit:

- der Mensch, der sein eigener Entwurf und zur Freiheit verurteilt ist (atheistischer Existentialismus),
- der Mensch, der sein Wesen nur im Verhältnis zum Sein, zu Gott zu bestimmen vermag (Existenzialanalytik, religiöser Existentialismus),

- der Mensch als Naturwesen, der seine tierische Herkunft und Erbschaft nicht verleugnen kann (evolutionäre Verhaltenstheorie),
- der Mensch als das lernende, von seinem Milieu geprägte Wesen (Behaviorismus),
- der Mensch als leibkörperliches Lebewesen den Tieren verwandt und dennoch in Sonderstellung zur übrigen Natur (Philosophische Anthropologie) usw.

Die gesellschaftlichen Umtriebe der ausgehenden 1960er Jahre dokumentieren die nachgeholte Auseinandersetzung mit der jüngeren Vergangenheit, die sich in einem Generationenstreit entlädt. Zwischen Agitation und Argumentation vollzieht sich die Liberalisierung des Alltags und die Öffnung der Gesellschaft. Der Blick zurück auf ein verbrecherisches Gewaltregime, auf Kriegselend und organisierte Judenvernichtung ließ die grundsätzliche Frage nach der Befriedbarkeit des Menschen aufkommen. ›**Aggression**‹ wurde zu einem allbeherrschenden Schlüsselthema. Doch die Terminologie, allgemein akzeptiert, ist verräterisch, sie bekundet den großen Einfluss des **biologistischen Denkens** in diesen Jahren, das ›Macht‹ und ›Gewalt‹ (H. Arendt 1970/75) auf ein Triebgeschehen zu reduzieren suchte. Der Anstoß ist denn auch von Konrad Lorenz ausgegangen: *Das sogenannte Böse. Zur Naturgeschichte der Aggression* (1963).

Kleine Chronologie des anthropologischen Wirkungskreises

Kehren wir von der zeitgeschichtlichen Kulisse zum ›anthropologischen Dreigestirn‹ (Scheler, Plessner, Gehlen) zurück. Von Scheler reden heißt auf seine Wirkungsgeschichte eingehen. Er findet in Paul-L. Landsberg einen frühen Schüler, der 1934 eine Einführung in die philosophische Anthropologie vorlegt, Löwith widmet ihm 1935 einen Aufsatz. Schelers Anthropologie und metaphysischer Personalismus findet überwiegend in christlichen Kreisen Anklang, allerdings wendet sich das theologische Interesse mehr Heidegger und der Existenzialontologie zu. Von der Wirkung seiner Ethik soll hier nicht die Rede sein (vgl. dazu Mader 1980; Good 1998; Henckmann 1998).

Im Groninger Exil schließt Plessner 1934 sein Buch *Lachen und Weinen* ab, das erst 1940 in einem holländischen Verlag erscheinen kann. Sein erster literarischer Erfolg, der ihn international bekannt macht. Das Buch *Die verspätete Nation* (1935/1959) als Analyse der politischen und ideologischen Voraussetzungen des Nationalsozialismus erlangt einige Berühmtheit. Jakob von Uexküll lässt seiner theoretischen Grundlegung der Umweltlehre in den Jahren 1927 (*Lehre von der Einpassung*) und 1928 (*Theoretische Biologie*) deren darstellende

Veranschaulichung folgen, die er zusammen mit dem Naturwissenschaftler Georg Kriszat unter dem Titel *Streifzüge durch die Umwelten von Tieren und Menschen* (1934) herausbringt. 1935 konkretisiert Erich Rothacker seinen kulturtheoretischen Standpunkt: *Probleme der Kulturanthropologie*. Über Günther Anders ist zu erfahren, dass er mit seinem Ende der zwanziger Jahre gehaltenen Vortrag *Die Weltfremdheit des Menschen*, überliefert in einer französischen Übersetzung aus den dreißiger Jahren, einen Beitrag zur philosophischen Anthropologie geleistet habe, der ihn in die Nähe des plessnerschen Theorems der Exzentrizität geführt habe (vgl. Lohmann 1996, 140ff.). Ein weiterer Beitrag zur Kulturanthropologie erscheint 1938: Theodor Litt *Die Selbsterkenntnis des Menschen*.

In den Kriegsjahren, ein Jahr nach Gehlens ›anthropobiologischer‹ Grundlegung, veröffentlicht Hans Lipps sein letztes Buch *Die menschliche Natur* (1941), in dem er seine philosophische Anthropologie zusammengefasst hat. Aus dem Nachlass ist dann 1954 der Sammelband *Die Wirklichkeit des Menschen* – eine ›philosophische Psychologie‹ – herausgegeben worden. Lipps war Arzt und stand als Philosoph der Hermeneutik und Heidegger so nahe wie der Phänomenologie. Bei seiner Frage nach der menschlichen Natur und dem Sein des Menschen bewegt er sich im Grenzbereich von Anthropologie und Existenzphilosophie. Er fragt nach den Verstrickungen der menschlichen Existenz und der zu gewinnenden Durchsichtigkeit im Prozess der Selbstwerdung. Untersucht hat er die Phänomene der Scham, der Verlegenheit, des Bewusstseins und des Unbewussten, der Empfindung und des Eindrucks.

Zum anthropologischen Wirkungsfeld gehört *Der Gestaltkreis* (1940), der aus ärztlichem Blick und in empirischer Versuchsanordnung vom Neurologen und Begründer der psychosomatischen Medizin, Viktor von Weizsäcker, erforscht wurde. Die grundlegende Arbeit von Adolf Portmann *Die biologische Bedeutung des ersten Lebensjahres beim Menschen* (1941) stellt die Hypothese vom ›extrauterinen Frühjahr‹ des Menschen im Vergleich zum Tier auf; 1944 folgt *Vom Ursprung des Menschen*. Einen weiteren Beitrag zur Kulturanthropologie leisten Rothacker 1944 (*Mensch und Geschichte*) und Litt 1948 (*Die Sonderstellung des Menschen im Reich des Lebendigen*). 1946 distanziert sich Heidegger vom französischen Existentialismus in seinem *Brief über den Humanismus*, darin besiegelt er den Bruch mit der ›Metaphysik der Subjektivität‹ und wiederholt die Absage an den Anthropozentrismus. Nicht der Mensch als erkennendes Subjekt und Aktzentrum bestimmt das Sein, »sondern das Sein selbst, das mögend über das Denken und so über das Wesen des Menschen und das heißt über dessen

Bezug zum Sein vermag« (*Wegmarken* 1978, 322). Dem Menschen wird Bescheidenheit verordnet: »Soll aber der Mensch noch einmal in die Nähe des Seins finden, dann muß er zuvor lernen, im Namenlosen zu existieren« (ebd., 316).

In der Nachkriegszeit macht sich Michael Landmann mit zahlreichen anthropologischen und kulturtheoretischen Arbeiten einen Namen und wird mit Scheler, Plessner und Gehlen in einem Atemzug genannt. 1954 gibt Maria Scheler die ersten zwei Bände (I und V) der Scheler-Gesamtausgabe heraus, 1993 liegen fünfzehn Bände vor. Im christlich-religiösen Bezugsrahmen und in ausdrücklicher Nachfolge Schelers tritt Hans-Eduard Hengstenberg 1956 mit seiner *Philosophischen Anthropologie* hervor. Die sechziger und siebziger Jahre erleben dann Gehlen und Plessner in reger publikatorischer Tätigkeit. Zwei Jahre nach Gehlens Tod (1976) erscheinen Band 1 und 7 der Gesamtausgabe. In Plessners Todesjahr (1985) liegt der letzte der zehn Bände seiner Gesammelten Schriften vor.

1989 widmet die Hochschule für Verwaltungswissenschaften Speyer Gehlen ein Sonderseminar. Die Vorträge und Diskussionen, überwiegend von Sozialwissenschaftlern bestritten, werden in einem schwergewichtigen Buch 1994 unter dem Titel *Zur geisteswissenschaftlichen Bedeutung Arnold Gehlens* zusammengefasst. Die Herausgeber glauben Anlass zu haben, ein »allgemeines Defizit der Gehlendiskussion« zu konstatieren, für sie war Gehlen »eher ein gemiedener Denker« (S. VI). Gehlen konnte sich über eine mangelnde öffentliche Beachtung in der Nachkriegszeit nicht beklagen, was die hohen Auflagenzahlen seiner Bücher belegen. Seine Anthropologie und Soziologie der klaren Verhältnisse und des erfahrungswissenschaftlichen Anspruchs erwiesen sich als weit rezeptionsfreundlicher als der elaboriertere und differenziertere Theorieansatz Plessners. Nicht zu vergessen die Wirkung, die seine ordnungspolitische, konservativ-etatistische Grundhaltung und beißende Kulturkritik nicht nur auf die politische Rechte auszuüben vermochte.

1993 gründet sich die Internationale Max-Scheler-Gesellschaft e. V. mit Sitz in Köln. Im gleichen Jahr und am gleichen Ort wird aus Anlass des fünfundsechzigsten Todestages unter dem Titel *Der Mensch im Zeitalter des Ausgleichs* ein Max-Scheler-Colloquium abgehalten. Dem Colloquium *Vom Umsturz der Werte in der modernen Gesellschaft* 1995 folgen weitere Veranstaltungen, die sich in Tagungsbänden niederschlagen.

Selbst dort, wo die Kenntnis des Namens Plessner über die Schlagworte ›exzentrische Position‹ und ›verspätete Nation‹ hinausreichte, war in der Regel nur eine diffuse Präsenz seines Werkes in philosophischen, anthropologischen, soziologischen, politischen, ästhetischen, historiographischen Zusammenhängen zu erwarten. Seine Philosophische Anthropologie galt als schwierig. Diese Situation hat sich zugunsten einer zunehmenden öffentlichen Aufmerksamkeit, die vor allem seiner Anthropologie und politischen Theorie gilt, grundlegend gewandelt. In den 1990er Jahren zeichnet sich ein zarter Frühling ab: vermehrte publikatorische Beachtung, eine Konferenz in Berlin aus Anlass seines hundertsten Geburtstages (1992), schließlich die Gründung der Helmuth-Plessner-Gesellschaft e. V. 1999 in Freiburg, die ein Jahr später, im Herbst 2000, unter dem Titel *Helmuth Plessner – Exzentrische Positionalität* einen Kongress veranstaltete. Einen vorläufigen Spiegel der neueren Diskussion um Plessners Anthropologie, Philosophie und politische Theorie bietet der Sammelband Jürgen Friedrich/Bernd Westermann (Hg.): *Unter offenem Horizont. Anthropologie nach Helmuth Plessner* (1995).

3. Der Mensch zwischen Existentialisierung und Zoologisierung

Die moderne philosophische Anthropologie ist eine mediale Wissensform, eine **Disziplin der Vermittlung und der Integration**, die sich in Zeiten zunehmender wissenschaftlicher Spezialisierung und Aufsplitterung als humanwissenschaftlicher Vorposten der Philosophie konstituiert hat. Während sie als dialogfähige und gesprächsbereite Disziplin den Erfahrungshorizont philosophischer Reflexion erweiterte, vertrat sie im humanwissenschaftlichen Diskurs die Gesamtperspektive und das kritische Temperament. Sie lieh ihre Stimme jenen Wissenschaften vom Leben und vom Menschen, die sich der Übermacht des objektivierenden, naturwissenschaftlich-exakten Erkenntnisideals und mechanistischen Naturverständnisses zu widersetzen suchten und geriet dabei selbst zwischen die Fronten im Kampf zwischen den zwei ›Kulturen‹, Naturwissenschaft und Geisteswissenschaft – immer in der Gefahr sich als Ferment und Katalysator selbst aufzulösen.

Konturen zeigt die Philosophische Anthropologie, wenn man sich ihr von ihren Grenzkonflikten her nähert. Gegenüber den positiven Einzelwissenschaften macht sie das Ganze geltend und vertritt das kritische und spekulative Moment. Ihr philosophisches Selbstverständnis schwankt zwischen den Extremen einer Gesamtwissenschaft vom Menschen (Gehlen) und einer Metaphysik und Onto-Theologie (Scheler). Gegenüber einer Perspektive ›freischwebender Existenzdimension‹ und individueller Selbstwahl betont sie die Naturseite und den Leibkörper. Aber bei aller Naturzugewandtheit hält sie Distanz zur Evolutionstheorie und besteht auf der Sonderstellung des Menschen mitsamt der Ursprünglichkeit historisch-kultureller Selbstvermittlung. Und in Fragen kritischer Reflexion und begrifflich-methodischer Skepsis versucht sie ihrem Antipoden, der Kritischen Theorie, Paroli zu bieten. Dies gilt vor allem für Plessners politische Anthropologie, die in der Formel vom *homo absconditus*, will sagen: in der Unergründlichkeit und offenen Fraglichkeit des Menschen, mit dem ›ineffabile‹ der negativen Anthropologie (Sonnemann) konvergiert.

3.1 Medizin zwischen Existenzialanalyse und Psychoanalyse

Heidegger im Bunde mit den schweizerischen Ärzten
Über die vielfältigen Aktivitäten der Philosophischen Anthropologie fiel der mächtige Schatten Heideggers. Sein unausgeführtes Konzept einer ›existenzialen Anthropologie‹ empfahl sich als das philosophische Alternativprogramm zu den mit den Wissenschaften kollaborierenden Anthropologien. Nichtsdestoweniger fand er in überwältigender Weise Gehör bei den Psychiatern und Medizinern. So fließen beim Psychiater und Begründer der Daseinsanalyse Ludwig Binswanger (1881-1966) die ärztliche Erfahrung und die theoretische Inspirationsquelle der heideggerschen Daseinsanalytik zusammen im Begriff des ›Weltentwurfs‹ und im Konzept der ›pathologischen Existenzform‹ des Menschen. Der Versuch, *Sein und Zeit* als existenzphilosophischen und anthropologischen Entwurf zu deuten, entgegen Heideggers striktem Verbot, bekam durch die schöne Formel vom ›**produktiven Missverständnis**‹ des Psychologen Hans Kunz den Hauch einer Legitimation. Aber es bedurfte bei den Medizinern nicht erst der Produktivität einer Fehldeutung, um über die beengte Sichtweise der Existenzialontologie hinauszugelangen, die über die ›Akte der Selbstwahl und Selbsterhellung‹ (Plessner) den Leibkörper und die Naturseite des Menschen vergaß. Max Herzog steht mit seiner Auffassung nicht allein, dass der Anschluss Binswangers (und der medizinischen Anthropologie, sei hinzugefügt) an Heidegger sich eher als Fehlgriff erwiesen und zu theoretischen Komplikationen geführt habe. Plessner sei von Anfang an die bessere Wahl gewesen (Herzog 1995). Kaum eindrucksvoller als in der ›ärztlichen Praxis‹ zeigt sich der Mensch in seiner leiblichen Gebundenheit und in seiner körperlichen Hinfälligkeit. Trotz dieser eindeutigen Ausgangslage geriet das medizinische Feld in eine unauflösbare Ambivalenz: Angesichts der vorherrschenden positivisti-

schen Grundhaltung, dem befreienden Ruf der Phänomenologie und Existenzphilosophie zu folgen, ohne aber deren rigide Wissenschaftsverneinung zu akzeptieren. Binswanger hielt ungeachtet aller philosophischen Höhenflüge am Wissenschaftscharakter seiner Disziplin, der Psychiatrie, fest. Wir sehen also die Mediziner in einem schwierigen Spagat zwischen Philosophie und Wissenschaft, den Heidegger so kommentiert hat:

»Thure von Uexküll mokiert sich in seinen 1961 als Taschenbuch erschienenen *Grundfragen der psychosomatischen Medizin* über die ›philosophierenden Ärzte‹; beruft sich ihnen gegenüber auf das ›kritische Bewußtsein‹ der Wissenschaft. Er sieht nicht, daß die Wissenschaft an allen Ecken und Enden in einem kaum vorstellbaren Maße dogmatisch ist, das heißt mit undurchdachten Vorstellungen und Vorurteilen hantiert« (*Zollikon*, 133f.).

Heidegger, der noch in seinen Siebzigern im Gespräch mit den schweizerischen Ärzten die Naturwissenschaften als eine nicht denkende Instanz zu diskreditieren suchte (*Zollikon*), betrachtet auch den Körper (im Unterschied zum Leib) als Produkt wissenschaftlicher Entfremdung. Der phänomenologischen Sichtweise, zu deren Gründungsakt die husserlschen Leibanalysen gehören, begegnen wir auch bei Binswanger wieder, der – bei aller begrifflichen Sorgfalt, die er dem ›Leib‹ angedeihen lässt – eine unvermittelte Differenz zwischen dem existierenden Leib und dem objektivierten Körper setzt (vgl. Herzog 1994, 165). Die Frage blieb immer virulent, wie weit man sich vom Objektivitäts- und Methodenideal der Naturwissenschaften entfernen dürfe, ohne eigene Ansprüche auf Wissenschaftlichkeit preisgeben zu müssen. Dies war ja auch das untergründige Thema der Philosophischen Anthropologie, die auf die Wissensquelle der positiven Wissenschaften nicht verzichten konnte, aber auch als Philosophie ein eigenes Profil zu bewahren hoffte.

Der Leibkörper als Losungswort der Anthropologie

Dieses Thema, so zeigt sich, spiegelt sich im **Leibbegriff** wider. Die dominierende, nicht zuletzt von der frühen Phänomenologie unterstützte Auffassung war: Der *Leib* als innerer Existenzvollzug war nicht gleichzusetzen mit dem biologischen Organismus und daher auch mit dem Tier nicht vergleichbar. Der *Körper*, als Ding unter Dingen allen manipulativen Eingriffen zugänglich, verdankte sich dagegen einem mechanistischen und technischen Wissenschaftsbegriff. Kein Weg führt nach dieser Auffassung vom existierenden Leib zu den interessanten, der weiteren Deutung harrenden Forschungsbefunde aus Physiologie, Neurologie, Biologie usw.

Philipp Thomas, der aus verstreuten und flüchtigen Hinweisen das Leibverständnis Heideggers zu rekonstruieren versucht hat, kommt u.a. zu dem Ergebnis: »Der Leib hat keine eigenständige Dignität, diese kommt ihm nur zu, insofern er dem Seinsverständnis dient. Es ist wohl nicht zuviel gesagt, dass Heidegger so den Leib in ähnlichem Ausmaß verfehlt wie die Naturwissenschaft dies tut« (Thomas 1996, 79 Fußn.). Zwar kommt das Dasein nur zusammen mit dem menschlichen Leib vor, aber über den Leib lässt sich nur innerhalb des seinsverstehenden Daseins etwas aussagen. Heidegger zeigt indes an der Untersuchung des Leibes kein Interesse (ebd., 79) und wird »nicht müde, immer wieder zu betonen, vom Leib, von der Natur überhaupt aus lasse sich das Wesen des Menschen nicht angemessen bestimmen« (ebd., 93).

Plessner ist in verschiedenen thematischen Zusammenhängen den Nachwirkungen dieser wissenschaftsverneinenden und anthropologiefeindlichen Haltung entgegengetreten. Er zeigt sich als besonders empfindlich gegenüber der beiläufigen Selbstverständlichkeit, mit der auch der Existentialismus den Leib als Strukturmoment der konkreten Existenz mitsetzt: Der ›Leib‹ als bloßer Anhang des aktvollziehenden Daseins, als Äquivalent des Bewusstseins, entschlägt sich dem **Problem des Leibkörpers**, dem keine bloß mediale Funktion zukommt, der vielmehr auch das Undurchsichtige und Unbewältigbare, die Zugehörigkeit zur Welt repräsentiert und der als das definitiv Vorgegebene in Zeugung, Geburt, Tod, Krankheit usw. nicht übersprungen werden darf.

Sartre vertritt noch die frühe, vom *cogito* ausgehende Phänomenologie. Wenn er in seiner ›phänomenologischen Ontologie‹ auf die Leiberfahrung rekurriert und sie – in bezeichnender Weise – in die ontologische Struktur von An-sich und Für-sich einfasst (*Das Sein und das Nichts* 1980, 398ff.), schafft er zwischen Existentialismus und Philosophischer Anthropologie eine gewisse Schnittmenge von Themen und Problemen. Aber der ›anthropologische‹ Gehalt ist eher bescheiden, wenn festzustellen ist:

> »Der subjektive Leib wird [...] nicht nur von allen objektiven biologischen oder kulturellen Qualifikationen abgeschirmt, er vertritt auch innerhalb der Bewußtseinsstruktur einen schmalen, wohlumgrenzten Bereich, nämlich den des An-sich, das ich schon bin; der Leib ist damit nur die faktische *Grenze* meiner spontanen Wahlhandlungen und geht nicht motivierend in sie ein« (Waldenfels 1983, 93).

Dieses Themenfeld in einer bemerkenswerten Weite erschlossen zu haben, ist das Verdienst einer Reihe von Ärzten – Herbert Plügge,

Erwin Straus, Viktor von Weizsäcker – und hier liegt die Begründung der ›**psychosomatischen Medizin**‹.

Die Philosophische Anthropologie hat den Blick geschärft für die ›natürlichen‹ Bedingtheiten leibkörperlichen Daseins und damit indirekt auf die Grenzen vernünftiger Selbstbestimmung und Freiheit hingewiesen. Da wo Heideggers Skizze gebliebenes Konzept einer ›existenzialen Anthropologie‹ philosophisch wegweisend wurde, betonte man die Akte individueller Selbstwahl und die Innerlichkeit des je eigenen Selbstseins, nahm aber von der Natur des Menschen nicht mehr Notiz, als man zum Sterben brauchte (vgl. Plessner PGS VIII, 245). Wie sich unter der Hand Heideggers die Anthropologie der Existenzialontologie unterwerfen ließ, so rückte auch die Kreation einer ›Anthropologie der Freiheit‹ (vgl. M. Müller und Vossenkuhl 1974) in den Bereich der Möglichkeit. Der Autor und sein Herausgeber müssen sich aber fragen lassen, ob sie sich nicht in der Wahl des Etiketts vergriffen haben, wenn sie Reminiszenzen an den Deutschen Idealismus (Fichte, Schelling, Hegel) und an Sartres Existentialismus (›zur Freiheit verurteilt‹) wecken und gleichzeitig Anthropologie zu treiben vorgeben. Die Philosophische Anthropologie hat in ihren Koordinaten Natur, Leibkörper und Weltzugehörigkeit das beste Gegengift gefunden gegen das Überwertigwerden der idealistischen und existentialistischen Freiheitsthematik und gegen die Laune, ins Absolute und Transzendente abzuheben. Ohne Freiheitspathos hat z.B. Plessner im Theorem der offenen Fraglichkeit und Macht des Menschen auf die Möglichkeit und Notwendigkeit spielerischer Beweglichkeit und schöpferischen Könnens hingewiesen.

Medizinische Anthropologie und religiöse Weltanschauung

Man wird des beträchtlichen anthropologischen Potentials gewärtig, das in aller medizinischen Forschung und Gedankenbewegung am Werk ist, wenn man sich der Psychoanalyse und ihrer kritischen Rezeption zuwendet. Freud (1856-1939) war es gelungen, das leibkörperliche und sinnliche Selbstverständnis des modernen Menschen zu erweitern und wissenschaftlicher wie phänomenologischer Erforschung zu öffnen, und zwar auf dem ausgefallenen und zu seiner Zeit anstößigen Weg der erlebten Sexualität (›Psychosexualität‹). Seine mannigfaltigen Theoreme und Forschungsansätze selbst sind von hoher anthropologischer Valenz: Es sind nicht nur seine **Trieblehre**, die für das ›biologische‹ Basiskonzept Schelers und Gehlens unverzichtbar war, und die Theorie des Unbewussten, die als Teilaspekt in die Auffassung von der Selbstverborgenheit des Menschen (Plessner) eingegangen ist, es war vor allem sein geschärfter Sinn für das **Wechselspiel von Soma**

und Psyche, für die Ausdrucksleistung leibkörperlicher Vorgänge und ihrer Bedeutung und Sinnhaftigkeit für die individuelle Lebensgeschichte.

Freud, der die psychoanalytische Forschung vor den Übergriffen der verschiedensten zeitgenössischen Weltanschauungen, von Philosophie und Religion fernzuhalten suchte, wurde selbst gemahnt und gedrängt – vor allem auch von Medizinern, die ihm freundschaftlich verbunden waren – seine mechanistische Sprache (›psychischer Apparat‹), seinen universellen Determinismus, seinen bedingungslosen Positivismus und seine atheistische Grundüberzeugung zu überdenken. Noch im Alter reifer Abgeklärtheit hat er für dieses Ansinnen nur sanften Spott übrig gehabt. 1938, als sein Leben schon zur Neige geht, schreibt er an Ludwig Binswanger:

»Ich habe mich immer nur im Parterre und Souterrain des Gebäudes aufgehalten – Sie behaupten, wenn man den Gesichtspunkt wechselt, sieht man auch ein oberes Stockwerk, in dem so distinguierte Gäste wie Religion, Kunst und andere hausen. Sie sind nicht der einzige darin, die meisten Kulturexemplare des Homo natura denken so. Sie sind darin konservativ, ich revolutionär. Hätte ich noch ein Arbeitsleben vor mir, so getraute ich mich auch jenen Hochgeborenen eine Wohnstatt in meinem niedrigen Häuschen anzuweisen« (Briefw. Sigmund Freud – Ludwig Binswanger 1908–1938, S. 236f.).

Viktor von Weizsäcker, der in den 1920er Jahren seinen ärztlichen Kollegen – »mit fühlbarer Begeisterung« – Freuds Neurosenlehre näher zu bringen versuchte, erinnert sich so: »[...] faßte ich ihre Bedeutung für uns vor allem so auf, daß sie ›ein humanes Verständnis des Menschen‹ bringe, und auch diesmal suchte ich über das Verstehen und Bekämpfen der Neurose zu einer idealistischen Anthropologie, zu einem Menschen aus Geist, Seele und Körper vorzudringen« (WGS 1, 127).

Wir müssen uns vergegenwärtigen, dass Mediziner – in diesem Fall waren es Psychiater und Neurologen – dem naturwissenschaftlichen Objektivitätsideal abgeschworen hatten und nach einer neuen Orientierung, heute würde man sagen: nach einem neuen Paradigma, suchten. Sie waren in der psychoanalytischen Theorie und Technik ausgebildet, hielten aber die Psychoanalyse nur dann für ein annehmbares theoretisches Modell, wenn ihr zuvor der ›naturalistische Star‹ gestochen würde. Sie müsse sich philosophischen und anthropologischen Ansprüchen anbequemen, d.h. auch die höheren Stockwerke besetzen, oder aber sie habe ins zweite Glied zurückzutreten.

Ein nicht zu unterschätzender Faktor in diesem Kampf gegen das vorherrschende positivistische Weltbild und die Universalansprüche der Naturwissenschaften war ein *religiöses* Motiv. Als Binswanger 1927

Freud auf dem Semmering besuchte, nahm dieser lächelnd mit den Worten Abschied: »Ich kann Ihre religiösen Bedürfnisse leider nicht befriedigen!« (Briefw., 268). Ebenfalls seinem Tagebuch anvertraut hat Binswanger die Bemerkung: »Daß es so etwas wie eine apriorische religiöse Kategorie geben könnte, leugnet er. Religion entsteht aus der Hiflsbedürftigkeit und Angst der Kinder und der jungen Menschheit, da gibt es nichts zu rütteln« (ebd., 267).

Tiefer in das Thema verstrickt war der Neurologe und Protagonist der psychosomatischen Medizin, Viktor von Weizsäcker, der den bekennenden Atheismus Freuds in eine ›religiöse Verzweiflung‹ umzudeuten versuchte (WGS 1, 157) und der seine Blindheit gegenüber dem heraufziehenden Nationalsozialismus so begründet hat: Mein Irrtum

»bestand darin, zu glauben, daß die Reform der Medizin sich durch die, in letzter Instanz religiös geforderte, Beseelung und Verinnerlichung in der Krankheitsbetrachtung allein herbeiführen lasse[...]. Aber es erwies sich, daß der Kampf gegen die naturwissenschaftliche Medizin – richtiger gegen die einseitig versteinerte Medizin der Schulen – mit ganz ungleichartigen und mit ungenügenden Waffen geführt war [...]« (ebd., 159).

Für ihn, der die Nähe zur Mystik gesucht hat, sind selbst die verborgenen Grundlagen der freudschen Psychoanalyse religiös (ebd., 346), wie alle abendländische Kultur und Wissenschaft christlich ist. Sie wird dereinst – so seine Hoffnung – zu diesen Wurzeln zurückkehren in einer ›Verchristlichung der Wissenschaft‹ (ebd., 379).

Der Psychiater Victor Emil von Gebsattel schließlich verstand es, die schelersche Zeitdiagnose, wonach »zu keiner Zeit der Geschichte der Mensch sich so problematisch geworden ist wie in der Gegenwart« (SGW 9, 11), gegen die Philosophische Anthropologie selbst zu wenden. Seiner Auffassung nach »verhindert ihr anfängliches Tatsachenwissen die anthropologische Forschung, mit dieser Fragwürdigkeit des Menschen Ernst zu machen und aus ihr die Konsequenzen zu ziehen, die in Wahrheit nur religiöser Art sein können« (von Gebsattel 1947, 66). Alle drei – Binswanger, von Weizsäcker und v. Gebsattel – begreifen sich als Repräsentanten einer ›medizinischen Anthropologie‹. (Aufschlussreich für dieses Thema ist der Aufsatz von Wyss/Huppmann: *Die Bedeutung Max Schelers für die medizinische Anthropologie*, 1975).

Ludwig Binswanger und die existenziale Anthropologie

Binswanger stellt dem ›homo natura‹ – Ausdruck des naturalistischen Menschenverständnisses der Psychoanalyse – den *homo existentialis* gegenüber und greift den Vorschlag gern auf, seine theoretischen Vermittlungsbemühungen zwischen Medizin und Philosophie als ›Daseinsanalyse‹ zu verstehen (Herzog 1994, 86). Wir können beobachten, wie hier ein ärztlicher Praktiker und mit den philosophischen Theorien seiner Zeit vertrauter Denker zwischen die ideologischen Fronten eines sich autonom setzenden exklusiven Seinsdenkens und einer psychologischen Theorie und Praxis gerät, deren überwachte Schulbildung naturalistische und positivistische Positionen des 19. Jahrhunderts tradierte. Von Heidegger wird ihm vorgerechnet, dass er Dasein und Transzendenz im Sinne der überwundenen Subjektphilosophie interpretiert und das Ontische für das Ontologische genommen habe (vgl. Arlt 1989, 293). Freud, der dem loyalen und honorigen Binswanger aufrichtig zugetan war, stellte nach Einblick in dessen Manuskript die bange Frage: »Was werden Sie mit dem Unbewussten anfangen oder vielmehr, wie werden Sie ohne das Unbewusste auskommen? Hat Sie am Ende der philosophische Teufel doch in den Krallen?« (Briefw., 155f.). Binswanger hatte 1911 den Plan gefasst, Psychoanalyse und Psychiatrie in ein Verhältnis zueinander zu setzen, was auch hieß: ihre Anschlussfähigkeit an philosophische und anthropologische Theorien der Zeit zu erproben (vgl. Briefw., 91).

Binswangers sich über ein halbes Jahrhundert erstreckender Denkweg entfernte ihn mehr und mehr von der Psychoanalyse und führt ihn in die Gefilde der Philosophie, alle freudschen Befürchtungen in den Schatten stellend. Sein Opus magnum *Grundformen und Erkenntnis menschlichen Daseins* (1942) entfaltet auf dem Grundriss der heideggerschen Daseinsanalytik eine ›**Phänomenologie der Liebe**‹ und eine psychologische Daseinserkenntnis. Theoretiker der Dialogik (Buber, Löwith) und der Liebe (Scheler) sind vor allem die Eideshelfer einer Kritik und Revision der Existenzialanalytik. Der ›duale Modus der Wirheit‹, das ›liebende Miteinander‹, kurz, die Liebe, beraubt das Existenzial der Sorge seiner zentralen Stellung. Liebe ist der originäre Seinsmodus des Menschen, sie ist ursprünglicher als Jemeinigkeit, Faktizität und Endlichkeit. Das Versäumnis der Daseinsanalytik Heideggers stellt sich so dar: Das Dasein als Sorge wurde in Vergessenheit des Du inauguriert – aus der Sicht der Liebe als ›In-der-Welt-über-die-Welt-hinaus-sein‹ eine derivative Form des Menschseins (vgl. Arlt/Zenka 1994, 266ff.). Die ontische Ebene psychologisch-anthropologisch-erotischer Daseinserkenntnis gründet in der Seinsverfassung des Menschen (*conditio humana*).

So hat sich der Faden der existenzialen Anthropologie entgegen Heideggers Absichten fortgesponnen. Binswanger hat hier nicht nur einen Finger in die Wunde der Daseinsanalytik gelegt, wie übrigens auch Karl Löwith und Emmanuel Levinas und sehr früh schon Max Scheler, sondern auch die ›anthropologische‹ Einsicht bestätigt, wonach der Mensch nur über ›andere und anderes‹ (Plessner), über die fremde Anerkennung, sich selbst versteht und er selbst wird.

Es ist sichtbar geworden, dass sich in der ärztlichen Wissenschaft, sei es Psychoanalyse, Psychiatrie, Neurologie, Physiologie, Psychosomatik, der gesamte Problembestand der modernen philosophischen Anthropologie widerspiegelt: Basis – Überbau (Trieb und geistige Person), Leib-Seele-Dualität, Selbstsein – Mitsein, naturwissenschaftlich-objektivierendes Verfahren gegen phänomenologische Wahrnehmung und hermeneutische Sinndeutung, schließlich die Interferenz zwischen Psychologie und Biologie. Und mit dem letzten Punkt sind wir wieder an den Ausgangspunkt und Dilthey zurückgekehrt (vgl. Seite 36f.). Das Oszillieren zwischen Psychologie und Biologie bzw. Physiologie kommt zugunsten der Biologie zum Stillstand. Nur ihr gebührt der Rang einer Basiswissenschaft – darin sind sich **Dilthey und Freud** einig – und die moderne philosophische Anthropologie beginnt ihre Karriere zunächst als bequemer Ausweichbegriff (nicht mehr Psychologie, noch nicht philosophische Biologie) und erfährt dann ihre Metamorphose zu einer durchgeformten Disziplin des thematischen Ausgleichs und der methodischen Vermittlung.

Freuds analytischem Blick war das Wechselspiel von psychischen und somatischen Prozessen nicht verborgen geblieben. In der letzten Konsequenz dieser Erkenntnis lag die Einschätzung aller psychoanalytischen Forschungsarbeit – zur Irritation seiner Leser und Anhänger – als eines vorläufigen Entwurfs, als ›Hilfskonstruktion‹. »Das Lehrgebäude der Psychoanalyse, das wir geschaffen haben, ist in Wirklichkeit ein Überbau, der irgend einmal auf sein organisches Fundament aufgesetzt werden soll; aber wir kennen dieses noch nicht« (FGW XI, 403). Der forschende Psychoanalytiker habe sich einstweilen mit »rein psychologischen Hilfsbegriffen« (FGW XI, 14) zu begnügen, bis eine tragfähige biologische (physiologische, biochemische) Grundlage gefunden sei.

3.2 Sonderstellung des Menschen oder Tier unter Tieren?

Etwa zwei Dekaden bevor der Strukturalismus zum tödlichen Stoß gegen die Anthropologie ansetzte, distanzierte sich Heidegger von den existentialistischen Umtrieben (*Brief über den Humanismus*, 1946) und erteilte dem Humanismus und mit ihm dem Anthropozentrismus eine entschiedene Absage. Ob die ›Kehre‹ vom ›je eigenen Seinkönnen‹ zum ›Seinlassen‹ als Bruch oder Übergang zu einer vorgezeichneten Denkstufe zu betrachten ist – die Koordinaten einer möglichen existenzialen Anthropologie scheinen sich damit verschoben zu haben. Der Mensch als ›Hirt des Seins‹ wird in das Sein zurückgenommen. Damit ist der Mensch unwiderruflich »aus dem philosophischen Zentrum gerückt« (Schnädelbach 1983, 280). Die Selbstbefragung des Menschen fällt auf den Fragegestus zurück und suspendiert die Antwort, die wiederum dem Sein, wann immer es sich zuschickt, anheim gestellt wird.

Jenseits von Existenzphilosophie und Evolutionstheorie

Nicht zu beneiden war die Philosophische Anthropologie um ihre Aufgabe, die ›unbeherrschbare Vieldeutigkeit‹ (Plessner) ihres Gegenstandes einzugrenzen und wissenschaftlich disponibel zu machen. Der ›Mensch‹ spottete jeder eindeutigen begrifflichen Bestimmung, und ein befriedigendes Verhältnis von Methode und Gegenstand war nicht herzustellen. Ein Naturwesen, das auch Bewusstsein hatte, ein Lebewesen, das auch Subjekt, Person war.

Zwei mit dem Paradox spielende Sentenzen verdeutlichen die prekäre Situation der modernen Anthropologie: Der Mensch ist ›von Natur‹ über die Natur hinaus. Der Mensch muss der werden, der er ist. Die Sätze stehen zueinander in einem komplementären Verhältnis. Was der Mensch über die Natur hinaus ist, lässt sich nicht mehr im Rückgriff auf die Natur sagen. Der Mensch steht unter der Forderung, sein Leben selbständig zu gestalten, die Regeln und Normen dazu bietet ihm nicht ›die Natur‹. Wenn man sagt, der Mensch sei ›Emigrant der Natur‹ (Plessner PGS VIII, 64), hat man im Verhältnis Mensch und Natur kräftige Akzente gesetzt. Damit ist die ›Sonderstellung‹ des Menschen im Reich der belebten Natur besiegelt und gleichzeitig eine Distanz zu naturalistischen und naturphilosophischen Gesamtdeutungen angezeigt, die in der Natur die Basisrealität des Menschen sehen. Die Evolutionstheorie jedenfalls kam als Modelltheorie der Philosophischen Anthropologie nicht in Betracht.

Die Anthropologie wäre keine *philosophische* Unternehmung, wenn sie nicht die Frage nach der ›**Menschlichkeit**‹ **des Menschen** stellte, die offenbar nicht zusammenfällt mit der von der Natur hervorgebrachten Gestalt, der natürlichen Morphologie (aufrechter Gang, entwickelte Hand, Sprache, Werkzeugerfindung und -gebrauch). Die Tradition des Humanismus hat mit dem Begriff des Menschen ein Ideal und eine Norm gesetzt. Plessner (PGS VIII, 134) macht z.B. einen Unterschied zwischen der *hominitas* und der *humanitas* und bemerkt, Scheler zitierend, dass die Natur dem Menschen nicht die Schwierigkeit abnehme, ein Mensch zu sein. Die Naturanlage mache noch nicht den Menschen (PGS VIII, 42f.). Auf die kantische Unterscheidung zwischen der physiologischen und pragmatischen Sicht auf den Menschen anspielend, sagt Landmann: »Er ist homo hominans, der den homo hominatus jeweils erst aus sich machen muß« (Landmann 1976, 261). Scheler trennt zwischen Lebewesen und geistiger Person, Gehlen zwischen Triebwesen und institutionalisiertem Kulturteilnehmer.

Die vermittelnde Position der Philosophischen Anthropologie zeigt sich darin, dass sie trotz ihres Festhaltens an der ›Sonderstellung‹ des Menschen sich als den Fürsprecher seiner gern vergessenen Naturhaftigkeit und Leibgebundenheit versteht. Die Akzente sind allerdings auch innerhalb der Philosophischen Anthropologie unterschiedlich gesetzt. Karl Löwith stellt fest: »Daß der Mensch die Natur in sich und um sich befragend überschreitet, besagt ja noch nicht, daß er sie zu einer Transzendenz überschreiten müßte« (LSS 1, 291). Heideggers ›ontologischer‹ und Schelers ›theologisierender‹ Perspektive wirft er die Absicht vor, die ›**übernatürliche Rettung des Menschen**‹ inszenieren zu wollen. Gehlen und Plessner in ihrer metaphysikkritischen Grundhaltung unterliegen dieser Versuchung nicht. Plessner spricht vom zoologischen Rahmen und der ihn sprengenden Doppelnatur, die sich in der bald gelingenden und bald scheiternden Verschränkung des Leibes in den Körper vollzieht (PGS VIII, 396).

Im Postulat der *Sonderstellung* verrät sich, ungeachtet der bestehenden internen Differenzen, die vermittelnde Grundhaltung der Philosophischen Anthropologie. Sie hat versucht, sich den theoretischen Extremen zu verweigern: der existentialen Selbstwahl bei gleichzeitiger Ausblendung natürlicher Bedingtheit und leibkörperlicher Grundverfassung ebenso wie jener Position, die den Menschen in einen unentrinnbaren und geschlossenen Naturzusammenhang versetzt. Der Mensch als das naturflüchtige Tier ist für die Evolutionsbiologie der Ethologie und ›vergleichenden Verhaltensforschung‹ (Lorenz), die als Konkurrent der Philosophischen Anthropologie nach dem Zweiten Weltkrieg ungemein an Boden gewann, die falsche Dramaturgie. Folgende Maxime begleitete den Aufbau der Ethologie: Man muss den Menschen wieder in die Natur zurückholen. In der Erforschung des tierischen kam auch – *per analogiam* – das menschliche Verhalten in den Blick. Konrad Lorenz sprach ohne Bedenken vom ›**Tier im Menschen**‹, das uns im zivilisierten Leben auf Schritt und Tritt begleite. Der Fokus auf den Menschen hatte die Tierbeobachtung zur Grundlage. So trägt denn auch die 1965 von Lorenz herausgebrachte, sehr verbreitete zweibändige Aufsatzsammlung den Titel: *Über tierisches und menschliches Verhalten*.

Nicht verwunderlich war nun die erklärte Distanz der Philosophischen Anthropologie zur Evolutionstheorie, im weitesten Sinne zum ›Evolutionismus‹, denn sie war als philosophische Disziplin zu einem universellen Blickwinkel verpflichtet, der in der ›Natur‹ – in ihrer

Korrelation zu Kultur und Zivilisation – zunächst eine geistige Formation und kulturelle Ordnungsleistung sah und nicht eine ›Wirklichkeit an sich‹, der gegenüber sich alle geistige, kulturelle Leistung (sittliche Haltung, Intellekt, Einbildungskraft, Phantasie usw.) als Epiphänomen auszunehmen habe. Wäre es eine unabweisbare Tatsache, dass **der Mensch ein Tier unter Tieren** ist, allerdings mit vergleichsweise hoch entwickeltem Gehirn, dann bedürfte es keiner Anthropologie, sondern nur einer Zoologie. Der Blick der Ethologie auf das tierische Treiben würde nach eigenem Ermessen ausreichen, auch das menschliche Leben und Verhalten zu verstehen (z.B. als Überlebenskampf).

Allianz von Biologie und philosophischer Anthropologie

Erstaunlicher schon war, dass die Anthropologie in ihrer Kritik Unterstützung bei der Biologie fand, und zwar bei jener Biologie, die ihre große Zeit zusammen mit der Philosophischen Anthropologie hatte und nun wie diese in den Schatten des populär gewordenen Evolutionismus geraten war. Wir können beobachten, wie hier eine dem biologischen Wissen und Denken gegenüber aufgeschlossene Philosophie und eine zur philosophischen Tradition hingeneigte Biologie sich gegenseitig stützten und einander zuarbeiteten. Wenn Plessner in der Beschreibung der künftigen Aufgabe der philosophischen Anthropologie von einer ›**philosophischen Biologie**‹ sprach, dann traf sie sich in ihrer Grundintention z.B. mit der ›Biophilosophie‹ Jakob von Uexkülls, der mit seinem kybernetischen Denkansatz zusammen mit Ludwig von Bertalanffy u.a. eine moderner anmutende Gestalt der Biologie vertrat als die der Ethologie und der universalistisch auftretenden Evolutionstheorie (vgl. Th. v. Uexküll 1980, 23f.). Die Biologen Adolf Portmann und Frederik J.J. Buytendijk haben in ihre jeweiligen methodischen Ausgangsbedingungen die Sondernatur des Menschen mit aufgenommen. Nur schwer lässt sich diese Forschungsrichtung, die ein weites Themenspektrum vorzuweisen hat und selbst die Dimensionen des Ethischen und Religiösen nicht ausspart (z.B. Portmann), in einen disziplinären Rahmen spannen. Wie soll man sie nennen? Philosophische Biologie, biologische Anthropologie, anthropologische Biologie? Angesichts solcher Themen wie Bedeutungsverwertung und -duldung (von Uexküll), das menschliche Spiel, die Frau als Modus des Menschlichen (Buytendijk), Imagination und Biologie, Biologie und Geist, Freiheit, Aufgaben einer basalen Anthropologie (Portmann) verschwimmen alle Grenzen. Für die disziplinübergreifenden Studien aus Biologie, Physiologie und Psychologie bot sich das wohlfeile Etikett der ›Anthropologie‹ (vgl. Buytendijk: *Prolegomena einer physiologischen Anthropologie*).

Plessner, der von Anfang an bestrebt war, den Menschen in den Schnittpunkt von Geschichte und Natur zu stellen, bekannte sich in der Grundlegung seiner Anthropologie zu einer ›Naturphilosophie‹ und ›philosophischen Biologie‹, die ihren Weg zu finden habe zwischen Geschichtswissenschaft und Biologie. So bedeutet ihm ›Sonderstellung‹ kein einseitiges Votum für die Geisteswissenschaften oder einen schwerelosen Spiritualismus, vielmehr ging es ihm darum, »diese Sonderstellung biologisch zu begreifen, die Monopole der menschlichen Natur als **naturbedingte Un-Natur** darzustellen« (PGS VIII, 314). Und er betont dabei, dass »seine Analyse der biologischen Existenzform des Menschen von evolutionistischen Konstruktionen unabhängig« sei (ebd., 323). Eine ›biologische‹ Sonderstellung des Menschen unter den pflanzlichen und tierischen Mitgeschöpfen, die noch der ›Natur‹ zugerechnet wird! ›Natur‹ allerdings nicht im evolutionsbiologischen Sinn verstanden.

In der Falle naturalistischer Simplifikation

In der Ethologie und Philosophischen Anthropologie begegnen sich zwei unterschiedliche Denkweisen und Forschungsprogramme, die an den Rändern gegeneinander durchlässig sind. Während Gehlen aufgrund seines Konstrukts des Mängelwesens, seines Verhaltenskonzepts und seines wissenschaftlich-empirischen Methodenideals in die Nähe der ›vergleichenden Verhaltensforschung‹ geriet – und diese Nähe auch gesucht hat (das gleich gestimmte Dioskurenpaar Gehlen und Lorenz) –, verhielten sich Scheler und Plessner distanziert. Ihre phänomenologische Grundeinstellung – bei Scheler noch verstärkt durch religiös-metaphysische Aspirationen – bewahrte sie vor naturalistischen Ausdeutungen von Mensch und Welt.

Im Vergleich zwischen Mensch und Tier zeigen sich einige Gemeinsamkeiten wie auch die Unterschiede. Die Philosophische Anthropologie, die sich entgegen der naturvergessenen philosophischen Tradition für die Naturseite des Menschen stark zu machen sucht, braucht das Urbild, die Fiktion der ursprünglichen, unvermittelten Natur ebenso wie die Ethologie. Im Kontrast zum Menschen repräsentiert das Tier die **Ursprungsform natürlichen Lebens**: das Tier, die Nicht-Kultur, die unvermittelte Unmittelbarkeit (zumindest mit keinem Bewusstsein vollzogene Vermittlung), die sich auf der Stufe des menschlichen Lebens vermittelt (›vermittelte Unmittelbarkeit‹ bei Plessner). Durch welches Surplus zeichnet sich das menschliche gegenüber dem tierischen Leben aus? Man kann der Frage auch eine kulturkritische Wendung geben, wie dies die Ethologie und Gehlen getan haben: Worin liegen die kulturellen und zivilisatorischen Verluste der Menschwerdung? Das lorenzsche Theorem der ›Selbstdomestikation‹ führt zur Unterscheidung zwischen dem **degenerierten Großstadtmenschen** (›Verhaustierung‹) und seiner ›Wildform‹ (Lorenz 1940, 71; 1968, 82ff.). Der Utopie der verlorenen Wildform (der ›edle Wilde‹) begegnen wir in Gehlens naturalistischem Weltbild wieder, und zwar als Ideal des außengesteuerten und institutionell vollkommen abgesicherten ›Urmenschen‹ in seiner ›Frühkultur‹ (Gehlen: *Urmensch*). Das ›Tier im Menschen‹ hat sich selbst zum Humanum ›domestiziert‹.

Im Begriff der **Selbstdomestikation** vermochte aber Plessner nur eine *petitio principii* zu sehen: Wer sich zähmen kann, muss zuvor schon gezähmt sein (PGS VIII, 193f.). Ein unbedachter Einbruch der Kultur in den geschlossenen mechanistischen Naturzusammenhang und eine theoretische Inkonsequenz! Außerdem führte der Begriff in der sich notwendig ergebenden Unterscheidung zwischen einer ›Wildform‹ und ihrer zivilisatorischen Verfallsform in die rassistische Ideologie (vgl. die Verirrungen des Biologen Konrad L. in der biologistischen Zeit von 1933 bis 1945). Plessner resümiert: »Jeder Unterwerfungsversuch des Menschen unter die Kategorien der Tierheit rächt sich [...]. Verleugnet der Mensch freiwillig sein geistiges Wesen, dann allerdings vertiert er und kann sich nicht beklagen, wenn er nach Mendelschen Regeln verwaltet wird« (vgl. Schüßler 2000, 134). Bei Scheler lesen wir, »der Mensch könne immer *mehr* oder *weniger* als ein Tier sein, niemals aber – ein Tier« (SGW 9, 27). Er schrieb dies in Unkenntnis der wenige Jahre später anlaufenden Vernichtungsmaschinerie der Nationalsozialisten.

Natur und Kultur als korrelative Konzeptionen

Während sich die Ethologie in der Verhältnisbestimmung von Mensch und Tier in ihrer naturmetaphysischen Unbekümmertheit zeigt, gerät die Philosophische Anthropologie (Scheler, Plessner) in eine gewisse Verlegenheit. Hält man an der Sonderstellung des aus Naturbezügen herausgefallenen Menschen fest und stellt ihn inmitten seiner von ihm geschaffenen Kulturwelt – dann droht die ›Natur‹ hinter dem breiten Rücken der Kultur vollständig zu verschwinden. Wo zeigt sich im geschlossenen kulturellen Universum, wo im Menschen noch die urwüchsige ›Natur‹? Eine stumm und unsichtbar webende Kraft? Von einsehbarer, aber trügerischer Plausibilität ist denn auch die unbeirrte Konsequenz, mit der man versucht hat, Anthropologie allein auf dem Allerweltsbegriff der ›Kultur‹ begründen zu wollen und Kultur als wirkende Entität zu setzen (Kulturanthropologie).

Es entstehen falsche Erwartungen, wenn man die Natur als vorgegebene Entität, als Realität sui generis behandelt. Dann schrumpft auch die kulturelle Welt zu einer schmückenden Fassade zusammen. Ein Kausalverhältnis zwischen dem Naturprozess und den kulturellen Größen Geschichte, Gesellschaft, Sprache usw. reduziert die Wirklichkeit und verdunkelt den Prozess kultureller Selbstorganisation. Wir haben es in ›Natur‹ und ›Kultur‹ mit zwei Korrelatbegriffen von großer Allgemeinheit zu tun, deren Bedeutungsfelder sich nur in wechselseitigem Bezug aufhellen lassen. Wir gewinnen gegen- und miteinander spielende Formationsgesetze von allenfalls heuristischem Wert – keine Wesenheiten, keine letzten Realitäten.

So verhält es sich auch mit der ›Evolution‹, die kein Indikator für eine vorgegebene Wirklichkeit ist, sondern nur ein vager Begriff, der ein mehr schattenhaftes als aufgehelltes Dasein in verschiedenen Theorien und im alltäglichen Sprachgebrauch fristet. Kritische Anmerkungen dazu finden wir bei Plessner, der sich über die zu seiner Zeit gerade geltenden Überzeugungen und Theorien mokiert (PGS VII, 222; VIII, 142f., 323f., 325; vgl. auch Löw 1993). Sich von hypostasierenden Extrempositionen fernzuhalten, bedeutete für die Philosophische Anthropologie und Biophilosophie, methodische Ausgangsbedingungen zu finden, die noch diesseits von Natur und Geschichte liegen, oder anders gewendet: ein ›durchlaufendes Strukturgesetz‹ (Gehlen) zu formulieren, das die Typik menschlichen Verhaltens von seiner kulturellen Ausprägung bis in seinen physiologischen, biologischen Wurzelgrund hinein aufweist.

Es gehört allerdings zum Mensch-Tier-Vergleich, auch den Menschen in den sukzessiv fortschreitenden Gesamtprozess des Lebens einzubeziehen. Die **›natürliche‹ Nähe des Menschen zum Tier**, die von der Philosophischen Anthropologie einhellig betont wurde, zeigt sich nach heutigem Wissensstand in der großen **genetischen Übereinstimmung** (vor allem zwischen Mensch und Menschen-Affen). Aber das Spiel der Gene ist nur *ein* Faktor im Formationsprozess der menschlichen Wirklichkeit. Es spricht vieles für die Sichtweise, dass der Mensch aus der Kontinuität naturhafter Prozesse herausgefallen ist und ein neues Geschehen in Gang gesetzt hat (zeichen- und sinnvermittelte Einsicht, Geschichte, Kultur), das nach anderen als ›Naturgesetzen‹ abläuft und sich dem methodischen Zugriff der Naturwissenschaften grundsätzlich entzieht. Oder liegt etwa in den Termiten-Gesellschaften die Wahrheit menschlicher Vergesellschaftung? Oder sollen wir uns von Evolutionsbiologen und Human-Ethologen über Sinn und Bedeutung von Literatur, Freundschaft, Musik, Demokratie, Fremdenfeindlichkeit belehren lassen?

Die auf stammesgeschichtliche Vererbung und angeborene Verhaltensprogramme, auf Mutation und Selektion zum Zwecke der Arterhaltung setzende Evolutionsbiologie schreckt nicht davor zurück, von ›**kultureller Evolution**‹ zu sprechen. Sie unterwirft den künstlichen Bereich der Zivilisation und Kultur umstandslos ›biologischen‹ Gesetzen.

»Alle geistigen Phänomene sind ein Resultat der Evolution durch natürliche Auslese. Die menschlichen Erkenntnisleistungen sind daher, wie alle kognitiven Leistungen anderer Lebewesen, in Begriffen der Evolution und Selektion zu beschreiben. Sie haben, der Argumentation der Ethologen zufolge, arterhaltende Bedeutung wie andere Verhaltensphänomene auch« (Wuketits 1995, 158).

Auch das moralische Verhalten steht unter dem Gebot des Überlebens und der Arterhaltung. Wir erkennen darin nicht nur den – nachvollziehbaren – Gegenimpuls gegen idealistische und metaphysische Höhenflüge, lakonisch in einem Buchtitel von B. F. Skinner ausgedrückt: *Jenseits von Freiheit und Würde* (1973), sondern auch die Koketterie einer sich bescheiden und illusionslos gebenden Forschungsdisziplin, deren weltanschaulicher Hintergrund eine biologistische Naturmetaphysik und ein reduktionistisches Weltbild ist.

Wenn man schon ein Kausalitätsverhältnis zwischen Natur und Kultur statuiert (alle höheren, ›geistigen‹ Organisationsformen des menschlichen Lebens sind nur ein Epiphänomen, eine Randerscheinung der Natur und ihrer Gesetze), sollte man probeweise das Kräfteverhältnis einmal umkehren. Wie verändert die Kultur die Natur? Wie schreibt die jeweilige Kultur ihre signifikanten Muster in den menschlichen Leib ein? Wie verändern und modellieren die spezifischen Anforderungen der Kultur die Körperorgane? Denken wir an die Plastizität des Gehirns, das sich nur unter kultureller Herausforderung entfalten kann. Wir leben in einer Welt der Zeichen, Symbole, Buchstaben, und entsprechend dieser Codierung (Schriftkultur) bildet sich das Gehirn in einer frühen Phase der individuellen Entwicklung aus. Wie sehen die spezifischen Verkörperungs- und Ermächtigungsweisen des Kulturwesens Mensch aus?

3.3 Der Leib ist unsere Verankerung in der Welt

Die Frage nach dem Menschen war im 20. Jahrhundert nicht mehr zu trennen vom Begriff des Leibes: der Leibkörper im Spannungsfeld zwischen Natur und Kultur. Als philosophisch durchgespielt und erschöpft empfand man die traditionellen Konzepte des Cogito, des Vernunftwillens und konstituierenden Subjekts, des absoluten Geistes

– als zu hoch veranschlagt, um daraus ein wirklichkeits- und erfahrungsgetreues Abbild des Menschen zu gewinnen. Andere als kognitive und rationale Phänomene wurden aufgewertet oder traten überhaupt erst – z.B. durch die Forschungsbemühungen der Biologen, Physiologen, Psychologen, Psychoanalytiker – ins Blickfeld der Aufmerksamkeit: Müdigkeit, Schmerz, Krankheit, Sexualität, Lust, Ekstase, Stimmung, Unbewusstes, Traum, Lachen und Weinen usw. Das Modell des wachen und sich selbst steuernden Bewusstseinssubjekts und Ich reichte nicht mehr aus, um die vielfältigen Lebenserscheinungen zu verstehen. Dies konnte nur ein Strukturgefüge leisten, das divergierende Wirklichkeits- und Erfahrungsbereiche zusammenhielt: Innen und Außen, Selbsterfahrung und Fremderfahrung, Aktivität und Passivität, Nähe und Ferne, Zugehörigkeit und Fremdheit (Waldenfels), Triebhaftigkeit und Motiviertheit, Aktvollzug und Gegenständlichkeit usw.

Der Leibbegriff in der Phänomenologie
Es war die Phänomenologie, die in ihren Analysen der konstitutiven Bewusstseinsakte auf die widerständige Struktur des fungierenden Leibes stieß (Husserl) und sich schließlich in einem französischen Seitenstrang zu einer an der Wahrnehmung orientierten Leibphänomenologie weiterentwickelte (Merleau-Ponty). Die Phänomenologie war von Anfang an wichtiges Forschungsinstrument der philosophischen wie der medizinischen Anthropologie und bot sich zum Thema Leibkörper als der entscheidende Gesprächspartner an.

Husserls transzendentale Phänomenologie, die danach fragt, wie sich die verschiedenen Dinge für unser Bewusstsein konstituieren, erforscht den Leib im Zusammenhang des Konstitutionsproblems (vor allem in *Ideen II*). Wieweit ist der ›ästhetische Leib‹ an der Konstitution des materiellen Dinges, wieweit am Aufbau der ›seelischen Realität‹ beteiligt, ferner, wie konstituiert er sich selbst? Der Leib ist von Anfang an einbezogen in den Wahrnehmungsvorgang, er wird »zum Träger der Orientierungspunkte Null, des Hier und Jetzt, von dem das reine Ich den Raum und die ganze Sinnenwelt anschaut« (Hua IV, 56). Der **Leib ist also Orientierungszentrum und Wahrnehmungsorgan**: Mit seiner Beweglichkeit und einer gewissen Spontaneität ist er an der Konstitution der Welt beteiligt. Wir haben aber in diesem Konzept zu berücksichtigen, dass der Leib dem Cogito assoziiert ist, gleichsam dem ursprünglich konstituierenden Subjekt unterworfen bleibt. Er ist als Wahrnehmungsorgan des erfahrenden Subjekts zwar immer dabei, fungiert aber nur als ›stoffliche‹ Grundlage der intentionalen Erlebnisse – ein Zugeständnis an die transzendentalphänomenologische Letztbegründung.

In der **Konstitution des Körperleibes** tritt eine Besonderheit hervor: Er überschreitet die traditionelle Subjekt-Objekt-Trennung und formiert sich in der Verschränkung von Leib und Körper. Im *visuellen* Bereich, so entdeckte Husserl, bietet sich der empfindende Leib den Blicken als ein äußeres Objekt (Körper) dar – ich schaue meine eigene Hand als Objekt an. Ein einfaches, lineares Konstitutionsverhältnis, das die klare Unterscheidung von Subjekt und Objekt erlaubt. Anders dagegen sind die Verhältnisse im *taktilen* Gebiet. In der Selbstberührung z.B. der tastenden Finger der rechten Hand mit dem linken Arm entsteht eine ›Doppelauffassung‹: »dieselbe Tastempfindung, aufgefaßt als Merkmal des ›äußeren‹ Objekts und aufgefaßt als Empfindung des Leib-Objekts« (Hua IV, 147). Daraus leitet sich für Husserl ab: »Der Leib konstituiert sich also ursprünglich auf doppelte Weise«: als physisches Ding mit Ausdehnung und realen Eigenschaften (Farbigkeit, Glätte usw.) und als ›Instrument‹, Organ der Empfindung (ebd., 145).

Diese ›**Doppelrealität**‹ **des Leibkörpers** hat sowohl die Leibphänomenologie (Merleau-Ponty) als auch die Philosophische Anthropologie (Plessner) zur weiteren Erforschung des Phänomens herausgefordert. Sie sahen darin einen Angriffspunkt gegen die traditionelle Subjekt- und Bewusstseinsphilosophie einschließlich der strikten Spaltung in Subjekt und Objekt. Plessners methodische Ausgangsbedingungen liegen geradezu in der leibkörperlichen Verschränkung und deren Oszillieren zwischen Körper-Sein und Körper-Haben (›Aspektdivergenz‹, ›Positionalität‹).

Die Trennung von Leib und Körper

Husserls transzendentale Grunddisposition gibt dem Leibproblem eine bestimmte Konfiguration vor. Die Überzeugungen des Alltags und nicht minder die Forschungsergebnisse der empirischen Objektwissenschaften verdanken sich aus dieser Sicht noch der ›natürlichen‹ Setzung einer vorgegebenen Welt. Husserl spricht von einer philosophischen Naivität, der er den Titel ›Naturalismus‹ und ›Objektivismus‹ verleiht. Es ergibt sich so eine Kluft zwischen der Begründungslogik der Universalwissenschaft ›Phänomenologie‹ und einer (transzendental) unbegründeten Forschungshaltung (Naturalismus). Und diese Trennung scheint sich in der theoretischen Behandlung des Leibkörpers widerzuspiegeln: unthematisch fungierender subjektiver Leib hier und in den Kausalzusammenhang der Natur eingegliederter Körper dort.

Während bei Husserl das theoretische Feld für eine Phänomenologie des Leibes noch verhältnismäßig offen ist, setzt Heidegger entschiedene Akzente – und verliert damit den Körperleib aus dem Blick. Er kappt die Verbindungsleinen zu den empirischen Wissenschaften und verschärft die Abwehr objektivierter Setzungen. Die Folge ist: Er vermag im Körper nur die depravierte, von den Wissenschaften entfremdete Gestalt des Leibes zu sehen. Der Körper als physiologische Realität und als Anknüpfungspunkt für die Forschungsergebnisse der Physiologie, Medizin, Biologie verschwindet aus dem Horizont philosophischer Reflexion und zurück bleibt die rudimentäre Gestalt des ›Leibes‹ als Anhang des inneren Verstehensvollzugs jemeinigen Existierens. Von einer ursprünglichen Spannung zwischen Leib und Körper oder einer oszillierenden Verschränkung zwischen beiden kann keine Rede sein (vgl. *Zollikoner Seminare*). In einer gewissen Blindheit ist hier die ›Daseinsanalyse‹ (Binswanger, Boss) der existenzialontologischen Vorgabe gefolgt. Anzeichen davon finden sich auch bei Sartre.

Nachvollziehbar ist die allen Trennungen von Leib und Körper zugrunde liegende ursprüngliche Auffassung, wonach sich der Körper vom schweigenden Fungieren des Leibes abhebt, ausgliedert, wenn er auffällig wird (Thomas 1996, 116): Wir bemerken unseren Magen, sobald er durch Dysfunktion auffällt.

Revidierte Phänomenologie

Merleau-Ponty hat sich zum Thema ›Leib‹ die Offenheit des husserlschen Ansatzes zunutze gemacht und das Phänomen der Doppelrealität als Ausgangspunkt weitergehender phänomenologischer Untersuchungen gesetzt. Der Leib tritt bei ihm gewissermaßen aus der Vormundschaft des transzendentalen Ich heraus und agiert auf eigene Rechnung. »Mein Leib hat seine Welt oder begreift seine Welt, ohne erst den Durchgang durch ›Vorstellungen‹ nehmen oder sich einer ›objektivierenden‹ oder ›Symbolfunktion‹ unterordnen zu müssen« (Merleau-Ponty 1966, 170). Heideggers Welteröffnung und seinsverstehendes In-der-Welt-sein taucht hier wieder auf in der Spielart des fungierenden Leibes und des leiblichen ›Zur-Welt-seins‹. In der markanten Formulierung Merleau-Pontys: »Der Leib ist unsere Verankerung in der Welt [...], der Durchgangspunkt meiner beständigen Bewegung auf die Welt zu« (ebd., 174f.).

Wir wollen die Frage offen lassen, ob hier noch immer eine transzendentalphilosophische Variante der Subjektphilosophie vertreten wird, jetzt allerdings mit dem Leib als tiefer gelegtem Fundament, – uns interessiert die theoretische Behandlung der anthropologischen Schlüsselkategorien ›Leibkörper‹ und ›Natur‹.

Merleau-Pontys *Phänomenologie der Wahrnehmung* (1966) beruht auf der Innenbetrachtung. Dies lässt erwarten, dass der Körperaspekt und damit der Anschluss an die empirischen Humanwissenschaften ausgeblendet wird, ferner, dass auch der Naturbegriff dem allgemeinen phänomenologischen Naturalismusvorwurf zum Opfer fällt. Schon ein flüchtiger Blick in das umfangreiche Werk genügt, um zu erkennen, dass die vielfältigen Leibanalysen in engem Zusammenhang mit den zeitgenössischen Forschungsbefunden der Neurologie, Biologie, Physiologie, Psychologie, Anthropologie (Adhémar Gelb, Kurt Goldstein, Viktor von Weizsäcker, Frederik J.J. Buytendijk, Wolfgang Köhler, Jean Piaget, Max Scheler u.a.) durchgeführt werden. Die Gemeinsamkeiten mit der Philosophischen Anthropologie sind unübersehbar (vgl. Arlt 1996, 144).

Was allerdings den Naturbegriff angeht, so wiederholt sich auch bei Merleau-Ponty (wie schon bei Sartre), was noch für Husserl verbindliche transzendentalphilosophische Norm war, dass nämlich »mit der antireduktionistischen Beschreibung des Leibes als vorintentional gegebenes Medium der Welthabe gerade das *Naturhafte* der Leiblichkeit weg[fällt]« (Thomas 1996, 67). Der Autor beklagt hier einen ›Phänomenverlust‹. Demnach holt auch Merleau-Ponty der Fluch der bösen Tat transzendentalphilosophischer Naturalismuskritik ein. In der Dualität von subjektivem Leib und objektiviertem Körper scheint die Natur auf die Außen- und Objektseite zu geraten.

Philipp Thomas versucht in seinem interessanten Buch *Selbst-Natur-sein. Leibphänomenologie als Naturphilosophie* (1996) das Naturhafte der Leiblichkeit in phänomenologischen Analysen aufzuweisen. Die Kernfrage lautet: Kann der menschliche Leib als Natur gedacht werden? (ebd., 13). Das Selbstsein leiblicher Erfahrung soll sich als Selbstsein der Naturerfahrung darstellen lassen. Ein bemerkenswerter Beitrag zum Thema Leib und Natur. Die Absicht, phänomenologische und naturphilosophische Ergebnisse miteinander zu verbinden, verweist unmittelbar auf das Forschungsfeld der Philosophischen Anthropologie. Allerdings führt der methodische Zugriff über Selbstsein, Jemeinigkeit und Unvertretbarkeit in die konfliktreiche Zone *zwischen* Anthropologie und Existenzphilosophie. Wie wir wissen, unterbietet nach Auffassung der Philosophischen Anthropologie (Scheler und Plessner) die Sicht des jemeinigen Existenzvollzugs und verstehenden Seinsbezugs den ›Menschen‹ in seiner Vieldimensionalität.

Thomas führt in seiner Galerie der Leibphänomenologen die Namen Edmund Husserl, Martin Heidegger, Maurice Merleau-Ponty und Hermann Schmitz auf. Der Name Heidegger sorgt für ein gelindes Erstaunen, vertritt er doch in dieser Reihe die Leerstelle: die Abwesenheit von Leibkörper und Natur. Im Gesamt der Argumentation repräsentiert er jedoch das existenzphilosophische Strukturmoment, die Ausrichtung der Phänomenologie und phänomenologischen Analyse auf die ›Jemeinigkeit‹ hin, auf die es dem Autor ankommt in seiner ›existenzialen‹ Begründung von Leib und Natur.

›Leibliches Responsorium‹

Man kann das Ensemble der Leibphänomenologen auch anders besetzen. Bernhard Waldenfels, dem späten Merleau-Ponty, aber auch Levinas zugewandt, skizziert im Rahmen seines Konzeptes der ›Responsivität‹ ein ›leibliches Responsorium‹ (Waldenfels 1994, 463ff.). Die Phänomenologie ist außer Reichweite einer zentrierten Subjekt- und Transzendentalphilosophie gerückt, und damit hat sich auch der Leib aus der zentrischen Verankerung in einer anschaulichen Präsenz gelöst. In der Spätphilosophie Merleau-Pontys, die im Zeichen des *chair*, des Fleisches steht, stellt sich der Leib nicht mehr als Vorgegebenheit dar, nicht als vorweg schon subjektivierter Leib, vielmehr ist er sehend und sichtbar zugleich (›Chiasmus‹ als Überkreuz-Konfiguration) und das ›Milieu‹, der Prozess, aus dem Ich und die Anderen hervorgehen (vgl. Merleau-Ponty 1986, 187f.). In der Figur des Chiasmus sind Eigentätigkeit und Ausgesetztheit, Zugehörigkeit und Fremdheit ineinander verschränkt. Hier konstituiert kein seiner selbst gegenwärtiges Subjekt eine ›Welt‹, hier **konfiguriert sich ein Feld**, das zu sagen nötigt: *es* sieht, statt *ich* sehe usw.

Damit sind wir allerdings an die Grenze aller Anthropologie gelangt, die ja nicht ohne Zentrierung auskommt (›Anthropozentrismus‹), aber noch nicht an die Grenze der Leibphilosophie.

»Wenn wir vom Fleisch des Sichtbaren sprechen, so haben wir damit keine Anthropologie im Auge, keine Beschreibung einer Welt, die von all unseren Projektionen überlagert wäre und das ausklammerte, was sich hinter der menschlichen Maske zu verbergen vermag. Im Gegenteil, wir meinen damit: das fleischliche Sein als Sein der Tiefen, mit mehreren Blattseiten oder mehreren Gesichtern, als Sein im Verborgenen und als Anwesen einer gewissen Abwesenheit, ist ein Prototyp des Seins, von dem unser empfindend-empfindbarer Leib eine bemerkenswerte Spielart darstellt [...]« (Merleau-Ponty 1986, 179).

Waldenfels bestimmt ›Responsivität‹ als ›Antwortlichkeit‹ (1994, 320), d.h. als Grundzug alles Redens und Tuns und alles leiblichen Verhaltens – sie ist auch von daher zu erschließen (ebd., 336). Gefragt wird, »wieweit und in welchem Sinne leibliches Verhalten als responsiv verstanden werden kann, und zwar derart, daß die bekannten Funktionen der Sensorik, der Motorik, des Ausdrucks, der Erotik und der Sexualität sich zu einem leiblichen Responsorium zusammenfügen und von daher ihre besondere Prägung erfahren« (ebd., 463).

Die Pointe dieses Leibkonzeptes versteht man nur, wenn man sich des Kernsatzes der Sozialphilosophie von Levinas versichert: Das Antworten gilt immer einem fremden Anspruch, dem Anspruch des Anderen, der an mich ergeht (vgl. Levinas 1983, 224). Im Wechsel von

Frage und Antwort liegt das Gewicht auf der Antwort, die als Anspruch immer über die Aktualität des Gesprächs hinausweist. Der Leib wird nun in dieses asymmetrische und irreversible ›Zwischengeschehen‹ von Frage und Antwort hineingezogen – oder umgekehrt: Responsivität wird im Leib verankert. Damit schärft sich der Blick für die Nuancen und Differenzierungen im Erfahrungsfeld des Leibes: z.B. das Verhältnis von Körper und Sprache (die Leiblichkeit der Rede und die Körperlichkeit der Sprache), Leib und Begehren usw. Mit diesem Ansatz ist die Zuversicht einer **Revision der Leiblichkeit** verbunden, »die sich in der Suche nach einer responsiven Leiblichkeit nicht auf Gegensätze wie Selbst- und Fremdbewegung, Spontaneität und Trägheit verlässt, sondern jene Selbstbewegung, die von alters her das Merkmal lebendiger oder freier Wesen bildet, anderswo und außerhalb seiner selbst anheben läßt als Fähigkeit, einen Zustand von selbst fortzusetzen« (ebd., 466).

Der Leib als kulturelle Matrix
Im Wahrnehmungsfeld der Ärzte zeigt sich die ›**pathische Subjektivität**‹, der vorpersönlich und unpersönlich gelebte Leib und das präreflexive und pathische Dasein (vgl. Buytendijk 1967, 22). Mit dem Begriff des Körperleibes hat man die gewohnten durchsichtigen Verhältnisse und einfachen Alternativen (z.B. Subjekt und Objekt) verlassen und gerät in den Zwischenbereich der Verdoppelung und Ambiguität, in die Verschränkung und Oszillation. Als Körper organisiert er die Raumwahrnehmung, konstituiert er den Raum über die Orientierungsmarken ›links-rechts‹, ›oben-unten‹, ›nah-fern‹ usw. Im Spiel des Ausdrucks zeigt und verbirgt er sich. In ihm verschränken sich Körpersprache und Sprachkörper. Als objektivierter Körper ist er nach physiologischen Gesetzen zu erforschen; er ermüdet, versagt seinen Dienst in der Krankheit und unterliegt dem Prozess der Alterung und Abnutzung. Trotzdem ist er keine Körpermaschine, die allem gesellschaftlichen Einfluss und geschichtlichen Wandel entzogen wäre. Wie sich die Körperbilder wandeln, so verändert sich der Körper selbst: in der Disziplinierung, die die Arbeit abverlangt, und in der Selbstdressur des modernen Sports. Besonders eindrucksvolle Beispiele für die kulturelle Plastizität des menschlichen Körpers.

Wenn die Physiologie die »Form der Verwissenschaftlichung des Körpers« ist (Sarasin/Tanner 1998, 10), dann zeigt sich an ihren jeweiligen **Körperbildern** die Chronologie des leibkörperlichen Selbstverständnisses des Menschen. So lässt sich z.B. die Geschichte der Industrialisierung als »Geschichte des menschlichen Körpers« schreiben (ebd., 12). Zu dieser Historie gehört auch das Vergessen und die Wiederentdeckung des Leibes. Foucault zeigt in überzeugender Weise, wie die gesellschaftliche Disziplinarmacht unmittelbar in den Körper eingreift. Er verbindet Geschichte, Macht und Körper zu einer Konfiguration und spricht von der ›Bio-Geschichte‹, ›Bio-Politik‹ (vgl. Foucault 1986, 170).

4. Ein Veto gegen jegliche Anthropologie?

Odo Marquard greift bis auf Feuerbach zurück, wenn er versucht, der Anthropologie, dem ›anthropologischen Interesse‹ einen Ort innerhalb des Historizismus in der Linie Hegel – Dilthey – Heidegger zuzuweisen. Das Geschichtsdenken »hat offenbar hinreichend Misstrauen in die Wesensphilosophie, um der Geschichtsphilosophie sich zuzuwenden, aber zugleich auch hinreichend Misstrauen in die Geschichtsphilosophie, um von ihr sich zu distanzieren und auf Natur zu rekurrieren« (Marquard 1987, 41). Als Autoren, die innerhalb des Geschichtsdenkens der Heideggerschule für die ›Natürlichkeitscharaktere‹ des menschlichen Daseins eintreten, nennt Marquard Karl Löwith und Gerhard Krüger, ferner Otto Friedrich Bollnow, Emil Staiger und Ludwig Binswanger. Die Konjunktur der Anthropologie sei ein Symptom für die Krise des Geschichtsdenkens. Die moderne Anthropologie verdanke sich daher der Wende zur Lebenswelt und ›Lebensweltphilosophie‹ falle zusammen mit der Abkehr von der Geschichtsphilosophie bei gleichzeitiger Hinwendung zur Natur.

Aber auch die Anthropologie, so sei hinzugefügt, hat in hinreichendem Maße Misstrauen erregt. Sie ist bei ihrem Einsatz für die philosophisch vernachlässigte Naturseite des Menschen und seine Leibkörperlichkeit in den **Verdacht der Hypostasis und Verdinglichung** dynamischer Verhältnisse (›anthropologische Konstanten‹) geraten. In Misskredit geriet die Frage nach dem *Wesen* des Menschen und die mit ihr gesetzten Ansprüche auf letzte Gewissheit. Allerdings waren die metaphysischen Ambitionen von Anfang an ein kontroverses Thema innerhalb der Philosophischen Anthropologie (Gehlen und Plessner gegen Scheler). Auch fehlte nicht das Bewusstsein dafür, dass die Frage nach dem Menschen ein prekäres Selbstverhältnis konstituiert. Es kann kein Verhältnis einsichtiger Transparenz sein: keine mit sich selbst identische Mitte, die ein für allemal begrifflich zu erfassen wäre. Sollte der Mensch praktisch (im Handeln) zu sich selbst kommen, dann wäre die Selbstbefragung nachgeordnet und einer reflexiven Metaebene zugehörig.

Plessner betrachtet den Menschen als das aus seinem Zentrum gefallene Tier, das in seiner Unruhelage um ein stets gefährdetes Gleichgewicht zu kämpfen hat. ›Exzentrizität‹ heißt in letzter Konsequenz: Unbestimmbarkeit, Unergründlichkeit, und im ironischen Terminus des ›homo absconditus‹ hat er sich in die Nähe der negativen Theologie (*deus absconditus*) und der negativen Dialektik Adornos gerückt. Für sie gilt das strikte Utopie- und Bilderverbot, das die frühe Kritische Theorie auch über den Menschen verhängt hat. Während Adorno noch ein »Veto gegen jegliche Anthropologie« einlegt (AGS 6, 130), wollen andere kritische Geister der Anthropologie noch eine gewisse Daseinsberechtigung zugestehen, allerdings in der verhärmten und ausgezehrten Gestalt einer negativen (Sonnemann, Anders) oder einer kritischen Anthropologie (Kamper). Statt ins Blaue hinein Luftschlösser zu bauen – so die rigide Regel der ›negativen Dialektik‹ –, bleibt dem um Erkenntnis ringenden Menschen nur der Blick in den verzerrten Spiegel verdinglichter Verhältnisse: »Wer die Wahrheit übers unmittelbare Leben erfahren will, muß dessen entfremdeter Gestalt nachforschen [...]«, lautet das berühmt gewordene Verdikt aus der ›Zueignung‹ der *Minima Moralia.*

Wir berühren damit einen empfindlichen Nerv, vielleicht den Lebensnerv der modernen Anthropologie. Wie weit darf sie sich von der Reichweite reflexiver Gewissheiten und interner Seins-und Sinndeutungen entfernen und sich einlassen auf objektivierte Sachverhältnisse und externe Voraussetzungen? Die Anthropologie im Bündnis mit den positiven Wissenschaften – ist dies schon ein Verrat an einer kritischen, reflexiven Grundhaltung? Kann man die Frage nach dem Menschen nur offen halten, wenn man sich von allen Gegenstandssetzungen fernhält, wie dies z.B. Heidegger gefordert hat? Muss man sich einüben in die Selbstgenügsamkeit der *Frage* (›Fragepathos‹)? Erheischt die Frage nach dem Menschen nicht eine Antwort, so sehr diese dann auch immer abhängig sein wird von den Zeitumständen und vom Stand der Wissenschaften? Das unfestgestellte Tier will festgestellt sein! Allerdings ist vorauszusehen, dass die allein mögliche Antwort *auf Widerruf* immer eine Herausforderung für das *animal ideologicum* sein wird.

Kritische Theorie versucht, der Neigung zu ›identifizierendem Denken‹, das sie mit begrifflicher Bemächtigung und Verfügung gleichsetzt, durch Negation zu widerstehen. So ergibt sich ein Junktim zwischen dem Un-begriff des Menschen und der Unmöglichkeit der Anthropologie, mindestens aber in ihrer ›positiven‹ Gestalt setzender und dogmatischer Theorieform. Wenn die Wahrheit des Menschen in seiner Nichtidentität liegt, dann muss der Horizont der Frage nach dem Menschen offen bleiben. In dieser Auffassung ist eine gewisse Übereinstimmung zwischen Plessner und der Kritischen Theorie zu beobachten. Dietmar Kamper versucht, in der Formel ›anthropologische Differenz‹ (in Anlehnung an die ›ontologische Differenz‹ Heideggers und in Tuchfühlung mit der ›negativen Dialektik‹ Adornos) das Bewusstsein wach zu halten für die Paradoxie des ›Begriffs‹ vom Menschen: ein Begriff, der sich selbst negieren müsste (Kamper 1973, 26). Gegenüber dem Fragmentarischen und Unabgeschlossenen, der Zweideutigkeit und Ambiguität menschlichen Selbstverständnisses empfiehlt sich eine aufschließend-exponierende Haltung (Plessner), eine offene Denkfigur und offene Dialektik; auszuschließen ist dagegen eine systematische Gesamtdeutung der Wirklichkeit, der nichts extern bleibt. Aber das positivistische Verdikt der Kritischen Theorie gegen die empirischen Wissenschaften birgt die Gefahren einer maskierten Theologie: Es bleibt dann nur das Lamento über das beschädigte Leben und das Warten auf das ›ganz Andere‹. Plessner beraubt den Begriff der Entfremdung seines kulturkritischen Glanzes. Der Mensch ist konstitutiv entfremdet, und eine versöhnende Heimkehr ist eine Hoffnung, die ihm nur der Glaube und die Utopie verheißen.

Es ist nicht verborgen geblieben, dass die Zeit großer anthropologischer Entwürfe unwiderruflich vorüber ist. Die methodische Bedenkenhaftigkeit einer skeptischen, kritischen, negativen Anthropologie mutet wie das letzte Rückzugsgefecht in einer Zeit an, die nicht nur von der Zentralität der Vernunftperspektive Abschied genommen, sondern auch entschlossen die Konsequenzen aus der Einsicht gezogen hat, dass der Mensch keinen eindeutigen Ort in der Welt hat. Er kann nicht länger die Position eines präsenten, seiner selbst mächtigen Zentrums beanspruchen. Statt der wuchtigen Silhouette ›des‹ Menschen und seiner wesensphilosophischen und metaphysischen Verortung im Kosmos – die flüchtige Spur seiner selbst, der sich perpetuierende Entzug, die uneinholbare Differenz, das Wissen des Nichtwissens. Wenn es zutrifft, dass unsere Zeit endlich aus dem ›anthropologischen Schlummer‹ (Foucault) erwacht ist, was kann sie dann noch vor der chronischen Anthropologiemüdigkeit bewahren?

V. Bibliographie

0. Zur Einführung in den anthropologischen Themenkreis

Böhme, Gernot: *Anthropologie in pragmatischer Hinsicht. Darmstädter Vorlesungen.* Frankfurt a.M. 1985.

Bollnow, Otto Friedrich: *Maß und Vermessenheit des Menschen. Philosophische Aufsätze. Neue Folge.* Göttingen 1962.

– *Mensch und Raum.* 6. Aufl. Stuttgart 1989.

Brandenstein, Bela von: *Der Mensch und seine Stellung im All. Philosophische Anthropologie.* Einsiedeln/Köln 1947.

Brüning, Walther: *Philosophische Anthropologie. Historische Voraussetzungen und gegenwärtiger Stand.* Stuttgart 1960.

Buber, Martin: *Das Problem des Menschen.* 5. Aufl. Heidelberg 1982.

Decher, Friedhelm/Hennigfeld, Jochem (Hg.): *Philosophische Anthropologie im 19. Jahrhundert.* Würzburg 1992.

Diemer, Alwin: *Elementarkurs Philosophie. Philosophische Anthropologie.* Düsseldorf/ Wien 1978.

Fischer, Joachim: »Philosophische Anthropologie. Zur Rekonstruktion ihrer diagnostischen Kraft«. In: Friedrich, Jürgen/Westermann, Bernd (Hg.): *Unter offenem Horizont. Anthropologie nach Helmuth Plessner.* Frankfurt a.M. 1995.

Gadamer, Hans-Georg/Vogler, Paul (Hg.): *Neue Anthropologie.* 7 Bde. Stuttgart 1972-1975.

Gebauer, Gunter (Hg.): *Anthropologie.* Leipzig 1998.

Gebsattel, Victor Emil von: *Christentum und Humanismus.* Stuttgart 1947.

Gehlen, Arnold: *Anthropologische Forschung. Zur Selbstentdeckung des Menschen.* Reinbek 1974. (=*Forschung*)

Groethuysen, Bernhard: *Philosophische Anthropologie.* München 1969.

Gulian, Constantin: *Versuch einer marxistischen philosophischen Anthropologie.* Darmstadt/Neuwied 1973.

Hastedt, Heiner: *Das Leib-Seele-Problem. Zwischen Naturwissenschaft des Geistes und kultureller Eindimensionalität.* 2. Aufl. Frankfurt a.M. 1989.

Honneth, Axel/Joas, Hans: *Soziales Handeln und menschliche Natur. Anthropologische Grundlagen der Sozialwissenschaften.* Frankfurt a.M. 1980.

Kamlah, Wilhelm: *Philosophische Anthropologie. Sprachkritische Grundlegung und Ethik.* Mannheim 1973.

Kamper, Dietmar/Wulf, Christoph (Hg.): *Anthropologie nach dem Tode des Menschen.* Frankfurt 1994.

Kamper, Dietmar: *Geschichte und menschliche Natur. Die Tragweite gegenwärtiger Anthropologiekritik.* München 1973.

Keller, Wilhelm: *Einführung in die philosophische Anthropologie.* München 1971.

Krauss, Werner: *Zur Anthropologie des 18. Jahrhunderts. Die Frühgeschichte der Menschheit im Blickpunkt der Aufklärung.* Hg. v. Hans Kortum/Christa Gohrisch. Frankfurt a.M./Berlin 1987.

Landmann, Michael: *Philosophische Anthropologie.* Berlin 1969.
– *Was ist Philosophie?* 2. Aufl. Bonn 1976.
Lepenies, Wolf/Nolte, Helmut: *Kritik der Anthropologie.* München 1971.
Lévi-Strauss, Claude: *Die elementaren Strukturen der Verwandtschaft.* Übers. v. Eva Moldenhauer. Frankfurt a.M. 1984.
– : *Strukturale Anthropologie.* Übers. v. Hans Naumann, 2 Bde. Frankfurt a.M. 1977.
Lippe, Rudolf zur: *Naturbeherrschung am Menschen.* 2 Bde, 2. Aufl. Frankfurt a.M. 1981.
Mall, Ram Adhar: *Mensch und Geschichte. Wider die Anthropozentrik.* Darmstadt 2000.
Marschall, Wolfgang: *Klassiker der Kulturanthropologie. Von Montaigne bis Margaret Mead.* München 1990.
Mühlmann, Wilhelm E.: *Geschichte der Anthropologie.* Wiesbaden 1984.
Müller, Max: *Philosophische Anthropologie.* Hg. v. Wilhelm Vossenkuhl. Freiburg/ München 1974.
Oelmüller, Willi/Dölle-Oelmüller, Ruth/Geyer, Carl-Friedrich (Hg.): *Philosophische Arbeitsbücher 7. Diskurs: Mensch.* 3. Aufl. Paderborn 1993.
Peisl, Anton/Mohler, Armin (Hg.): *Reproduktion des Menschen. Beiträge zu einer interdisziplinären Anthropologie.* Schriften der Carl Friedrich von Siemens Stiftung Bd. 5. Frankfurt a.M./Berlin 1981.
Probst, Peter: *Politik und Anthropologie. Untersuchungen zur Theorie und Genese der philosophischen Anthropologie der Gegenwart in Deutschland.* Frankfurt a.M. 1974.
Rocek, Roman/Schatz, Oskar (Hg.): *Philosophische Anthropologie heute.* 2. Aufl. München 1974.
Rombach, Heinrich: *Struktur-Anthropologie. »Der menschliche Mensch«.* Freiburg/ München 1987.
– (Hg.): *Die Frage nach dem Menschen. Aufriß einer Philosophischen Anthropologie.* Festschrift für Max Müller zum 60. Geburtstag. Freiburg/München 1966.
Schüßler, Werner (Hg.): *Philosophische Anthropologie.* Freiburg/München 2000. (Texte der philosophischen Anthropologie)
Seifert, Josef: *Leib und Seele. Ein Beitrag zur philosophischen Anthropologie.* Salzburg/ München 1973.
Steffens, Andreas: *Philosophie des 20. Jahrhunderts* oder *Die Wiederkehr des Menschen.* Leipzig 1999.
Uexküll, Thure von: *Der Mensch und die Natur. Grundzüge einer Naturphilosophie.* Bern 1953.
Weiland, René (Hg.): *Philosophische Anthropologie der Moderne.* Weinheim 1995.

I. Philosophie und Wissenschaft in der nachhegelschen Epoche

Dilthey, Wilhelm: *Gesammelte Schriften.* Hg. v. Bernhard Groethuysen/Georg Misch/ Paul Ritter u.a. Stuttgart/Göttingen 1914-1990. (=*DGS*)
Feuerbach, Ludwig: *Das Wesen des Christentums.* Nachwort v. K. Löwith. Stuttgart 1971.
– *Anthropologischer Materialismus.* Ausgewählte Schriften II. Hg. v. Alfred Schmidt. Frankfurt a.M./Berlin 1985.

Hegel, Georg Wilhelm Friedrich: *Werke in zwanzig Bänden. Theorie Werkausgabe.* Frankfurt a.M. 1969ff.

– *Enzyklopädie der philosophischen Wissenschaften im Grundrisse* (1830). Teil 1: *Die Wissenschaft der Logik.*

Herder, Johann Gottfried: *Werke 1-10.* Hg. v. Martin Bollacher u.a. Frankfurt a.M. 1985-2000. Bd. 1: *Frühe Schriften* 1764-1772 u. Bd. 6: *Ideen zur Philosophie der Geschichte der Menschheit.*

Kant, Immanuel: *Anthropologie in pragmatischer Hinsicht.* Kants Werke. Akademie Textausgabe VII. Berlin 1968.

Marx, Karl: *Werke 1-6.* Hg. v. Hans-Joachim Lieber/Peter Furth. Darmstadt 1960ff.

Nietzsche, Friedrich: *Werke 1-3.* Hg. v. Karl Schlechta. 9. Aufl. Darmstadt 1982.

Schopenhauer, Arthur: *Sämtliche Werke 1-5.* Textkritisch bearb. u. hrsg. v. Wolfgang Frhr. von Löhneysen. Darmstadt 1989.

zu Dilthey

Bollnow, Otto Friedrich: »Dilthey und die Phänomenologie«. In: *Dilthey und die Philosophie der Gegenwart.* Sonderband der *Phänomenologischen Forschungen.* Freiburg/München 1985.

Kerckhoven, Guy van: »Die Grundsätze von Husserls Konfrontation mit Dilthey im Lichte der geschichtlichen Selbstzeugnisse«. In: *Phänomenologische Forschungen* 16 (1984).

Knüppel, Renate: *Diltheys erkenntnistheoretische Logik.* München 1991.

Krausser, Peter: *Kritik der endlichen Vernunft. Diltheys Revolution der allgemeinen Wissenschafts- und Handlungstheorie.* Frankfurt a.M. 1968.

Makkreel, Rudolf A.: *Dilthey. Philosoph der Geisteswissenschaften.* Frankfurt a.M. 1991.

Orth, Ernst Wolfgang: »Dilthey und der Wandel des Philosophiebegriffs seit dem 19. Jahrhundert«. In: *Phänomenologische Forschungen* 16 (1984) Freiburg/München.

– »Dilthey und die Gegenwart der Philosophie«. In: Sonderband der *Phänomenologischen Forschungen.* Freiburg/München 1985.

Riedel, Manfred: *Verstehen oder Erklären? Zur Theorie und Geschichte der hermeneutischen Wissenschaften.* Stuttgart 1978.

zu Feuerbach

Braun, Hans-Jürg: »Ludwig Feuerbach. Grundlegung einer neuen Anthropologie«. In: Decher, Friedhelm/Hennigfeld, Jochem (Hg.): *Philosophische Anthropologie im 19. Jahrhundert.* Würzburg 1992.

Schmidt, Alfred: *Emanzipatorische Sinnlichkeit. Ludwig Feuerbachs anthropologischer Materialismus.* München 1988.

zu Hegel

Fetscher, Iring: *Hegels Lehre vom Menschen.* Stuttgart-Bad Cannstatt 1970.

Lohmar, Achim: *Anthropologie und Vernunftkritik. Hegels Philosophie der menschlichen Welt.* Paderborn 1997.

zu Marx

Müller-Herlitz: *Karl Marx. Wesen und Existenz des Menschen.* München 1972.

Schaff, Adam: *Marxismus und das menschliche Individuum.* Wien/Frankfurt a.M./ Zürich 1965.

zu Nietzsche

Pieper, Annemarie: »Der Leib als große Vernunft. Nietzsches Konstruktion eines anderen Apriori«. In: Karen Gloy (Hg.): *Rationalitätstypen*. Freiburg/München 1999.

Schipperges, Heinrich: *Am Leitfaden des Leibes. Zur Anthropologik und Therapeutik Friedrich Nietzsches*. Stuttgart 1975.

zu Schopenhauer

Decher, Friedhelm: »Arthur Schopenhauer. Die Welt als ›Makanthropos‹«. In: Decher, Friedhelm/Hennigfeld, Jochem (Hg.): *Philosophische Anthropologie im 19. Jahrhundert*. Würzburg 1992.

Sekundärliteratur

Cassirer, Ernst: *Das Erkenntnisproblem* 4. *Von Hegels Tod bis zur Gegenwart* (1832-1932). Zweites Buch: ›Das Erkenntnisideal der Biologie und seine Wandlungen‹. Darmstadt o.J.

Fahrenbach, Helmut: »Mensch«. In: Hermann Krings u.a. (Hg.): *Handbuch philosophischer Grundbegriffe*. München 1974.

Fellmann, Ferdinand: *Lebensphilosophie. Elemente einer Theorie der Selbsterfahrung*. Reinbek 1993.

Foucault, Michel: *Die Ordnung der Dinge*. Frankfurt a.M. 1974.

Freud, Sigmund: *Gesammelte Werke*. Londoner Ausg. 1940-1950. (=*FGW*)

Gehlen, Arnold: *Der Mensch. Seine Natur und seine Stellung in der Welt* (*Mensch*). 10. Aufl. Frankfurt a.M. 1974. *(=Mensch)*

Heidegger, Martin: *Kant und das Problem der Metaphysik* (1928). Frankfurt a.M. 1973. (=*Kant*)

Herzog, Max: *Weltentwürfe. Ludwig Binswangers phänomenologische Psychologie*. Berlin/New York 1994.

– *Phänomenologische Psychologie. Grundlagen und Entwicklungen*. Heidelberg 1992.

Husserl, Edmund: *Husserliana*. Den Haag 1950ff. (=Hua)

Jonas, Hans: *Das Prinzip Leben. Ansätze zu einer philosophischen Biologie*. Frankfurt a.M. 1994.

Landgrebe, Ludwig: *Philosophie der Gegenwart*. Berlin 1957.

Landmann, Michael: *Was ist Philosophie?* 2. Aufl. Bonn 1976.

Lieber, Hans-Joachim: *Kulturkritik und Lebensphilosophie. Studien zur Deutschen Philosophie der Jahrhundertwende*. Darmstadt 1974.

Marquard, Odo: »Anthropologie«. In: *Hist. Wb. Philos*. 1 (1971).

– *Transzendentaler Idealismus. Romantische Naturphilosophie. Psychoanalyse*. Köln 1987.

Schipperges, Heinrich: *Rudolf Virchow*. Reinbek 1994.

Schnädelbach, Herbert: *Philosophie in Deutschland 1831 – 1933*. Frankfurt a.M. 1983.

Schulz, Walter: *Philosophie in der veränderten Welt*. Pfullingen 1976.

Uexküll, Thure von: »Plädoyer für eine sinndeutende Biologie: Die Bedeutung der Lehre Jakob von Uexkülls für die Wissenschaften vom Menschen«. In: Jakob von Uexküll: *Kompositionslehre der Natur*. Frankfurt a.M./Berlin 1980.

II. Anthropologie im Streit der Philosophen

Adorno, Theodor W.: *Gesammelte Schriften.* Hg. v. Rolf Tiedemann u.a., Frankfurt a.M. 1973-1986 (=*AGS*)
Bollnow, Otto Friedrich: »Die philosophische Anthropologie und ihre methodischen Prinzipien«. In: *Philosophische Anthropologie heute.* Hg. v. Roman Rocek/Oskar Schatz. München 1974.
Cassirer, Ernst: *Philosophie der symbolischen Formen.* 3 Bde. Darmstadt 1977.
– *Versuch über den Menschen. Einführung in die Philosophie der Kultur.* Aus dem Englischen v. Reinhard Kaiser. Frankfurt a.M. 1990.
Dilthey, Wilhelm: *Gesammelte Schriften.* Hg. v. Bernhard Groethuysen/Georg Misch/ Paul Ritter u.a. Stuttgart/Göttingen 1914-1990. (=*DGS*)
Elias, Norbert: *Über den Prozeß der Zivilisation. Soziogenetische und psychogenetische Untersuchungen.* 2 Bde. Frankfurt a.M. 1976.
– »Notizen zum Lebenslauf«. In: *Macht und Zivilisation. Materialien zu Norbert Elias' Zivilisationstheorie 2.* Hg. v. Peter Gleichmann/Johan Gouldsblom/Hermann Korte. Frankfurt a.M. 1984.
– *Über sich selbst.* Frankfurt a.M. 1990.
Foucault, Michel: *Die Ordnung der Dinge. Eine Archäologie der Humanwissenschaften.* Übers. v. Ulrich Köppen. Frankfurt a.M. 1974.
Geyer, Carl-Friedrich: *Einführung in die Philosophie der Kultur.* Darmstadt 1994.
Heidegger, Martin: *Gesamtausgabe. II. Abteilung: Vorlesungen 1923-1944.* Bd. 29/30. *Die Grundbegriffe der Metaphysik. Welt – Endlichkeit – Einsamkeit.* Hg. v. Friedrich-Wilhelm von Herrmann. 2. Aufl. Frankfurt a.M. 1992. (=*GA*)
– *Sein und Zeit* (1927). 15. Aufl. Tübingen 1979. (=*SuZ*)
– *Kant und das Problem der Metaphysik* (1928). Frankfurt a.M. 1973. (=*Kant*)
– »Die Zeit des Weltbildes« (1938). In: *Holzwege.* Frankfurt a.M. 1972.
– »Brief über den Humanismus« (1946). In: *Wegmarken.* Frankfurt a.M. 1978. (=*Hum.*)
Historisches Wörterbuch der Philosophie. Hg. v. Joachim Ritter u.a. Basel/Stuttgart 1971ff. (=*Hist. Wb. Philos.*)
Horkheimer, Max: *Gesammelte Schriften.* Hg. v. Alfred Schmidt/Gunzelin Schmid Noerr. Frankfurt a.M. 1988-1996.
Hupe, Hans-Joachim: *›Werde, der Du sein willst‹. Kreativität und Teleologie in der Kulturanthropologie Michael Landmanns.* Bonn 1991.
Husserl, Edmund: *Husserliana.* Den Haag 1950ff. (=Hua)
Korte, Hermann: *Über Norbert Elias. Das Werden eines Menschenwissenschaftlers.* Frankfurt a.M. 1988.
Landgrebe, Ludwig: *Philosophie der Gegenwart.* Berlin 1957.
Landmann, Michael: *Der Mensch als Schöpfer und Geschöpf der Natur. Geschichts- und Sozialanthropologie.* München/Basel 1961.
– *Philosophische Anthropologie.* 3. Aufl. Berlin 1969.
– *Das Ende des Individuums. Anthropologische Skizzen.* Stuttgart 1971.
– *Was ist Philosophie?* 2. Aufl. Bonn 1976.
– Fundamental-Anthropologie. 2. Aufl. Bonn 1984.
Landmann, Michael u.a. (Hg.): *De homine. Der Mensch im Spiegel seines Gedankens.* Freiburg/München 1962.
Der Mensch als geschichtliches Wesen. Festschrift für Michael Landmann zum 60. Geburtstag. Hg. v. Klaus-J. Grundner/Peter Krausser/Heinrich Weiß. Stuttgart 1974.

Löwith, Karl: *Sämtliche Schriften.* Hg. v. Klaus Stichweh/Marc B. de Launay. Stuttgart 1981-1988.
Orth, Ernst Wolfgang: *Kultur und Organismus. Studien zur Philosophie Richard Hönigswalds.* Bonn 1997.
Paetzold, Heinz: »Der Mensch«. In: Ekkehard Martens/Herbert Schnädelbach (Hg.): *Philosophie. Ein Grundkurs.* Reinbek 1985.
Perpeet, Wilhelm: *Kulturphilosophie. Anfänge und Probleme.* Bonn 1997.
Plessner, Helmuth: *Gesammelte Schriften I-X.* Hg. v. Günter Dux/Odo Marquard/Elisabeth Ströker. Frankfurt a.M. 1980-1985. (= *PGS*)
Ritter, Joachim: »Über den Sinn und die Grenze der Lehre vom Menschen«. In: *Subjektivität. Sechs Aufsätze.* Frankfurt a.M. 1974.
Rothacker, Erich: *Mensch und Geschichte. Studien zur Anthropologie und Wissenschaftsgeschichte.* Berlin 1944.
– *Probleme der Kulturanthropologie.* 2. Aufl. Bonn 1948.
– *Mensch und Materie.* Stuttgart 1965.
– *Philosophische Anthropologie.* 5. Aufl. Bonn 1982.
Scheler, Max: *Gesammelte Werke 1-14.* Hg. v. Maria Scheler/Manfred S. Frings. Bern/München 1954-1993. (=*SGW*)
Schulz, Walter: *Philosophie in der veränderten Welt.* Pfullingen 1976.

zu Cassirer
Braun, Hans-Jürg/Holzhey, Helmut/Orth, Ernst Wolfgang: *Über Ernst Cassirers Philosophie der symbolischen Formen.* Frankfurt a.M. 1988.
Cassirer, Toni: *Mein Leben mit Ernst Cassirer.* Hildesheim 1981.
Gawronsky, Dimitry: »Ernst Cassirer: Leben und Werk«. In: Paul Arthur Schilpp (Hg.): *Ernst Cassirer.* Stuttgart 1949.
Graeser, Andreas: *Ernst Cassirer.* München 1994.

zu Heidegger
Assen, Ignatow: *Heidegger und die philosophische Anthropologie. Eine Untersuchung über die anthropologische Dimension des Heideggerschen Denkens.* Meisenheim/Glan 1979.
Fahrenbach, Helmut: »Heidegger und das Problem einer ›philosophischen‹ Anthropologie«. In: *Durchblicke. Martin Heidegger zum 80. Geburtstag.* Frankfurt a.M. 1970.
Haucke, Kai: »Anthropologie bei Heidegger. Über das Verhältnis seines Denkens zur philosophischen Tradition«. In: *Ph. Jb.* 2. Halbbd. (1998).
Kunz, Hans: »Die Daseinsanalytik Martin Heideggers. Ihre Bedeutung für die Psychologie und die philosophische Anthropologie«. In: *Martin Heidegger und Ludwig Klages.* München 1976.
Pöggeler, Otto: *Heidegger in seiner Zeit.* München 1999.

zu Husserl
Cristin, Renato (Hg.): *Edmund Husserl – Martin Heidegger. Phänomenologie (1927). Philosophische Schriften Bd. 34.* Berlin 1999.
Kerckhoven, Guy van: »Die Grundsätze von Husserls Konfrontation mit Dilthey im Lichte der geschichtlichen Selbstzeugnisse«. In: *Phänomenologische Forschungen* 16 (1984).

Meyer-Drawe, Käte: »Der Leib – ›Ein merkwürdig unvollkommen konstituiertes Ding‹«. In: Jamme, Christoph/Pöggeler, Otto (Hg.): *Phänomenologie im Widerstreit. Zum 50. Todestag Edmund Husserls.* Frankfurt a.M. 1989.
– *Welt-Rätsel.* »Merleau-Pontys Kritik an Husserls Konzeption des Bewusstseins«. In: *Phänomenologische Forschungen* 30 (1996).

III. Philosophische Anthropologie. Eine Einzeldisziplin wird autonom

Bertalanffy, Ludwig von: *Vom Molekül zur Organismenwelt. Grundfragen der modernen Biologie.* 2. Aufl. Potsdam 1949.
– *Das biologische Weltbild.* Bd. 1: *Die Stellung des Lebens in Natur und Wissenschaft.* Bern 1949.
Driesch, Hans: »Metaphysik der Natur«. In: Alfred Baeumler/Manfred Schröter (Hg.): *Handbuch der Philosophie.* München/Berlin 1926.
Landgrebe, Ludwig: *Philosophie der Gegenwart.* Berlin 1957.
Heisenberg, Werner: *Physik und Philosophie.* Frankfurt a.M./Berlin 1959.
Schüßler, Kersten: *Helmuth Plessner. Eine intellektuelle Biographie.* Berlin/Wien 2000.
Weizsäcker, Viktor von: *Der Gestaltkreis. Theorie der Einheit von Wahrnehmen und Bewegen.* Frankfurt a.M. 1973 u. *Gesammelte Schriften 4.* Frankfurt a.M. 1977. (=*WGS*)
Uexküll, Jakob von: *Umwelt und Innenwelt der Tiere.* Berlin 1909.

1. Max Scheler

Gesammelte Werke 1-14. Hg. v. Maria Scheler/Manfred S. Frings. Bern/München 1954-1993. (=*SGW*)
– *Der Formalismus in der Ethik und die materiale Wertethik* (1913/16), Bd. 2.
– *Vom Umsturz der Werte. Abhandlungen und Aufsätze: Zur Idee des Menschen* (1914); *Versuche einer Philosophie des Lebens* (1913) u.a., Bd. 3.
– *Vom Ewigen im Menschen: Vom Wesen der Philosophie und der moralischen Bedingung des philosophischen Erkennens* (1917) u.a., Bd. 5.
– *Wesen und Form der Sympathie* (1923) u.a., Bd. 7. Studienausgabe Bern/München 1974.
– *Die Wissensformen und die Gesellschaft* (1926): *Probleme einer Soziologie des Wissens* (1926); *Erkenntnis und Arbeit* (1926) u.a., Bd. 8.
– *Späte Schriften: Mensch und Geschichte* (1926); *Idealismus-Realismus* (1927/28); *Die Stellung des Menschen im Kosmos* (1928); *Philosophische Weltanschauung* (1929); *Der Mensch im Zeitalter des Ausgleichs* (1929), Bd. 9.
– *Schriften aus dem Nachlaß,* Bd.12: *Philosophische Anthropologie,* Bd. 3.

Sekundärliteratur

Alemann, Heine von: »Helmuth Plessner, Max Scheler und die Entstehung der Philosophischen Anthropologie in Köln. Eine Skizze«. In: *Phänomenologische Forschungen* 28/29 (1994).
Avé-Lallemant, Eberhard: »Die phänomenologische Reduktion in der Philosophie Max Schelers«. In: Paul Good (Hg.): *Max Scheler im Gegenwartsgeschehen der Philosophie.* Bern/München 1975.

Blessing, Eugen: *Das Ewige im Menschen. Die Grundkonzeption der Religionsphilosophie Max Schelers.* Stuttgart 1954.
Gadamer, Hans-Georg: »Max Scheler – der Verschwender«. In: Good, Paul (Hg.): *Max Scheler im Gegenwartsgeschehen der Philosophie.* Bern/München 1975.
Good, Paul: *Max Scheler. Eine Einführung.* Düsseldorf/Bonn 1998.
Haeffner, Gerd: *Max Scheler:* »Der Mensch als Überstiegs-Wesen«. In: René Weiland (Hg.): *Philosophische Anthropologie der Moderne.* Weinheim 1995.
Hammer, Felix: *Theonome Anthropologie? Max Schelers Menschenbild und seine Grenzen.* Den Haag 1972.
Henckmann, Wolfhart: »Der Systemanspruch von Schelers Philosophie«. In: *Phänomenologische Forschungen* 28/29 (1994).
– *Max Scheler.* München 1998.
Husserl, Edmund: *Philosophie als strenge Wissenschaft.* Quellen der Philosophie. Hg. v. Rudolf Berlinger. Frankfurt a.M. 1971.
Janssen, Paul: »Die Umwandlung der phänomenologischen Reduktion im Werke Max Schelers und das Realitätsproblem«. In: *Phänomenologische Forschungen* 28/29 (1994).
Lampenscherf, Stephan: Die Idee des Menschen in der Spätphilosophie Max Schelers. In: *Ph. Jb.* 2. Halbbd. (1998).
Leonhardy, Heinz: *Liebe und Person. Max Schelers Versuch eines ›phänomenologischen‹ Personalismus.* Den Haag 1976.
Löwith, Karl: »Max Scheler und das Problem einer philosophischen Anthropologie« (1935). In: *Sämtliche Schriften 1. Mensch und Menschenwelt.* Stuttgart 1981.
Mader, Wilhelm: *Max Scheler.* Reinbek 1980.
Mall, Ram Adhar: »Schelers Idee einer werdenden Anthropologie und Geschichtsteleologie«. In: *Phänomenologische Forschungen* 28/29 (1994).
Natorp, Paul: *Allgemeine Psychologie nach kritischer Methode.* Tübingen 1912.
Nota, Jan H. S.J.: *Max Scheler. Der Mensch und seine Philosophie.* Fridingen a.D. 1995.
Sander, Angelika: *Max Scheler zur Einführung.* Hamburg 2001.

2. Helmuth Plessner

Gesammelte Schriften I-X. Hg. v. Günter Dux/Odo Marquard/Elisabeth Ströker. Frankfurt a.M. 1980-1985. (=*PGS*)
– *Die Einheit der Sinne. Grundlinien einer Ästhesiologie des Geistes* (1923), Bd. III. (=*Einheit*)
– *Grenzen der Gemeinschaft. Eine Kritik des sozialen Radikalismus* (1924), Bd. V.
– *Die Stufen des Organischen und der Mensch. Einleitung in die philosophische Anthropologie* (1928), Bd. IV. (=*Stufen*)
– *Macht und menschliche Natur. Ein Versuch zur Anthropologie der geschichtlichen Weltansicht* (1931), Bd. V.
– *Die verspätete Nation. Über die Verführbarkeit bürgerlichen Geistes* (1935/1959), Bd. VI.
– *Lachen und Weinen. Eine Untersuchung der Grenzen menschlichen Verhaltens* (1941), Bd. VII.
– *Anthropologie der Sinne* (1970), Bd. III.

– *Die Frage nach der Conditio humana* (1961), Bd. VIII.
– *Politik, Anthropologie, Philosophie. Aufsätze und Vorträge.* Hg. aus dem Nachlaß v. Salvatore Giammusso/Hans-Ulrich Lessing. München 2001.
– *Josef König – Helmuth Plessner. Briefwechsel 1923-1933.* Hg. v. Hans-Ulrich Lessing/Almut Mutzenbecher. Freiburg/München 1994.
– *Filosofische Wegwijzer: Correspondentic van Frederik J. J. Buytendijk met Helmuth Plessner.* Hg. v. H. St. Boudier. Kerckebosch 1993.

Sekundärliteratur

Arlt, Gerhard: »Die Vernunft und die Gesellschaft. Helmuth Plessners politische Philosophie«. In: *Neue Zürcher Zeitung* Nr. 206, 5./6. Sept. 1992.
– »Der Mensch als Macht. Helmuth Plessner zum hundertsten Geburtstag«. In: *Phil. Jb.* 1. Halbbd. (1993), S. 114-130.
– »Fundament oder Zirkel. Über die Schwierigkeit, Helmuth Plessners Werk als Einheit darzustellen«. In: *Phil. Rundsch.* 2 (1994), S. 159-165.
– *Anthropologie und Politik. Ein Schlüssel zum Werk Helmuth Plessners.* München 1996.
Asemissen, Hermann Ulrich: »Helmuth Plessner. Die exzentrische Position des Menschen«. In: Joseph Speck (Hg.): *Grundprobleme der großen Philosophen Philosophie der Gegenwart II.* Göttingen 1973.
Beaufort, Jan: *Die gesellschaftliche Konstitution der Natur. Helmuth Plessners kritisch-phänomenologische Grundlegung einer hermeneutischen Naturphilosophie in* Die Stufen des Organischen und der Mensch. Würzburg 2000.
Breun, Richard: *Helmuth Plessners Bestimmung der Idee der Philosophie und deren Ausarbeitung als Philosophische Anthropologie* (Diss.). Tübingen 1987.
Cassirer, Ernst: *Das Erkenntnisproblem* 4. *Von Hegels Tod bis zur Gegenwart* (1832 – 1932). 2. Buch: ›Das Erkenntnisideal der Biologie und seine Wandlungen‹. Darmstadt o. J.
Dux, Günter/Luckmann, Thomas (Hg.): *Sachlichkeit. Festschrift zum achtzigsten Geburtstag von Helmuth Plessner.* Opladen 1974.
Eßbach, Wolfgang: »Der Mittelpunkt außerhalb. Helmuth Plessners philosophische Anthropologie«. In: Günter Dux/Ulrich Wetzel (Hg.): *Der Prozeß der Geistesgeschichte.* Frankfurt a.M. 1994.
Fischer, Joachim: »Plessner und die politische Philosophie der zwanziger Jahre«. In: *Politisches Denken. Jb. 1992.* Stuttgart 1993, S. 53-77.
– »Zur Sinneslehre von Helmuth Plessner«. In: *Phil. Rundsch.* 1 (2000), S. 47-58.
Friedrich, Jürgen/Westermann, Bernd (Hg.): *Unter offenem Horizont. Anthropologie nach Helmuth Plessner.* Frankfurt a.M./Berlin 1995.
Hammer, Felix: *Die exzentrische Position des Menschen. Methode und Grundlinien der philosophischen Anthropologie Helmuth Plessners.* Bonn 1967.
Haucke, Kai: *Plessner zur Einführung.* Hamburg 2000.
Hitzler, Ronald: »Der Kampf um Macht. Zu einer Anthropologie politischen Handelns nach Plessner«. In: Jürgen Friedrich/Bernd Westermann (Hg.): *Unter offenem Horizont. Anthropologie nach Helmuth Plessner.* Frankfurt a.M./Berlin 1995.
König, Josef: »Briefessay über Helmuth Plessners ›Die Einheit der Sinne‹«, 1927. In: *Josef König – Helmuth Plessner. Briefwechsel 1923-1933.* Hg. v. Hans-Ulrich Lessing/Almut Mutzenbecher. Freiburg/München 1994.
Kramme, Rüdiger: *Helmuth Plessner und Carl Schmitt. Eine historische Fallstudie zum Verhältnis von Anthropologie und Politik in der deutschen Philosophie der zwanziger Jahre.* Berlin 1989.

Krüger, Hans-Peter: »Angst vor der Selbstentsicherung. Zum gegenwärtigen Streit um Helmuth Plessners philosophische Anthropologie«. In: *Dtsch. Z. Philos.* 2. Halbbd. (1996) 44.
– *Zwischen Lachen und Weinen.* Bd. 1: *Das Spektrum menschlicher Phänomene.* Berlin 1999.
Lessing, Hans-Ulrich: *Hermeneutik der Sinne. Eine Untersuchung zu Helmuth Plessners Projekt einer ›Ästhesiologie des Geistes‹ nebst einem Plessner-Ineditum.* Freiburg/München 1998.
Limbach, Hans-G.: *Die symbolische Vermittlung der exzentrischen Position. Helmuth Plessners philosophische Anthropologie* (Diss.). Saarbrücken 1989.
Merleau-Ponty, Maurice: *Phänomenologie der Wahrnehmung.* Übers. und eingef. v. Rudolf Boehm. Berlin 1966.
Orth, Ernst Wolfgang: »Philosophische Anthropologie als Erste Philosophie. Ein Vergleich zwischen Ernst Cassirer und Helmuth Plessner«. In: *Dilthey-Jahrbuch* 7 (1990/91), S. 250-274.
Pietrowicz, Stephan: *Helmuth Plessner. Genese und System seines philosophisch-anthropologischen Denkens.* Freiburg/München 1992.
Plessner, Monika: *Die Argonauten auf Long Islang. Begegnungen mit Hannah Arendt, Theodor W. Adorno, Gershom Scholem und anderen.* Berlin 1995.
Redeker, Hans: *Helmuth Plessner oder Die verkörperte Philosophie.* Berlin 1993.
Schürmann, Volker: »Unergründlichkeit und Kritik-Begriff. Plessners politische Anthropologie als Absage an die Schulphilosophie«. In: *Dtsch. Z. Philos.* 3 (1997), S. 345-361.
Schüßler, Kersten: *Helmuth Plessner. Eine intellektuelle Biographie.* Berlin/Wien 2000.
Seitter, Walter: *Menschenfassungen. Studien zur Erkenntnispolitikwissenschaft.* München 1985.

3. Arnold Gehlen

Gehlen, Arnold: *Gesamtausgabe.* Hg. von Karl-Siegbert Rehberg. Frankfurt a.M. 1978ff.
– *Wirklicher und unwirklicher Geist. Eine philosophische Untersuchung in der Methode absoluter Phänomenologie.* Leipzig 1931.
– *Der Mensch. Seine Natur und seine Stellung in der Welt.* 10. Aufl., unveränd. Nachdruck der 8. Aufl. Frankfurt a.M. 1974. (=*Mensch*)
– *Urmensch und Spätkultur. Philosophische Ergebnisse und Aussagen.* 5. Aufl. Wiesbaden 1986. (=*Urmensch*)
– *Die Seele im technischen Zeitalter. Sozialpsychologische Probleme in der industriellen Gesellschaft.* Reinbek 1967. (=*Seele*)
– *Moral und Hypermoral. Eine pluralistische Ethik.* 5. Aufl. Wiesbaden 1986. (=*Moral*)
– *Anthropologische Forschung. Zur Selbstentdeckung des Menschen.* Reinbek 1974. (=*Forschung*)
– *Anthropologische und sozialpsychologische Untersuchungen.* Reinbek 1986. (=*Untersuchungen*)

Sekundärliteratur

Apel, Karl-Otto: *Transformation der Philosophie.* Bd 1., S. 197-221. Frankfurt a.M. 1976.

Böhler, Dietrich: »Arnold Gehlen: Die Handlung«. In: *Grundprobleme der großen Philosophen. Philosophie der Gegenwart II*. Göttingen 1973.

Bolk, Louis: *Das Problem der Menschwerdung*. Jena 1926.

Fonk, Peter: *Transformation der Dialektik. Grundzüge der Philosophie Arnold Gehlens*. Würzburg 1983.

Gehring, Petra: »Des Spätmenschen Urkultur?« In: *Journal Phänomenologie* 10 (1998), S. 10-14.

Habermas, Jürgen: »Anthropologie«. In: *Fischer Lexikon Philosophie*. Frankfurt a.M. 1958.

– *Philosophisch-politische Profile*. Frankfurt a.M. 1984.

Hagemann-White, Carol: *Legitimation als Anthropologie. Eine Kritik der Philosophie Arnold Gehlens*. Stuttgart 1973.

Heuß, Alfred: »Gehlens Anthropologie und der ›Ursprung‹ der Geschichte«. In: Helmut Klages/Helmut Quaritsch (Hg.): *Zur geisteswissenschaftlichen Bedeutung Arnold Gehlens. Vorträge und Diskussionsbeiträge des Sonderseminars 1989 der Hochschule für Verwaltungswissenschaft Speyer*. Berlin 1994.

Lepenies, Wolf: *Melancholie*. Frankfurt a.M. 1969.

– »Handlung und Reflexion. Aspekte der Anthropologie A. Gehlens«. In: *Soziale Welt* 18 (1967), S. 41ff.

Lepenies, Wolf/Nolte, Helmut: *Kritik der Anthropologie*. München 1971.

Lipp, Wolfgang: »Kultur und Leben – Risiko und Katastrophe. Arnold Gehlen, ökologisch«. In: Helmut Klages/Helmut Quaritsch (Hg.): *Zur geisteswissenschaftlichen Bedeutung Arnold Gehlens. Vorträge und Diskussionsbeiträge des Sonderseminars 1989 der Hochschule für Verwaltungswissenschaft Speyer*. Berlin 1994.

Ottmann, Henning: »Gehlens Anthropologie als kulturalistische Theorie«. In: Klages/Quaritsch (s.o.).

Pagel, Gerda: *Narziß und Prometheus. Die Theorie der Phantasie bei Freud und Gehlen*. Würzburg 1984.

Portmann, Adolf: vgl. *Vb. Philosophische Anthropologie und Biologie*

Prechtl, Peter: *Bedürfnisstruktur und Gesellschaft. Die Problematik der Vermittlung von Bedürfnis des Menschen und gesellschaftlicher Versagung bei Gehlen, Fromm und Marcuse*. Würzburg 1982.

Rehberg, Karl-Siegbert: Diskussionsbeitrag. In: Helmut Klages/Helmut Quaritsch (Hg.): *Zur geisteswissenschaftlichen Bedeutung Arnold Gehlens. Vorträge und Diskussionsbeiträge des Sonderseminars 1989 der Hochschule für Verwaltungswissenschaft Speyer*. Berlin 1994, S. 517, 541.

– *Existentielle Motive im Werk Arnold Gehlens. ›Persönlichkeit‹ als Schlüsselkategorie der Gehlenschen Anthropologie und Sozialtheorie*. Ebd.

Schelsky, Helmut: *Die Arbeit tun die anderen. Klassenkampf und Priesterherrschaft der Intellektuellen*. 2. Aufl. Opladen 1975.

Thies, Christian: *Die Krise des Individuums. Zur Kritik der Moderne bei Adorno und Gehlen*. Reinbek 1997.

Weiß, Johannes: *Weltverlust und Subjektivität. Zur Kritik der Institutionenlehre Arnold Gehlens*. Freiburg 1971.

4. Die anthropologischen Positionen im Vergleich

Dilthey, Wilhelm: *Gesammelte Schriften.* Hg. v. Bernhard Groethuysen/Georg Misch/ Paul Ritter u.a. Stuttgart/Göttingen 1914-1990. (=*DGS*)
Fahrenbach, Helmut: »Mensch«. In: Hermann Krings u.a. (Hg.): *Handbuch philosophischer Grundbegriffe.* München 1974.
Gehlen, Arnold: *Gesamtausgabe.* Hg. v. Karl-Siegbert Rehberg. Frankfurt a.M. 1978ff.
Löwith, Karl: *Sämtliche Schriften.* Hg. v. Klaus Stichweh/Marc B. de Launay. Stuttgart 1981-1988.
Marquard, Odo: »Homo Compensator«. In: *Der Mensch und die Wissenschaften vom Menschen.* Beiträge des XII. Kongresses für Philosophie in Innsbruck 1981. Hg. v. Gerhard Frey/Josef Zelger, Bd. 1. *Anthropologie der Gegenwart.* Innsbruck 1983, S. 55-66. Geringf. gek. Fassung in: Willi Oelmüller/Ruth Dölle-Oelmüller/Carl-Friedrich Geyer (Hg.): *Philosophische Arbeitsbücher 7. Diskurs: Mensch.* 3. Aufl. Paderborn 1993.
Ottmann, Henning: »Gehlens Anthropologie als kulturalistische Theorie«. In: Helmut Klages/Helmut Quaritsch (Hg.): *Zur geisteswissenschaftlichen Bedeutung Arnold Gehlens. Vorträge und Diskussionsbeiträge des Sonderseminars 1989 der Hochschule für Verwaltungswissenschaft Speyer.* Berlin 1994.
Plessner, Helmuth: *Gesammelte Schriften I-X.* Hg. v. Günter Dux/Odo Marquard/ Elisabeth Ströker. Frankfurt a.M. 1980-1985. (=*PGS*)
Pöggeler, Otto: »Ausgleich und anderer Anfang. Scheler und Heidegger«. In: *Phänomenologische Forschungen* 28/29 (1994).
– *Heidegger in seiner Zeit.* München 1999.
Scheler, Max: *Gesammelte Werke 1-14.* Hg. v. Maria Scheler/Manfred S. Frings. Bern/ München 1954-1993. (=*SGW*)
Schnädelbach, Herbert: *Philosophie in Deutschland 1831-1933.* Frankfurt a.M. 1983.

5. Frontverläufe im Kampf gegen die Anthropologie

Adorno, Theodor W.: *Gesammelte Schriften.* Hg. v. Rolf Tiedemann u.a., Frankfurt a.M. 1973-1986 (=*AGS*)
Cristin, Renato (Hg.): *Edmund Husserl – Martin Heidegger. Phänomenologie (1927). Philosophische Schriften Bd. 34.* Berlin 1999.
Foucault, Michel: *Die Ordnung der Dinge. Eine Archäologie der Humanwissenschaften.* Frankfurt a.M. 1974.
Habermas, Jürgen: »Anthropologie«. In: *Fischer Lexikon Philosophie.* Frankfurt a.M. 1958.
Horkheimer, Max: *Gesammelte Schriften.* Hg. v. Alfred Schmidt/Gunzelin Schmid Noerr. Frankfurt a.M. 1988-1996.
Lepenies, Wolf: *Soziologische Anthropologie. Materialien.* München 1971.
Marquard, Odo: »Anthropologie«. In: *Hist. Wb. Philos.* 1 (1971).
– *Transzendentaler Idealismus. Romantische Naturphilosophie. Psychoanalyse.* Köln 1987.

IV. Neuorganisation des anthropologischen Feldes nach 1945

Adorno, Theodor W.: *Gesammelte Schriften*. Frankfurt a.M. 1983-1986. (=*AGS*)

– *Philosophische Terminologie. Zur Einleitung*. 2 Bde. Frankfurt a.M. 1973/1974.

– *Minima Moralia. Reflexionen aus dem beschädigten Leben*. Frankfurt a.M. 1975.

Anders, Günther: *Die Antiquiertheit des Menschen*. 2 Bde. 3. Aufl. München 1984.

Arendt, Hannah: »Reflexionen über die Gewalt«. In: *Merkur* (1970) 24, S. 1-24.

– *Macht und Gewalt*. Übers. v. Gisela Uellenberg, 9. Aufl. München 1994.

Arlt, Gerhard: »›Martin Heidegger. Zollikoner Seminare. Protokolle Gespräche. Briefe‹«. Hg. v. Medard Boss. In: *Phil. Rundsch*. 4 (1989), S. 291-298.

Arlt, Gerhard/Zenka, Tadeusz: »Liebe und Erkenntnis«. In: Rolf Kühn/Hilarion Petzold (Hg.): *Psychotherapie & Philosophie. Philosophie als Psychotherapie?* Paderborn 1992.

Buytendijk, Frederik J.J.: vgl. *V. c. Philosophische Anthropologie u. Medizin* usw.

Bollnow, Otto Friedrich: »Hans Lipps: Die menschliche Natur«. In: *Dilthey-Jahrbuch* 6 (1989), S. 99-126.

Clemens, Albrecht u.a. (Hg.): *Die intellektuelle Gründung der Bundesrepublik. Eine Wirkungsgeschichte der Frankfurter Schule*. Frankfurt a.M. 1999.

Foucault, Michel: *Der Wille zum Wissen. Sexualität und Wahrheit 1*. Übers. v. Ulrich Raulff/Walter Seitter. Frankfurt a.M. 1986.

– *Die Ordnung der Dinge. Eine Archäologie der Humanwissenschaften*. Frankfurt a.M. 1974.

Freud, Sigmund: *Gesammelte Werke*. Londoner Ausg. Frankfurt a.M. 1940ff. (FGW)

Sigmund Freud – Ludwig Binswanger. Briefwechsel 1908 – 1938. Hg. v. Gerhard Fichtner. Frankfurt a.M. 1992.

Gadamer, Hans-Georg/Vogler, Paul (Hg.): *Neue Anthropologie*. 7 Bde. Stuttgart 1972-1975.

Gebsattel, Victor Emil von: *Christentum und Humanismus*. Stuttgart 1947.

– *Imago Hominis. Beiträge zu einer personalen Anthropologie*. 2. Aufl. Salzburg 1968.

– »Anthropologie der Angst«. In: *Hochland* (1951) 43.

– »Medizinische Anthropologie«. In: *Jb. Psychol. Psychother. med. Anthropol*. 7 (1960).

Görlich, Bernhard/Lorenzer, Alfred/Schmidt, Alfred (Hg.): *Der Stachel Freud. Beiträge und Dokumente zur Kulturismus-Kritik*. Frankfurt a.M. 1980.

Habermas, Jürgen: *Philosophisch-politische Profile*. Frankfurt a.M. 1984.

Heidegger, Martin: *Wegmarken*. Frankfurt a.M. 1978.

»Heidegger. Zollikoner Seminare. Protokolle. Gespräche. Briefe«. Hg. v. Medard Boss. In: *Phil. Rundsch*. 4 (1989), S. 291-298.

Hengstenberg, Hans-Eduard: *Philosophische Anthropologie*. 4. Aufl. München/Salzburg 1984.

Herzog, Max: *Weltentwürfe. Ludwig Binswangers phänomenologische Psychologie*. Berlin/New York 1994.

– »Helmuth Plessners Ästhesiologie des Geistes als kritisch-methodologischer Rahmen der Sinnesphysiologie«. In: Friedrich, Jürgen/Westermann, Bernd (Hg.): *Unter offenem Horizont. Anthropologie nach Helmuth Plessner*. Frankfurt a.M./Berlin 1995.

Jaeggi, Rahel: *Welt und Person. Zum anthropologischen Hintergrund der Gesellschaftskritik Hannah Arendts*. Berlin 1997.

Kamper, Dietmar: *Geschichte und menschliche Natur. Die Tragweite gegenwärtiger Anthropologiekritik*. München 1973.

Kramme, Rüdiger: *Helmuth Plessner und Carl Schmitt. Eine historische Fallstudie zum Verhältnis von Anthropologie und Politik in der deutschen Philosophie der zwanziger Jahre*. Berlin 1989.

Kunz, Hans: »Die Daseinsanalytik Martin Heideggers. Ihre Bedeutung für die Psychologie und die philosophische Anthropologie«. In: *Martin Heidegger und Ludwig Klages*. München 1976.

Landmann, Michael: *Was ist Philosophie?* 2. Aufl. Bonn 1976.

Landsberg, Paul-L.: *Einführung in die philosophische Anthropologie* (1934). 2. Aufl. Frankfurt a.M. 1960.

Lepenies, Wolf/Nolte, Helmut: *Kritik der Anthropologie*. München 1971.

Levinas, Emmanuel: *Die Spur des Anderen. Untersuchungen zur Phänomenologie und Sozialphilosophie*. Freiburg/München 1983.

Lipps, Hans: *Die menschliche Natur*. Frankfurt a.M. 1941, jetzt: *Werke* III. Frankfurt a.M. 1977.

– *Die Wirklichkeit des Menschen*. Frankfurt a.M. 1954, jetzt: *Werke* V. Frankfurt a.M. 1977.

Litt, Theodor: *Die Selbsterkenntnis des Menschen*. 2. Aufl. Hamburg 1948.

– *Die Sonderstellung des Menschen im Reich des Lebendigen*. Wiesbaden 1948.

– *Mensch und Welt*. München 1948.

Löw, Reinhard: »Ethik und Naturwissenschaft – philosophische Analyse eines problematischen Verhältnisses«. In: Wilhelm Lütterfels/Thomas Mohrs (Hg.): *Evolutionäre Ethik zwischen Naturalismus und Idealismus*. Darmstadt 1993.

Löwith, Karl: *Sämtliche Schriften*. Hg. v. Klaus Stichweh/Marc B. de Launay. Stuttgart 1981-1988.

Lohmann, Margret: *Philosophieren in der Endzeit. Zur Gegenwartsanalyse von Günther Anders*. München 1996.

Lorenz, Konrad: vgl. *V. b. Philosophische Anthropologie und Biologie*

Marcuse, Herbert: *Der eindimensionale Mensch. Studien zur Ideologie der fortgeschrittenen Industriegesellschaft*. Neuwied/Berlin 1970.

– *Triebstruktur und Gesellschaft. Ein philosophischer Beitrag zu Sigmund Freud*. Frankfurt a.M. 1971.

Marquard, Odo: *Transzendentaler Idealismus. Romantische Naturphilosophie. Psychoanalyse*. Köln 1987.

Merleau-Ponty, Maurice: *Phänomenologie der Wahrnehmung*. Übers. und eingef. v. Rudolf Boehm. Berlin 1966.

– *Das Sichtbare und das Unsichtbare*. Hg. v. Claude Lefort, übers. v. Regula Giuliani/Bernhard Waldenfels. München 1986.

Müller, Max: *Philosophische Anthropologie*. Hg. v. Wilhelm Vossenkuhl. Freiburg/München 1974.

Plessner, Monika: *Die Argonauten auf Long Island. Begegnungen mit Hannah Arendt, Theodor W. Adorno, Gershom Scholem und anderen*. Berlin 1995.

Rothacker, Erich: *Mensch und Geschichte. Studien zur Anthropologie und Wissenschaftsgeschichte*. Berlin 1944.

– *Probleme der Kulturanthropologie*. 2. Aufl. Bonn 1948.

– *Mensch und Materie*. Stuttgart 1965.

– *Philosophische Anthropologie*. 5. Aufl. Bonn 1982.

Sarasin, Philipp/Tanner, Jakob (Hg.): *Physiologische und industrielle Gesellschaft. Studien zur Verwissenschaftlichung des Körpers im 19. und 20. Jahrhundert*. Frankfurt a.M. 1998.

Sartre, Paul: *Das Sein und das Nichts. Versuch einer phänomenologischen Ontologie.* Übers. v. Justus Streller u.a. Hamburg 1980.
Schmid Noerr, Gunzelin: *Das Eingedenken der Natur im Subjekt. Zur Dialektik von Vernunft und Natur in der Kritischen Theorie Horkheimers, Adornos und Marcuses.* Darmstadt 1990.
Schnädelbach, Herbert: *Philosophie in Deutschland 1831-1933.* Frankfurt a.M. 1983.
Schüßler, Kersten: *Helmuth Plessner. Eine intellektuelle Biographie.* Berlin/Wien 2000.
Skinner, Burrhus Frederic: *Jenseits von Freiheit und Würde.* Reinbek 1973.
Sonnemann, Ulrich: *Negative Anthropologie. Vorstudien zur Sabotage des Schicksals.* Frankfurt a.M. 1981.
Thies, Christian: *Die Krise des Individuums. Zur Kritik der Moderne bei Adorno und Gehlen.* Reinbek 1997.
Thomas, Philipp: *Selbst-Natur-sein. Leibphänomenologie als Naturphilosophie.* Berlin 1996.
Uexküll, Jakob und Thure von: vgl. *V. b. Philosophische Anthropologie und Biologie*
Waldenfels, Bernhard: *Der Spielraum des Verhaltens.* Frankfurt a.M. 1980.
– *Antwort-Register.* Frankfurt a.M. 1994.
Weizsäcker, Viktor von: *Gesammelte Schriften 1-10.* Hg. v. Peter Achilles u.a. Frankfurt a.M. 1986ff. (=WGS)
– *Der Gestaltkreis. Theorie der Einheit von Wahrnehmen und Bewegen.* Frankfurt a.M. 1973. *Gesammelte Schriften* 4.
Wuketits, Franz M.: *Zustand und Bewußtsein. Leben als biophilosophische Synthese.* Frankfurt a.M. 1985.
– *Die Entdeckung des Verhaltens. Eine Geschichte der Verhaltensforschung.* Darmstadt 1995.
Wyss, Dieter/Huppmann, Gernot: »Die Bedeutung Max Schelers für die Medizinische Anthropologie«. In: Paul Good (Hg.): *Max Scheler im Gegenwartsgeschehen der Philosophie.* Bern/München 1975.

V. Der Themenkreis der philosophischen Anthropologie

a. Zur Philosophie des Leibkörpers

Frostholm, Birgit: *Leib und Unbewußtes. Freuds Begriff des Unbewußten interpretiert durch den Leib-Begriff Merleau-Pontys.* Bonn 1978.
Hammer, Felix: *Leib und Geschlecht. Philosophische Perspektiven von Nietzsche bis Merleau-Ponty und phänomenologisch-systematischer Aufriß.* Bonn 1974.
Husserl, Edmund: *Husserliana.* Den Haag 1950ff. (=Hua IV)
Jonas, Hans: *Das Prinzip Leben. Ansätze zu einer philosophischen Biologie.* Frankfurt a.M. 1994.
Kamper, Dietmar/Wulf, Christoph (Hg.): *Die Wiederkehr des Körpers.* Frankfurt a.M. 1982.
Lippe, Rudolf zur: *Vom Leib zum Körper. Naturbeherrschung am Menschen in der Renaissance.* Reinbek 1988.
Merleau-Ponty, Maurice: *Phänomenologie der Wahrnehmung.* Übers. und eingef. v. Rudolf Boehm. Berlin 1966.

– *Das Sichtbare und das Unsichtbare.* Hg. v. Claude Lefort, übers. v. Regula Giuliani/Bernhard Waldenfels. München 1986.

Plügge, Herbert: *Der Mensch und sein Leib.* Tübingen 1967.

Sarasin, Philipp/Tanner, Jakob (Hg.): *Physiologische und industrielle Gesellschaft. Studien zur Verwissenschaftlichung des Körpers im 19. und 20. Jahrhundert.* Frankfurt a.M. 1998.

Sennett, Richard: *Fleisch und Stein. Der Körper und die Stadt in der westlichen Zivilisation.* Übers. v. Linda Meissner. Berlin 1995.

Schmitz, Hermann: *Der unerschöpfliche Gegenstand. Grundzüge der Philosophie.* Bonn 1990.

Starobinski, Jean: *Kleine Geschichte des Körpergefühls.* Konstanz 1987.

Thomas, Philipp: *Selbst-Natur-sein. Leibphänomenologie als Naturphilosophie.* Berlin 1996.

Waldenfels, Bernhard: *Der Spielraum des Verhaltens.* Frankfurt a.M. 1980.

– *Antwort-Register.* Frankfurt a.M. 1994.

b. Philosophische Anthropologie und Biologie

Bertalanffy, Ludwig von: *Vom Molekül zur Organismenwelt. Grundfragen der modernen Biologie.* 2. Aufl. Potsdam 1949.

– *Das biologische Weltbild.* Bd. 1: *Die Stellung des Lebens in Natur und Wissenschaft.* Bern 1949.

Cassirer, Ernst: *Das Erkenntnisproblem* 4. *Von Hegels Tod bis zur Gegenwart* (1832 – 1932) Zweites Buch: ›Das Erkenntnisideal der Biologie und seine Wandlungen‹. Darmstadt o.J.

Driesch, Hans: »Metaphysik der Natur«. In: Alfred Baeumler/Manfred Schröter (Hg.): *Handbuch der Philosophie.* München/Berlin 1926.

Eibl-Eibesfeldt, Irenäus: *Der vorprogrammierte Mensch. Das Ererbte als bestimmender Faktor im menschlichen Verhalten.* 2. Aufl. Wien 1973.

Köhler, Wolfgang: *Intelligenzprüfungen an Menschenaffen.* Abhandlung der preußischen Akademie der Wissenschaften. 1917.

Leroi-Gourhan, André: *Hand und Wort. Die Evolution von Technik, Sprache und Kunst.* Übers. v. Michael Bischoff. Frankfurt a.M. 1984.

Lorenz, Konrad: »Durch Domestikation verursachte Störungen arteigenen Verhaltens«. In: *Zeitschrift für angewandte Psychologie und Charakterkunde* 59 (1940), S. 2-81.

– »Psychologie und Stammesgeschichte« (1954). In: *Vom Weltbild des Verhaltensforschers.* München 1968.

– *Das sogenannte Böse. Zur Naturgeschichte der Aggression.* Wien 1963.

– *Über tierisches und menschliches Verhalten. Aus dem Werdegang der Verhaltenslehre. Gesammelte Abhandlungen.* 2 Bde. München 1965.

Lorenz und die Folgen. Tierpsychologie, Verhaltensforschung, Physiologische Psychologie. Hg. von Roger Alfred Stamm/Hans Zeier. *Die Psychologie des 20. Jahrhunderts.* Bd. VI. Zürich 1978.

Monod, Jacques: *Zufall und Notwendigkeit. Philosophische Fragen der modernen Biologie.* Übers. v. Friedrich Griese. München 1975.

Müller, Helmut: *Philosophische Grundlagen der Anthropologie Adolf Portmanns.* Weinheim 1988.

Portmann, Adolf: »Die biologische Bedeutung des ersten Lebensjahres beim Menschen«. In: *Schweizerische Medizinische Wochenzeitschrift* 71 (1941).
– *Vom Ursprung des Menschen. Ein Querschnitt durch die Forschungsergebnisse.* 5., erw. Aufl. Basel 1965.
– *Entläßt die Natur den Menschen? Gesammelte Aufsätze zur Biologie und Anthropologie.* 2. Aufl. München 1971.
– »Biologie und Anthropologie«. In: *Propyläen-Weltgeschichte*, Bd. 9, Berlin 1960.
– *Biologie und Geist.* Frankfurt a.M. 1973.
– *Zoologie und das neue Bild des Menschen.* Hamburg 1956.
Uexküll, Jakob von: *Umwelt und Innenwelt der Tiere.* Berlin 1909.
– *Kompositionslehre der Natur. Biologie als undogmatische Naturwissenschaft. Ausgewählte Schriften.* Hg. u. eingel. v. T. von Uexküll. Frankfurt a.M./Berlin 1980.
Uexküll, Jakob von/Kriszat, Georg: *Streifzüge durch die Umwelten von Tieren und Menschen* (1934). Neuaufl. Frankfurt a.M. 1970.
Uexküll, Thure von: »Plädoyer für eine sinndeutende Biologie. Die Bedeutung der Lehre Jakob von Uexkülls für die Wissenschaften vom Menschen«. In: Jakob von Uexküll: *Kompositionslehre der Natur.* Frankfurt a.M./Berlin 1980.
Wuketits, Franz: *Zustand und Bewußtsein. Leben als biophilosophische Synthese.* Frankfurt a.M. 1985.
– *Die Entdeckung des Verhaltens. Eine Geschichte der Verhaltensforschung.* Darmstadt 1995.

c. *Philosophische Anthropologie und Medizin, Psychiatrie, Psychologie*

Arlt, Gerhard: »›*Martin Heidegger: Zollikoner Seminare. Protokolle. Gespräche. Briefe*«. In: *Phil. Rundsch.* 4 (1989), S. 291-298.
– *Subjektivität und Wissenschaft. Zur Psychologie des Subjekts bei Natorp und Husserl.* Würzburg 1985.
Arlt, Gerhard/Zenka, Tadeusz: »Liebe und Erkenntnis«. In: Rudolf Kühn/Hilarion Petzold (Hg.): *Psychotherapie & Philosophie. Philosophie als Psychotherapie?* Paderborn 1992.
Binswanger, Ludwig: *Grundformen und Erkenntnis menschlichen Daseins.* 4. Aufl. München/Basel 1964.
Sigmund Freud – Ludwig Binswanger. Briefwechsel 1908 – 1938. Hg. v. Gerhard Fichtner. Frankfurt a.M. 1992.
Bolk, Louis: *Das Problem der Menschwerdung.* Jena 1926.
Bräutigam, Walter (Hg.): *Medizinisch-Psychologische Anthropologie.* Wege der Forschung 228. Darmstadt 1980.
Buytendijk, Frederik J.J.: *Wesen und Sinn des Spiels. Das Spiel des Menschen und der Tiere als Erscheinungsformen der Lebenstriebe.* Berlin 1933.
– *Die Frau. Eine existential-psychologische Untersuchung.* Köln 1953.
– *Mensch und Tier. Ein Beitrag zur vergleichenden Psychologie.* Hamburg 1958.
– *Das Menschliche. Wege zu seinem Verständnis.* Stuttgart 1958.
– *Prolegomena einer anthropologischen Physiologie.* Salzburg 1967.
Canguilhem, Georges: *Das Normale und das Pathologische.* Übers. v. Monika Noll/ Rolf Schubert. München 1974.
Christian, Paul: *Anthropologische Medizin. Theoretische Pathologie und Klinik psychosomatischer Krankheitsbilder.* Heidelberg 1989.

Egelhardt, Dietrich von/Schipperges, Heinrich: *Die inneren Verbindungen zwischen Philosophie und Medizin im 20. Jahrhundert.* Darmstadt 1980.
Freud, Sigmund: *Gesammelte Werke.* Londoner Ausg. 1940ff. (=*FGW*)
Gebsattel, Victor Emil von: *Christentum und Humanismus.* Stuttgart 1947.
– *Imago Hominis. Beiträge zu einer personalen Anthropologie.* 2. Aufl. Salzburg 1968.
– »Anthropologie der Angst«. In: *Hochland* 43 (1951).
– »Medizinische Anthropologie«. In: *Jb. Psychol. Psychother. med. Anthropol.* 7 (1960).
– *Phänomenologische Psychologie. Grundlagen und Entwicklungen.* Heidelberg 1992.
Herzog, Max: *Weltentwürfe. Ludwig Binswangers phänomenologische Psychologie.* Berlin/New York 1994.
Keller, Wilhelm: *Dasein und Freiheit. Abhandlungen und Vorträge zur philosophischen Anthropologie und Psychologie.* Bern und München 1974.
Kunz, Hans: *Grundfragen der psychoanalytischen Anthropologie.* Göttingen 1975.
Lersch, Philipp: *Der Mensch in der Gegenwart.* München 1947.
Meyer, Adolf-Ernst/Lamparter, Ulrich (Hg.): *Pioniere der Psychosomatik. Beiträge zur Entwicklungsgeschichte ganzheitlicher Medizin.* Heidelberg 1994.
Rüdiger, Dietrich/Perrez, Meinrad (Hg.): *Anthropologische Aspekte der Psychologie.* Salzburg 1979.
Sborowitz, Arie (Hg.): *Der leidende Mensch. Personale Psychotherapie in anthropologischer Sicht.* Wege der Forschung 10. Darmstadt 1960.
Schipperges, Heinrich: *Homo patiens. Zur Geschichte des kranken Menschen.* München 1985.
Tellenbach, Hubert: *Geschmack und Atmosphäre.* Salzburg 1968.
Weizsäcker, Viktor von: *Der Gestaltkreis. Theorie der Einheit von Wahrnehmen und Bewegen.* Frankfurt a.M. 1973. *Gesammelte Schriften* 4. Frankfurt a.M. 1977. (=*WGS*)
Wiesenhütter, Eckart (Hg.): *Werden und Handeln. Zum 80. Geburtstag von V. E. Freiherr von Gebsattel.* Stuttgart 1963.
– *Grundbegriffe der Tiefenpsychologie.* Darmstadt 1969.
– *Die Begegnung zwischen Philosophie und Tiefenpsychologie.* Darmstadt 1979.

d. Theologische Sicht

Coreth, Emerich: *Was ist der Mensch? Grundzüge einer philosophischen Anthropologie.* Innsbruck 1976.
Jonas, Hans: *Zwischen Nichts und Ewigkeit. Zur Lehre vom Menschen.* Göttingen 1963.
Haeffner, Gerd: *Philosophische Anthropologie.* Grundkurs Philosophie 1. 2. Aufl. Stuttgart 1989.
Moltmann, Jürgen: *Mensch. Christliche Anthropologie in den Konflikten der Gegenwart.* 2. Aufl. Gütersloh 1983.
Pannenberg, Wolfhart: *Was ist der Mensch? Die Anthropologie der Gegenwart im Lichte der Theologie.* 7. Aufl. Göttingen 1985.
– *Anthropologie in theologischer Perspektive.* Göttingen 1983.
Pieper, Josef: *Wahrheit der Dinge. Eine Untersuchung zur Anthropologie des Hochmittelalters.* München 1947.
Teilhard de Chardin, Pierre: *Der Mensch im Kosmos.* Übers. v. Othon Marbach/ München 1959, unveränd. Nachdr. 1994.

– *Die Entstehung des Menschen.* Übers. v. Günther Scheel 4. Aufl. München 1966.
– *Werke* 1-10. Olten 1962-1972.

VI. Im Umkreis der philosophischen Anthropologie

Beltung, Hans: *Bild-Anthropologie. Körper-Bild-Medium.* München 2001.
Dressel, Gert: *Historische Anthropologie. Eine Einführung.* Wien 1996.
Fleischer, Margot: *Hermeneutische Anthropologie. Platon, Aristoteles.* Berlin/New York 1976.
Gebauer, Gunter u.a.: *Historische Anthropologie. Zum Problem der Humanwissenschaften heute oder Versuche einer Neubegründung.* Reinbek 1989.
Geyer, Carl-Friedrich: *Einführung in die Philosophie der Kultur.* Darmstadt 1994.
Hartmann, Frank: *Denker Denken Geschichte, Erkundungen zu Philosophie und Nationalsozialismus.* Wien 1994.
Huizinga, Jan: *Homo ludens. Vom Ursprung der Kultur im Spiel* (1938). Reinbek 1987.
Knapp, Guntram: *Mensch und Krankheit.* Stuttgart 1970.
– *Der antimetaphysische Mensch. Darwin. Marx. Freud.* Stuttgart 1973.
Kopperschmidt, Josef (Hg.): *Rhetorische Anthropologie. Studien zum Homo rhetoricus.* München 2000.
Landgrebe, Ludwig: *Philosophie der Gegenwart.* Berlin 1957.
– »Philosophische Anthropologie – eine empirische Wissenschaft?« In: *Faktizität und Individuation.* Hamburg 1982.
Marquard, Odo: *Schwierigkeiten mit der Geschichtsphilosophie. Aufsätze.* Frankfurt 1973.
Müller, Reimar: *Anthropologie und Geschichte. Rousseaus frühe Schriften und die antike Tradition.* Berlin 1997.
Paetzold, Heinz: »Der Mensch«. In: Ekkehard Martens/Herbert Schnädelbach (Hg.): *Philosophie. Ein Grundkurs.* Reinbek 1985.
Rentsch, Thomas: *Die Konstitution der Moralität. Transzendentale Anthropologie und praktische Philosophie.* Frankfurt a.M. 1990.
Riedel, Manfred (Hg.): *Rehabilitierung der praktischen Philosophie.* 2 Bde. Freiburg 1972/1974.
Seibert, Thomas: *Existenzphilosophie.* Stuttgart 1997.
Wuchterl, Kurt: *Bausteine zu einer Geschichte der Philosophie des 20. Jahrhunderts.* Bern/Stuttgart 1995.

Personenregister

Sammlung Metzler

Einführungen, Methodenlehre

SM 1 Raabe: Einführung in die Bücherkunde zur dt. Literaturwissenschaft
SM 13 Bangen: Die schriftliche Form germanistischer Arbeiten
SM 59 Behrmann: Einführung in die Analyse von Prosatexten
SM 79 Weber-Kellermann/Bimmer: Einf. in die Volkskunde/ Europ. Ethnologie
SM 112 Schlawe: Neudeutsche Metrik
SM 148 Grimm u.a.: Einf. in die französische Literaturwissenschaft
SM 183 Schwenger: Literaturproduktion
SM 188 Asmuth: Einführung in die Dramenanalyse
SM 190 Zima: Textsoziologie
SM 217 Schutte: Einführung in die Literaturinterpretation
SM 235 Paech: Literatur und Film
SM 246 Eagleton: Einführung in die Literaturtheorie
SM 259 Schönau: Einf. i. d. psychoanalytische Literaturwissenschaft
SM 263 Sowinski: Stilistik
SM 270 Heidtmann: Kindermedien
SM 277 Hickethier: Film- und Fernsehanalyse
SM 283 Ottmers: Rhetorik
SM 284 Burdorf: Einführung in die Gedichtanalyse
SM 285 Lindhoff: Feministische Literaturtheorie
SM 287 Eggert/Garbe: Literarische Sozialisation
SM 300 Kammer: Wissenschaftliche Arbeiten mit dem PC
SM 302 Korte/Müller/Schmid: Einführung in die Anglistik
SM 305 Bauer: Romantheorie
SM 317 Paefgen: Einführung in die Literaturdidaktik
SM 320 Gfrereis (Hrsg.): Grundbegriffe der Literaturwissenschaft
SM 324 Bossinade: Poststrukturalistische Literaturtheorie
SM 335 Stenzel: Einf. in die spanische Literaturwissenschaft
SM 337 Lorenz: Journalismus
SM 338 Albrecht: Literaturkiritk

Philosophie

SM 141 Franzen: Martin Heidegger
SM 143 Jörgensen: Johann Georg Hamann
SM 182 Helferich: G. W. Fr. Hegel
SM 184 Naumann: Literaturtheorie und Geschichtsphilosophie I
SM 187 Ollig: Der Neukantianismus
SM 193 Wolf: Martin Luther

SM 202 Bayertz: Wissenschaftstheorie und Paradigma-Begriff
SM 220 Gmünder: Kritische Theorie
SM 222 Schmidt: Ernst Bloch
SM 251 Jung: Georg Lukács
SM 264 Ries: Karl Löwith
SM 265 Pleger: Vorsokratiker
SM 266 Horster: Jürgen Habermas
SM 267 Buchheister/Steuer: Ludwig Wittgenstein
SM 268 Vattimo: Friedrich Nietzsche
SM 271 Scherer: Philosophie des Mittelalters
SM 276 Gil: Ethik
SM 281 Kögler: Michel Foucault
SM 303 Seibert: Existenzphilosophie
SM 308 Retlich: Bücher für das Philosophiestudium
SM 311 Sandkühler (Hrsg): F.W.J. Schelling
SM 314 Wiegerling: Medienethik
SM 322 Münker/Roesler: Poststrukturalismus
SM 334 Arlt: Philosophische Anthropologie
SM 339 Landweer: Feministische Philosophie

Deutsche Literaturgeschichte

SM 47 Steinmetz: Die Komödie der Aufklärung
SM 68 Kimpel: Der Roman der Aufklärung (1670-1774)
SM 75 Hoefert: Das Drama des Naturalismus
SM 128 Meid: Der deutsche Barockroman
SM 142 Ketelsen: Völkisch-nationale und nationalsoz. Lit. in Dtld 1890-1945
SM 144 Schutte: Lyrik des deutschen Naturalismus (1885-1893)
SM 157 Aust: Literatur des Realismus
SM 170 Hoffmeister: Deutsche und europäische Romantik
SM 175 Wilke: Zeitschriften des 18. Jh. II: Repertorium
SM 209 Alexander: Das deutsche Barockdrama
SM 210 Krull: Prosa des Expressionismus
SM 225 Obenaus: Lit. und politische Zeitschriften 1830-1848
SM 227 Meid: Barocklyrik
SM 229 Obenaus: Lit. und politische Zeitschriften 1848-1880
SM 234 Hoffmeister: Deutsche und europäische Barockliteratur
SM 238 Huß-Michel: Lit. und politische Zeitschriften des Exils 1933-1945
SM 241 Mahoney: Der Roman der Goethezeit
SM 247 Cowen: Das deutsche Drama im 19. Jh.
SM 250 Korte: Geschichte der deutschen Lyrik seit 1945
SM 290 Lorenz: Wiener Moderne
SM 298 Kremer: Prosa der Romantik
SM 331 Schärf: Der Roman im 20. Jahrhundert

SM 180 Barnouw: Elias Canetti
SM 185 Paulin: Ludwig Tieck
SM 186 Naumann: Adalbert Stifter
SM 189 Haupt: Heinrich Mann
SM 196 Knapp: Friedrich Dürrenmatt
SM 197 Schulz: Heiner Müller
SM 207 Wehdeking: Alfred Andersch
SM 211 Hansen: Thomas Mann
SM 213 Riley: Clemens Brentano
SM 215 Wackwitz: Friedrich Hölderlin
SM 218 Renner: Peter Handke
SM 221 Kretschmer: Christian Morgenstern
SM 223 Dietschreit/Henze-Dietschreit: Hans Magnus Enzensberger
SM 224 Hilzinger: Christa Wolf
SM 230 Vincon: Frank Wedekind
SM 231 Lowsky: Karl May
SM 233 Winter: Jakob Michael Reinhold Lenz
SM 237 Mayer: Eduard Mörike
SM 239 Perlmann: Arthur Schnitzler
SM 240 Wichmann: Heinrich von Kleist
SM 242 Bartsch: Ingeborg Bachmann
SM 243 Kaiser: E.T.A. Hoffmann
SM 245 Dietschreit: Lion Feuchtwanger
SM 254 Späth: Rolf Dieter Brinkmann
SM 255 Bäumer/Schultz: Bettina von Arnim
SM 258 Hein: Johann Nestroy
SM 261 Sammons: Heinrich Heine
SM 272 Sowinski: Heinrich Böll
SM 273 Mayer: Hugo von Hofmannsthal
SM 275 Schrade: Anna Seghers
SM 286 Janz: Elfriede Jelinek
SM 288 Jeßing: Johann Wolfgang Goethe
SM 289 Luserke: Robert Musil
SM 291 Mittermayer: Thomas Bernhard
SM 294 Löb: Christian Dietrich Grabbe
SM 295 Schaefer: Christoph Martin Wieland
SM 297 Albrecht: Gotthold Ephraim Lessing
SM 299 Fetz: Martin Walser
SM 304 Fasold: Theodor Storm
SM 310 Berg/Jeske: Bertolt Brecht
SM 312 Albrecht: Arno Schmidt
SM 318 Prill: Dante
SM 325 Kohl: Friedrich Gottlieb Klopstock
SM 326 Bartsch: Ödön von Horváth
SM 332 Brockmeier: Samuel Beckett
SM 333 Martus: Ernst Jünger
SM 336 Mahoney: Novalis

GPSR Compliance

The European Union's (EU) General Product Safety Regulation (GPSR) is a set of rules that requires consumer products to be safe and our obligations to ensure this.

If you have any concerns about our products, you can contact us on ProductSafety@springernature.com

In case Publisher is established outside the EU, the EU authorized representative is:

Springer Nature Customer Service Center GmbH
Europaplatz 3
69115 Heidelberg, Germany

Batch number: 10578184

Printed by Printforce, the Netherlands